证券法理论与实践前沿问题研究

瑞幸咖啡案例研究
系列讲座实录

李有星
潘　政
汤方实　等著

ZHEJIANG UNIVERSITY PRESS
浙江大学出版社
·杭州·

图书在版编目（CIP）数据

证券法理论与实践前沿问题研究：瑞幸咖啡案例研
究系列讲座实录 / 李有星等著. —杭州：浙江大学出
版社，2022.9
　　ISBN 978-7-308-22961-6

　　Ⅰ.①证… Ⅱ.①李… Ⅲ.①证券法—研究—中国
Ⅳ.①D922.287.4

中国版本图书馆CIP数据核字（2022）第154197号

证券法理论与实践前沿问题研究
——瑞幸咖啡案例研究系列讲座实录

李有星　潘　政　汤方实　等著

策划编辑	吴伟伟	
责任编辑	陈佩钰	
文字编辑	葛　超	
责任校对	许艺涛	
封面设计	周　灵	
出版发行	浙江大学出版社	
	（杭州天目山路148号　邮政编码：310007）	
	（网址：http://www.zjupress.com）	
排　版	浙江时代出版服务有限公司	
印　刷	广东虎彩云印刷有限公司绍兴分公司	
开　本	787mm×1092mm　1/16	
印　张	26	
字　数	508千	
版 印 次	2022年9月第1版　2022年9月第1次印刷	
书　号	ISBN 978-7-308-22961-6	
定　价	98.00元	

《证券法理论与实践前沿问题研究——瑞幸咖啡案例研究系列讲座实录》编辑委员会

序言

　　我国新《证券法》于 2020 年 3 月 1 日正式实施，2020 年 4 月 2 日瑞幸咖啡自曝财务造假，引起了国内外各界人士对中国证券市场健康发展的关心，在中国法学会证券法学研究会领导和郭锋会长的支持下，由证券法学研究会副会长、浙江大学光华法学院李有星教授牵头，在钉钉、小鹅通等在线直播平台上连续推出"瑞幸咖啡案例研究"系列讲座，在社会上引起了强烈反响，截至 2020 年 12 月，共举办各类主题讲座 31 期和专题论坛 2 次。该系列讲座将学术理论研究、法律实务探讨、社会热点问题回应有机结合，是中国法学会证券法学研究会近年学术科研成果的一次集中公开展示，也是新媒体时代开展证券法学理论研究和知识普及的一次有益探索。

　　"瑞幸咖啡案例研究"系列讲座也取得了良好的传播效果和社会效益。讲座直播一经推出，就被中国金融服务法治微网、浙江大学、武汉大学经济法、京都家族信托、各大律所公众号等多个新媒体平台联系转载，引发了社会各界广泛关注，在广大证券投资者中更是掀起了一股学习证券法律知识的热潮。"瑞幸咖啡案例研究"系列讲座的累计直播收看人数达 13 万人次，视频回看达到 30 余万人次。总而言之，通过打造网络直播讲座，将中国法学会证券法学研究会近年的理论研究成果在网上公开推出，为广大证券市场投资者、监管部门、实务工作人员提供了更系统的理论学习资源，更好地服务中国证券市场健康规范发展，更好推动中国证券市场法治化建设。

　　瑞幸咖啡一案，及其衍生出的诸多前沿问题，都为证券法理论之发展提供了材料。现将瑞幸咖啡案例研究系列讲座的内容整理成书，以期为各位读者重现一场场跨越时空的盛大讲座。

　　衷心感谢参加中国法学会证券法学研究会瑞幸咖啡案例研究系列讲座的专家和教

授。本次"瑞幸咖啡案例研究"系列讲座，在李有星教授的邀请下集聚了这一时期国内外著名的 150 多位专家和教授，是证券法领域的学术盛宴。出于对参加的专家和教授的尊敬，李有星教授主持了 31 期系列讲座并参与学习交流。让我们记住以下这些专家、教授和他们参与的各期系列讲座。

第一期：瑞幸咖啡案件的法律适用总览

浙江大学光华法学院教授、博士研究生导师，浙江大学互联网金融研究院副院长、中国法学会证券法学研究会副会长李有星；浙江大学光华法学院硕士研究生康琼梅，博士研究生潘政、钱颢瑜、娄琳和汤方实。

第二期：律师视角的虚假陈述与追究实操

主讲人为国浩律师（上海）事务所资深顾问黄江东博士，中国光大银行杭州分行特殊资产经营管理部副经理冯泽良博士，浙江裕丰律师事务所副主任厉健律师和浙江泽大律师事务所原虚假陈述案承办律师沈翔，与谈人为浙江大学法学院黄韬教授。

第三期：证券监管及证券数据主权、域外管辖与跨境监管合作

主讲人为浙江大学互联网金融研究院研究员朱悦博士，华东政法大学经济法学院副院长伍坚教授和浙江大学管理学院会计学博士生陈帅弟，与谈人为华东政法大学国际金融法律学院教授、中国法学会证券法学研究会常务理事冷静，以及上海对外经贸大学法学院教授、中国商业法研究会副会长李文莉。

第四期：中美上市公司董监高责任、免责与保险制度

主讲人为中国法学会证券法学研究会副会长兼秘书长、中央财经大学法学院教授邢会强，中央财经大学法学院副教授缪因知，厦门大学法学院教授肖伟和通用再保险中国区非寿险负责人 CPCU 国际大使王民，与谈人为吉林大学法学院教授于莹，暨南大学法学院院长、教授朱义坤。

第五期：中概股面临的挑战、法律对策及对我国注册制改革的启示

主讲人为新加坡管理大学法学院助理教授张巍博士、北京市金杜律师事务所资深合伙人姜丛华博士、华东政法大学国际金融法律学院副教授肖宇博士，与谈人为北京大学法学院副院长、教授郭雳。

第六期：中美证券服务中的法律责任、免责标准及防范

主讲人为中国社会科学院商法室副主任、研究员赵磊，原中国证监会上海专员办资深处长、国浩（上海）律师事务所资深顾问黄江东，香港中文大学法学院教授黄辉，清华大学法学院教授汤欣，与谈人为北京大学法学院教授刘燕。

第七期：上市公司控股股东、实际控制人信息披露法律责任与风险防范

主讲人为中国法学会证券法学研究会副会长、四川省社会科学院研究员周友苏教授，四川省社会科学院法学所副研究员、中国法学会证券法学研究会理事钟洪明博士，

四川省社会科学院法学所副研究员、中国法学会证券法学研究会理事钟凯博士，四川光沐东轩律师事务所主任、中国法学会证券法学研究会理事李君临律师，与谈人为四川省社会科学院法学所副所长、中国法学会证券法学研究会理事蓝冰博士。

第八期：中概股的私有化、二次上市与回归

主讲人为北京市金杜律师事务所合伙人姜志会律师，北京市金杜律师事务所合伙人、原美国（Cleary）律师事务所合伙人黄玲律师，北京大学法学院副教授唐应茂，北京市中银律师事务所资深律师阮万锦，北京市中伦律师事务所合伙人张诗伟律师，与谈人为中国法学会证券法学研究会副会长、西南政法大学高等研究院院长侯东德教授。

第九期：中美投资者保护机构与公平基金制度

主讲人为华东政法大学副教授何颖博士、浙江大学光华法学院博士生潘政、深圳大学法学院助理教授吕成龙博士、北京大学法学院副教授洪艳蓉博士，与谈人为中国法学会商法研究会副会长、中国人民大学法学院博导叶林教授。

第十期：中美独立董事职责、履职保障、责任、免责和独立性制度

主讲人为中央财经大学法学院副教授董新义博士、浙江大学光华法学院经济法博士生钱颢瑜、西南政法大学民商法学院教授曹兴权、浙江大学光华法学院讲师周淳博士，与谈人为全国人大代表、中国银行法学研究会副会长、辽宁大学副校长、教授杨松。

第十一期：中美上市公司控股股东、实际控制人法律责任与行为规范

主讲人为中国人民大学国际并购与投资研究所副所长刘运宏，吉林大学法学院教授傅穹，浙江大学光华法学院副院长、教授赵骏，南京航空航天大学人文社科学院院长王建文教授，与谈人为中国商法学研究会秘书长、中国政法大学民商经济法学院教授李建伟。

第十二期：中美证券做空机制、法律后果与规范约束

主讲人为华东政法大学教授郑彧、中央财经大学法学院副教授杜晶、复旦大学法学院教授许凌艳，与谈人为武汉大学法学院院长、中国经济法学研究会副会长、中国证券法学研究会副会长冯果教授。

第十三期：中美证券先行赔付、责任分担与行政和解制度

主讲人为西南政法大学民商法学院副教授赵吟、浙江大学光华法学院博士研究生陈吉雨、北京大学法学院博士研究生柯达、武汉大学法学院副教授袁康，与谈人为西北政法大学经济法学院教授强力。

第十四期：中美上市公司强制退市、破产与重组制度

主讲人为中国银行法学研究会副会长、复旦大学法学院教授季立刚，清华大学法学院副院长、副教授高丝敏，浙江大学光华法学院讲师石一峰博士，浙江省金融法研

究会副会长、北京市天元律师事务所合伙人尤挺辉博士，与谈人为南京大学法学院教授曾洋。

第十五期：中美上市公司信息披露刑事犯罪问题

主讲人为杭州师范大学法学院副教授王立，浙江大学城市学院法学院教授袁继红，浙江财经大学法学院助理教授周立波，与谈人为浙江省刑法学研究会副会长、浙江大学光华法学院教授叶良芳，中国刑法学研究会副会长、北京师范大学法学院教授卢建平。

第十六期：中美证券诉讼的理论与实践

主讲人为上海财经大学法学院助理教授夏戴乐博士，上海金融法院证券专业委员会主任、庭长单素华，杭州市中级人民法院民二庭庭长余晟，深圳市中级人民法院高级法官秦拓，上海市法学会金融法学研究会副会长、上海汉联律师事务所合伙人宋一欣，北京师范大学法学院教授袁达松，与谈人为浙江大学光华法学院教授霍海红。

第十七期：中美家族信托、财富传承与法律风险

主讲人为：浙江大学城市学院法学院教授、慧众中国信托资管法治论坛召集人谭立，南开大学法学院教授、京都家族信托法律事务中心首席专家韩良，盈科全国家族信托中心主任兼首席律师、米兰贝拉家族办公室联合创始人李魏，浙江大学城市学院法学院博士、浙江省金融法学研究会副秘书长陈飞，与谈人为西北政法大学经济法学院教授、中国法学会银行法学研究会副会长强力。

第十八期：中美投资者适当性、说明义务、举证责任与免责事由

主讲人为浙江大学光华法学院研究生康琼梅，上海交通大学助理研究员、法学博士朱翘楚，华东政法大学教授胡改蓉，北京交通大学法学院副教授李文华，与谈嘉宾为西南政法大学民商法学院教授曹兴权。

第十九期：律师视角的中美证券诉讼制度与律师实务

主讲人为北京市隆安（深圳）律师事务所合伙人赖冠能律师、北京市地平线（深圳）律师事务所徐瑶律师、北京市中银律师事务所高级合伙人吴则涛律师、北京市天元律师事务所上海分所许晏铭律师，与谈人为北京市天元律师事务所合伙人律师、浙江省金融法学研究会副会长尤挺辉博士。

第二十期：中美证券发行上市注册审核与反欺诈

主讲人为华东政法大学教授陈岱松，北京大学法学院硕士研究生王晨，复旦大学法学院博士研究生任愿达，中央财经大学法学院副教授董新义，与谈人为北京大学法学院教授彭冰，清华大学法学院教授、中国法学会证券法学研究会常务副会长施天涛。

第二十一期：中美股权投资中的对赌回购协议、责任承担与风险管控

主讲人为北京隆安律师事务所高级合伙人邱琳律师，华睿富华资本董事长、浙江省股权投资协会副会长宗佩民，中国投资发展促进会副会长周恺秉，华东政法大学国

际金融法律学院副院长、副教授丁勇，浙江大学城市学院法学院讲师张桂龙，浙江省律师协会副会长、浙江和义观达律师事务所创始合伙人叶明，与谈嘉宾为北京大学法学院教授刘燕。

第二十二期：中美公司跨境融资并购法律制度与律师实践

主讲人为原北京律协证券委主任、北京市中银律师事务所高级合伙人李宝峰，江苏省律协涉外法律委主任、北京市中银（南京）律师事务所高级合伙人李俭，钱伯斯中国税务领先梯队律师、北京明税律师事务所主任武礼斌，北京明税律师事务所高级合伙人施志群，钱伯斯中国反垄断法推荐律师、北京高朋律师事务所高级合伙人姜丽勇，北京市朝阳区律协财税委副秘书长、北京明税律师事务所律师赖春华，国际并购整合联盟 (GPMIP) 中国董事合伙人於平，与谈人为中国和美国纽约州双执照律师、知名经济学家、美国中概股协会前理事长唐兆凡。

第二十三期：中美证券集体诉讼、特别代表人公益诉讼理论制度与实务高端论坛

致辞嘉宾有北京金诚同达（杭州）律师事务所高级合伙人律师王进，全国律师协会金融专业委员会主任沈田丰，中证中小投资者服务中心维权部总监鲁小木。主讲人有上海财经大学法学院助理教授樊健，香港中文大学法学院教授黄辉，新加坡管理大学副院长张巍，中伦文德律师事务所律师、美国加州执业律师连捷博士，原证监会上海专员办处长、国浩（上海）律师事务所资深顾问黄江东博士，北京朗诚律师事务所主任、高级合伙人律师武峰，上海上正恒泰律师事务所首席合伙人程晓鸣博士，北京金诚同达律师事务所高级合伙人律师、国际法学博士金赛波，华东政法大学国际金融法律学院副教授肖宇，上海对外经贸大学副教授汪其昌，同济大学法学院教授朱国华。与谈与评议嘉宾为：中国法学会证券法学研究会会长、最高人民法院研究室副主任郭锋，清华大学法学院教授汤欣，北京大学法学院党委书记、副院长郭雳教授，华东政法大学原副校长、锦天城律师事务所主任顾功耘。

第二十四期：中美证券内幕交易、利用非公开信息交易的构成与抗辩

主讲嘉宾为中山大学法学院副教授蔡伟，安徽大学法学院副院长朱庆教授，原中国证监会上海专员办处长、国浩律师事务所资深顾问黄江东，北京地平线（深圳）律师事务所高级律师徐瑶，与谈嘉宾为南京大学法学院教授曾洋。

第二十五期：中美公司双层股权制度理论与实践

主讲嘉宾为浙江理工大学法学院副教授金幼芳，全国中小企业股份转让系统有限责任公司（新三板）经理白芸，全国中小企业股份转让系统有限责任公司（新三板）高级经理常铮，天风证券股份有限公司董事会秘书诸培宁博士，与谈嘉宾为华东政法大学国际金融法律学院副院长、副教授梁爽。

第二十六期：中美证券市场操纵的制度、认定与抗辩

主讲嘉宾为兰州大学法学院副教授白牧蓉，北京市竞天公诚律师事务所合伙人刘思远，同济大学法学院副教授刘春彦，中央财经大学法学院副教授缪因知，上海上正恒泰律师事务所首席合伙人程晓鸣博士。与谈嘉宾为西南政法大学教授、博导、中国法学会证券法学研究会副会长侯东德。

第二十七期：中美证券内幕交易民事赔偿制度理论与司法实践

主讲嘉宾为温州市乐清市监察委干部林秀，北京市中伦文德律师事务所合伙人连捷，北京市金杜律师事务所合伙人刘凌云，北京市地平线（深圳）律师事务所律师徐瑶，上海金融法院法官符望。与谈嘉宾为原中国证监会上海专员办处长、国浩律师事务所资深顾问黄江东，同济大学法学院副教授刘春彦。

第二十八期：场外证券配资最新理论制度和司法实践

主讲嘉宾为兰州大学法学院教授、光大证券股份有限公司MD（董事总经理）陈岚，浙江五联律师事务所高级合伙人、浙江省金融法学研究会副会长沈宇锋，上海协力律师事务所资深顾问江翔宇，北京盈科（杭州）律师事务所律师倪灿，杭州师范大学副教授、浙江省金融法学研究会副秘书长王立，杭州市人民检察院第三部副主任检察官张海峰，与谈嘉宾为：中央财经大学法学院教授、中国法学会证券法学研究会副会长（秘书长）邢会强，兰州大学法学院院长、中国商业法研究会会长、中国法学会证券法学研究会副会长甘培忠。

第二十九期：中外注册制下的IPO制度、上市暂停与上市重启制度研究

主讲嘉宾为同济大学法学院副教授刘春彦，北京大学法学院副教授陈若英，浙江大学光华法学院经济法博士研究生侯凌霄，中央财经大学法学院副教授杜晶，华东政法大学教授陈岱松，国浩（上海）律师事务所高级合伙人宣伟华，北京市金杜律师事务所高级合伙人、浙江省法学会金融法学研究会常务会长姜丛华，中国人民大学法学院教授、中国法学会商法学研究会副会长叶林。

第三十期：中美证券信息披露欺诈的制度、认定标准、索赔抗辩与保险

主讲嘉宾为浙江大学光华法学院经济法博士研究生钱颢瑜，四川光沐东轩律师事务所律师、中国法学会证券法学研究会理事李君临，北京市地平线（深圳）律师事务所律师徐瑶，中国和美国纽约州双执照律师、美国中概股协会前理事长唐兆凡博士，通用再保险中国区非寿险合约负责人、CPCU国际大使王民，与谈嘉宾为华东政法大学法学院副院长、博导孙宏涛教授。

第三十一期：中美数字证券、智能化交易与智能投顾的发展与监管法治

主讲嘉宾为恒生电子公司战略规划部、咨询事业部总经理李军，恒生研究院高级业务专家徐富强博士，国元证券股份有限公司副总经理范圣兵，中国人民大学法学院助理教授钟维，上海对外经贸大学法学院教授、中国商业法研究会副会长、中国证券

法研究会常务理事李文莉。与谈嘉宾为恒生电子公司副总经理、证券智能化专家官晓岚，北京大学法学院副院长、博导、中国银行法学研究会副会长郭雳教授。

除了感谢上述专家和教授外，本次"瑞幸咖啡案例研究"系列讲座能够开展，还要感谢广告宣传团队、文字记录整理团队、后台服务团队，特别感谢提供技术支持的杭州胜数研创公司团队。正是他们的支持使以上各期内容均有完整的视频资料可以回顾学习，所有电子版的视频资料都在技术支持平台"胜数学院"（https://appw2zD1mlV9433.h5.xiaoeknow.com）上，大家可以结合本书的当期文字和视频材料学习。祝您在学习中进步！

浙江大学光华法学院教授、博导
中国法学会证券法学研究会副会长　李有星
浙江大学互联网金融研究院副院长
2021 年 10 月 13 日

目 录

第一期　瑞幸咖啡案件的法律适用总览

2020 年 4 月 19 日，由浙江大学互联网金融研究院副院长、中国法学会证券法学研究会副会长、光华法学院李有星教授牵头主持的"瑞幸咖啡案例的法律适用总览"报告在钉钉线上顺利召开。此次报告，将社会热点与教学、研究紧密结合，就近期社会上热烈讨论的瑞幸咖啡财务造假事件，分析介绍中美证券法上虚假陈述法律适用的有关问题。本次报告通过"浙大李有星教授"公众号进行宣传，并采取多群联播的方式，参与人数多达 2500 余人，受到业内专业人士的肯定，报告取得了圆满成功。

报告伊始，由李有星教授进行开场介绍，主要阐述了瑞幸咖啡案的相关情况并提出该案件中涉及的证券法相关的问题。李有星教授由瑞幸咖啡案引申出八个问题：第一，瑞幸咖啡案造成投资者损失惨重，如何认定对投资者赔偿的范围和方式的问题；第二，瑞幸咖啡案引发了对注册制的担忧和质疑，注册制下如何把握发行和上市的标准的问题；第三，瑞幸咖啡案中公司"董监高"如何承担责任的问题；第四，证券服务机构责任该如何分配的问题；第五，做空机构的作用以及关于如何界定合法的做空行为与非法的信息操纵的问题；第六，关于瑞幸咖啡案是否可以在中国境内起诉以及中国法院是否可以进行长臂管辖的问题；第七，如何把握虚假陈述民事责任赔偿中的重点问题；第八，在证券数字化时代，如何构建司法救济体系的问题。

一、瑞幸咖啡财务造假法律责任分析——以中美证券法对比为视角

报告主体主要分为四个部分。第一部分由浙江大学光华法学院博士研究生潘政结合瑞幸咖啡财务造假事件，对中美两国证券虚假陈述民事责任的诉讼主体、行为要件、主观要件、因果关系要件进行对比，系统地分析中美证券法上虚假陈述法律责任的构成与认定。此外，在做空机制下虚假陈述揭露日的认定中，潘政结合揭露日的认定依据，认为不能将类似瑞幸咖啡案中浑水公司公布的做空报告作为认定案件揭露日的依据。

二、瑞幸咖啡虚假陈述法律责任研究——证券服务机构的法律责任分析

第二部分由康琼梅硕士从被告的确定、责任确定、免责事由三方面来分析中美两国证券服务机构法律责任承担的异同，并结合美国制度，对与瑞幸咖啡财务造假最为相关的两个证券服务机构——中金公司、安永会计师事务所是否需要承担虚假陈述的法律责任进行分析。康琼梅硕士从本案事实出发，讨论原告是否有充足证据证明服务机构存在共谋或者过失，以及服务机构可能存在的免责事由。

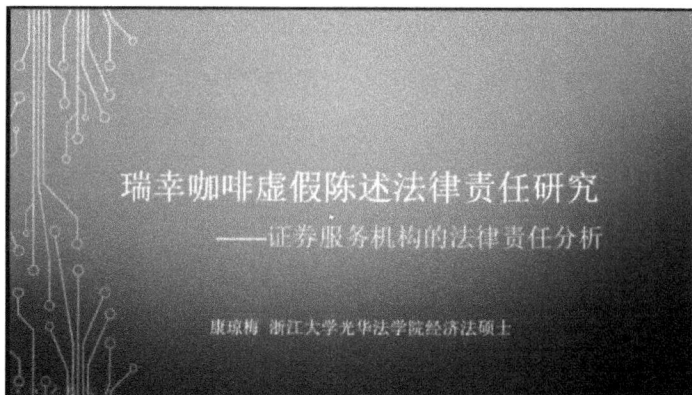

三、做空机制——结合瑞幸咖啡财务造假案

第三部分由钱颢瑜就此次事件中浑水公司的做空行为，展开对中美两国如何界定合法做空行为与非法信息操纵的研究，并结合香港香橼案、美国希尔威矿业案两个案例，提出完善我国证券市场做空机制的建议。随着修订后的《中华人民共和国证券法》（以下简称新证券法或《证券法》）的实施和注册制科创板的试点，信息披露的真实、准确、完整越来越重要。上市公司的行为，不仅需要官方监督，也需要市场各主体的监督。做空机构这种专门寻找上市公司问题的机构无疑是对官方监管的有益补充。

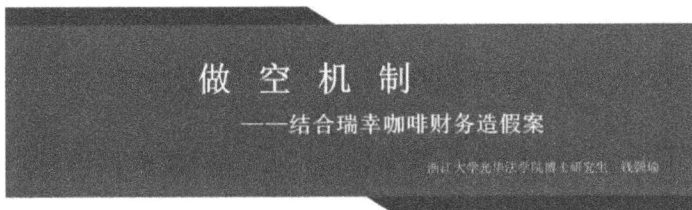

四、瑞幸咖啡案例分析——程序法上的域外管辖问题

第四部分由浙江大学光华法学院国际法专业博士研究生娄琳和汤方实结合我国新证券法的规定，就目前媒体热烈讨论的我国新证券法域外管辖的问题展开研讨。首先，娄琳指出，中国新证券法域外适用应当把握适度、攻防兼备的方向，以无域外适用管辖推定为原则，以交易标准为主，以结果标准为例外。汤方实指出，瑞幸咖啡案的域外管辖，需要分别讨论私法诉讼主体和公法诉讼主体的情形。针对前者，瑞幸咖啡不具有证券监管意义上的密切联系点，不能认为我国有权管辖；针对中国证监会是否有管辖权，需要考虑该跨境证券欺诈行为在我国境内产生的实质性的、直接的和可预见的影响的程度。由于没有满足结果标准，不能适用新证券法的域外管辖条款。

最后，李有星教授对本次报告进行了总结。第一，瑞幸咖啡对财务造假事实已经自认，且投资者的损失已经很明显，瑞幸咖啡将面临巨额的损失赔偿；但从管辖角度来讲，理论上该案件并不适合中国管辖。第二，做空行为的背后往往有利益链存在，容易引发内幕交易、操纵市场的行为，因此在中国进行做空要特别慎重。第三，如何保护投资者是一个难点。我国应当设立专门投资者保护机构，履行法定职责，全面系统地保护弱小投资者，避免出现"二次损害""一鱼三吃"的现象。

第二期　律师视角的虚假陈述与追究实操

　　2020 年 4 月 26 日，由浙江大学互联网金融研究院副院长、中国法学会证券法学研究会副会长、浙江大学光华法学院李有星教授主持的"瑞幸咖啡案例研究第二期：律师视角的虚假陈述与追究实操"讲座在钉钉线上顺利召开。作为瑞幸咖啡案例研究系列第二期，本次讲座从律师视角出发，重点探讨虚假陈述与追究在实务中的操作。本次讲座的主讲人为国浩律师（上海）事务所资深顾问黄江东博士、中国光大银行杭州分行特殊资产经营管理部副经理冯泽良博士、浙江裕丰律师事务所副主任厉健律师和浙江泽大律师事务所原虚假陈述案承办律师沈翔，与谈人为浙江大学法学院黄韬教授。报告采取多群联播的方式，联动达 6 个群，参与人数众多，取得了圆满成功。

　　李有星教授在开场介绍了各位嘉宾，指出瑞幸咖啡案例是一个典型案例，随着美国证券交易委员会主席克莱顿提示中概股重大信披、财报风险，瑞幸咖啡案例的后续影响仍在持续发酵。如何使优秀的公司在海内外上市以及如何遏制不良公司上市，证券监管主权、证券数据主权和跨境监管合作等问题成为焦点，未来将就瑞幸咖啡案及中概股相关证券法问题开展更多系列讲座，一般在每星期日 18：30 开始报告。谈到数字证券时代的数据证据问题，他指出证券市场的交易数据的存放具有法定性，证券法规定了证券登记结算机构是证券数据真实性和确定性的法定机构。对于客观存在的证券数据，由国家规定的投资者保护机构提供或法院依职权取得，促使法院在审理过程中追求证券交易的客观事实，而不是法律事实。法院或第三方机构可以依职权提取相关数据作为案件审理的重要事实证据，突破因事实举证困难导致的司法局限性，法院裁判可以更加忠于事实真相。

一、新证券法下的信息披露监管与处罚

　　报告分为四个部分。第一部分，由黄江东博士以"新证券法下的信息披露监管与处罚"为主题，与大家展开了交流。黄江东博士指出，信息披露是证券市场的基石，

是注册制的核心和灵魂。黄江东博士阐述了新证券法真实、准确、完整、公平及时、简明清晰和通俗易懂的信息披露要求，以及新证券法有关重大事件、董监高责任、自愿披露及公开承诺、过错推定责任等部分的修改，并重点分析了证券民事诉讼机制，包括先行赔付、支持诉讼、派生诉讼和代表人诉讼。黄江东博士认为，我国新证券法第九十五条创设了投资者保护机构主导的特殊代表人诉讼，是推动促进我国投资者保护的重要举措。投资者保护机构主导的特殊代表人诉讼，其诉讼主体只能是依法设立的投资者保护机构，这是我国证券民事诉讼与美国等典型的市场化集团诉讼模式最大的区别。代表人诉讼是影响巨大的行动，必须谨慎处置，因此投资者保护机构提起代表人诉讼必须接受 50 名以上投资者的委托。投资者保护机构主导的特殊代表人诉讼依据"默示加入明示退出原则"，除非投资者明确表示不愿意参加诉讼，经证券登记结算机构确认的权利人都将自动成为诉讼原告，大大降低了投资者的诉讼负累。

当然，作为新创的制度，黄江东博士指出投资者保护机构主导的特殊代表人诉讼制度还存在很多问题，比如人民法院是否应对来登记的投资者做实质性审查、如何处理投资者诉讼主张不同的情况、代表人如何产生、其费用如何处理等问题。黄江东博士还讨论了新旧法衔接的问题：造假行为及披露违法行为均发生在新法实施前，按照从旧原则，适用旧法；造假行为发生在新法实施前，但披露违法发生在新法实施后，应适用新法；造假行为发生在以前年度，但一直延续到新法实施后，应分别按照新法和旧法分年度处理，合并处罚。

二、瑞幸咖啡的股东维权路径

报告的第二部分，由中国光大银行杭州分行特殊资产经营管理部副经理冯泽良分析瑞幸咖啡的股东维权路径。冯泽良从索赔主体、索赔依据和索赔策略比较三个方面阐述股东的维权路径。

第一，索赔主体。除了二级市场的散户投资者外，在瑞幸咖啡案中一级市场的证券认购者，以及 IPO 以前的风险投资者也都需要予以关注。一、二级市场的投资者自然可以依据新证券法获得索赔，而 IPO 以前的风险投资者，例如愉悦资本等都在此次财务造假事件中损失严重，虽然这些 IPO 以前的投资者难以通过《证券法》获得赔偿，但可以依据《中华人民共和国公司法》（以下简称《公司法》）和《合同法》[①]索赔。

第二，索赔依据。不同的投资者的索赔依据各不相同，IPO 以前的风险投资者作为瑞幸咖啡公司股东，可以依据公司注册地的《公司法》及判例获得保护；IPO 以前的风险投资者往往与瑞幸咖啡公司及实际控制人签订有《投资者协议》，IPO 以前的投资者也可以依据《投资者协议》及《合同法》，采用仲裁等灵活方式维护自身权益。

---

① 　自 2021 年 1 月 1 日起，《中华人民共和国合同法》废止，《中华人民共和国民法典》合同编施行。

第三，索赔策略比较。索赔策略的选择应当根据胜诉可能性、程序便捷性、诉讼成本、获赔金额、执行难度等因素综合考虑。对于中国境内二级市场的散户投资者而言，依据新证券法进行索赔的难度较大，因为瑞幸咖啡造假行为发生在新证券法实施以前，新《证券法》难以适用；我国境内散户投资者难以通过合法途径直接投资美国证券市场，一些境内投资者购买美股的外汇来源存疑，难以被认定为我国新证券法上的"合法权益"；此外，瑞幸咖啡事件对国内证券市场尚无法构成实质上"扰乱"。新证券法长臂管辖条款的初衷，可能主要是保护"沪港通""沪伦通"等模式下的投资者，而瑞幸咖啡案中的受损投资者适用新证券法长臂管辖条款的可能性较小。中国投资者在美国提起诉讼也会面临许多困难，包括对美国法律和司法体系缺乏了解、律师费用较高、执行难等问题。从声誉角度出发，瑞幸咖啡及承销商、审计机构等选择与投资者和解的可能性比较大，和解后的赔偿款可能大打折扣，美国集团诉讼可能演变为律所和中介机构之间的利益交易游戏，最终受损的还是投资者。

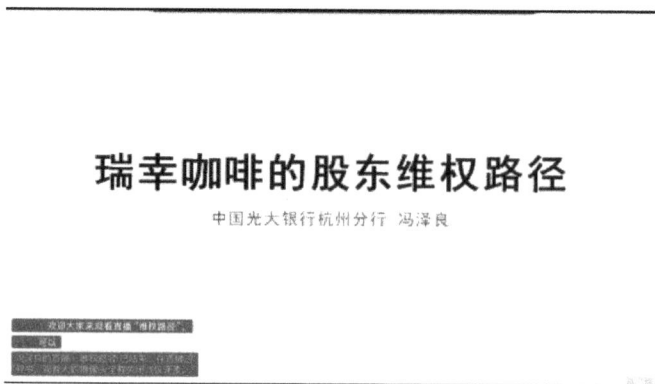

三、虚假陈述责任在实务中的困扰——以诉大智慧虚假陈述责任案为例

第三部分，由沈翔律师分析虚假陈述责任在实务中的困扰。沈翔律师以诉大智慧虚假陈述责任案为例，分析了实务中三方面的问题。

第一，损失计算的不确定性及因果关系反思。司法实践中，对于投资者损失的计算，最常用的算法就有三种，包括算术平均法、加权平均法和移动加权平均法。所谓算术平均法就是"平均买入价＝买入总金额÷买入总股数"；所谓加权平均法就是"平均买入价＝（买入总金额－卖出总金额）÷（买入股数－卖出股数）"，这是最高人民法院司法解释中推荐的损失计算基本方法；移动加权平均法依托于中证中小投资者服务中心（以下简称投服中心）的算法软件，其平均买入价是将投资人每笔买入与下一笔买入进行加权计算，将得出的结果再与下一笔买入进行加权计算，如此循环，直至计算至最后一笔买入。根据不同的计算方法，会得出差异较大的计算结果，案件因果关系也存在诸多差异。沈翔律师由此反思道，我们通过虚假陈述行为、行政处罚书和股价波动等事实确定了虚假陈述行为与投资者损失的因果关系，但在具体计算上，这一因果关系又被重新讨论或解释了一遍，引发了我们对于是否存在最佳算法、法律事实是基于证据还是算法，以及因果关系如何分配和量化等诸多问题的思考。

第二，责任主体范围的扩大。在诉讼中，大智慧公司已经处于退市风险警示状态，出于对执行的担忧，需要尽可能扩大责任范围，其中就涉及会计师事务所的连带责任问题。至于高管责任的问题，因为没有司法先例，相关主张被放弃。

第三，诉讼活动中存在的一些问题。投服中心在该类案件中也扮演着越来越重要的角色，因其股东是证券登记计算中心，因此可以提供原告交易记录服务；投服中心还为法院审理提供了投资者差额损失程序化计算软件，并且组织律师和投资者进行集体诉讼。此外，诉讼中还存在前期代理律师的诉讼难度大、成本高的问题；而后期审理成本大，因此法院多走形式，浪费了司法资源。

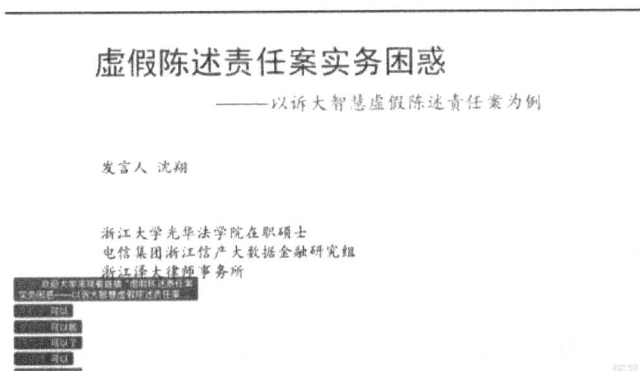

四、瑞幸咖啡虚假陈述及追责的实务问题

第四部分，厉健律师从四个方面谈论瑞幸咖啡虚假陈述及追责的实务问题。

厉健律师首先简要概述了瑞幸咖啡财务造假案。之后，厉健律师就瑞幸咖啡国内诉讼的几个时间点和索赔依据进行了分析。他指出已有国内投资者向厦门中院起诉瑞幸咖啡，起诉的依据是我国《证券法》第二条的长臂管辖条款以及《证券法》第八十五条；在 2019 年 11 月 13 日至 2020 年 4 月 2 日期间购买或持有瑞幸咖啡股票的投资者均可成为瑞幸咖啡虚假陈述案件的原告主体。但厉健律师认为国内法院受理该案难度较大，或不受理，或受理后依法驳回可能性比较大，且根据国内虚假陈述司法解释，该案也不满足诉讼的前置程序，投资者反而面临违反外汇管制的风险。

厉健律师还就国内虚假陈述常见问答情况作了回应。在本部分，厉健律师结合实务，谈论了虚假陈述的概念和标志性案例、诉讼费用、管辖、示范诉讼等问题，指出我国证券代表人诉讼实施细则尚未出台，法院在其中的主导作用亦十分重要，中国版的集体诉讼总体上仍然处于探索阶段。

最后，厉健律师简评了大智慧案，分析了案件争议点和刑事责任，其中最重要的争议点是揭露日的认定。被告大智慧认为 2015 年 1 月 23 日公司发布整改报告是本案的揭露日，投资者在诉讼前期则主张以 2015 年 5 月 1 日证监会立案公告日为揭露日，在后期则主张以 2015 年 11 月 7 日证监会出具处罚告知书为揭露日，法院生效裁判也主张这一日期。以 2015 年 1 月 23 日为揭露日，将有大量投资者得不到赔偿，而主张 2015 年 5 月 1 日为揭露日的投资者也大量撤诉。此案之后，上海法院也逐渐将处罚告知书作为揭露日的标志。

五、瑞幸咖啡事件的系列性影响

在与谈环节，浙江大学黄韬教授首先分析了瑞幸咖啡事件的系统性影响，指出证券市场出现个别企业造假是常见的情况，一般不会对整个市场产生系统性影响。但是此次瑞幸咖啡案似乎使人产生了瑞幸造假并非个案的感觉，甚至引发了一些系统性的影响，包括美国证监会主席将此次瑞幸咖啡事件扩展为整个中概股的市场风险和监管漏洞。证券市场传统意义上个股造假的非传染性，在瑞幸咖啡被视为中概股代表后出现了改变，以至引发了对中概股特别监管和提起集团诉讼的系统性影响。

黄韬教授结合此次瑞幸咖啡案，主要谈论了三个关注点。

第一，新证券法第二条是否会被激活的问题。证监会的表态以及社会舆论一般认为瑞幸咖啡案中长臂管辖条款不会被发动，但是随着事态发展，情况有所改变。国务院金融发展稳定委员会在这个时间节点发布公告要求对造假、欺诈等行为从重处理，银保监会也对瑞幸咖啡财务造假事件进行了回应，中央监管层的这些举措无疑是耐人寻味的。

第二，中美证券执法合作机制的走向。此次美国证监会主席针对中概股发布风险警示，其中重要的原因是美国监管机构无法获得中概股公司的审计报告底稿，因而无法对中概股公司进行充分监管。这就涉及中美证券执法合作的问题，2012 年中国证监会就不允许国内会计机构向美国监管机构提供会计底稿，在这次事件后中美两国达成了一定的合作协议，但这个合作机制实际上并不彻底。新证券法第一百七十七条关于证券跨境监管合作的条款，就明确规定"未经国务院证券监督管理机构和国务院有关主管部门同意，任何单位和个人不得擅自向境外提供与证券业务活动有关的文件和资料"。这无疑为中美两国未来的证券监管合作带来了许多不确定性。

第三，集团诉讼在中国的生根发芽。集团诉讼作为一个美国特色的制度，实际上也具有两面性，新证券法规定了中国版的集团诉讼在吸收美国制度的优势之时，也要有相应的制度机制避免集团诉讼成为某些特定主体牟利的手段及其他弊端。此外，由具有官方背景的投资者保护机构提起集团诉讼，决定追究哪些公司和其他责任人的责任，可能导致问题的非法律化，将会出现更多非法律因素影响案件的最终走向，这也是我们完善中国版的集团诉讼制度时需要注意的问题。

最后，黄韬教授指出，现阶段针对上述三个关注点还无法给出标准答案，需要进一步观察法律条款的激活，以及具体的法律适用。

第三期 证券监管及证券数据主权、域外管辖与跨境监管合作

2020年5月3日，由浙江大学互联网金融研究院副院长、中国法学会证券法学研究会副会长、浙江大学光华法学院李有星教授主持的"瑞幸咖啡案例研究第三期：证券监管及证券数据主权、域外管辖与跨境监管合作"讲座在钉钉线上顺利召开。本次讲座的主讲人为浙江大学互联网金融研究院研究员朱悦博士、华东政法大学经济法学院副院长伍坚教授和浙江大学管理学院会计学博士生陈帅弟，与谈人为华东政法大学国际金融法律学院教授、中国法学会证券法学研究会常务理事冷静，以及上海对外经贸大学法学院教授、中国商业法研究会副会长李文莉。报告采取多群联播的方式，联动达8个群，参与人数众多，取得了圆满成功。

李有星教授开场介绍了案件相关背景。2020年4月27日，据报道，中国证监会已经派调查组进驻深陷财务造假丑闻的瑞幸咖啡多日，行使长臂管辖权。此报道引起

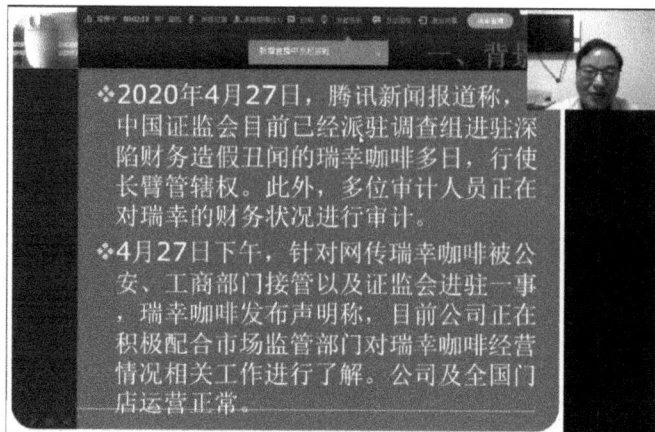

了学术界的争议，案件涉及的"长臂管辖""跨境监管合作""证券监管主权""调查、检查权"等都需要专业人士进行解读。此次讲座所涉及的法条主要包括《证券法》第二条第四款和第一百七十七条。瑞幸咖啡是典型的中概股架构，国内监管机构介入，是行使《证券法》规定的主动监管职责的表现。中国证监会对跨境合作持积极态度，支持境外证券监管机构查处其辖区内上市公司财务造假行为。我们已经进入数字证券时代，互联网证券的发展不会停止，建立数字证券法律框架、加强互联网证券方面的立法十分重要。

一、数据主权与证券跨境监管

报告分为五个部分。第一部分，由浙江大学互联网金融研究院研究员朱悦博士以"数据主权与证券跨境监管"为题，从数据主权中关于跨境监管的基本观点与争议及对《证券法》第一百七十七条的解读两部分来进行阐述。

（一）对数据主权中关于跨境监管的基本观点与争议的阐述

第一，朱悦博士指出数据主权是在数据跨境传输的背景下提出的。数据跨境传输是指以包括电子传输在内的方式，将数据转移至境外进行存储或处理。广义上包括数据产品和服务的输出，开展业务所需的跨境数据支持，监管部门、司法系统的证据获取。

第二，朱悦博士提出数据主权主要是针对网络空间，主要包括数据控制与管理权、数据相关立法权、国际合作中的话语权。目前数据主权理论上存在争议：一个观点是要强化数据主权，在网络空间相对开放的情况下，更应该注重数据主权的维护；另一个观点是要弱化数据主权，依靠非政府方式的利益平衡来解决，形成一种事实上的网络空间自由和自治，促进数据共享。

第三，朱悦博士介绍了各国强化数据主权的方式：一是通过提高对数据传输国家的要求来限制数据跨境传输；二是要求数据存储在境内。此外，朱悦博士还提到各国除了坚守数据主权，还通过制定长臂管辖规则积极扩张数据主权，例如2018年美国《澄清域外合法使用数据法案》（*Clarify Lawful Overseas Use of Data Act*）；欧盟《一般数据保护条例》第3条。

（二）对《证券法》第一百七十七条关于跨境监管的规定进行解读

朱悦博士指出，《证券法》第一百七十七条只是原则性、授权性的规定，具体操作要求还要从其他规定中找到依据。目前大部分的证券监管不是基于管辖权，而是基于合作协议。从《证券法》第一百七十七条第二款看出证券业务有关的文字、资料属于法律限制跨境传输的数据。在全球范围内形成治理框架之前，我国还是会通过合作的方式来完成数据共享和交换。因为基于证券合作备忘录的形式，不涉及主权问题，更容易被各国接受。《证券法》第一百七十七条第二款在其他规定中也有类似的表述，例如：《关于加强在境外发行证券与上市相关保密和档案管理工作的规定》第三条、第四条、第六条；《会计师事务所从事中国内地企业境外上市审计业务暂行规定》第十二条。

针对瑞幸咖啡事件是否适用长臂管辖的问题，朱悦博士从数据主权角度提出自己的观点：长臂管辖是为了维护境内资本市场的稳定，保护境内投资者的利益，长臂管辖是一个主动行使的权利，是一种扩张管辖权的方式。从证监会针对瑞幸咖啡案件答记者问中看出，我国是对美国调取中国境内存储的工作底稿提供合作渠道，只表明积极加强监管执法，目的是保护投资者利益，而不是去争取管辖权。如果加入跨境执法就是长臂管辖，至少逻辑上是不通的。

二、跨境证券监管合作

第二部分，由华东政法大学经济法学院副院长伍坚教授以"跨境证券监管合作"为主题与大家展开交流。伍坚教授从现实背景、主要形式、中国实践三个方面阐述跨境证券监管合作问题。

第一，现实背景。随着证券市场日益全球化，滥用跨境市场的案例显著增多。伍坚教授指出，瑞幸咖啡事件主要是跨境财务造假问题，但从更宏大的视角来看，其涉及跨境市场的滥用问题，跨境市场滥用涵盖了跨境内幕交易和跨境市场操纵两方面。之后，伍坚教授就跨境内幕交易和跨境市场操纵的常见形式一一举例释明。

第二，主要形式。各国证券监管机构在调查跨境市场滥用的案件时，往往采取双边或多边合作机制以得到境外监管机构的配合协助。双边合作机制是指两国监管机构通过签订谅解备忘录（MoU）的方式相互交流信息或者开展执法合作，这种合作机制约束力较弱。多边合作机构涉及交易所和监管机构两大层面。在交易所层面，跨市场监管集团（ISG）为其成员进行信息交流与共享提供了很好的途径。在监管机构层面，2002 年，国际证监会组织（IOSCO）发布的《关于磋商、合作与信息交换的多边谅解备忘录》（MMoU）已成为当前最为重要的国际证券监管合作机制。依据 MMoU 第七条，一国监管机构可向境外监管机构请求获得涉及交易记录和行为人的广泛信息。这个机制的优点包括：提供信息不受"双重犯罪原则"的拘束，且任何国内的保密法规不能成为拒绝信息收集或提供的理由；一旦信息被移交，用途广泛，包括民事、行政或刑事诉讼，无须与提供信息的监管机构协商。其缺陷在于没有联合调查机制和成本分担机制。2017 年，IOSCO 又发布了《增强版多边备忘录》（EMMoU），EMMoU 有效包含了 MMoU 的所有条款，并在审计、强制、冻结资产、互联网和电话记录等方面加强了信息交流合作的力度，并试图解决信息提供的迟延问题。

第三，中国实践。伍坚指出，多年来中国证监会较好地利用了双边和多边合作机制进行跨境证券监管。目前的主要争议是一些外国监管机构希望直接在中国境内调查，或者直接要求境内机构提供文件，这项要求与我国《证券法》第一百七十七条第二款相悖。伍坚认为，应坚持 MMoU 和双边备忘录的立场，境外监管机构不得直接调查或者要求当事人提供材料，应向我国监管机构提出请求。但是在个案中可以考虑采取中外联合调查的方式查清案件。在此基础上，伍坚提出需要关注的两个问题，即中国是否需要、是否能够签署 EMMoU，以及调查成本的分担机制如何规定，这两个问题有待进一步的探讨和研究。

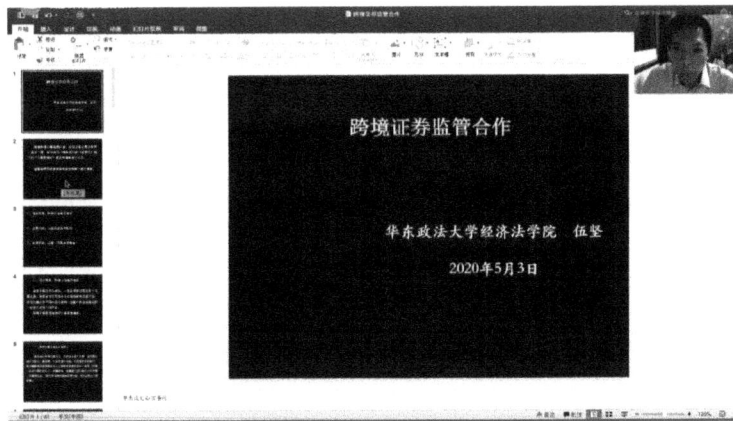

三、中美跨境证券监管合作

第三部分，浙江大学管理学院会计学博士生陈帅弟以"中美跨境证券监管合作"为主题，分三个部分与大家展开讨论。

首先，介绍中美证券跨境监管的现状及意义。陈帅弟指出，从短期来看，中概股屡次在做空基金的揭露下短时间内蒸发市值，产生了信任危机，从长期来看，《证券法》实行注册制以及即将推出的国际证券板块，无论长短期都赋予了中美跨境监管合作的重要意义。围绕瑞幸咖啡财务造假事件前后中美监管机构的合作走向，陈帅弟为我们重点介绍了现存中美跨境监管合作机制，包括多边监管的全球性监管合作（IOSCO）、双管监管合作的谅解备忘录。

其次，揭露中美跨境监管合作对于主管部门、发行人、会计师事务所及其他相关方在监管方面所面临的诸多难题。对于主管部门，陈帅弟认为中国证监会（CSRC）相较美国证券交易监督委员会（SEC）执法权力范围过窄、种类过少，导致在双边监管配合中 CSRC 无法满足 SEC 监管执法的要求；对于发行人，陈帅弟以中国高速频道财务造假事件为例，发现美国很难对中国籍高管依照美国相关监管规则实施惩罚，极大降低了中国籍高管在美犯罪成本；对于会计师事务所，陈帅弟指出，美国公众公司会计监督委员会（PCAOB）在 SEC 领导下，对会计师事务所实施注册、检查、调查和处罚的权限较大，而我国则是由财政部和 CSRC 共同对会计师事务所实施监管，监管权限、能力相对较小。在此背景下，PCAOB 有权查阅所有审计工作底稿，而我国相关法律规定了存放于中国境内的审计工作底稿仅能通过官方渠道向境外提供，造成美方对中国在美上市公司的监管阻力；对于其他相关方，陈帅弟指出在财务造假等违反监管规定的事件中，其他相关方应该承担何种责任仍处于空白，亟须相关研究和实践的支持。

最后，陈帅弟对中美跨境证券监管合作提出展望，要求加强我国证监会的执法权、加强对境外上市公司的境内日常监管、拓宽跨境证券监管合作的途径和内容、完善证券法域外监管适用的具体规则、争取实现中美审计等效监管以及强化对其他相关方的跨境监管合作。

四、管辖权、法律适用以及国际监管合作

第四部分，中国商业法研究会副会长、上海对外经贸大学法学院教授李文莉对三位主讲人的主讲内容做了精彩点评，并针对瑞幸咖啡案中比较热门的管辖权问题、法律适用问题及国际监管合作问题发表了相关看法。她认为瑞幸咖啡案扰乱更多的是美国证券市场的秩序、侵害更多的是美国投资者的利益，所以涉及的应该是美国的长臂管辖，由美国行使司法管辖权。长臂管辖权是一种主动权，而非被动权。由于瑞幸咖啡并非在我国境内上市，所以不适用《证券法》第二条第四款的相关规定。在国际证券监管合作方面，根据 IOSCO 多边备忘录，我国证监会向包括美国证监会、美国公众公司会计监督委员会在内的多家境外监管机构提供境外上市公司审计工作底稿，另外，我国证监会、财政部还与美国签订了相关备忘录，根据这些备忘录的协议内容，我国证监会有进驻瑞幸咖啡协助调查的义务。

五、证券法域外管辖

最后一部分是冷静教授的与谈环节。冷静教授围绕瑞幸咖啡案中的证券法域外管辖问题展开。冷静教授进行了概念上的辨析，阐述了美国法上"域外管辖""长臂管辖""域外适用"三组概念。接着分析第二条第四款语境中的相关概念与出台背景。冷静教授指出，为维护境内市场秩序、保护境内投资者，对美国针对我国实体和个人扩充适用域外管辖进行反制，需要在技术层面规制两个空间的跨境证券违法活动——"引进来"的活动和"走出去"的活动。冷静教授认为，《证券法》第二条第四款保护适用五类主体，是十分原则性和概括性的规定。因此，在适用过程中，需要违法行为达到"冲击效果"的程度，参照美国"效果标准"，即实质性、直接性和可预见性标准。而关于第二条第四款的适用限度问题，关乎各国经济实力与金融市场全球辐射力与影响力，还制约着本国证券法的域外管辖的需求与执行力。

冷静教授表示，她赞同李文莉教授的观点，瑞幸咖啡案实际上涉及美国证监机构的"长臂管辖"形式，而非我国证监机构的"长臂管辖权"的行使。而目前，证监会对于瑞幸咖啡案的高调介入，可能是考量到国际政治因素，例如中国在国际的舆论、保护境内企业声誉等。迄今为止，中国证监会的介入方式也是基于属地管辖，证监会入驻的主体也是瑞幸咖啡（北京）有限公司，瑞幸的违法行为引起境内关注，但是未达到启动《证券法》第二条第四款的程度。因此，对于瑞幸咖啡一案，不宜启动包括司法管辖和执法管辖在内的《证券法》域外管辖。

第四期　中美上市公司董监高责任、免责与保险制度

2020 年 5 月 10 日，由浙江大学互联网金融研究院副院长、中国法学会证券法学研究会副会长、浙江大学光华法学院教授李有星主持的"瑞幸咖啡案例研究（第四期）：中美上市公司董监高（独立董事）责任、免责与保险制度"讲座在钉钉线上顺利召开。本次讲座的主讲人为中国法学会证券法学研究会副会长兼秘书长、中央财经大学法学院教授邢会强；中央财经大学法学院副教授缪因知；厦门大学法学院教授肖伟和通用再保险中国区非寿险负责人 CPCU 国际大使王民，与谈人为吉林大学法学院教授于莹，及暨南大学法学院院长、教授朱义坤。报告采取多群联播的方式，联动达 4 个群，参与人数众多，并收获了大量好评，此次讲座取得了圆满成功。

首先，李有星教授介绍了本次讲座的三大背景。

第一，国务院金融委自 2020 年 4 月 7 日开始，一月之内三次会议聚焦资本市场，并提及对造假行为"零容忍"，会议强调，要坚持市场化、法治化原则，完善信息披露制度，坚决打击财务造假、内幕交易、操纵市场等违法违规行为，对造假的上市公司、中介机构和个人坚决彻查，严肃处理。

第二，2020 年 4 月 24 日，兆新股份 12 名董监高依据《证券法》第八十二条第四款的不保证条款，表示无法保证 2019 年年报真实性，引起 4 月 24 日深交所的问询。4 月 26 日，深圳证监局认为董监高在 2019 年年报披露中存在违规问题，对兆新股份采取了责令改正措施。

第三，北京时间 2020 年 5 月 8 日，金山云美股上市首日暴涨 40%，雷军身家一天增百亿，一扫此前瑞幸咖啡事件带来的中概股阴霾。此次讲座所涉及的法条主要包括《证券法》第八十二条、第八十五条、第一百八十一条和第一百九十七条等。自新证券法实施以来，董监高问题明显出现了四个变化：一是董监高责任加重，未来赔偿额度增大；二是担任独立董事的意愿明显下降；三是董监高责任保险投保意愿明显提升，这是对

未投保公司的挑战，上市公司投保成为一个关键决策；四是董监高不敢保证披露文件真实性的情况明显增加。虽然目前实践中董监高保证有一定困难，但还是要协调好其与上市公司信息真实性之间的矛盾。

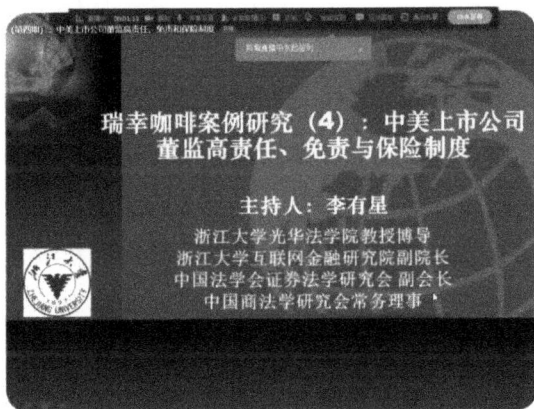

一、上市公司董监高的勤勉义务标准与责任保险

报告的第一部分，由厦门大学法学院教授肖伟以"上市公司董监高的勤勉义务标准与责任保险"为主题与大家展开了交流。

第一，从佳电股份公司虚假陈述的案例引入，探讨了证监会对董监高的追责规则及其依据。佳电股份公司调增 2013 年度、2014 年度利润总额，构成虚假陈述，证监会对佳电股份公司的独立董事胡凤滨给予警告，并处以罚款。然后，分析了胡凤滨的抗辩事由和证监会的否决理由。目前，证监会掌握的追责规则是董监高签字就要负责，仅在"确实不知情且当事人证明已经充分履行勤勉义务"的条件下才能免责，该规则的法律依据是《上市公司信息披露管理办法》第五十八条，但我国法律目前尚无勤勉义务标准的具体规定。

第二，介绍了证明已经充分履行勤勉义务的失败案例与成功案例，证监会对董监高免予处罚的法律依据主要是《信息披露违法行为行政责任认定规则》第二十一条对于可以认定不予行政处罚的考虑情形的规定。

第三，介绍了国外关于勤勉义务认定的理论与规则，依据不同角度可以将勤勉义务的认定标准划分为"谨慎人标准"和"理性人标准"，"主观标准""客观标准""主客观结合标准"；依据披露文件类型的不同可划分为"专家报告、政府文件"和"非专家报告、非政府文件"，对不同的文件类型采取不同的勤勉义务标准。

第四，对于如何完善董监高勤勉义务标准的问题，肖伟教授认为，一是要不断细化董事勤勉义务的具体内容，主要包括保证董监高的适格、制定严格的会议规则和要求、对董监高履行持续关注义务进行记录和考核、建立完善的独立董事年度报告工作制度、规定董监高的特定任务等具体要求。二是关于抽象标准的确定，可以借鉴国外的理论与规则，以"理性人标准"和"主客观结合标准"要求董事，不同的信息类型应区别对待，对于公信力较强的信息可以合理信赖，而其他信息要求做到合理调查。

第五，介绍了董责险的概况。目前，在瑞幸咖啡案和新证券法加大处罚力度双重作用下，投保董责险的 A 股上市公司数量快速增多。董责险作为一种特殊的职业责任保险，是指由公司或者公司与董事、高级管理人员共同出资购买，对被保险董事及高级管理人员在履行公司管理职责过程中，因被指控工作疏忽或行为不当而被追究个人赔偿责任时，由保险人负责赔偿的保险。对于董责险，肖伟教授认为董责险是一种只为忠实、诚信的董事、高级职员提供的风险转移机制，只保风险，不保恶意违规；董责险绝非为董监高免责；董责险具有多重作用；保险公司对于董责险不是完全按照实际损失或其一定比例进行赔偿，而是设定了赔偿责任限额，因为实际损失往往巨大且难以计算。建议对于董事非主观恶意造成的损失，应当实行责任限额，比如其年度津贴或已取得津贴的一定倍数，这样才合理、可行，而不应当一律要求其承担连带责任。

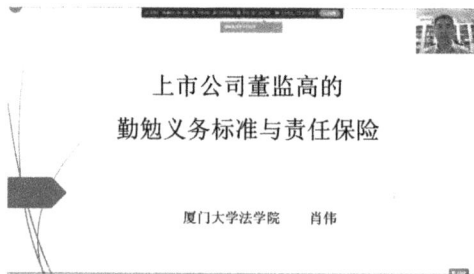

上市公司董监高的
勤勉义务标准与责任保险

厦门大学法学院　　肖伟

二、上市公司董监高（独董）的责任与免责

报告的第二部分，由中央财经大学法学院邢会强教授以"上市公司董监高（独董）的责任与免责"为主题与大家展开了交流。

首先，邢会强教授介绍了美国独董合理勤勉抗辩的法律规定和实际案例。基于美国《1933 年证券法》第 11 条 a 款和 b 款等规定，邢教授介绍了美国外部董事的抗辩标准：合理而非完美的勤勉标准、低于内部董事的勤勉标准、合理范围内可信赖来源的独董调查、可以信赖管理层面对质疑的合理陈述。通过巴氏案等案例，邢教授详细剖析了独董合理勤勉抗辩能否成立的具体情形，最后总结出外部董事建立合理勤勉抗辩的经验：积极参加董事会会议；与管理层就重要政策业务展开沟通；合理信赖管理层及聘请的专业人员等；对公司陈述的信任与其当时对公司的了解保持一致。

其次，对我国《证券法》框架下独董可能承担的民事和行政责任进行了解读。在《证券法》第八十五条信息披露违规的民事责任中，主观状态为故意或过失，独董承担过错推定责任，举证责任倒置，由独董承担无过错举证责任；在《证券法》第一百八十一条欺诈发行证券的行政责任中，主观状态为故意，由行政机关承担举证责任；在《证券法》第一百九十七条信息披露违规的行政责任中，主观责任为故意或过失但无须证明，由行政机关承担举证责任，行政机关证明存在信息披露违规、确属责任主体即可。对于最高法在《关于审理证券行政处罚案件证据若干问题的座谈会纪要》中允许被处罚人在不服信息披露违法的行政处罚的上诉中提供已尽忠实、勤勉义务的证据，邢教授认为这并不意味着举证责任倒置或行政机关需举证被处罚人主观状态，而是意味着法律允许相关责任人免责的一种特殊安排。

再次，对董监高信息披露的相关规定提出了值得商榷的地方。一是将签字的董监高一律认定为"直接负责的主管人员"不尽合理，董监高除直接主管人员（董事长、总经理、财务副总、财务总监）外，一般负领导管理等责任，不应苛求其对会计专业事项负责。二是《上市公司治理准则》等规定对独董的职责要求过高，对董责险免责范围的规定过于粗略，不利于独董勤勉义务的现实履行并发挥实效。三是以科达独董杨庆英案、保千里董事案为例，指出董监高应首先在行政程序中力证无过错，避免行政处罚，有力的证据主要为对公司的自行调查。如受到行政处罚，也可证明自己勤勉尽职以免责，行政责任并不一定引致民事责任。

最后，对董监高责任的合理界定提出建议。应合理区分不同的职位、职责，不能一概不分；准确适用《侵权法》上的"合理人"标准，不主张"审慎人"标准，不要对董监高过于严苛，不要以侦探的标准要求董监高；进一步区分会计责任与管理责任、监督责任，改变责任主体认定一刀切的做法；行政处罚中也应允许合理信赖专家意见；证监会合理行使行政处罚裁量权，对于没有重大过错的独立董事只警告不罚款，否则独董市场就会遭受灭顶之灾；要甄别出恶意造假的主要负责人并追究刑事责任，提高"首恶"的刑事责任。

美国外部董事的抗辩标准

- Section 11's due diligence standard for outside directors requires reasonableness, not perfection.
- The diligence standard for outside directors reflects that they have neither the responsibilities nor the knowledge of management or inside directors regarding the business.
- The word "investigation" in section 11 requires a showing that the outside director received or sought out information of reasonable scope and from reliable sources, not a showing of forensic（法医的）or detective（侦探的） work.
- An outside director may rely "upon the reasonable representations of management, if his own conduct and level of inquiry were reasonable under the circumstances."

三、董监高的责任区分与"不保证"

报告的第三部分，由中央财经政法大学法学院缪因知副教授框架性地分析董监高的责任区分和董监高"不保证"的情形。

首先，缪因知副教授指出，当前董监高的责任越来越重，甚至出现"一锅端"的处罚方式，这是不合理的，应该重点审查董监高的功能和地位。就目前的趋势而言，董事应当更接近监督者的角色，而独立董事存在"外部性"的特征，无法事无巨细地了解公司情况。在客观实践中，监事在公司治理地位中并不强势。董事会和监事会属于合议机构，在本质上大家处于平等地位，但高管有着明确的领导层级属性，具有从属性和短视性，除了管理层中的一把手，其他高管都做不到为全局负责。因此，从实践和组织结构来看，董监高都不属于"全能战士"，只有直接责任人才应当承担责任，但在实务中，出现了董监高责任泛化的情形。

随后，分析了"不保证"的法律依据及其所持观点。缪因知副教授认为，根据《证券法》第八十二条的规定，董事、监事和高级管理人员无法保证证券发行文件和定期报告内容的真实性、准确性、完整性或者有异议的，应当在书面确认意见中发表意见并陈述理由。本条款中的"无法保证"是一种事实问题，客观上也存在董监高无法保证的情况，应当允许这种情况的存在。现实中，年报需要董事会过半数通过，董事面临"年报不通过"和"无法保证"的矛盾，这是一个需要被正视的现实问题，缪因知副教授认为，无法保证本身就等于投了反对票，不需要强调自己反对。

最后，指出基于受信义务，董监高不保证时，必须说明理由，并采取补救措施。瑞幸咖啡本次自我承认存在造假，有做空机构的功劳，也与董监高内部有人试图撇清责任有关。每个有虚假陈述行为的公司都是需要我们攻克的堡垒，要积极支持公司内部董监高不同意见的表达，以实现堡垒的内部攻破，而非将董监高"一锅端"。

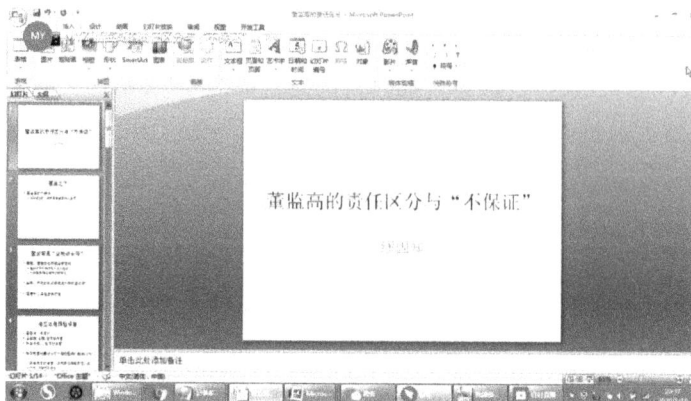

四、上市公司董监高责任保险

报告的第四部分，由通用再保险中国区非寿险负责人 CPCU 国际大使王民以"上市公司董监高责任保险"为主题与大家展开了交流。

首先，王民介绍了董责险的发展情况，简述了董责险的起源之后，通过国际市场比较分析发现，从 2002 年董责险首次进入中国开始，投保公司逐年增加，而随着证券民事赔偿制度不断的完善以及董监高追责程度的提高，王民认为未来将有更多的中国 A 股公司通过投保董责险来分散风险。

接着，介绍了董责险的保障范围并将其划分为三类，包括为保障董事和高级管理人员的个人险和公司险，以及针对公司自身的证券类索赔。对于除外责任，简要地列举了常见的扩展条款和除外条款，并将索赔和损失的定义加以明确。之后，基于公司自上市到退市的过程，讲述了 IPO 保险、D&O 保险以及退市保险的保障范围和内部联系。

最后，就财务造假是否属于董责险的承保范围问题，从三个条款详细分析了瑞幸咖啡财务造假案。第一个条款是不诚实行为除外条款，是指董责险没有除外一般违法行为，而是将欺诈行为作为拒绝赔偿的原因。第二个条款是可分割条款，对于一个被保险个人所知道的事实或信息，不应认为是被其他任何被保险人所知晓，同时为了合理保护保险公司的利益，规定了对于机构的董事长、首席执行官、公司法务总监、董事会秘书、首席财务官等相关人员所知晓的事实或信息，可以确认为机构所知晓，并可以据此拒绝对公司的理赔。第三个条款是不解除条款，针对投保申请书内故意或重大过失所致的错误陈述或隐瞒事实，公司不应解除合同或针对被保险人行使权利，但是对于某一被保险个人知晓相关情况的，保险公司有权解除针对被保险个人及机构为个人提供的保障。如果机构的任何董事长、首席执行官、法务总监、董秘等担任类似职务的人员知道投保申请书内包括对本公司错误陈述的事实或事件的真实情况，或者知道任何被隐瞒的事实，保险公司有权解除对机构提供的保障。

五、董监高的保证责任与董责险赔付

报告的第五部分进入与谈环节。

第一，与谈人吉林大学法学院教授于莹从证监会处罚中安消股份有限公司及其董监高一案谈起，质疑证监会不采纳中安科股份有限公司董监高提出的抗辩事由，仅以报告书上具有董监高的签名来认定其对报告书的虚假记载、误导性陈述或重大遗漏应负连带责任这一做法。

第二，我国证券民事赔偿以行政处罚为基础，只认可行政处罚，不承认民事赔偿，以致无法被广大股民和舆论所接受。

第三，对董监高能否不保证信息披露的真实性持否定态度。投资者作出理性投资决策的前提是获取充分、完整、准确的信息，赋予上市公司信息披露的义务是出于经济性的考虑、免去投资者搜集信息的成本。董监高若不保证上市公司信息披露的真实性、准确性和完整性，则颠覆了信息披露制度的功能，也违背了《证券法》的相关规定。

第四，证券民事赔偿作为董责险的保险范围，赔付金额非常巨大，保险公司如何应对庞大的赔付数额问题会随着时间的推移在实践中慢慢浮现。

六、董监高问责的关系性过程论

最后一部分是朱义坤教授的与谈环节。与谈人暨南大学法学院院长朱义坤教授高度评价了各位主讲人的观点，认为自己和各位主讲人的诸多观点不谋而合，并主要从"董监高问责的关系性过程论"提出了自己的观点。他认为公司乃最典型的组织，董监高在组织中扮演的角色远比称谓更紧要。而特定董监高的角色则在于关系性过程，目前我国董监高的责任一定程度上受到《公司法》《证券法》等关于董监高责任的规定过于绝对的影响。董事责任应当与角色相匹配，权势越大责任越大，不能实行结果责任。并通过列举马斯克薪酬案和特斯拉并购案等案例，指出董事会之间可能存在的错综复杂的"关系"，这都需要纳入法院的审查范围。为了保护中小投资者，法院在行使司法审查权中应当对所谓的股东大会批准保持司法警觉性。

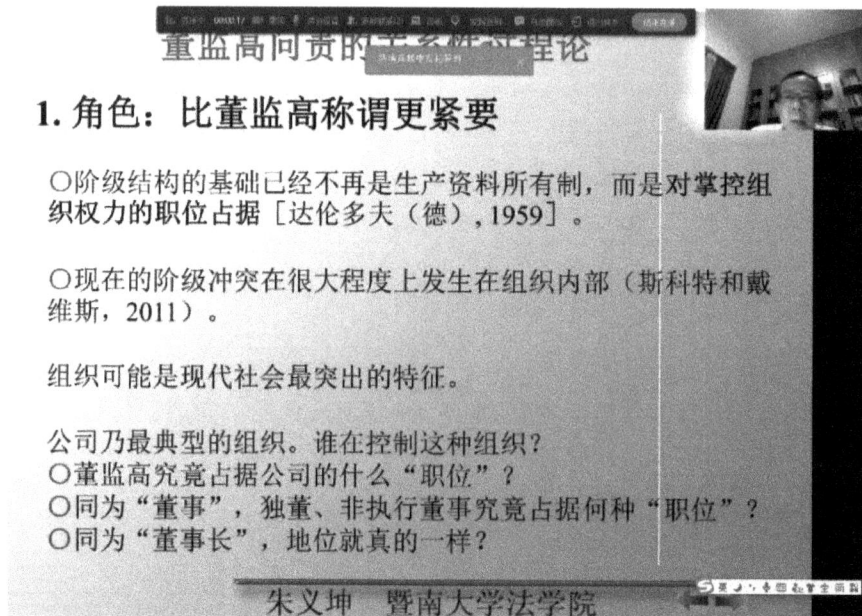

董监高问责的关系性过程论

1. 角色：比董监高称谓更紧要

○阶级结构的基础已经不再是生产资料所有制，而是对掌控组织权力的职位占据［达伦多夫（德），1959］。

○现在的阶级冲突在很大程度上发生在组织内部（斯科特和戴维斯，2011）。

组织可能是现代社会最突出的特征。

公司乃最典型的组织。谁在控制这种组织？
○董监高究竟占据公司的什么"职位"？
○同为"董事"，独董、非执行董事究竟占据何种"职位"？
○同为"董事长"，地位就真的一样？

朱义坤 暨南大学法学院

第五期　中概股面临的挑战、法律对策及对我国注册制改革的启示

　　2020 年 5 月 17 日，由浙江大学互联网金融研究院副院长、中国法学会证券法学研究会副会长、浙江大学光华法学院李有星教授主持的"瑞幸咖啡案例研究（第五期）：中概股面临的挑战、法律对策及对我国注册制改革的启示"讲座在钉钉线上顺利召开。本次讲座的主讲人为新加坡管理大学法学院助理教授张巍博士、北京市金杜律师事务所资深合伙人姜丛华博士、华东政法大学国际金融法律学院副教授肖宇博士，与谈人为北京大学法学院教授郭雳。报告采取电话会议、多群联播的方式，参与人数众多，讲座取得了圆满成功。

　　李有星教授介绍了本次讲座的背景。2020 年 4 月 2 日晚，瑞幸咖啡发布公告称，从 2019 年第二季度开始，公司 COO 兼董事刘剑以及其下属数名雇员从事了包括捏造某些交易等不当行为，公司与虚假交易相关的总销售金额约为 22 亿元。受此影响，瑞幸当晚股价暴跌 75%，熔断 6 次，市值一夜蒸发 352 亿元。瑞幸咖啡是典型的中概股企业，实体经营在境内，利用离岸公司将利润转移到境外。

　　具体而言，本次讲座有四点相关背景。

　　第一，美国正式负面评价中概股。2020 年 4 月 21 日，美国 SEC 发布一篇 SEC 主席克莱顿（Jay Clayton）及 PCAOB 主席威廉·杜南克三世（William D. Duhnke Ⅲ）等五位官员的声明《新兴市场投资涉及重大信息披露、财务报告和其他风险，补救措施有限》，声明指出，与美国国内相比，包括中国在内的许多新兴市场，信息披露不完全或具有误导性的风险要大得多，并且在投资者受到损害时，获得追索的机会要小得多。

　　第二，瑞幸咖啡断臂求生，只为"度过危机，重回正常轨道"。董事会在评估财务造假信息之后，已终止钱治亚和刘剑的 CEO 和 COO 的职位。另外，从内部调查开始，瑞幸咖啡已经停止 6 名其他参与造假或对伪造交易知情的员工的职务。

第三，中芯国际即将征战科创板。2004年，中芯国际在美国纽约和中国香港两地实现上市；2019年5月24日，中芯国际通知纽约交易所退市；2020年4月30日，中国实施《关于创新试点红筹企业在境内上市相关安排的公告》，下调了上市后红筹企业回归A股门槛。同日，中芯国际董事会审议通过境内上市议案；2020年5月5日晚间，中芯国际发布公告称正在计划科创板上市相关事宜。

第四，在2020年5月15日举行的第二届全国投资者保护宣传日活动上，证监会主席易会满围绕投资者关心的注册制改革、再融资、减持制度、退市、财务造假惩处等资本市场重点、热点问题，阐述了最新监管态度——必须出重拳、用重典，坚决清除害群之马，切实保护投资者合法权益。此外，易会满还指出，注册制还应当坚持三大原则：尊重注册制的基本内涵，借鉴国际最佳实践，体现中国特色和发展阶段特征；坚持以信息披露为核心，投资者根据发行人披露的信息审慎作出投资决策；要把借鉴国际经验和立足国情市场有机结合起来。

一、中概股私有化的法律问题

讲座的第一部分，由新加坡管理大学法学院助理教授张巍博士围绕中概股私有化的法律问题展开交流。

首先，张巍教授阐述了在美国上市公司为什么要私有化。主要有以下几方面的考量：节约披露和合规成本、降低信息外流、专注长期战略、增强内部配置灵活性。

接着，张巍教授为大家介绍了美国私有化交易结构的两种方式：一步并购和两步并购。一步并购只需要董事会同意＋股东批准；而两步并购需要先进行要约收购，再进行短式或长式的合并。对于两种不同的交易结构，《证券法》和《公司法》的规制有所区别，也有共同要求。《证券法》的规则主要是依据信息披露，而《公司法》的规则主要围绕信义义务。就《证券法》而言，一步并购和两步并购都需要进行私有化交易披露，但两步并购需要进行收购方披露和被收购方披露，而一步收购只需要征集委托投票权披露。就《公司法》而言，一步并购中，董事会需要遵守信义义务，涉及严重利益冲突，董事会和大股东负有确保交易对小股东"彻底公平"的责任，包括价格、过程等方面的公平。两步并购中，如果满足以下条件，则适用商业判断规则：要约收购不具有胁迫性，信息充分披露，且经过特别委员会的批准。

张巍教授继而指出，上述规则都不适用于开曼群岛。在开曼的法律中，虽然规定了信义义务，但具体审查标准不明。此外，就保护小股东权益而言，虽然开曼法规定了股票回购请求权，比起特拉华州的股票回购请求权，开曼法对小股东不利，且集体诉讼规则并不明确。最后，张巍教授将奇虎360和众品食业两个中概股的私有化从上市方式、注册地、私有化时间、私有化溢价和主要交易条款等方面进行对比。例如，市场中，一般反向分手费是分手费的 1.5 倍，奇虎 360 也正是这样操作的，而众品食业规定了 3 倍，更有利于小股东权益。张巍教授认为，奇虎 360 和众品食业股价变化和诉讼情况的差异，一个重要的影响因素就是二者注册地不同——奇虎 360 在开曼注册，而众品食业在特拉华上市。

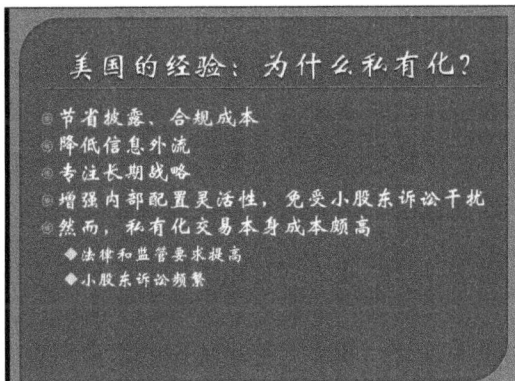

二、中概股的起因、回归路径及相关法律问题思考

讲座的第二部分，北京金杜律师事务所资深合伙人姜丛华博士分享了中概股的起因、回归路径及相关法律问题思考。

首先，姜律师论述了中概股在境外上市及回归 A 股的原因。中概股是指在境外注册和上市，但主要经营的业务在境内，最大控股权或实际控制人直接或间接隶属于境内的民营企业或个人的公司。姜律师认为中概股在境外上市的原因主要有以下四点：行业规范、政策法规的限制；进入资本市场的内在需求；提升国际地位、开阔视野；资产境外持有、境外融资。中概股回归 A 股的原因则包括内部因素、外部环境和利益吸引三点。境内资本市场注册制改革的快速推进，原有无法实现境内上市的产业和企业有了新的通道和多样化的选择。另外，外资开放的力度持续加强，部分产业的外资受限情况发生了实质变化。这种政策法律红利和外资准入成为促使中概股回归 A 股的内部因素。经济全球化受到一系列外部环境不确定的影响，也提升了中国背景企业深挖境内资本市场空间的动力。就特定行业而言，境内资本市场提供了更具有吸引力的估值预期。姜律师还结合迈瑞医疗、万东医疗以及晶澳太阳能等企业的案例，阐述了利益吸引的重要性。

紧接着，姜律师阐释了美国上市中概股概况。近年来赴美上市的中国大陆（内地）企业数量呈阶段性攀升趋势。截至目前，美股上市的中概股公司共 247 家。上市行业分布多元化，涵盖可选消费、材料、金融、信息技术、医疗保健等多方面。其中，信息技术、可选消费和金融所占比重较高。从 2015 年到 2020 年，中概股在 2016 年回归

A 股的数量最多。

随后，姜律师指出中概股回归 A 股有两种方式：一是按照私有化退市、拆除红筹架构和境内上市（IPO 或借壳）的步骤；二是不拆除红筹架构，例如第一家境外注册、A 股上市的红筹企业华润微电子以及科创板受理的首家红筹企业发行 CDR 申请的九号智能案例。企业必须确定回归方式，考虑是否拆除红筹架构。另外，确定上市主体，剥离不适宜 A 股上市业务，满足 A 股上市要求也是中概股回归 A 股的必要准备。

最后，姜律师从中概股回归 A 股的主要法律问题出发引出对瑞幸事件的思考。一是 A 股的主要监管要求和关注重点是红筹回归前后的合规性问题，具体包括信息披露、财务合规、外汇合规、外资合规、税务合规及其他合规问题。二是不涉及外商投资限制的行业通常搭建为典型的红筹架构，其拆除方式主要包括股权转让后回购以及增资后回购／股权转让两种。瑞幸事件在此背景下引发的思考是：财务造假，能否回归 A 股？当然答案是否定的。姜律师强调，瑞幸事件反映出的很多问题是值得我们思考的。关于中概股回归 A 股，我们应该持有什么样的态度？在新的注册制证券发行制度下，法律法规应当作出何种调整与修正？机构及各类主体应如何做好准备参与其中？这些背后的问题才是最重要的。国内不是造假者的天堂，法律、政策应不断完善，做到有力监管、罚当其罪，为资本市场做出应有贡献。

三、中概股被做空原因及对我国注册制的启示

讲座的第三部分，华东政法大学国际金融法律学院副教授肖宇博士以"中概股被做空原因及对我国注册制的启示"为主题，结合近十年的几轮对中概股的做空，详细介绍了对中概股做空可总结的教训、美国注册制与中国注册制科创板试点的比较以及对我国注册制的启示三个问题。

第一，在对中概股做空可总结的教训中，肖宇副教授主要介绍了三个方面：一是以六家被做空中概股的情况为例介绍了中概股被做空的概况；二是指出做空报告中攻击的中概股问题主要有公司财务造假、公司治理与内部控制机制的问题（关联交易）、有争议的上市模式和复杂的所有权结构、股票交易等问题，并着重探讨了财务造假与会计争议的问题；三是分析了中概股被做空主要有中概股境外造假上市的动因与风险认识、中国大陆（内地）企业对美国证券市场信息披露制度和风险认识不足、协议控股模式的法律风险、做空者的利益刺激等原因。

第二，肖宇副教授主要对美国注册制与中国注册制科创板试点进行了比较介绍：一是以京东为例介绍了美国的注册登记程序与问询的内容，介绍了美国注册制监管的特点；二是以科创板公司为例对我国科创板的流程、问询等进行了介绍。

第三，对我国注册制的启示。肖宇副教授提出市场供需的平衡是注册制改革的重

要目标之一。实现证券 IPO 市场的供给与需求平衡，让有需求的发行人能有融资平台；让监管者在发行环节的权力得到限制；以信息披露为根本；通过严厉的监管措施和司法救济来惩罚违规者和保护投资人等均是注册制的改革目标。

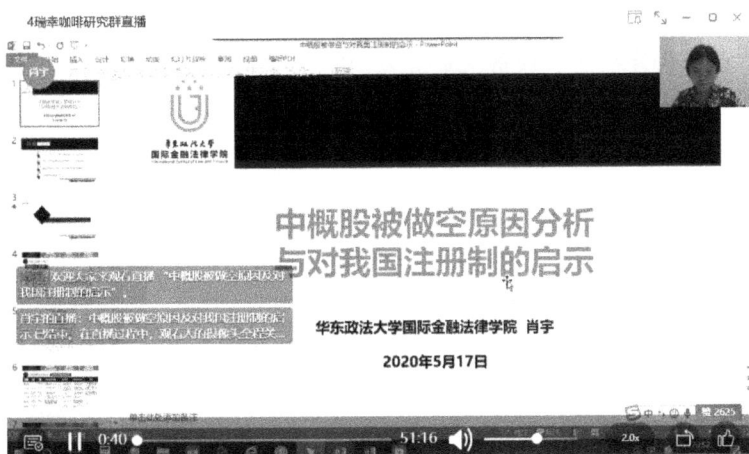

四、中概股及注册制改革

讲座的最后是与谈环节，北京大学法学院郭雳教授围绕"中概股及注册制改革"展开探讨。郭雳教授首先简要点评了三位主讲人的发言，进而从"由起""问题""变化""未来""启示"五个方面进行阐述。

第一，由起。从发起人的角度，选择以中概股的方式上市主要是因为当时境外的发行条件、市场环境、行业特征、监管因素具有一定优势。从投资者的角度，境外投资者希望通过购买中概股来分享中国成长的红利。从制度准备的角度，美国的 ADR 机制、与国际会计标准的互认处理等在客观上造就了中概股在美上市的条件。此外，投行、会计师事务所、律师事务所等中介机构的利益驱动也推动中国大陆（内地）企业在境外上市。

第二，问题。中概股在发展演变过程中也积累了一些问题。例如，中概股公司多采取 VIE 架构来实现对境内实体的控制，这种模式有可能被用来规避境内对于外商投资的限制，也可能造成对境外投资者的损害。又如，此次的瑞幸事件会增加美国市场对中概股的质疑和偏见。

第三，变化。郭雳教授指出，近年来，境内资本市场在发行上市条件、市场环境、行业特征、监管因素等方面出现了一些有利于企业成长的积极变化，而境外上市需要面临的不确定性在增加。

第四，未来。中概股公司群体接下来会有几种可能的路径选择：从境外退市、选择"回归"；在两地上市；经过综合比较后延续境外上市。

第五，启示。新证券法实施后，中国全面推行注册制，这意味着国内对注册制的理解有了深化，取得基本共识，但同时必须认识到，注册制在国际上并没有唯一或现成的操作指南，因此需要把握核心要义，结合我国现阶段资本市场现实，探索具有中国特色的注册制度。从科创板的已有实践来看，试行注册制带来发行上市条件、发行价格和节奏、审核程序机制、权责配置等方面的改变。

发行上市是公司企业与资本市场对话的过程，参与方要各自发挥功能，"发行主体讲清楚、中介机构核清楚、审核机制问清楚、投资大众想清楚、监管部门查清楚、司法机关断清楚"，形成注册制下的制度逻辑和市场秩序。同时，监管完善还须持续抓好事中和事后这两个环节，可以借鉴反腐的思路来抑制财务造假，使得有此企图者"不敢、不能、不想"，需要把惩戒措施和市场手段落到实处，为遭受损失的受害方提供有效救济，增强投资者的专业性、匹配度和抗风险能力。

第六期　中美证券服务中的法律责任、免责标准及防范

　　2020 年 5 月 24 日 18：30，由浙江大学互联网金融研究院副院长、中国法学会证券法学研究会副会长、浙江大学光华法学院李有星教授主持的"瑞幸咖啡案例研究（第六期）：中美证券服务中的法律责任、免责标准及防范"讲座在胜数直播"小鹅通"上顺利召开。本次讲座的主讲人为中国社会科学院商法室副主任、研究员赵磊，中国证监会上海专员办原处长、国浩（上海）律师事务所资深顾问黄江东，香港中文大学法学院教授黄辉，清华大学法学院教授汤欣，与谈人为北京大学法学院教授刘燕。报告采取直播的方式，参与人数达 4000 余人，收获大量好评，讲座取得了圆满成功。

　　首先，李有星教授介绍了本次讲座的背景。

　　第一，瑞幸咖啡案件中，安永会计师事务所在审计当中发现瑞幸咖啡 2019 年年报中第二到第四季度存在财务造假的行为，拒绝签字并向审计委员会汇报。瑞幸咖啡董事会因此决定成立特别委员会负责相关内部调查。

　　第二，2020 年 5 月 19 日，瑞幸咖啡对外发布公告称，5 月 15 日收到纳斯达克退市通知，并就此举行听证会，在听证会结果出炉之前，瑞幸咖啡将继续在纳斯达克上市。瑞幸咖啡自 5 月 20 日复牌以后，股价连续三日大跌，到 5 月 22 日股票收盘价仅为 1.39 美元，投资者损失惨重。

　　第三，瑞幸咖啡事件后，中概股明星公司轮番遭遇做空狙击。跟谁学、爱奇艺等接连遭海外做空机构发布做空报告，好未来也在被做空后自曝了造假行为。

　　第四，美国参议院在 5 月 20 日通过了《国外公司问责法案》。这一议案旨在对 2002 年《萨班斯法案》进行补充和修订，以达成如下目标：如果由于域外立法导致美国公众公司会计监督委员会不能对股票发行企业进行检查，有关上市公司需要向美国证券与交易委员会披露相关信息。该法案通过以后，包括阿里巴巴、中国人寿在内的

中概股公司股价都下跌 5% 以上。

第五，中国证监会反对证券监管政治化。5 月 24 日，中国证监会就美国国会参议院通过《外国公司问责法案》事宜答记者问中表示希望中美双方加强跨境审计监管合作，而不是单边立法制裁；希望美方秉持专业精神，按照市场化、法治化原则处理监管合作，促进双方早日达成共识，共同保护投资者合法权益。本次讲座涉及我国《证券法》第八十五条、第一百六十条、第一百六十二条、第一百六十三条、第一百八十一条、第一百八十二条、第二百一十三条。总之，在瑞幸咖啡案件中中介机构是否有责任、有没有免责事由需等待调查，我们不做推论。今后证券服务机构如何防范风险，关键在于熟悉规则、勤勉尽责、规范服务、守住底线、锁定证据。

一、证券服务中介机构的角色定位与法律责任

讲座进入主讲环节，中国社会科学院商法室副主任赵磊以"证券服务中介机构的角色定位与法律责任"为题，就中美证券服务中的法律责任、免责标准及防范的问题作了深入浅出、提纲挈领的演讲。

首先，赵磊老师厘清了中介机构的角色定位。资本市场中，上市公司与投资者之间存在明显的信息不对称，《证券法》和《公司法》领域中主要通过信息披露的方式来弥补信息鸿沟。一方面，需要上市公司主动、完整、真实地进行信息披露；另一方面，需要专业机构对企业的信息披露进行调查与监督。众所周知，中介机构在上市公司信息披露中扮演了"看门人"的角色。

看的什么门？看的是整个资本市场的大门，而不仅限于上市公司的门。中介服务机构为整个资本市场服务，而非仅为某个特定的公司服务。

为谁看门？中介机构应为市场的经营者、市场的监管者和广大投资者守门，防止不适格的公司鱼目混珠进入资本市场。

如何看门？中介机构对上市公司负有提供专业服务的合同义务，同时也担负着保障资本市场健康发展的重任。中介机构与上市公司是服务与被服务、乙方与甲方的关系。上市公司决定了中介机构的选用和报酬，因而中介机构履职过程中可能难以保持中立性。但这与"看门人机制"并不冲突，因为任何国家和地区的法律均要求上市公司的信息披露应是真实、准确、完整的，公司的治理结构应是科学完善的。

其次，赵磊老师论述了中介机构道德风险的防范。在信息不对称的背景下，中介机构作为市场经营者、监管者和投资者的"代理人"，同样具有很高的道德风险。从经济学角度来看，为克服信息不对称带来的若干弊端，需设计合理的激励机制以平衡中介机构道德风险的成本与收益，将行为主体的奖惩与其提供的信息或外在观察的信息联系起来，将行为的社会成本和收益内部化为决策者个人的成本和收益。引导中介机构在关注造假行为的短期利益的同时，重视造假行为带来的长期不利影响，如声誉受损、市场禁入等。具体的防范措施包括：建立有效的市场声誉机制、设定严厉的惩罚措施（如经济处罚、市场禁入和资格限制）、以法定的方式进一步明确中介机构的义务范围。

接着，赵磊老师分析了中介机构的义务类型。法律责任常被称为第二次义务，因为法律责任因义务违反而产生。中介机构的义务可分为私法意义上和公法意义上的义务。私法意义上的义务是由专业服务合同而产生的对上市公司所负有的履约义务，这是一种约定义务；公法意义上的义务是由法定而产生的对市场经营者、监管者和投资者所负有的监督义务，这是一种法定义务。中介机构的法定义务，并非基于合同或约定而产生，而是基于其作为资本市场中看门人的角色定位而产生。

最后，赵磊老师探讨了中介机构的类型化和法律责任细分。《证券法》对中介机构有着明确的规定，主要分为四类：证券公司、会计师事务所、律师事务所及其他中介机构。上述机构专业细分与特点不同，职能也不同。律师事务所专注于公司设立及历史沿革、股权结构与治理结构、员工与社会保障、安全生产与环境保护、主要资产权属、经营资质及特许经营情况、同业竞争与关联交易、董监高履职及重大诉讼等问题。会计师事务所从会计角度关注会计账目、税务、关联交易及内部控制等问题。证券公司则综合上述两者的职能，并通过一系列技术操作完成募集股份的目标。正是由于中介机构职能不同，需细致考察中介机构的服务行为及服务行为与证券违法行为之间的因果关系，细分中介机构在证券违法行为中的责任。

中介机构责任的细分可从三个方面展开：一是各负其责，不同的中介机构根据其义务内容的不同，担负相应的法律责任；二是责任类型，中介机构的责任一般包括行政责任、刑事责任和民事责任；三是主观状态，主观上一般可分为通谋、重大过失及过失。即使与上市公司间不存在通谋，中介机构也要因其过失或重大过失承担相应的法律责任。

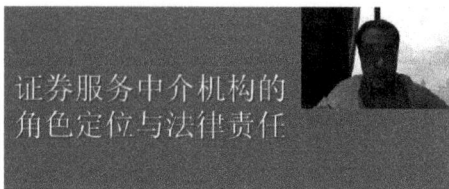

证券服务中介机构的
角色定位与法律责任

赵磊
中国社会科学院法学研究所

2020.5.24

二、证券中介机构勤勉尽责的标准认定

讲座的第二位主讲人是国浩律师（上海）事务所资深顾问黄江东律师。黄江东律师基于证监会行政处罚案例的实证研究，对证券中介机构勤勉尽责的标准认定进行了分析。

第一，黄律师列举了从 2010 年后证监会作出的处罚对象同时涉及券商、律所、会所的 8 个行政处罚典型案例。

第二，黄律师从这些案例中提取概括了若干个争议的焦点。一是涉及律所的争议焦点，包括：证券律师作为外聘的法律服务机构，是否对公司的造假行为负有责任，负有什么样的责任；证券律师在出具法律意见书时，直接援引了其他中介机构认定的文书材料，但是后者的信息是虚假的，证券律师是否对此承担（连带）责任；证券律师在制作法律意见书过程中的程序瑕疵，是否可以构成对其进行处罚的依据；律师出具法律意见书时，对客户资料进行合法性审查的定量和定性边界何在。二是对于会计师而言，如何判断其是否履行勤勉尽责义务。三是如何判断保荐人是否勤勉尽责、保荐机构是否应当对发行人及其他中介机构的违法行为承担连带责任。

第三，新旧法律关于证券中介机构勤勉尽责认定标准的规定之对比。旧证券法（2014修正）常用处罚依据有第二十条、第一百七十三条、第一百九十二条、第二百二十三条和第二百二十六条第三款，新证券法第一百八十二、一百八十四条加大了对保荐人、承销商未勤勉尽责的处罚力度，将罚款数额提高了 5—10 倍，第二百一十三条第三款取消了旧证券法第二百二十六条第三款对证券登记结算机构、证券服务机构违反业务规则但未导致违法结果的行为的处罚规定，在既有违法行为又导致了违法结果的情况下才加以处罚。

第四，中介机构是否已履行勤勉尽责义务的判断依据。首先，适用法律上，应当遵循法律法规、规章和规范性文件、自律性执业准则指引、行业惯例的位阶。其次，确定中介机构之间责任的边界的根本原则是看中介机构按照法律法规、规章、行业准则规定的业务事项出具意见时，是否履行了专业人士的特别注意义务，而对于其他业务事项只需履行普通人的一般注意义务，如有充足的理由相信其他中介机构的意见，那么对该部分意见不承担责任。再次，中介机构内部从业人员的责任认定原则上签字即担责，但同时还要结合实质重于形式的原则，如实际负责人本应签字但不签字从而规避责任的、相关负责人负有明显责任的都应追究其相应责任。

证券中介机构勤勉尽责的标准认定
——基于证监会行政处罚案例的实证研究
国浩上海律所　黄江东

三、中介机构的看门人角色与责任

接下来，由香港中文大学法学院教授黄辉围绕中介机构的看门人角色与责任展开讲座。

黄辉教授的讲座分为四个部分。在第一部分，黄辉教授简要阐述了瑞幸咖啡事件的前因后果。黄辉教授提出两个重要时间点：2019 年 5 月份和 2020 年 1 月份。黄辉教授提出，本次讲座更关注集团诉讼的法律责任。

第二部分，黄辉教授主要介绍中介机构的看门人角色。黄辉教授提出，看门人是以自己的职业声誉为担保向投资者保证发行证券品质的各种市场中介机构，包括审计师、律师、证券分析师和资信评级机构，具有专业性，以自己的声誉资本进行担保，可通过尽职调查（due diligence）而免责，前述特征决定其法律责任的体系构建。

第三部分，黄辉教授接着介绍了美国和中国香港关于欺诈发行的法律责任。黄辉教授将责任主体分为专家和非专家。专家有会计师、律师等，根据比例责任抗辩，只对于发行文件的专家性部分负责，其他部分不负责；对于发行文件的专家性部分，如果进行了尽职调查，则可以免责。非专家包括董监高和承销商等。他们对于发行文件中的专家性部分可以合理信赖，但对于非专家性的部分，则需要尽职调查才能免责。接着，黄辉教授介绍了尽职调查标准，美国 SEC 在 1981 年发布了 Rule176，为标准提供了一些指导，有很多考虑因素，包括但不限于发行人情况、发行证券情况、承销协议类型等。黄辉教授指出，目前只有比较原则性的规定，在个案中需要具体问题具体分析。中国香港 2013 年修订生效的相关指引中也罗列了一些标准，例如，需要有质疑精神、合理判断、遵循相关程序、调查需要独立，等等。此外，董监高可以辞职并通知 SEC、撤回签字并通知 SEC 和公告而免责，不能只通过不保证发行文件真实性的声明来免责。发行人是严格责任，没有上述抗辩权。

第四部分，黄辉教授围绕瑞幸咖啡事件及启示展开。黄辉教授结合瑞幸咖啡事件，提出了三个问题，并分别阐述。一是为什么没有起诉安永。安永的审计工作截止于 2018 年末，而瑞幸的造假发生在 2019 年 2—4 季度，没有经过安永审计，因此安永不负责。二是承销商能否合理信赖会计师出具的告慰函。黄辉教授认为不能，因为告慰函虽然由会计师出具，但其审查程度远低于正规的审计工作，在法律上不属于专家性意见，审计师不承担和审计报告相同的责任，而承销商也不能仅依据告慰函就证明自己完成了尽职调查。三是承销商能否合理信赖审计报告。黄辉教授给出了肯定的意见，因为审计报告属于专家性意见，但是，如果审计报告有明显的红色警报（red flag），例如 2004 年美国世通公司造假案中，法院认为世通公司的成本收入显著低于竞争对手就构成红色警报，需要承销商进一步调查，而不是盲目信赖。

讲座的最后，黄辉教授提出了境外经验对中国的启示。中国《证券法》很大程度上借鉴了境外经验，但在细节上仍需继续深化，包括发行文件中的专家性部分与非专家性部分的认定、尽职调查和合理信赖等抗辩的标准及适用等。黄辉教授认为，美国承销商主要是销售职责，而中国的保荐人职责更大，收入也更多，更需要对整个发行文件负责。

视频直播中

中介机构的看门人角色与责任
——瑞幸咖啡及境外经验

黄辉
香港中文大学法学院　教授
"千人计划"国家特聘专家
华东政法大学"经天学者"荣誉教授

1/22

四、证券服务中的律师法律责任

讲座进入主讲环节的最后一部分，清华大学法学院教授汤欣承接前述主讲人的内容，重点阐述了证券法律服务中的律师法律责任问题。

首先，汤教授通过介绍上市公司欣泰电气的财务造假案，将证监会对于东易律师事务所进行处罚事件作为切入点，详细讨论了律所对于证券法律业务注意义务的范围和程度。在对东易的处罚决定书中，证监会认为东易律所在法律意见书的讨论复核和工作底稿的制作方面，没有履行一般的注意义务。然而，律所并不服处罚，提起了行政诉讼，理由是律师事务所对于财务造假的事项不负有审核义务。法院一审最终认定律师事务所应当对包括审计报告在内的相关材料进行综合分析，并在审慎检查的基础上针对公司整体情况独立做出法律意见书并对结论负责，以此驳回了律所的诉讼请求。

简述案例之后，汤教授在近期学术研究的基础上汇总了证监会对于律师进行行政处罚的相关案件，发现对律所的处罚案件总共20件，且最近的处罚案件数目较少，由此看出与法律条文中相对严厉的书面规定相比，实践中证券监管机构对律所进行处罚时所掌握的尺度总体上比较谨慎。同时，通过比较不同时期的处罚决定书来看，证券监管机构出具的处罚决定在说理上越来越具体。在处罚不同的中介机构时，也已经较为清晰地区分保荐机构、会计师事务所和律师事务所这些不同的主体。从处罚的力度来看，则逐渐趋于严厉化，且对于证券律师、会计师以及保荐机构的处罚方面，集中于讨论勤勉尽责的问题。

在最近的证券法相关条文修改方面，汤教授指出关于律所的法律规则有两大改动，其一是将律所正式纳入证券服务机构范围，其二是对于除投资咨询外的证券服务，由事前"许可"制修改为事后"备案"制。

随后，汤教授列举了证监会相关规则中对于"特别"和"一般"的注意义务的界分，以及规则在现实执行中存在的解释不足问题，并通过分析东易律所的处罚决定书和行政诉讼一审判决书中的说理细节，认为相关判决对于律所注意义务的要求仅具有部分合理性，提出律师事务所在出具法律意见书时，对与法律相关的业务事项应该遵循法律专业人士特别的注意，对其他的业务事项则履行普通人一般的注意义务即可，但如果遇到具有明显疑点的简单的财务问题，律师也应进行合理的核查和验证。

最后，汤教授整理了证券服务机构民事赔偿责任相关条款的发展过程，指出其责任范围逐渐扩大到所有"委托人"，并认为证券法修改之后法律责任规定在实体和程序上的扩张，可能会大幅增加中介服务机构的负担。如果在行政和司法上应对不当，对于证券市场秩序的维护可能带来不利的影响，而有效地协调法律责任、声誉机制、市场机制的不同功能，清晰界定律所与其他服务机构的职责边界，明确勤勉尽责的合理标准才能更好地实现证券市场管控作用。汤教授通过"我是谁""从哪来""到哪去"的连环发问,希望引发对于证券律师行业未来发展方向的进一步思考。

五、会计师"看门"过程中的法律责任

讲座进入与谈环节,与谈人北京大学法学院教授刘燕对以上各位教授的发言内容进行了归总,归纳出会计师与律师之间的密切关系,并通过"欣泰电气中应收账款同时也是债权债务关系,它作为财务事项与法律业务的交叉点,究竟应当由哪一方中介机构承担责任?"这一问题,进一步引申出会计师在履责时也会受到法律的影响。刘燕教授的讲解通过以下三部分展开。

第一,"会计师作为看门人"的定位。刘燕教授指出,会计师的看门人角色是各证券服务中介机构中最无争议的,"律师忠实于客户,会计师是公众的看家狗"。然而,会计师的审计业务合同是由公司管理层提供的,而会计师则替公司股东来监督管理层,其中存在利益冲突。因此在实践中,会计师对于高管的监督作用必然有局限,若管理层存在欺诈,会计师对于管理层的查验工作也将受到很大程度的限制。

第二,关于"强化会计师守门人角色的主流思路",美国安然、世通等公司财务丑闻后有三方面变化:一是强化自律机制,即通过专业人士的声誉资本来自我约束;二是监管体制改革,包括自律监管改为准政府性的独立监管、强制剥离咨询业务、审计轮换等,但更为关键的改变付费机制并未成功;三是赋予更大的法律责任,如引入新的侵权种类,将归责原则从比例责任改为严格责任等。

第三,"关注会计师看门过程中的法律噪音"。刘燕教授以法律噪音来比喻法律的形式导向对会计实质导向的干扰,以及法律的正当程序对于会计约束功能的消解。前者的一个例证是以"雷曼回购105事件"——纽约州诉安永会计公司协助雷曼掩盖500亿美元的债务,其中不仅展示了法律与会计的分工与联系,而且更有法律判断对会计判断的干扰。后者的一个例子是"伊利股票期权风波(2008)"。会计处理上通过将期权费用化来抑制公司向管理层过度提供股票期权的倾向,从而减少管理层财务造假、推升股价的动机。这本来是会计改进公司治理的特殊方式,但伊利通过自身股东大会或内部的治理程序消解了会计上的约束作用。

刘燕教授指出,公司治理中不同看门人之间会造成相互影响,没有任何一方可以置身事外。会计师和律师之间的工作也将持续性地产生相互作用的效果。

讲座的最后,李有星教授对本次讲座进行了总结。在目前整个大背景下,中介机构核心责任是在证券公司、会计师事务所和律师事务所,特别是会计师和律师涉及财务的问题。中国整个法制环境的成熟、专业化程度还要进一步提高,例如,一个法律人担任上市公司的独立董事,当作为审计委员会成员,与实际专业不同时,犹如一颗

定时炸弹，存在一定的风险。因此，作为一个中介机构，应当最大限度地把造假类型以及主要爆发点予以梳理并加以防范。至于出了问题该承担何种责任是末端的问题，首先是要完善前端，即公司内控制度，公司合规部门每年做好公司的风险内控评估至关重要。

第七期　上市公司控股股东、实际控制人信息披露法律责任与风险防范

　　2020年5月31日18：30，由浙江大学互联网金融研究院副院长、中国法学会证券法学研究会副会长、浙江大学光华法学院李有星教授主持的"瑞幸咖啡案例研究（第六期）：上市公司控股股东、实际控制人信息披露法律责任与风险防范"讲座在胜数直播"小鹅通"上顺利召开。本次讲座的主讲人为中国法学会证券法学研究会副会长、四川省社会科学院研究员周友苏教授，四川省社会科学院法学所副研究员、中国法学会证券法学研究会理事钟洪明博士，四川省社会科学院法学所副研究员、中国法学会证券法学研究会理事钟凯博士，四川光沐东轩律师事务所主任、中国法学会证券法学研究会理事李君临，与谈人为四川省社会科学院法学所副所长、中国法学会证券法学研究会理事蓝冰博士。报告采取直播的方式，参与人数众多，讲座取得了圆满成功。

　　李有星教授依次介绍了各位嘉宾并阐明了举办瑞幸咖啡案例系列讲座的意义。瑞幸咖啡借助离岸公司VIE结构，通过发行ADR的方式在美国上市，在运行过程中出现财务造假等诸多问题，甚至最终可能走向强令退市、破产清算。李有星教授指出，从上市、出现危机到可能被退市这一过程可以发现，对于一个企业的存在和发展而言，其背后的控股股东和实际控制人是关键。控股股东和实际控制人决定着公司在当下是否能够实现规范运转以及未来的发展方向，控股人的风格直接决定着企业的风格，《证券法》《公司法》等法律法规中有很多法定责任和义务是针对控股股东和实际控制人设置的。

　　本次讲座由周友苏教授团队从上市公司控股股东、实际控制人信息披露法律责任与风险防范的角度与大家展开讨论。周友苏教授是国内德高望重的证券法学家，在新证券法出台以后，证券法学研究会会长郭锋汇聚学界、实务界的证券法专家编写《证券法导论》，其中周友苏教授和李有星教授共同主编"信息披露"一章。在编写过程中，李有星教授发现控股股东、实际控制人在信息披露领域的法律责任以及如何防范风险、

如何免责等问题对于实践有很大的指导意义，因此此次讲座的举办有重大的理论和实践指导价值。

一、上市公司控股股东、实际控制人信息披露法律责任与风险防范

第一位主讲人是中国法学会证券法学研究会副会长、四川省社会科学院研究员周友苏教授，周教授通过瑞幸咖啡案例举一反三，重点讨论了我国上市公司控股股东实际控制人一些带有普适性的问题、信息披露法律责任和风险防控，解读了新证券法关于控股股东和实际控制人法律责任的修改要点。

第一，周教授分析了我国上市公司控股股东和实际控制人的基本情况。近年控股股东和实际控制人证券违法行为占比较高并呈增多的趋势，此原因在于自然人作为实际控制人的占比高，自然人与法人相比，受到的制约相对较小，而且往往具有故意违法的动机，可以从中获得个人收益，实践中财务造假案件多是作为自然人的实际控制人操控所为。控股股东持股占比减小的现象表明持有少数资本就可以控制整个公司，这是对公司"资本多数决"制度基础的异化，意味着上市公司公众化程度高，也意味着控股股东在实施违法行为时也可以以较小成本获取巨大的违法利益。

第二，周教授解读了新证券法关于控股股东和实际控制人法律责任的修改要点。新证券法强化事中、事后监管的力度举措之一就是加大违法成本，加重对相关主体的义务和责任。这也体现在控股股东和实际控制人的相关规定上。证券法修改直接涉及控股股东和实际控制人的规定有十二条，可以概括为三个方面内容：增加控股股东和实际控制人的法定义务、将控股股东和实际控制人增列为违法行为主体、加重控股股东和实际控制人的违法责任。证券法三个方面的修改从整体上提高了控股股东和实际控制人对公司和其他股东的义务档次，从以前的诚信义务提升到信义义务，使之与公司董监高的义务基本一致。

第三，控股股东和实际控制人法律风险防范可从监管者、上市公司、控股股东和实际控制人的角度切入。监管者需要严格执法，转变监管理念，把监管的重心从以前的重审批调整到重事中事后的查处，加强对上市公司的监督、对违法行为的查处力度，增大违法成本，使其不敢为。上市公司应当完善公司法人治理，加强内控制度建设，强化独立董事和监事会的作用，约束控股股东和实际控制人的行为，使其不能为。控股股东和实际控制人应当规范自身行为，及时了解新证券法修改的有关内容，对证券法、证券市场、投资者要有敬畏心，知法守法，勤勉尽责，加强自身行为约束，防患于未然。

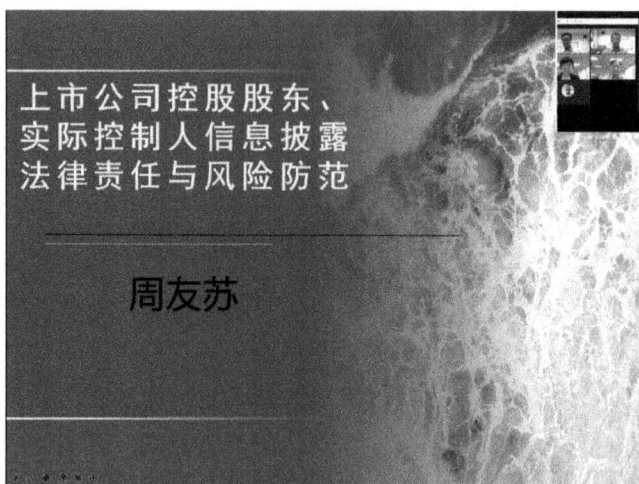

二、控股股东与实际控制人证券违法行为类型化及其规制：以掏空公司资产为中心

第二位主讲人是四川省社会科学院法学所副研究员、中国法学会证券法学研究所理事钟洪明博士。钟洪明博士以掏空公司资产为中心，论述了控股股东与实际控制人证券违法行为的类型化及其规制。

第一部分阐述了大股东及实控人特别规制的完善与适用问题。基于投资者保护的目的，控股股东、实际控制人作为上市公司的实际决策影响者，新证券法在本次修订中进一步强化了其民事责任，如显著加大信息披露的违法违规成本，强化追究关键少数的责任、追首恶，以及便利中小投资者维权和民事救济，便于投资者实现其损失的追偿。在三种证券违法行为类型中，信息披露类的违法行为最为重要，包括组织、指使发行人实施证券欺诈发行，从事或者组织、指使擅自变更募集资金用途，不履行公开承诺，组织、指使或者隐瞒导致信息披露违法，违反大宗持股权益变动义务（披露及慢走），以及未按规定履行收购公告、发出收购要约义务或导致公司及股东受损六种具体的行为类型。2019 年随着科创板注册制的试点，信息披露的质量要求有所提高，2020 年 3 月 1 日实施的新证券法也对信息披露的相关规则进行了修订。钟博士提出，当前，实控人证券违法违规行为较以往更为隐蔽，且交织混杂，导致违法行为识别查处难度加大。

第二部分论述大股东及实控人掏空行为的规制现状与不足。在我国，由于上市公司中普遍存在控制性大股东，再加上我国资本市场缺乏保护中小股东的法律机制，相应约束大股东行为的市场机制也尚未建立，因此大股东利用其控股地位掏空上市公司的事件层出不穷。2003 年以来"清欠"工作一度取得明显成效，但近年不断抬头并有愈演愈烈之趋势。掏空行为的违法成因是大股东利用控制地位，绕开公司机关直接行动；行为性质是大股东滥用控制权，直接侵犯上市公司利益；大股东既是违法行为的始作俑者，也是直接受益者，理应承担第一责任。大股东掏空行为与内幕交易、操纵市场、财务造假，共同成为市场顽疾与毒瘤。钟博士强调，要区分掏空行为的违法成因和过错，避免造成对上市公司的二次伤害。

第三部分是关于完善大股东及实控人掏空行为的规制建议。第一，要完善公司立法路径。如明确证券监管机构对公众公司实控人违反治理规定的处罚权，细化控股股东滥用控制权行为的责任构成要件等。第二，坚持并完善精准监管，区分上市公司与大股东的责任。钟博士结合万达信息、万福生科和欣泰电气的例子，说明了精准监管和合理分配民事责任的必要性，如上市公司因虚假陈述被罚，虽然上市公司是信息披露义务人，但其仅仅是实控人作恶的工具，追责时应落实到具体责任人员。第三，健全特殊股权架构下实控人的约束和责任机制。当前，同股不同权企业在境内市场可以公开发行上市，在此背景下，应当完善实质管理和信息披露相结合的监管模式，加大对实控人关联交易等行为事中事后的监管与审查。

□（一）大股东掏空上市公司资产的界定

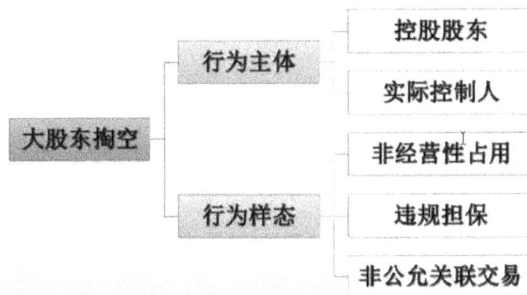

三、控股股东、实际控制人关联交易赔偿责任

讲座进入第三位主讲人的主讲环节。四川省社会科学院法学所副研究员、中国法学会证券法研究会理事钟凯博士以"控股股东、实际控制人关联交易赔偿责任"展开讨论。讲解内容分为以下四个部分。

（一）问题的提出

瑞幸咖啡财务数据造假事件波及关联实体神州租车。在实践中，虚增收入一般需要关联方配合，我国资本市场也不止一次出现利用关联交易虚增营业额事件。案件当中，就控股股东、实际控制人的赔偿责任而言,信息披露和关联交易法律制度存在竞合关系。应当从公司立法角度对关联交易行为进行规制。

(二)法律框架与适用争议

法律基本框架中包含以下三个方面。

第一,关联交易规制的两条进路。一是溯源控制权的关联人模式:以传统公司治理结构为基础,强调控股股东、实际控制的法定义务,以阻遏其违背有关义务的利益冲突行为。二是调整关联企业的集团法模式。重点调整持续性的、已形成一定集团战略的复数关联企业之间的交易,将公司集团治理结构区别于单个公司,自愿以连带责任实行一体化控制。

第二,我国《公司法》关联交易关键词。钟凯博士对我国《公司法》关联交易当中出现的关键词进行简要介绍,具体包括:关联人关联关系、控股股东实际控制人、"控制"的法学内涵。

第三,责任条款。依据《公司法》第二十条和第二十一条对请求权基础进行分析。对于责任性质,存在侵权责任说与法定责任说之争,但在司法实践中更倾向于法定责任说。适用争议当中,钟凯博士分析了自我交易、控制权滥用及信义义务适用三个问题。

(三)控股股东滥权交易赔偿的司法实践

司法实践包括滥用股东权利损害公司及股东利益和滥用股东权利严重损害债权人利益两个部分。滥用股东权利损害公司及股东利益中包括以下四个方面。

第一,程序标准。一是关联交易是否未经股东(大)会或董事会授权,是判断关联关系滥用的关键。二是控股股东是否存在损害公司及其他股东利益的主观恶意,不影响其滥用股东权利的认定。

第二,控股股东信义义务与商业判断标准。在这一部分中,钟凯博士指出控股股东类似于"事实董事",对小股东负有信义义务。但司法审查达不到"忠实义务"水平,而是采用"通常的商业做法"审查标准。

第三,损害公司利益的认定。通常需要审查公司是否受有实际损失,如利润减少是否与关联交易有因果关系,关联交易是否有补偿或其他对价。

第四,关联公司集团化策略的免责抗辩。新加坡乐维有限责任公司诉宗庆后损害公司权益纠纷案中,法院认为两家企业均为同一实际控制人,其以统购统销模式关联交易不存在销售渠道、原材料等方面的竞争,因此实际控制人也就不存在以同业竞争的方式损害公司利益的可能性。

在滥用股东权利严重损害债权人利益的分析中，钟凯博士通过统计研究表明，部分基层法院在合同纠纷中不直接受理债权人对公司股东的起诉，即法院更愿意在公司集团适用法人人格否认。通过展示公司集团组织架构，强调个人股东和公司集团案件的不同，未必准确反映了公司集团的内部结构。随后，他对《全国法院民商事审判工作会议纪要》（以下简称《九民纪要》）中涉及的人格混同、过度控制和资本显著不足的规制进行了简要介绍。

（四）分析与建议

在第四部分，钟凯博士对关联交易进行如下几点总结。

第一，行为定性。关联交易和内部人控制是一种中性行为或中性状态，对公司治理和资本市场有利有弊。

第二，治理结构。公司集团交易形态不同于单一公司治理结构，对法人独立人格、有限责任和控股股东、实际控制人信义规则需要进行调整。

第三，制度现状。司法实践重视集团法规则借鉴立法基于单一公司治理结构，立足防止内部人对公司掏空行为。并对其进行延伸分析，认为关联关系应当进行如下形态区分："法定分类"及"学理分类"；在实践当中信义义务扩张。

钟凯博士对于关联交易的赔偿问题提出以下四点建议：一是全面建立关联交易独立决策程序规则；二是明确滥用标准；三是增设企业集团专章；四是减少对于法人人格否认规则的依赖。

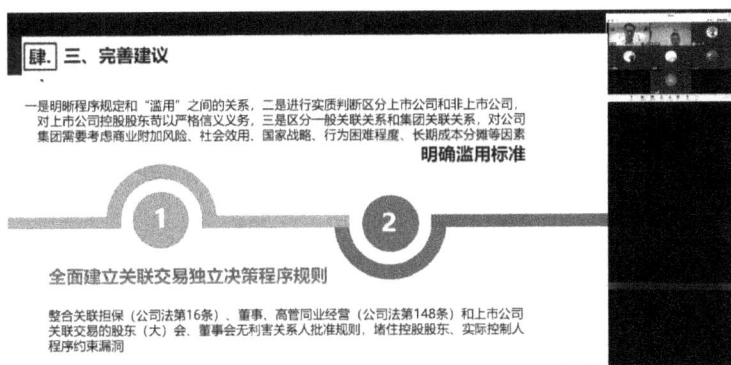

四、控股股东和实际控制人的信息披露义务

第四位主讲人是四川光沐东轩律师事务所主任、中国法学会证券法学研究会理事李君临，李君临律师以"控股股东和实际控制人的信息披露义务"为题，就上市公司信息披露法律责任与风险防范的问题作了深入浅出、提纲挈领的演讲。

　　首先，李君临律师通过理论与案例相结合的方式介绍了信息披露的三大原则。一是简明披露原则，即信息披露应当简明清晰，通俗易懂，以便披露的信息能被一般投资者所理解，代表案例为博拉网络申请上市招股说明书披露不明。二是公平披露原则，即信息披露义务人履行信息披露义务时，必须向所有投资者公开披露，让所有投资者可同时获悉同样信息，不得仅仅向证券分析师、机构投资者等披露，针对境内境外两地或多地上市的信息披露义务人，披露信息时应当境内境外同步进行，代表案例是董明珠提前公布业绩预测。三是诚信披露原则，即债券发行人应按债券合同约定，诚信履行信息披露义务；当某些情况发生，即使《证券法》等法律未规定，债券合同也没有约定，债券发行人仍具有信息披露义务。诚信原则在债券信息披露领域有特别价值，代表案例为13海航债事件。

　　其次，李君临律师剖析了信息披露的五大义务。一是虚假发行回购义务，股票发行人在招股说明书等证券发行文件中隐瞒重要事实或者编造重大虚假内容，已经发行并上市的，证监会可以责令发行人回购证券，或者责令负有责任的控股股东、实际控制人买回证券。二是强制措施披露义务，公司控股股东、实际控制人涉嫌犯罪被依法采取强制措施为应当披露的重大事件；从文义上看，若控股股东、实际控制人被治安拘留、司法拘留或监察留置时，不构成应当披露的重大事件。三是重大事件披露义务，控股股东或者实际控制人对重大事件的发生、进展产生较大影响的，应当及时将所知道的情况书面告知公司，并配合公司履行信息披露义务。实际控制人发生变化时，原实际控制人和受其支配的股东，负有配合上市公司披露实际控制人变化信息的义务。四是公开承诺披露义务，发行人及其控股股东、实际控制人等作出公开承诺的，应当披露其承诺事宜及承诺内容。自愿披露的内容中，凡属公开承诺的内容，必须披露；而且承诺内容没有兑现，给投资者造成损失的，控股股东和实际控制人还需赔偿。五是债券大事披露义务，新证券法对可能对债券交易价格产生较大影响的重大事件作出了具体规定，相应事件发生时，发行人应当披露，控股股东、实际控制人负有担保责任。

　　接着，李君临律师讨论了违法披露的归责原则。违法披露可分为两类：虚假披露，即披露的信息有虚假记载、误导性陈述或者重大遗漏；拒绝披露，即不披露或不在规定时间内披露信息。一般认为，控股股东、实际控制人为信息披露保证人，当发行人出现虚假披露或拒绝披露时，控股股东、实际控制人对投资者的损失应当承担连带赔偿责任。原证券法将控股股东、实际控制人连带赔偿责任的归责原则规定为过错原则，新证券法将归责原则修改为过错推定责任。之所以修改证券法归责原则，是因为控股股东存在股权质押情况时，其信息披露管理的机会主义倾向明显，信息披露的质量差，这一点在非国企表现更为突出。

最后，李君临律师总结了披露规则的适用要点。一是合规媒体发布。新证券法规定信息披露已无须在指定媒体发布，只需在合规媒体发布。但鉴于证监会尚未发布合规媒体的条件，所以现在还是需要在指定媒体发布。二是信息披露豁免。信息披露制度需要在证券市场筹资者和投资者之间寻求一种平衡，以既能保护投资者利益，也能保护筹资者利益。

豁免制度的构建有如下重要实践：一是《股票发行与交易管理暂行条例》第六十条，上市公司有充分理由认为向社会公布某重大事件会损害公司利益，且不公布也不会导致股票市场价格发生重大变动的，经证交所同意，可以不公布；二是上海证交所有专门的《上市公司信息披露暂缓与豁免业务指引》，针对科创板公司特殊性，中国证监会及上海证交所还为科创公司量身定制了一些豁免规则。

五、上市公司控股股东、实际控制人信息披露法律责任与风险防范

讲座进入与谈环节，与谈人是四川省社会科学院法学所副所长、中国法学会证券法学研究会理事蓝冰博士。

蓝冰老师首先对五位主讲人的精彩发言进行了总结，并提出了两点自己的思考。第一，对于我国《公司法》规定的控股股东的实际控制人的标准是 50% 股权占比的硬性标准，是否有必要进行调整，通过结合对公司重要人事任命等具有决定性影响力的决策，进行复合性的认定。第二，对于控股股东和实际控制人的严重违法行为，是否可以考虑加重处罚，设立强制倒闭等措施，以增加违法成本，更好地维护证券市场秩序。

蓝冰老师针对证券行政责任追究与民事责任，刑事责任追究机制的完善衔接和配套制度建设中的相关问题提出了自己的观点。

首先，随着注册制改革的推行，监管理念转换为事前依法注册、事中事后注重监管。同时，在鼓励企业入市后，证券法的改革实际上扩大了责任主体的范围，增加了违法的成本，以更好地实现市场化、法治化的进程。

其次，蓝冰老师强调，在法律责任追究机制立法与实务中应当注意几点问题：一是法律的追究机制本身存在缺陷，且机制相互之间的衔接及机制运行中的配套还存在着不足；二是在证券民事诉讼机制和非诉机制方面，存在着违法行为的认定标准缺失，先行赔付追偿程序的设计不完善，以及调解协议司法确认程序复杂等问题；三是实践中对于行政处罚作为民事诉讼的必要前置程序问题，行政处罚与刑事追诉衔接中的及时移送等问题，应该更加重视。针对实务中存在的问题，蓝冰老师认为应该理念强化与制度并行，严厉打击相关违法犯罪行为。

此外，注重不同责任机制运行中的衔接问题，同时，在《证券法》和《公司法》

等实体法和纠纷解决方面，也应建立健全配套机制。对于上市公司，要实行内部控制与外部监督并行，有效地实行违法投诉公式化、违法检举法制化的机制。而为了让多层次、多体系、系统性的证券法律责任追究机制能高效运行，专业化的律师和调节机构、尽职尽责的专家辅助人、公正的证券纠纷解决联系机制是必不可少的。

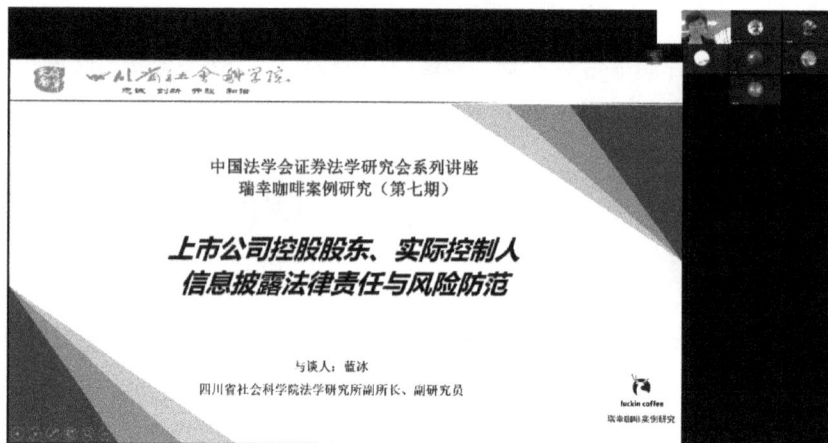

第八期　中概股的私有化、二次上市与回归

2020 年 6 月 7 日 18：30，由浙江大学互联网金融研究院副院长、中国法学会证券法学研究会副会长、浙江大学光华法学院李有星教授主持的"瑞幸咖啡案例研究（第八期）：中概股的私有化、二次上市与回归"讲座在胜数直播"小鹅通"上顺利召开。本次讲座的主讲人为北京市金杜律师事务所合伙人姜志会律师，北京市金杜律师事务所合伙人、原美国（Cleary）律师事务所合伙人黄玲律师，北京大学法学院副教授唐应茂，北京市中银律师事务所资深律师阮万锦，北京市中伦律师事务所合伙人张诗伟律师，与谈人为中国法学会证券法学研究会副会长、西南政法大学高等研究院院长侯东德教授。报告采取直播的方式，参与人数众多，两千余人参与直播和互动，讲座取得了圆满成功。

首先，李有星教授指出举办瑞幸咖啡系列讲座不仅是对瑞幸咖啡案所反映的法律问题进行分析，更是针对《证券法》热点问题组织专家进行研讨。其次，李有星教授

指出本次讲座的背景。一方面，2020年5月20日美国出台了《外国公司问责法案》，对外国公司在美上市提出额外的信息披露要求；另一方面，近期中国证监会为中概股、红筹股回归上市扫清了制度障碍。因此，在外部和内部规则和形势的变化下，可能会促使中概股企业作出以下选择：私有化；主动退市；赴中国香港二次上市；注销ADR；直接回归境内市场上市。最后，李有星教授依次介绍了本次讲座的嘉宾，并对各位大咖的到来表示热烈的欢迎。

一、拆除红筹企业后的回归问题

讲座的第一部分由北京市金杜律师事务所合伙人姜志会律师进行。姜志会律师以拆除红筹企业后的回归为主要话题，分五个部分展开。

第一部分中，姜志会律师简单介绍了红筹企业概念。红筹企业是注册地在境外，主要经营活动在境内的企业，红筹企业的架构分为直接持股模式和协议控制模式（VIE）。

在第二部分，姜志会律师阐述了VIE架构和直接持股架构两种模式下，拆除红筹企业架构并且在A股上市路径的异同。VIE架构中，上市主体面临的首个问题即境内上市主体的选择，可在WFOE与OpCo中选择其一；相较于VIE架构，直接持股架构下的境内上市主体无须进行上述选择，且无须终止VIE协议，境外投资人可以仅依据商业判断考虑退出或回归。两种模式的相同之处是都需要考虑资金流转方式、回归定价、税务成本、外汇程序、满足境内外监管规定等问题。

第三部分，姜志会律师讲述了投资人退出路径选择的考量因素。首先是外资限制问题，这是VIE架构下的常见问题。如集团公司行业属于外商投资负面清单范畴，则境外投资人可能被迫考虑退出或选择适用境内关联方继续持股。此外，还有境外资金是否充足、上市主体选择以及税收等考虑因素。

第四部分，姜志会律师讲解了境外融资与回归A股衔接的一些重点关注事项。从投资人角度出发，由于开曼法和中国《公司法》体系不同，如何保护股东权益，以及红筹架构拆除前后的重大变动，防止关联交易和同业竞争等问题，都属于关注事项。从交易所角度出发，则会更关注下述问题：第一，搭建过程是否合法、存续期间公司如何运作、拆除过程是否合法。例如，境外和境内不对称，在回归时权益能否一一对应；境内的业务重组，需要支付相应对价，有些企业会根据测算境外价格来估计境内价格，监管机构需要关注对价是否公允；境外企业是否注销；搭建完结构后，是否曾经在境外上市或上市申报，监管机构会关注两次上市过程是否存在信息披露差异，等等；第二，控制权稳定性问题。《科创板首次公开发行股票注册管理办法（试行）》第十二条规定了关于控制权稳定的要求，即最近2年实际控制人没有发生变更，不存在导致控制权可能变更的重大权属纠纷；第三，员工激励计划的问题，其中包含税务、外汇等相关问题。

讲座最后，姜志会律师根据市场先例，讲解了两种模式的回归方式。VIE 模式的回归方式有以下四步：第一，同意终止红筹机构，签署重组框架协议；第二，终止境外 ESOP；第三，境内的 OpCo 增资；第四，OpCo 收购 WFOE。而直接持股模式则分为五步：第一，通过红筹重组方案；第二，BVI 公司境外 ESOP 取消及境内平移替代安排；第三，BVI 公司各股东境外权益转会境内；第四，完成境外 ESOP 平移；第五，BVI 公司股东 Well Sun 转让剩余权益。

二、美国私有化交易

讲座的第二部分由北京市金杜律师事务所合伙人、原美国（Cleary）律师事务所合伙人黄玲律师就美国私有化交易问题提出了自己的独到见解。

私有化交易是指上市公司与其控股股东或其他关联方之间进行的收购该公司被其他人拥有的剩余股份的交易。近年来，不少中概股公司选择通过私有化的方式回归 A 股，因为私有化益处多多。

第一，加强控制与提高管理效率。通过私有化交易，创始人或者控股股东可以提高持股比例，实现或加强对公司的控制，同时还可按照其设想重组、优化公司的股东结构，精简董事会，提高决策效率。

第二，减轻监管压力及费用。私有化后，公司将无须承担美国联邦证券法项下与上市公司报告和合规相关的义务，同时可以大幅度避免或降低大量合规费用支出。

第三，降低海外诉讼风险。美国上市公司面临在美国证券法下的股东诉讼风险以及其注册地的衍生诉讼风险，私有化后该种风险将会大大降低或避免。

第四，减轻信息披露压力。美国上市公司需履行严格的信息披露义务，私有化后公司信息的专有性和保密性将会大大加强，公司的各种交易可在更加保密的情况下进行。

第五，实施长期计划。上市公司面临公众股东、机构投资人、投资分析师等方面的压力，可能被迫追求短期目标。私有化后，公司将有更大的灵活性，可以有效实施短期不利于公司业绩表现但长期有利于公司发展的计划。

第六，融资机会。对于在美国证券市场估值较低的公司，私有化后，公司对于融资和资本运作会有更大的灵活性。当然，选择私有化也有其不利之处，如无法公开募集资金、公司证券缺少流动性、资金需要优先偿还私有化交易的成本等。

黄律师接着从交易结构、融资计划、反收购法、诉讼风险、披露义务和内部人交易六个方面来谈初步规划问题。关于法律适用，私有化交易主要适用目标公司注册地法律和美国证券法。前者通常适用于私有化交易的实质性、程序性以及披露事宜，后者通常适用于披露及程序性事宜。美国上市公司私有化的交易架构主要有一步合并、两步收购（以友好收购为例）和其他方式。其中，一步合并需要目标公司召开股东大会，相对两步收购来说更加耗时，但与一步合并相比，两步收购的买方交易成本则更高。

最后，黄律师详细阐述了收购过程中的节点问题。谈判式一步收购的重要节点如下：与潜在买方联合体成员或债务融资方进行商谈；向目标公司发出初步要约，请求进行尽职调查；组建特别委员会并聘用财务和法律顾问；买方或财务顾问进行财务尽职调查；谈判最终交易文件；举行董事会会议，财务顾问向董事会呈交公允意见书，各方签署收购协议；向 SEC 提交委托投票说明书以及 HSR 法案交易提示；收到 SEC 对委托投票说明书的修改意见后修改并提交，同时向股东寄送；举行股东大会进行投票表决，收购生效。两步收购的重要节点如下：目标公司董事会和买方以完成收购要约为前提标准并签署一份收购协议；向 SEC 提交收购要约并通知证券交易所；收购要约开启；收购要约关闭；交易生效；退市并注销。

三、创新试点红筹企业境内上市的特点与难点

讲座第三部分由北京大学法学院副教授唐应茂老师以"创新试点红筹企业境内上市的特点与难点"为题，就红筹企业境内上市的历史、特点、难点和展望进行了详细讲解。

首先，在红筹企业境内上市的历史方面，唐应茂老师进行了简要的回顾，主要对国际版、创新企业境内发行股票或存托凭证试点、科创板、创业板注册制四个内容进行了回顾，并对近期政策动向进行了分析。

接着，在红筹企业境内上市方面，唐应茂老师归纳总结了三个特点。第一个特点是在上市标准上，从目前的企业情况来看应该是偏向支持大企业；第二个特点是在公司治理与投资者保护上，从目前的情况来看更偏向于"国有化"的规则；第三个特点是在目前的红筹企业境内上市方面，偏向临时法，同时存在极端规则，带有不确定性和反复性。

随后，在红筹企业境内上市的难点方面，唐应茂老师认为存在会计准则差异、存量股份的登记和存管、存量股份的后续流通与减持安排、雇员股权激励方案外汇登记、股东优先权利的处理等主要难题，以及募投项目备案、募集资金进出境等问题。

最后，唐应茂老师对红筹企业境内上市进行了展望，认为应当处理好上述三个特点的平衡，证券监管、会计监管、外汇监管三个法律制度的协调，以及存量股问题和雇员股权激励问题这两个核心问题。

四、未拆红筹回 A 股上市面临争议解决法律问题的比较研究

讲座的第四位主讲人北京市中银律师事务所资深律师阮万锦以"未拆红筹回 A 股上市面临争议解决法律问题的比较研究"为题，就中概股的私有化、二次上市与回归的话题作了报告。

首先，阮万锦律师梳理了中美两国 VIE 会计准则的发展演变与主要变革。1959 年，FASB 首次发布的会计指南要求公司合并其持有直接或间接控制性财务权益的任何资产。安然事件促使财务会计标准委员会使用可变利益实体取代特殊目的主体。此后，主要受益人的范围经历了多次扩张和平衡。2006 年，中国企业会计准则规定仅通过合同而不是所有权份额将两个或者两个以上单独的企业合并形成一个报告主体的企业合并不适用该准则，此后逐渐将合同或者协议等形式使企业参与其他主体的相关活动并因此享有可变回报的权益的情形纳入合并报表的范围。

其次，阮万锦律师介绍了 VIE 协议效力认定的司法实践。一是认定有效的案例。以电信、互联网和教育行业为例，对口监管部门对 VIE 模式持默许与宽容态度，法院和仲裁机构也认定 VIE 协议成立有效。二是认定无效的案例。以金融、能源钢铁行业为例，行业具有特殊性，对口监管部门对外资进入限制严格。三是支付宝为获得支付业务牌照，于 2010 年从阿里巴巴集团完成股权剥离。2019 年，外商参股的监管尺度放松，蚂蚁金服重回阿里巴巴集团 VIE 结构中，但并没有合并报表。四是九号机器人和阿里巴巴招股说明书中，均强调了 VIE 协议未来或有的结构控制风险和司法管辖风险。

接着，阮万锦律师梳理了债券虚假陈述的法律规定和实际案例。提起债券虚假陈述的民事诉讼，立案受理时不再以监管部门的行政处罚和生效的刑事判决认定为前置条件，但行政处罚对虚假陈述诉讼原告举证具有重要作用。要求承担欺诈发行、虚假陈述民事责任的债券纠纷案件，由特定中级人民法院管辖；要求偿付债券本息或者履行增信义务的合同纠纷案件，由发行人住所地人民法院管辖。以五洋债、圣达威债等为例，阮律师总结了公募债、私募债虚假陈述诉讼中的立案条件、仲裁协议效力、法院管辖权和刑民责任承担等热点问题。阮律师于中国香港司法机构查询到，针对瑞幸的起诉案件编号为 HCMP 572/2020，被告均为瑞幸中国香港实体。

最后，阮万锦律师探讨了中概股虚假陈述的美国集体诉讼案。一是瑞幸咖啡案。Shek 诉 Luckin Coffee Inc. 案是美国境内对瑞幸集团唯一的集团诉讼，处于确定首席律

师阶段。瑞幸咖啡采用非典型 VIE 结构，在北京设有一家以 VIE 协议控制的经营实体，尚未创造净收益，仅为了未来业务拓展而存在。瑞幸的 App 不具有电信增值业务特征，既不需要 EDI 证，也不需要 ICP 证。二是东南融通虚假陈述案。做空机构香橼发布研报质疑在纽交所上市的东南融通涉嫌财务造假，随后东南融通退市并解散。该集体诉讼案中，法院认为 VIE 协议控制的公司结构增加了原告得到补偿的不确定性。三是中国高速频道虚假陈述案。尚未有公开资料显示中国高速频道及其 CEO 是否缴纳罚金。事实上，上市公司即使由于造假退市，也并不影响其在境内的发展。

此外，阮万锦律师还就董事与高管受信义务、股东派生诉讼的法律比较，诉讼管辖问题，刺破公司面纱，VIE 协议控制下 WOFE 对中国境内经营实体的财产追索等问题作了深入浅出、提纲挈领的剖析和解读。

五、拆红筹三问三答

讲座第五位主讲人北京市中伦律师事务所合伙人张诗伟律师以"拆红筹三问三答"为题，聚焦于红筹股回归 A 股要不要拆红筹的实务问题，以三个设问的形式，从中概股回归面临的现状，创业板与科创板对于中概股回归的不同要求，以及怎样拆红筹才能符合各方的预期三个方面进行了精彩分享。

张律师首先指出，随着中概股在美国遭受的具有针对性的监管压力日益增大，作为资本市场"灯塔"的美国股市对中概股的灯光正在渐渐黯淡。而近期上交所发布的《关于红筹企业申报科创板发行上市有关事项的通知》，表明中国实际上对中概股回归实行了放宽的政策，但依然有一定的法定门槛，对于一些希望回归境内市场的标准小公司来说，拆红筹依然是更好的选择。

之后张律师就中概股回归的板块选择进行了分析，创业板和科创板两个板块有着细微的区别，如科创板要求的企业具有硬科技的内容，而创业板所重视的是公司的成长性。因此科创板允许没有盈利的企业上市，而创业板对企业的盈利能力有所要求。同时也就拆红筹的细节问题进行了阐述。

最后张律师谈到了现状是政府为中概股回归设立了"高速公路"，同时中概股的回归实际上是中国资本市场贯彻注册制理念过程中一个非常可喜的变化，但这个过程一定是渐进的，相信在今后的理论和实践中都会有更好、更创新的做法产生。

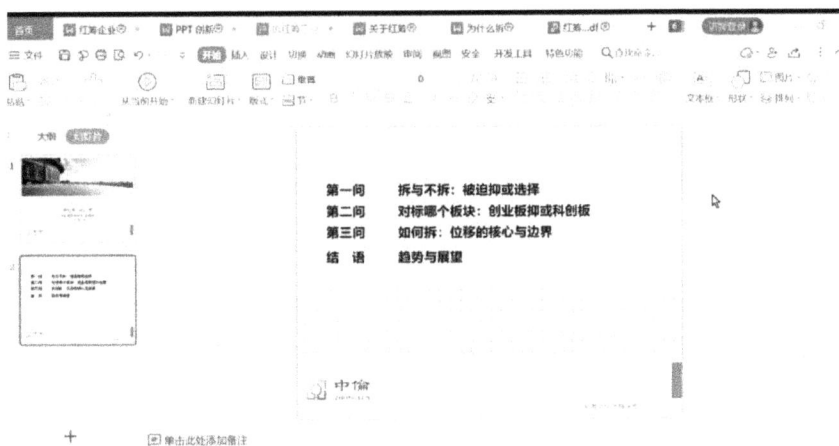

六、红筹企业回归问题与未来展望

讲座进入与谈环节，与谈人中国法学会证券法学研究会副会长、西南政法大学高等研究院院长侯东德教授总结了前述几位主讲人的观点，并对红筹企业回归问题和未来展望提出了自己的看法。

一方面，侯东德教授对前述几位主讲人的内容进行了总结。就姜志会律师所讲内容，侯教授认为拆除红筹结构，必须合法合规。双重表决权的设置是为了保护股东的控制权，获取外部的融资，阿里巴巴的合伙人制度、董事提名权的安排都不是一般的双重表决权。黄玲律师所讲述的美国证券法上的私有化交易，是包括中概股公司在内的所有公司的共性问题。私有化过程中要平等对待大小股东，防止出现内部人交易，这也是红筹企业解除 VIE 结构中需要解决的问题，避免私有化之后价格衡量的缺失。侯教授对唐应茂教授提出的支持大型企业还是创新企业的问题发表了自己的看法，侯教授认为我国并非仅有 A 股市场，要发展多层次的资本市场。目前，支持企业的标准设定是一个大问题，应该根据实践的需求放低门槛。侯教授认为阮万锦教授所提出的会计准则给我们提供了一个全新的视角，VIE 架构的认定需要进行实质性判断。在虚假陈述、股东代表诉讼等问题上阮律师的总结很有力，同时这也是我国《公司法》修订的方向。就张诗伟教授的讲座内容，侯教授认为张教授连发三问，引人深思，这些话题都具有很大的研究价值。在拆与不拆的问题上，侯教授认为拆架构的目的更多是防止纠纷。

另一方面，侯教授在以上总结的基础上，发表了自己的看法。第一，在红筹企业回归的问题上，不是要放宽监管，而是要放宽门槛，必须在严格监管的基础上加大金融实体扶持力度，让更多的中小企业成功上市。第二，是否私有化本质上是企业自己的选择，企业从经营战略或者资本市场分析中决定是否私有化，我国监管部门应该在符合监管法律的前提下，鼓励双重或者多重上市。第三，侯教授提出了红筹企业回归的未来展望，未来的改革方向一定是法治化、国际化和市场化。法治化即要求健全立法、提高执法和司法水平，这样才能服务企业发展，吸引企业回归；国际化则要求支持国内企业去国外上市，国外企业来国内上市；市场化是指市场引导企业发展而非政策指导企业发展，监管部门的职责应有所限制；另外，不应该随意给红筹企业开绿色通道。

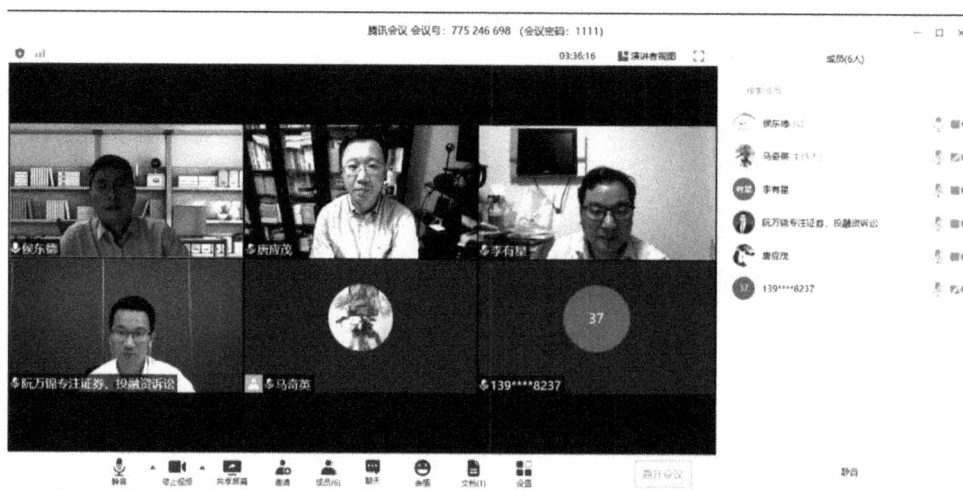

第九期　中美投资者保护机构与公平基金制度

2020年6月14日18：30，由浙江大学互联网金融研究院副院长、中国法学会证券法学研究会副会长、浙江大学光华法学院李有星教授主持的"瑞幸咖啡案例研究（第九期）：中美投资者保护机构与公平基金制度"讲座在胜数直播"小鹅通"上顺利召开。本次讲座的主讲人为华东政法大学副教授何颖博士、浙江大学光华法学院博士研究生潘政、深圳大学法学院助理教授吕成龙博士、北京大学法学院副教授洪艳蓉博士，与谈人为中国法学会商法研究会副会长、中国人民大学法学院叶林教授，报告采取直播的方式，参与人数众多，两千余人参与直播和互动，讲座取得了圆满成功。本次活动由中国法学会证券法学研究会、浙江省法学会金融法学研究会、浙江大学互联网金融研究院、浙江省前景大数据金融风险防控研究中心、浙江互联网金融联合会、杭州胜数研创等支持完成。

李有星教授隆重介绍了参加本次讲座的专家学者，并对其表示热烈欢迎。随后阐述了选择本期主题的几大理由。第一，我国《证券法》设立了投资者保护专章，说明法律很重视投资者保护制度，我们也应该加大宣传，真正理解投资者保护的核心制度。第二，证券侵权类的涉众性案件中，由谁代表中小投资者进行维权会更有效果是值得深思的问题。第三，目前打着投资者保护的旗号进行坑蒙拐骗、损害投资者利益的事件层出不穷，不少案件中出现使用刑事手段简单替代民事纠纷处理的现象。第四，有些投资者错误理解有关规则，无法和谐调解纠纷，导致矛盾升级，伤及各方。第五，李教授承担了ISC"中小投资者保护工作效果评估和制度完善研究——以投服中心为例"这一课题，这是个意义重大、需要深入探讨的课题。

在证券法的修改过程中，对投资者保护制度的设计有两种模式。一是现存的、实践主义的模式，但缺乏清晰的逻辑体系，将证券公司、上市公司、发行债券、调解诉讼等罗列在一起，公司法、诉讼法、民法的内容混为一谈，未阐明中小投资者利益的代表团体，而是在第九十条的规定中一笔带过。二是与《证券法》中的六大机构并列设计，设立投资者保护机构，按照机构法律地位、性质、职能、提供保护内容范围、行政措施和手段、各种保障措施、监督权（包括对证监会、交易所、证券公司、上市公司等的监督）等问题作出原则性的规定，这样就解决了谁去履行对监管者的监管职权的问题。在此种模式下，现行《证券法》第八十八条就归入证券公司部分，第九十条、第九十一条归入《公司法》，第九十二条归入公司债券发行部分，第八十九条、第九十三条、第九十四条、第九十五条、第一百二十六条重整，补充其他条款的内容。本次讲座涉及的条文包括《证券法》第一条、第八十八条、第八十九条、第九十条、第九十三条、第九十四条、第九十五条、第一百二十六条、第一百七十一条等。

一、投资者保护机构的法律地位

讲座的第一位主谈人为华东政法大学副教授何颖博士，何颖结合理论和实践，就投资者保护机构的法律地位进行了系统的论述。

何颖主要从三个方向分析了投资者保护机构的法律地位。

第一，关于投资者保护的对象和内容，何颖指出投资者保护的对象长期模糊不清，从 2013 年保护中小投资者的"国九条"出台到投服中心的成立，对于中小投资者，到目前为止仍然没有一个真正法条意义上的界定。这次 2019 年修订的《证券法》，首次对投资者进行了类型化规定，将投资者分为"普通投资者"和"专业投资者"，并专章规定投资者保护制度，的确是一个亮点。但是，细看投资者保护专章的规则可以发现其明显缺乏逻辑性。该章共 8 个条款，仅有第八十九条第二款证券公司与普通投资者纠纷适用举证责任倒置、第九十四条第一款证券公司不得拒绝调解、第九十四条第二款支持诉讼等体现了对普通投资者的倾斜保护。如果从立法宗旨角度来看，投资者保护应当是贯穿《证券法》规则始终的主线，这些规则包括但不限于强制性信息披露规则、禁止欺诈、虚假陈述、内幕交易、市场操纵等分布在各章节的相关法条。

何颖指出，需要重新考量设定"投资者保护"专章的制度价值。如果要设投资者保护专章，那应当是对"普通投资者"给予"特别保护"的专门制度，特别保护的对象不应包括专业投资者和合格投资者。对普通投资者设定一些特别保护规则的理论基础在于，普通投资者与金融领域的消费者是一体两面的关系。（普通）投资者（特别）保护制度内容范围十分广泛，涉及投资者作为金融消费者的各项权利保护规则，并不限于目前第六章的有限规则。

第二，对于投资者保护机构的职能界定，何颖表示，无论是投服中心还是投保基金，实质上皆为证监会直接管理的投资者保护机构，皆在实现监管层面的投资者保护具体职能。当前一行两会皆设置了金融消费者/投资者保护局，如果从功能监管、目标监管的监管模式改革发展趋势来看,不排除金融消费者 / 投资者保护机构统一化的可能。投资者保护机构的职能界定,也应该注意到将普通投资者作为金融消费者的一体两面,以实现全面保护。此外,何颖还指出,中小投资者服务中心目前有着多重身份,充当了特殊的机构股东、投资者维权机构及诉讼外争议解决机构这三重角色,在持股行权、诉讼维权及纠纷调解这三大功能中有可能存在一定的利益冲突。

第三,对于投资者适当性义务问题,随着《九民纪要》和新证券法的出台,相关纠纷必然大量增加,投资者保护机构需要积极应对。何颖通过解读"王翔案",强调适当性义务应以信赖关系存在为前提。何颖结合司法实践指出,金融产品提供者对于投资者风险承受力的认定,应该兼顾主观和客观的因素综合考量。投资者适当性义务的认定,需要更具有可操作性的认定标准,以提高审判结果的可预见性和权威性。

二、中国证券法中的投资者保护机构

讲座的第二位主讲人是浙江大学光华法学院博士研究生潘政,潘政主要就中国《证券法》中的投资者保护机构作了介绍。投资者保护,尤其是中小投资者的保护,是贯穿于《证券法》始终的基本原则、基本理念,体现在《证券法》的方方面面。此次《证券法》在"投资者保护"章节中专门规定了"投资者保护机构",作为我国中小投资者权益保护的全新机制。结合中国《证券法》的规定,潘政认为,我国法律上的"投资者保护机构"主要是指投资者保护证券、投资者保护基金和投服中心。

就证券投资者保护基金而言,2019 年修订前的证券法中专门以"投资者保护"为目的的组织,只有"证券公司"章节中规定的证券投资者保护基金,新证券法延续了这样的规定。单纯从法律规范层面看,证券投资者保护基金主要用于防范和处置证券公司风险,用于偿付投资者因证券公司关闭、破产等原因而遭受的损失,在性质上更接近于证券公司的风险准备金,或者类似商业银行的存款保险。但是,证券投资者保护基金近年在先行赔付专项基金、行政和解金、证券纠纷调解等领域的实践创新,无疑丰富和扩大了证券投资者保护基金的职能范围,能够更好地为广大中小投资者服务。

就投服中心而言,2014 年成立的投服中心,是经中国证监会批准设立并直接管理的证券金融类公益机构。投服中心的成立是我国投资者保护领域的又一重要举措,投服中心为广大中小投资者提供了行权服务、维权服务、纠纷调解服务,并积极开展投资者教育工作,调查和监测我国中小投资者保护现状。我国《证券法》中"投资者保护机构"的规定基本以投服中心为蓝本,并进一步完善。在投服中心的定位上,依据法律和实践,潘政认为投服中心目前扮演着多重角色,一是证券金融类公益机构,二是在证券市场中充当特殊机构投资者的角色,三是作为辅助监管机构扮演着证券市场

"管制者"的角色，投服中心多重复杂角色之间相互配合，共同为保护我国中小投资者的目的服务。

最后，结合投服中心对上市公司章程的"审查"、持股行权的实际情况，潘政认为当前投服中心还存在三个需要解决的问题：首先，投服中心的持股行权在根本上没有突破小股东的权利范畴。投服中心目前主要行使《公司法》中无持股时间和比例限制的股东权利，并且主要是通过呼吁、警示等方式，引起媒体关注、施加社会影响力。其次，投服中心持股行权对象的选择机制仍然有待完善，从而保障投服中心在有限的人力物力条件下能够最大限度发挥保护我国中小投资者的作用。最后，投服中心市场化的维权特色无法体现。从目前实践来看，投服中心的维权行权在很大程度上是依靠自身的特殊地位发挥作用，投服中心的市场化、公益性组织的角色定位没有充分树立起来。

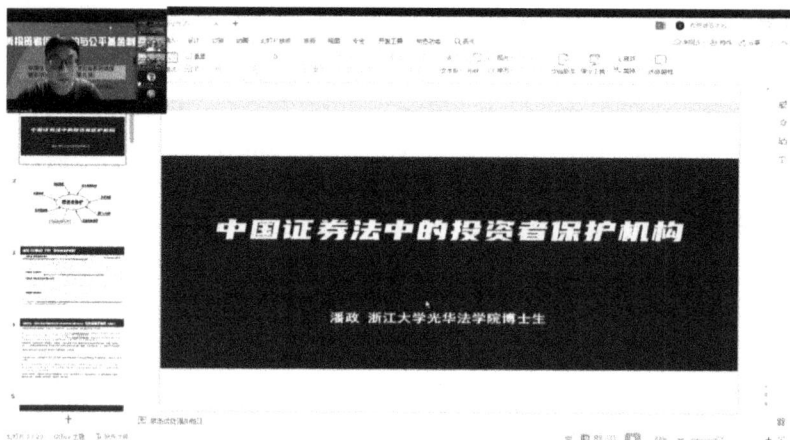

三、投保机构在证券民事诉讼中的角色定位

讲座第三部分由深圳大学法学院助理教授、浙江大学法学博士吕成龙老师以"投保机构在证券民事诉讼中的角色定位"为题，就投保机构集体行动困境难题的解决、投保机构参与代表人诉讼的隐忧和投保机构参与诉讼的机构建构蓝图进行了详细的讲解。

首先，关于集体行动困境下投资者保护机构的愿景，吕成龙老师围绕证券民事诉讼的制度难题，提出美国式证券集团式诉讼不一定适用于我国，并主要介绍了被美国教授誉为"东方经验"的集体诉讼模式：为了解决证券诉讼的难题，创造性地建立非营利部门（non-profit organization，NPO）主导的证券诉讼模式，其规定："保护机构为保护公益……对于造成多数证券投资人或期货交易人受损害之同一原因所引起之证券、期货事件，得由二十人以上证券投资人或期货交易人授与仲裁或诉讼实施权后，以自己之名义，提付仲裁或起诉。"

其次，吕成龙老师提出了投资者保护机构参与代表人诉讼的三个现实隐忧：一是内在激励的隐忧，其主要是由政府行政色彩浓厚、市场利益群体牵制、个人内在激励不足等原因导致的；二是独立性的隐忧，投保中心受到地区政府的权力干预颇多，中国的证监会理论上也可能面临此种挑战；三是诉讼能力的隐忧，专业人员的数量及能力会制约证券民事诉讼的效果。中国投保机构面临着"案多人少"的问题。在这样的背景下，如果由投资者保护机构自身人员来提起证券民事诉讼，将直接制约其提起诉讼的可能性、起诉数量和效果。

最后，吕成龙老师立足于上述的问题，讨论了投资者保护机构参与诉讼的机制构建。从理论上来说，非营利组织可能会产生志愿失灵（voluntary failure）的现象，可能表现为慈善不足、慈善的特殊主义、慈善的家长制作风、慈善的业余主义。对于如何克服志愿失灵，莱斯特·萨拉蒙教授（Lester Salamon）等提出了"政府—非营利组织关系"的基本模式理论，主要包括四种可能的模式：政府主导模式、双重模式、合作模式与第三部门主导的模式。吕成龙老师结合合作模式理论，提出了投资者保护机构组织机制建构的要点：以政府出资作为投保机构的资金来源；以分阶段策略安排作为高级人员任命和组成的办法；以市场化机制支付人员报酬和费用来解决诉讼能力与激励性的问题。

报告大纲

深圳大学法学院
LAW SCHOOL OF
SHENZHEN UNIVERSITY

一、集体行动困境下投资者保护机构的愿景

二、投资者保护机构参与代表人诉讼的现实隐忧

三、投资者保护机构参与诉讼的机制建构

深圳大学

四、投资者保护制度中的公平基金

讲座的第四部分由北京大学法学院副教授、法学博士洪艳蓉围绕公平基金的界定、国内外公平基金的实践和思考展开，报告分为三项内容。

第一，公平基金的界定和制度功能。演讲伊始，洪艳蓉教授简要介绍了何为公平基金，以及公平基金具有哪些制度功能。所谓公平基金，是指监管者依法将违法所得、罚款及行政和解金等证券执法所得，以一定方式补偿、分配给遭受损失的投资者，进而恢复投资者信心的专项基金制度。洪教授指出，保护投资者是资本市场发展的基石和证券监管的重中之重，但投资者通过私人诉讼寻求证券损害赔偿（私人执法）存在着重重困境，实践中效果不佳。公平基金融合公共执法和民事赔偿（私人诉讼）优势，是保护投资者的有效制度安排。

第二，美国法下的公平基金实践及其启示。洪教授系统梳理了美国公平基金的历史发展及其实践情况，并从中阐述重要启示。公平基金立法最早可追溯到2002年的《萨班斯法案》第308条，并在2010年的《华尔街改革法》中得到进一步巩固与完善。SEC作为执法主体，为此专门设置办事机构（the Office of Collection and Distribution）并开发相应的分配操作系统，以更高效便捷地补偿受损投资者。长期以来，SEC以赔偿受损者作为执法成效的重要评价指标，充分运用公平基金发挥积极作用。

洪教授还以SEC2016—2019年的执法行动为例，说明公平基金实践运用情况，并指出在美国90%以上的证券执法案件主要通过行政和解完成，SEC从中获得大量行政和解金，可以为补偿受损投资者提供丰富来源。SEC并非让案件当事人交纳和解金之后就"一和了事"，而是根据案件情形（例如大量投资者受损、当事人从事了异乎寻常的不当行为、非法阻碍调查过程等）要求其承认所犯事实并允许对外公开，作为行政和解的前提条件，以达到证券执法的惩戒和威慑效果。对于难以确定受损投资者或者分配计划的费用过高，可能导致执法所得不足以补偿投资者的，SEC通常将这部分资金上缴国库。

从美国公平基金的实践中，洪教授总结了如下启示：一是公平基金的丰富资金来源与成功运用与SEC享有强大的行政执法权和以补偿投资者为执法激励密不可分；二是补偿投资者应与惩罚重大违法行为相协调，注重二者作用的发挥，最终将损失补偿切切实实地交到投资者手里；三是在一定期限下推动并完成公平基金补偿方案的落地，提升投资者的预期，以有效恢复其对资本市场的信心，在这一过程中应注意征求投资者对补偿方案的意见；四是引入市场化机制管理公平基金，利用外部基金审计加以约束。

第三，中国语境下的公平基金考察与思考。洪教授将公平基金置于中国语境下进行考察与思考，认为我国证券市场也有同样的问题（如何快速有效地补偿受损投资者）亟须解决，之所以如此，是因为存在如下几方面的影响：一是证券虚假陈述等诉讼及其赔偿不尽如人意，影响个人诉讼积极性；二是先行/刑后民的实践处理（全部上缴国库），导致投资者受到二次伤害（虽打赢官司却无法获得足够赔偿）；三是《证券法》第六章投资者保护专章的规定，虽然解决了公共执法问题，但未解决收缴的违法所得的资金分配问题（仍需上缴国库而非可以分配给受损投资者）；四是目前的证券投资者保护基金也仅用于补偿证券公司发生风险时受损的债权人，不能保护因发行人违法而受损的投资者。当然，2015年以来我国也有行政和解方面的制度尝试，如《行政和解试点实施办法》第三十五条规定投资者可以通过行政和解金补偿程序获得补偿，又如《行政和解金管理暂行办法》规定证券投资者保护基金公司（以下简称投保基金公司）履行行政和解金管理职责，实行专户管理，一案一户，投保基金公司制订方案，并向证监会备案。然而，行政和解金的实践仍缺乏操作性强的制度构建和充分的理论支持。截至目前，仅有两起行政和解案例，均不涉及补偿受损投资者，或为案情使然，或为其他原因，不得而知。

洪教授最后从几个方面对我国行政和解的运用及未来发展予以评价，并提出了自己的思考：第一，《证券法》第一百七十一条规定的行政和解和第九十三条规定的先行赔付的联合运用，可能使我国以民事和解（先行赔付）的方式解决行政和解金的支付问题，从而避免先课以行政罚款并上缴给国库的困境，化解行政处罚与民争利的问题；第二，先行赔付究竟应如何实现执法的惩罚性、威慑性，还需实践中进一步探索；第三，实践中的行政和解运用过少，投资者难以利用这一制度获得预期赔偿，其制度落地如何推进，也需要更多考虑；第四，用投资者保护机构（公共机构）替代市场化操作可能存在激励约束问题，如何解决也面临挑战；第五，随着新证券法的施行，投资者救济方式多管齐下，先行赔付、"默示同意，明示退出"的集体诉讼机制等最终如何协调有效运用，是监管者未来需要解决的重大课题。

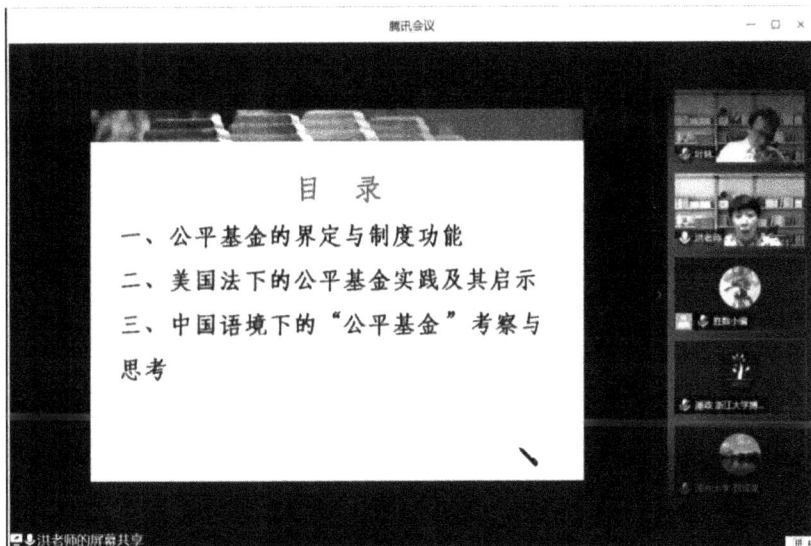

五、我国资本市场的矛盾和纠结

讲座的最后部分是与谈环节，与谈人是中国法学会商法研究会副会长、中国人民大学教授叶林。叶林教授首先简要点评了四位嘉宾的精彩发言，并依次指出目前中国资本市场所存在的一些矛盾和纠结的地方，以期为听者提供一个观察和思考的角度。

第一，实体和程序。叶林教授指出，今天讲座内容在整体上偏重程序法规则的探讨，我们也应当同时关注程序规则背后的实体法问题。在投资者索赔诉讼模式中，投资者作为诉讼的一方，一般都是因欺诈、虚假陈述、内幕交易等要求公司就其违法造成的损失予以赔偿。在探讨投资者诉讼架构前，我们首先需要思考，当前法治观念能否宽容地对待公司向投资者支付赔偿的做法。事实上，我国《公司法》《证券法》都没有很好地回应这个问题。我们的法律似乎无法容忍一个公司仅仅因为投资者诉讼而关闭，这种态度会将架空众多程序法规则的作用。

对于投资者向上市公司要求赔偿的问题，中国和其他国家在立法上都感到困扰。例如，英国立法机关在投资者要求公司赔偿这个问题上，就始终保持高度审慎。回到今天的中国，面对众多投资者被骗，我们也仍不舍得让公司破产。如果在投资者利益和公司生存发展利益之间作一个权衡，我们往往会发现，我们其实不想让企业破产。或因如此，现行法律试图通过扩张赔偿责任主体范围、采用先行赔偿等方式来缓和这一组矛盾。然而，这仍然没有解决根本问题。因此，我们首先要去关注实体法和程序法的协调问题。

第二，政府和市场。叶林教授把中国目前的资本市场定性为发展型和实验型的市场。首先，我国市场是个发展中的市场，从资本市场建立到今天，其法律体系和市场化程度等方方面面都处在快速发展中，今天的市场一定好过 20 年前的市场。但发展也意味着不稳定，在中国市场发展中必然存在着各种各样的问题。其次，我国市场也是个实验型的市场，中国市场的独特适用性使得我们在创设和接受新制度和新规则时有相当魄力。以投服中心为例，投服中心的纠纷调解、持股行权、诉讼维权等诸多功能，在西方是很自然地形成并纳入法律秩序中的，我们国家没有经过漫长的理论准备和实践演进，而是迅速地把这些在实践中被证明是好的东西移植到我国法律秩序中。这一方面使得被实践证明是好的经验被固定下来并发挥其作用，另一方面也带来了制度和规则之间的对冲，这种对冲有可能弱化这个规则的整体效果。我国在立法传统上坚持实体法和程序法的截然分开，但证券法规定了集团诉讼，这是非常特殊的模式。中国市场不是自然成长型的市场，而是政府推动型的市场。政府推动型的优点是市场可以超高速发展，缺点则是市场化程度不够，因此，市场化的投资者保护工具在中国运用时难免面临匹配度问题。

第三，民意和法理。资本市场上的民意是倡导对中小投资者的保护，但如果投资者保护机构把自己定位于保护中小投资者，则有可能忽略对其他投资者的保护。事实上，对于投资者保护机构来说，首先要保护公司的整体利益或者全体投资者的利益，只有保护好公司整体和全体投资者利益，才会自然保护到中小投资者。当然，中小投资者专业程度不高，在市场交易中更容易受骗，所以，需要在立法上给予更多的关注，但关注和保护显然是两件不同的事。在未来很长一段时间内，中小投资者被"割韭菜"的问题是难以改变的，如果我们依然奉行"散户为大"的观念，我们市场的发展就难免受到过度束缚。

第四，公力救济和私力救济。我国目前正处在由公力救济模式逐渐向私力救济模式转型的过程中。在转型中，必然存在许多问题，投服中心需要完成自身转型，更好地培育、协调和鼓励投资者以更多方式实现救济。学术界高度一致的观点是，对公司的罚款以及没收来的财产不能归国家所有，因为这些财产其实源于投资者，财政应当把罚款和没收的财产回拨回来，然而，这的确存在很多法律障碍，公力救济和私力救济的协调问题能否撬动财政体制改革，这是有待观察的。

中国市场正在面临巨大变革，叶林教授引用了证监会主席对中国资本市场的两个评价，"资本市场服务实体经济"以及中国资本市场的"人民性"。中国资本市场还有很长的路要走，我们要更多吸收市场化经验。也只有在市场化下，投资者既可以知道什么是风险自担，也可以获得更多的市场化维权途径。

从总体上去评价，中国市场是发展的、实验的、人民的、服务于实体经济的市场，理论研究及《证券法》的立法逻辑应当充分考虑这些特点。我们是在一个具体语境中去观察既有的结构性规则，观察这个规则如何发挥实际作用，我们这一代人非常幸运，因为我们正在见证和参与的是一个与众不同的市场的成长。

第十期　中美独立董事职责、履职保障、责任、免责和独立性制度

2020年6月21日18：30，由浙江大学互联网金融研究院副院长、中国法学会证券法学研究会副会长、浙江大学光华法学院李有星教授主持的"瑞幸咖啡案例研究（第十期）：中美独立董事职责、履职保障、责任、免责和独立性制度"讲座在胜数直播"小鹅通"上顺利召开。本次讲座的主讲人为中央财经大学法学院副教授董新义博士、浙江大学光华法学院经济法博士研究生钱颢瑜、西南政法大学民商法学院教授曹兴权、浙江大学光华法学院讲师周淳博士，与谈人为全国人大代表、中国银行法学研究会副会长、辽宁大学副校长杨松教授。报告采取直播的方式，参与人数众多，两千余人参与直播和互动，讲座取得了圆满成功。本次活动由中国法学会证券法学研究会、浙江省法学会金融法学研究会、浙江大学互联网金融研究院、浙江省前景大数据金融风险防控研究中心、浙江互联网金融联合会、杭州胜数研创等支持完成。

会议伊始，李有星教授隆重介绍参加本次讲座的专家学者，并对其表示热烈欢迎。随后对本次主题背景进行介绍：瑞幸咖啡独立董事濮天若、托马斯·迈耶的相继辞职以及股东会对独立董事 Sean Shao 职务的解除，引发社会对于独立董事的职能行使与责任承担的思考，故而本期讲座对独立董事组织专题研究。李有星教授提出以下几点思考。

第一，独立董事是否切实起到其职能作用，与公司以及个人职能履行密切相关。

第二，独立董事与控股股东之间的关系较为复杂，独立董事由控股股东任免，但独立董事对于投资、收购提出与控股股东相左的意见时，其意见往往不被采取。

第三，独立董事辞职的原因也难以辨明，背后的原因也比较复杂。从监管角度来看，独立董事辞职的原因可以成为监管切入口。

第四，独立董事的独立性问题。目前有以下三种方案解决独立董事独立性不强的问题：一是设立独立董事协会进行管理；二是由上市公司协会管理；三是由投资者保

护机构管理。第三种方案被认为是最佳的选择。

第五，独立董事的风险问题。独立董事风险客观存在，这来源于董事签字所带来的重大保证责任，因而必须设置相应的保险制度与其他配套制度加以约束与保障。

一、上市公司独立董事因何被处罚——近年来独立董事被罚案评析

讲座的第一位主谈人为中央财经大学法学院副教授、中国法学会证券法学研究会理事董新义，董教授就近年证监会处罚独立董事的事由、独立董事申辩理由不被采纳以及法院总是支持证监会等情况作了一个详细的梳理。

首先，董老师简要介绍了以《公司法》《证券法》为基础和核心的法律、行政法规、部门规制和规范性文件、司法解释及证券交易所自律规则五个部分构成的上市公司独立董事相关法律规范框架。接着，董老师阐述了独立董事的特别职权。除了具有《公司法》和其他相关法律、法规赋予董事的职权外，《关于在上市公司建立独立董事制度的指导意见》规定独立董事还享有以下七个方面的特别职权：（1）重大关联交易的事先认可权。上市公司拟与关联人达成的总额高于300万元或高于上市公司最近经审计净资产值的5%的关联交易，应由独立董事认可后，提交董事会讨论；（2）对重大事项发表独立意见的权利，如提名、任免董事、聘任或解聘高级管理人员等；（3）提议权，向董事会提议聘用或解聘会计师事务所、提请召开临时股东大会或者董事会；（4）知情权，上市公司应当保证独立董事享有与其他董事同等的知情权；（5）获取津贴权；（6）征集投票权等股东权；（7）独立聘请外部审计机构和咨询机构的权利。

关于独立董事的义务与法律责任，《公司法》《证券法》中有关董事的义务与责任均适用，故忠实义务与勤勉义务作为董事的一般义务也适用于独立董事。董教授表示，《证券法》第八十五条规定了未按规定披露信息、虚假记载、误导性陈述或者重大遗漏情况下董事应承担的过错推定责任，并没有对董事注意标准的规定，可谓一大遗憾。接下来，董教授跟大家分享了证监会处罚独立董事从事内幕交易的一些案例，包括旗滨集团独董周金明内幕交易案、宋常案和李心合案。除去个别独立董事涉嫌内幕交易等违法行为，证监会主要针对上市公司信息披露违法违规中独立董事未能勤勉尽责进行处罚。

董教授指出，证监会针对虚假陈述处罚的主要思路是对上市公司独立董事施以与普通董事同样甚至是更多的勤勉义务，不知情、未参与等均不能构成免责的理由，除非能举出证据证明其已经履行了勤勉尽责义务。从我国行政监管的实践来看，中国证监会及其派出机构对独立董事提出的异议与抗辩均采取否定态度，均要求独立董事举证证明自己已履行勤勉尽责义务，理由如下：相关申辩意见不能反映申辩人对涉案违法事实进行过特别关注，或采取过积极的履职行为，不能证明其已尽到勤勉尽责义务。

其提出的不直接参与经营管理、履职存在客观困难、对违法行为不知情、未参与等申辩理由亦不属于不予处罚的情形。

最后，董教授结合陆家豪案和鸿基地产案这两个典型案例来分析法院总是驳回状告证监会的行政案件的内在情况。从已有案例来看，各级人民法院在独立董事对证监会提起的行政诉讼案件中，迄今18名独立董事所提起的这15起行政诉讼案件，除了陆家豪案是因超过法定起诉期限而被裁定驳回起诉外，其余案件独立董事均败诉。法院均认可了监管机构的行政处罚理由，与证监会及派出机构的立场保持了一致，体现出了对独立董事义务与责任的严格态度。

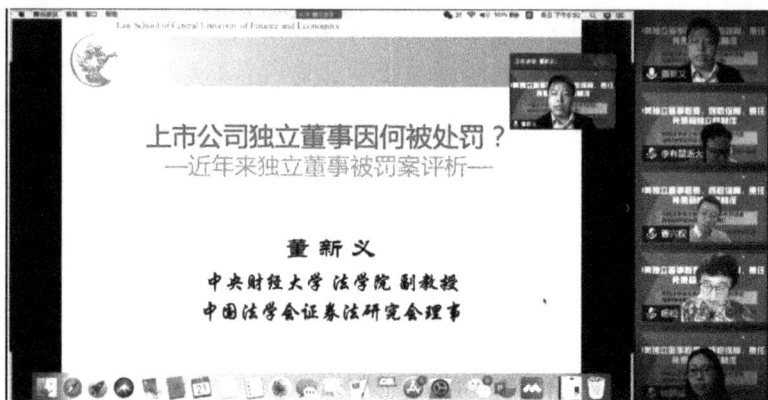

二、关于独立董事的履职保障机制研究

第二位主讲人是浙江大学光华法学院经济法学博士生钱颢瑜。钱颢瑜主要从独立董事职能、独立董事履职过程中存在的问题及独立董事履职保障机制的完善三个方面论述。

首先，关于独立董事职能方面。独立董事制度起源于英、美、法等国家，最先是为了解决这些国家一元制公司治理结构容易导致董事会权力过大的缺陷而产生的。独立董事主要有监督和决策两个职能，关于监督职能，委托代理理论是独立董事行使监督权的理论基础，如果缺乏必要的监督机制，公司大股东以及实际控制人可能会存在控制董事会的情况，在决策时往往会被实际控制人左右，损害股东利益。因此，要发挥独立董事的监督作用，更好地监督其他董事以及公司管理层的日常经营行为，为股东谋利。关于决策的职能，我国独立董事一般是由专家学者及企业家、执业律师、执业会计师担任，其在某些领域有一定的成就，那么他们作为独立董事，可以凭借丰富的理论与实践研究参与董事会相关事务的决策，就公司总体运营、日常经营事务及未来发展规划等方面提出自己独立的建议，可以一定程度上提高公司的综合实力与竞争力。关于如何平衡监督和决策两个职能之间的关系，钱颢瑜认为独立董事是董事成员，其主要功能是保障其董事职能的良好履行，当然同时也要履行好监督的职能。

第二，关于独立董事履职过程中存在的问题。钱颢瑜从"宝万之争"案例着手，就2016年6月17日万科召开的董事会争议焦点进行分析，指出目前独立董事履职过程当中存在以下三个问题。一是独立董事不够"独立"。具体来说，我国独立董事占董事会人数比例较低，上市公司独立董事的人数一般刚好处于红线之上，即法律规定的三分之一底线上；独立董事选任机制不合理，独立董事的选任和提名一般都是由公司大股东实际控制的；独立董事薪酬制度不合理，仅规定了薪酬决定与发放主体，而对薪酬的标准以及支付方式并未具体规定。二是独立董事信息获取存在不对称。一方面，独立董事大多受聘于多家上市公司，没有充足的时间和精力去详细了解每一家公司的详细情况；另一方面，独立董事作为一种兼任，一般不参与企业的经营和管理，独立董事所需要的信息主要是由公司管理层掌控的，这可能会导致独立董事对信息的了解不够全面，存在偏差。三是缺乏履职保障的配套措施。以激励机制为例，在金钱激励上，对于独立董事津贴标准如何制定还有待进一步落实；在信誉激励上，我国还需要完善信誉市场，才能对独立董事的各项工作进行尽职评价；在股权激励上，有些学者质疑独立董事为了自身利益，起不到监督的作用，影响独立董事的独立性。

第三，关于独立董事履职保障机制的完善。钱颢瑜主要从四个方面进行阐述。

一是健全独立董事的相关法律法规。学界主要有两种设想，一种认为单独制定《独立董事法》，另一种是在《公司法》中增设专章。前者难度大、周期长，不具有实际操作性，后者通过修改《公司法》的方式更为合理。

二是保障独立董事的独立性。在美国，对于独立性的界定主要是以主体资格为基础，以行为对象为参照，美国政府监管机构和民间机构对于独立性的界定有三大共性：独立董事需要独立于公司管理层、严格限制独立董事从公司获得的经济利益、对独立董事的规定趋于严格化。借鉴于美国的相关制度，中国的独立董事独立性保障主要从三个方面进行完善：完善独立董事的任免和薪酬机制、提高独立董事的比例和职权、完善独立董事独立性的定期披露制度。

三是建立健全独立董事责任保险机制。借鉴美国在独立董事责任保险中对于被保险人、第三人、责任范围、保险给付范围、保险费负担、除外责任等方面先进的经验，钱颢瑜提出对于独立董事责任保险的构想：加强立法，注意独立董事责任保险制度本土化的运用；考虑成立独立董事协会，将精神损害赔偿纳入独立董事责任保险范围；在独立董事责任保险合同的设计方面，应当采取单独强制保险的模式，承保范围主要包括：由于个人疏忽、过失导致的赔偿责任，因职务行为承担的赔偿责任，公司补偿的保险责任。

四是建立健全独立董事激励机制。一方面，要建立合格的报酬体系，独立董事的报酬可以考虑由固定的报酬、持股与股票期权、延期支付计划、责任保险四个部分构成；另一方面，强化独立董事的信誉激励机制，通过建立健全我国信用体系的建设和优化独立董事的声誉激励来实现。

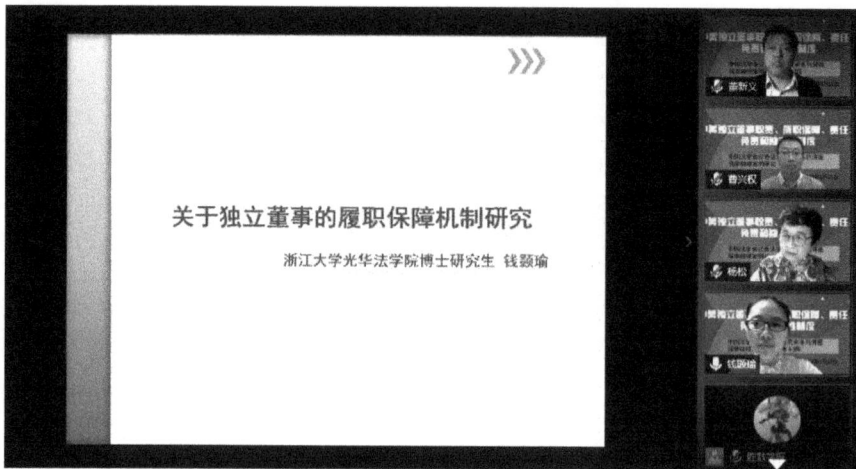

三、独立董事民事责任中的过错

第三位主讲人西南政法大学民商法学院教授曹兴权老师以"独立董事民事责任中的过错"为题就中美独立董事职责、履职保障、责任、免责和独立性制度的问题作了深入浅出、内容丰富的演讲。

首先，曹教授归纳了关于独立董事民事责任的热点关切以启发思考。独立董事法律责任的关键是独董法律负担的合理性问题，行为模式和法律后果的设定是否合理。曹教授从职责定位、履职特征、履职方式和公私法关系四个方面列举了若干热点关切，例如，独立董事监督性的独立性要求对民事责任有何影响？独立董事可否以利益冲突为理由主动回避董事会会议甚至辞职？独立董事可否对其他董事提供的信息及建议享有某种信赖利益？对公司信息披露文件签订保证真实的保证书，是否会有被加大义务负担的效果？

其次，曹教授梳理了独立董事法律责任的请求权基础。一是《公司法》请求权基础。《公司法》第一百四十七条、第一百四十九条和第一百五十二条分别规定了独董对公司所负的义务、责任及股东直接诉讼。二是《证券法》请求权基础。《证券法》第八十二条明确了独董的信息披露义务；第八十五条和第一百九十七条规定了独董信息披露违规的民事责任和行政责任。针对以上请求权基础，曹教授从三个维度提出了五大疑问——过错维度：归责原则是过错原则还是过错推定，有无免责情节？义务维度：遵守法律、行政法规或者公司章程是否就等于履行了忠实和勤勉义务？门槛维度：民事责任与行政责任之间是否体现出渐进性的层次？

再次，曹教授剖析了独立董事法律责任的底层逻辑。一是侵权民事责任的逻辑：构成要件＋减轻情节。构成要件包括违法行为、过错、损害与因果关系；减轻情节则考虑过错程度。二是董事民事责任的逻辑：构成要件＋责任限制＋商业判断原则。构成要件中需讨论过错程度与责任份额再确定，如采用相当因果关系论还是条件因果关系论。责任限制的路径有减免条款、补偿和保险，体现了过错因素要件化和报酬因素的内嵌。商业判断原则的核心是无错推定原则和特殊的举证责任分配机制。三是独立董事民事责任的特殊性对董事民事责任的影响，主要体现在责任定位与履职特征。构成要件方面要考虑理性独立董事或重大过失的过错标准、信息获取依赖和不得故意回避的特殊诚信；责任限制方面可考虑对独立董事设计不同于一般董事的特殊限制；商业判断原则方面考虑确立同等专业背景的理性独立董事标准。综合来看，民事责任采用有错推定，过错程度要求低；行政责任采用无错推定，过错责任要求高。

接着，曹教授讨论了过错要素的体系化应用。曹教授就利用过错要素的体系化追究独董法律责任提出两个基本思路。第一个基本思路是区分逻辑，要厘清董事与经理、董事与独立董事、忠实勤勉与守法遵章、监督董事高管与监督股东、民法与商法、商法与公司法、要件与情节、私法与公法在此问题上的差别，区分对待。第二个基本思路是独立监督特殊负担逻辑，要重视股东利益冲突的特别独立监督。过错要素的体系化应用则从七个方面展开：（1）过错标准方面，采用理性独立董事标准，必要时引入特殊专业背景的高要求；（2）过错程度方面，采用重大过失标准；（3）举证责任方面，民事责任解释论采用有责推定，行政责任解释论和立法论均应采用无责推定；（4）义务履行方面，可分程序和实质两方面：程序义务，如参加会议、日常沟通等；特殊义务，利益冲突（特别是股东之间利益冲突）时的特别诚信义务和主动合规义务；（5）损失范围方面，考虑过错程度；（6）责任限制方面，民事责任解释论条款效力宽松审查，区分过错程度，立法论应引入限则制度，过错要件化；行政责任解释论应主动自由裁量，区分过错程度，立法论应区分故意与过失。

最后，曹教授归纳了结论并提出了相关建议。三项结论分别是：（1）基于解释论，大部分热点关切能够在《公司法》框架中得以解决，但立法精细化的缺失导致司法介入在某些领域存在诸多争议，特别是无责推定领域、责任限制领域；（2）《证券法》关于董事对信息披露真实的保证签字，仅属履职程序要求，不宜作扩大解释，不得理解为直接责任人的认定标准，更不得理解为侵权责任的契约化；（3）行政责任功能（公司治理功能）预期及实践的非理性，并且可能对民事责任机制产生实质性误导。

基于以上结论，曹教授提出了高屋建瓴的建议：（1）立法精细化：重点关注守法遵章与忠实勤勉的关系、特别合规义务、过错程度与标准、举证责任、责任限制的边界；（2）主体差异化：董事监事高级管理人员及董事内部法律负担的区别对待；（3）

过错要件化：引入免责机制、举证责任分配机制，使得过错要素的从情节到全面要件化的转化。

四、让独董独立又懂事——美国法的一点启示

第四部分由浙江大学光华法学院讲师周淳以"让独董独立又懂事——美国法的一点启示"为题，就美国法上独立董事制度的起源，独立董事的"独立性"的认定标准以及如何让独董又独立又懂事三块内容作了详细而富有见地的讲解。

首先，关于美国法独立董事制度的缘起。20世纪70年代，美国SEC要求上市公司建立审计委员会，并且倡导审计委员会应由独立董事组成，同时NYSE制定相应的上市规则，这段时期上市公司的职业经理层开始壮大，因此董事会的经营管理职能渐渐弱化，同时不断发生的上市公司丑闻也使得社会开始思考董事的主要职责应当由战略管理向监督公司运营转变。安然事件之后的《萨班斯法案》规定了强制的董事独立性规则；同时安然事件中爆发出来的独立董事的身份危机促使相应的交易所进一步细化了独立董事的独立性认定。《多德弗兰克法》的出台又强化了薪酬委员会独立性和独立职权；《多德弗兰克法》制定的背景是2007—2009年金融危机之后，华尔街上大量的公司损失惨重，但他们的高管依然可以获得高额的薪酬。同时在美国的市州法层面，以Zapata案为代表的一系列判决，强化了对董事会中至少有一部分独立董事的要求。由此可以看出，在美国法上对于独立董事的独立性是有强制性要求的，并且在不断强化。

其次，关于独立董事的"独立性"的认定标准，周老师指出美国的事前监管标准是逐渐演进的，在最开始的时候是一个纯粹的外部性标准，只要求董事未在公司任职，但是监管效果并未达到，比如在安然事件中，许多董事在未在公司任职，但与公司具有密切的关联。随后20世纪70年代至90年代，监管标准要求独立董事要独立于管理层，但不要求独立于公司。最后才规定了独立董事必须同时独立于公司与管理层。而董事独立性的认定标准主要包括以下几个方面：雇佣关系（包括直接和间接的雇佣）、股权关系（包括直接持股和间接持股）、亲属关系（包括在具有关联关系的企业中担任相互影响密切的职务）、服务关系（包括在为上市公司提供各种服务的中介机构中任职）和交易关系。同时要求董事会的其他成员必须确保任一董事没有上述的关联关系，并且对于董事的关联交易知情的其他股东负有信息披露的责任。周淳老师还以一个基于校友关系判明独立董事的独立性存疑的案件说明了对于独董独立性的认定标准不仅有事前的认定标准，还有事后基于法官合理怀疑的司法标准，即一事一议的事后司法标准。

最后，关于如何让独董又独立又懂事，周老师阐述这里的"懂事"是指立法目的下的"懂事"，即要求独立董事要愿意"折腾"且会"折腾"，这就要靠切实有效的履职激励，包括正面激励与负面激励两方面，正面激励包括浮动的薪酬和参加会议的出场费，负面激励包括联邦法上的证券欺诈责任以及州法上违反信义义务的责任。忠实义务实际上是回归了对于董事独立性的判断，只要没有违反忠实义务，法院就不能对于董事的商业决策做事后诸葛亮式的审查。而注意义务实际上包括决策责任和监督责任，主要在两种情况下董事会被追究责任，一是公司经营过程中出现了危险信号而被董事无视，二是董事根本没有为公司建立内部的报告机制；周老师还通过一个独立董事因违反上述义务承担赔偿责任的实证分析来评述美国公司法中的诉讼费用报销制度与责任保险制度。同时列举了美国法中独立董事的履职保障制度，包括专门委员会及其职权、特别委员会、首席独立董事以及独董的定期会议机制。最后，周老师提出负面激励的真正作用在于对董事声誉的影响。

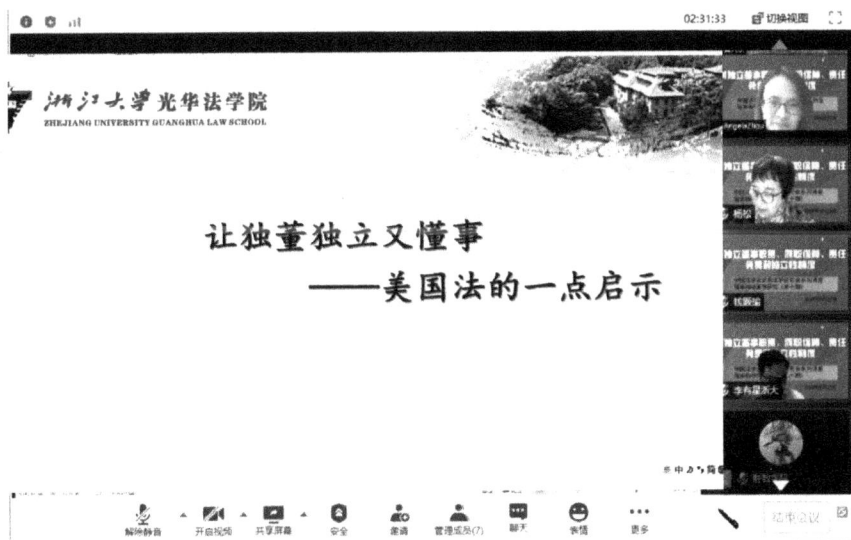

五、独立董事制度的思考和完善

讲座进入与谈部分，与谈人为全国人大代表、中国银行法学研究会副会长、辽宁大学副校长杨松教授。杨松教授表达了对瑞幸咖啡系列讲座的认可，同时也赞扬了李有星教授先进的教育理念。其后，杨松教授依次对前面四位嘉宾分享的内容谈了自己的心得体会，并提出自己的思考。

对于董新义教授的分享，杨松教授指出，曹教授结合近年独立董事被处罚的 7 个案件，梳理了我国独立董事相关法律规范以及法律赋予独立董事的特殊职权，为接下来独立董事的法律问题的深入探讨提供了重要的知识背景。关于案例分析的内容，杨松教授关注到这些案例中独立董事被驳回的主张（不能证明已尽到勤勉尽责的义务；不能以不知情、未领工资和未领薪酬等作为不可归责的理由而免责；不能以非会计专业人员而免责）与曹兴全教授关于民事责任过错推定的内容具有相近性，其体现在独立董事虽以证据证明其已尽到勤勉义务，但证监会和法院仍不予以认定。在独立董事责任追究当中，独立董事与证监会和法院之间对独立董事责任构成及其主观故意的认识存在巨大偏差，体现了证监会和法院对独立董事的严格对待，这恰恰反映了我国当下独立董事相关制度存在漏洞和不完善之处，这些不足为证监会和法院的解释提供了便利。董老师提供的案例全部是独立董事败诉的案例，若能找到独立董事胜诉的案子，我们就能够看到关于独立董事履职纠纷的全貌，就能更好地加以对比分析，结果更为客观。

对于钱颢瑜的分享，杨松教授认为其对独立董事的功能定位是准确的，即首先是决策职能，同时履行监督职能。她从宝万之争的经典案例中提出独立董事履职中面临的三个难题：不够独立、信息获取不对称以及缺乏保障履职的配套措施等。进而又提出如何完善独立董事制度，包括制定独立董事法、修改公司法专章以及保障独立董事独立性的相关措施。对于有关立法完善的观点，杨松教授认为目前我国进行独立董事法单行立法条件尚不成熟，尤其对独立董事的功能定位上尚存分歧和偏差。而对于独立性保障制度的设计，杨松教授认为钱颢瑜的主张符合我国的基本国情，具备一定操作性。关于履职保障的观点，杨松教授认为履职保障四个方面都十分重要，但短期内同时推进的阻力较大，完善独立董事履职保障制度的前提是要对独立董事的功能、定位取得共识，并予以明确。那么，接下来，独立董事履职面临的制度风险和障碍、执行主体是谁等核心问题，都需要更充分、更全面地考虑，因为这些因素直接影响到履职问题。

对于曹兴权教授的分享，杨松教授指出从过错看民事责任承担及其不同于行政责任的分析，是一个非常有意义的视角。曹教授从职责定位、履职特征、履职方式和公私法关系四个方面的重要问题入手，从请求权基础出发，分析构成要件及应用，最后回归到立法建构的分析思维和研究进路，非常值得同学们参考学习。曹教授展示了一个清晰的底层逻辑，分析了独立董事在民事责任构成要件、责任限制、商业判断原则的特殊性，分享了过错要素在民事责任体系中的运用，其中理性独立董事标准、特别诚信义务、主动合规义务、过错要件化等探讨很有意义，曹教授提出过错要素应该从情节到全面要件化的转变思路，对于我们思考独立董事的法律责任问题，具有很大的启发和借鉴。请曹教授进一步关注《中华人民共和国民法典》（以下简称《民法典》）通过侵权责任编中特殊侵权责任与独立董事民事责任设计的相关性，以及民事责任与行政责任如何协调等问题，值得进一步思考和研究。

对于周淳老师的分享，杨松教授对于周老师提及的独立性认定标准、责任制度的建议、履职保障的建议以及"胡萝卜加大棒"的规范方式等观点表示十分认同，并进一步指出从美国独董制度的发展来看，独立董事制度的初期，一方面是为了监督管理层、另一方面是保证中小股东不受控股股东的影响。学界主要是从委托代理理论、资源依赖理论（有知识、社会背景的独立董事）、利益相关理论（提高透明度、减少财务造假、信息传递效率）等提出独立董事制度的必要性和正当性。独立董事制度起源于美国，起初旨在解决在股权高度分散的情况下股东之间的利益冲突。20世纪50—70年代，政府开始逐步强制干预公司治理，普遍要求上市公司必须选任独立董事，这确实推动了独立董事制度的发展。安然事件引发了对于独立董事制度的反思，提高了董事独立性的标准，进一步加强了独立董事的作用。但是，独立董事制度建立后，公司治理的有效性仍然受到挑战。随着上市公司大股东日益增多，大股东之间形成了相互制衡关系，小股东不易受到管理层的侵犯，可以搭便车，这样独立董事保护分散股权的股东利益的功能不再非常重要，逐渐地，独立董事的功能从代表中小股东利益的独立性向履职的专业性方向转化。

2008年金融危机后，对独立董事的专业化要求更甚。英国的独立董事制度起步比美国晚，与美国在公众、行政和联邦政府压力下推进独立董事制度相比，英国体现为行业主动选择的结果，英国政府在这个方面主要是建议性地引导，而非强制性推进。但在独立董事的专业化定位上，英国确实走在美国前面，而美国也是很大程度上借鉴了英国做法。英国公司治理准则上甚至规定了可以设立类似于"首席独立董事"以发挥独立董事的作用。在公司治理的权利平衡上，美国倾向于董事会，而英国更倾向于"以股东为中心"。在英国，股权集中的公司比重大，董事的独立性要求不再很严格，专业化的功能日益凸显。德国情况与英美不同，带有监督职能的双层模式降低了对独立董事制度的要求，德国公司治理体系的特点是董事会和监事会并存，通过邀请利益相关者共同决策以减少利益冲突。德国缓慢吸收欧盟的经验，谨慎尝试独立董事制度，但监事会的权力仍然很大，而且，德国也是更加强调独立董事的专业胜任能力。

杨松教授认为我国借鉴德国、美国等制度设计经验，兼容监事会、独立董事两项制度，但存在诸多问题。第一，独立董事由股东和高管确立，与代表中小股东利益这一制度目标相悖。第二，独立董事和监事会的职能存在较大的重合部分。第三，独立董事应以决策职能为先，监督职能则依托整个董事会来发挥，独立董事的独立性是相对独立性，其目的在于保证决策的正确性和有效性，这样才能与监事会的功能有效衔接。第四，借鉴英美各国独立董事制度的发展，以及中小股东的利益诉求普遍降低，更倾向搭便车这一现象，我国以保护中小股东利益为目的建立独立董事制度，在逻辑上有瑕疵。

对于如何完善相关立法，杨松教授指出要同时考虑独立性和专业性，可以尝试重构上市公司管理层，把独立董事从公司的董事中独立出来。第一，从独立董事产生来看，可以考虑排除一定持股比例的大股东后，由中小股东投票产生，进入董事会，这样才可能实现代表小股东利益的目标。第二，可以尝试成立专门管理、协调独立董事的第三方机构，比如独立董事会协会、上市公司协会、投资者保护协会等，对独立董事实施业绩考核、履职监督、薪酬支付等，保证独立性。还可以考虑由上市公司共同设立独立董事基金，成为独立董事薪酬的来源；第三，关于独立董事的法律责任，借鉴美德，考虑建立独立于上市公司、证券交易所的职业保障制度。

最后，李有星教授对本次会议进行了小结。他提出我国独立董事签字、保证，对信息披露、虚假陈述以及财务造假承担的责任过重。独立董事职能定位不明，而使其耗费过多精力在辨认财务信息可信度上，产生过高的制度成本。独立董事对于公司财务造假是无能为力的，更多的是对于公司战略决策以及发展方向的把关，因而制度上需要明确独立董事应当承担的责任及定位，平衡独立董事发挥的作用及职责。

第十一期　中美上市公司控股股东、实际控制人法律责任与行为规范

　　2020 年 6 月 28 日 18：30，由浙江大学互联网金融研究院副院长、中国法学会证券法学研究会副会长、浙江大学光华法学院李有星教授主持的"瑞幸咖啡案例研究（第十一期）：中美独立董事职责、履职保障、责任、免责和独立性制度"讲座在胜数直播"小鹅通"上顺利召开。本次讲座的主讲人为中国人民大学国际并购与投资研究所副所长刘运宏、吉林大学法学院傅穹教授、浙江大学光华法学院副院长赵骏教授、南京航空航天大学人文社科学院院长王建文教授，与谈人为中国商法学研究会秘书长、中国政法大学民商经济法学院李建伟教授。报告采取直播的方式，参与人数众多，两千余人参与直播和互动，讲座取得了圆满成功。本次活动由中国法学会证券法学研究会、浙江省法学会金融法学研究会、浙江大学互联网金融研究院、浙江省前景大数据金融风险防控研究中心、浙江互联网金融联合会、杭州胜数研创等支持完成。

　　会议伊始，李有星教授隆重介绍参加本次讲座的专家学者，随后对本次主题背景进行介绍：一是上市公司的财务造假、信息披露、利益输送和冲突交易，其背后都彰显控股股东、实际控制人的行为问题。二是上市公司的控股股东、实际控制人的诚实信用程度直接决定上市公司的命运和前途。资本市场、金融市场服务实体经济，对于非实体经济的控股股东、实际控制人要特别关注、最好分类监管。近日，证监会主席易会满说：做企业总归要有一个盈利模式。靠着烧钱、讲故事、炒题材，没有持续经营能力，财务长期亏损，不适合上市。这是各方监管共识。三是惩治上市公司财务造假的办法基本上是要抓住"控股股东、实际控制人"这个关键。在法律上形成天网，行政处罚、民事赔偿、刑事制裁、信用约束等，一个强大的法律网才能预防违法事件的出现。新证券法已经体现：行政处罚提高到 2000 万元、民事代表人集体诉讼可能赔得倾家荡产、刑事制裁大幅提高、声誉信用约束更大。从制度上看，中国法律具备了

消除财务造假现象的基础。

本次讲座涉及的重点法律条文包括:《证券法》第八十五条(信息披露与民事责任)、第九十五条(集团诉讼)、第一百八十一条(责任的加大)、第一百九十七条第二款(责任的加大),《中华人民共和国刑法》(以下简称《刑法》)第一百六十、一百六十一、一百六十九条。

一、上市公司控股股东、实际控制人的法律责任与行为规范

讲座的第一位主讲人是中国人民大学国际并购与投资研究所副所长刘运宏。刘所长从理论鉴定和实践案例出发,详细讲述了上市公司控股股东、实际控制人的法律责任与行为规范。

第一,刘所长介绍了上市公司控股股东、实际控制人的法律界定。根据《公司法》第二百一十六条第二项、第一百零三条第二款的规定,控股持股比例可能不到50%即可对股东会决议产生重要影响,属于公司控股股东。《上市公司收购管理办法》第八十四条中该比例再次降低,证监会对上市公司控股股东和实际控制人的界定进行了扩大解释并互为补充。扩大解释体现在上市公司《证券发行并上市业务管理办法》《上市公司信息披露内容与格式准则——招股说明书》《上市公司收购管理办法》等对实际控制人有扩大解释的现象,控股股东也包括在其中,并对《公司法》第二百一十六条的规定进一步细化;互为补充就是让控股股东以外的对上市公司有控制力的自然人、法人和有关组织均界定在实际控制人的范围内;在极端情况下,上市公司第一大股东的持股比例不超过5%,也将纳入实际控制人的范畴。例如梅雁吉祥(600868)第一大股东持股比例长期没有超过5%,目前的第一大股东持股比例7%,谋求公司控制权,所以5%以上股份的第一大股东也将纳入实际控制人的范畴。

第二,刘所长详细分析了证监会对上市公司控股股东和实际控制人行政处罚的类型。2010年以来,大股东或实际控制人侵害上市公司利益受到处罚共计114例。其中,涉及违规增减持而未及时披露或者报告的 57 例；涉及内幕交易、短线交易及操纵市场 11 例；主要涉及重大信息未及时披露 36 例；主要涉及信息披露虚假误导性陈述 13 例；未按时发布定期报告 2 例。每一种受处罚的类型又包含不同的情形与处罚依据及其结果。刘所长对违规增减持而未及时披露信息、内幕交易、短线交易、操纵证券市场、虚假陈述、未按规定披露定期报告的典型案例、处罚依据及结果进行详细介绍。

第三，刘所长分析了上市公司控股股东和实际控制人应承担的民事责任。一方面，针对中小股东，应当承担短线交易的归入义务、虚假陈述、内幕交易、操纵证券市场的侵权责任、违背公开承诺的违约责任；针对上市公司债权人，应当承担违规资金占用、违规担保、利益输送的赔偿责任，恶意破产或者退市后的责任，多层次资本市场中的逃废债责任。另一方面是民事责任追究的程序与方式，包括集体诉讼程序、先行赔付的优势、民事赔偿优先机制的实现等。

第四，上市公司控股股东和实际控制人刑事责任的承担问题。其中涉及的刑事罪行主要有：（1）欺诈发行股票、债券罪；（2）违规披露、不披露重要信息罪；（3）虚假破产罪；（4）背信损害上市公司利益罪；（5）内幕交易、泄露内幕信息罪；（6）编造并传播证券、期货虚假信息罪；（7）操纵证券、期货市场罪等。实践中，刑事责任追究的程序与机制衔接需要处理的问题主要有：刑事责任追究程序烦琐、上市公司及其利益相关者的利益平衡等问题。

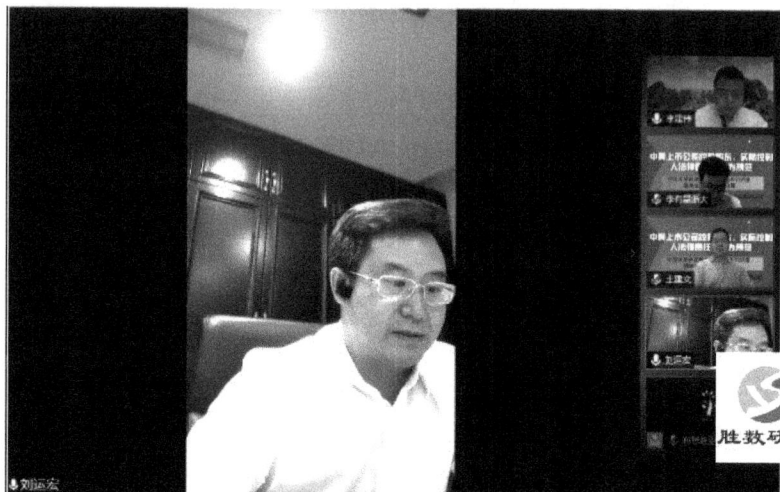

二、从 13 份上市公司控制股东处罚决定书谈起

讲座的第二位主讲人是吉林大学法学院教授傅穹。傅穹教授从近 3 年的 13 份上市公司控制股东处罚决定书谈起，提出虽然中国在 2020 年全球资本市场竞争力中的排名跃升至第 5 名，但是在亚洲 11 个国家和地区中，中国公司治理排名垫底，而且我国证

券市场向来充斥着控制股东掏空资产、违规占用资金、违规减持、违规担保、非公允关联交易、证券欺诈等丑闻，细密而庞大的规范体系与交易所重点督办之下仍然存在层出不穷的控股股东违规现象，对此有必要进行深入探讨。

第一，在处罚决定书折射的问题方面，傅教授对 13 份样本中控股股东的身份和担任职务的数据分析后，指出对上市公司控股股东和实际控制人的规制难以完全借助董事、高级管理人员的信义义务的管道，仍然有很大的必要单独对控股股东和实际控制人的信义义务进行直接规范。傅教授列举了八种处罚事由以及六种处罚结果，并分析了三个代表性的抗辩事由以及上交所给出的对应观点，并以此分析认为处罚决定书说明了五个问题。一是私欲逐利的本质，不少控股股东和实际控制人存在利用上市平台谋求私利的行为。二是诚信体现不完善，不少控股股东和实际控制人难以恪守诚信义务，对自己作出的承诺难以按约履行。三是内部控制不健全，因内部程序审核不严而导致的资金占用、违规担保等不规范行为在上市公司较为常见。四是违法成本较低，不少控股股东和实际控制人无视法律法规，与丰厚的套利相比，资本市场违法违规的成本相对较低。五是市场化约束不足，比如审议相关交易的股东大会参与程度低、独立董事意见流于形式、中介机构专业意见也多为随声附和等情况时有发生。

第二，在控制股东的界定标尺方面，傅教授提出：一是对于控制股东的定义应该同时采纳"持股比例"与"实质控制力"两个标准，并强调鉴于我国股权集中，公司治理核心在于"控制股东与少数股东"；二是间接规制效果不如直接赋予控制股东公平对待义务更有约束力；三是实质控制应当有"经常性"，对于少数关键性的"积极股东"并非具有"经常性"控制，应排除在控制股东范畴之外。

对于受信义务的移植之争方面，一是我国上交所普遍承认控股股东和实际控制人对公司负有诚信义务，而在司法实践中亦有法院承认控股股东和实际控制人的是"诚信义务"。二是在对比英国的"不公平损害救济"和美国的"受信义务与公平对待义务"的司法裁判路径之后，列举了两种现存的学说观点：反对说主张——我国不宜引入美国《公司法》中的控制股东信义义务规则，而应当通过法解释学，有效运用《公司法》第二十条实现规范控制股东行为的目标；支持说则主张——美国控制股东受托义务的内涵已经转变为公平对待义务，我国若能由控制股东负担举证责任、交易过程与价格公平责任，或对控制股东滥权问题起到实际约束功效。三是傅教授引用了美国公司法报告人艾森伯格教授的话："控制股东的义务层面，公平对待义务比受信义务或忠实义务表达精准，毕竟受信义务须以受托人利益为优先，但控制股东本无须负担如此强度义务为必要，仅需基于公平原则，即对公司及其他股东公平对待即可。"

第三，在"理想丰满"的规制体系与"现实骨感"的规制效果方面，傅教授列举了上市公司控股股东与实际控制人的法律规范体系的相关条文，提出自己的四个观点：

一是庞大的规范体系与偏弱的惩罚机制，现存的法律规范体系庞大、条文繁多，但是配套的惩罚机制还不完善，随着证券法改革中相关违法行为惩罚力度的增加，相信之后的情况会有所改善；二是勤勉的监管者与失灵的看门人，虽然监管者勤勉尽责，但是相关的保荐机构和独立董事存在审核不严、角色缺位的情况；三是受伤的投资者与有限的救济机构，但是随着证券法修改后投资者保护机构的引入，相信之后的情况会有所改善；四是《证券法》的违规惩罚、《公司法》的关联交易规制、信誉惩戒的结合。鉴于控制人逐利的本质，完善的惩戒体系将起到更加有效的结果。

傅教授提出："资本市场应该引导商人的楷模，而不是塑造出一夜暴富的缺乏诚信品格的商人。我们要的是一个好的证券市场制度，而不是一个好的实际控制人；任何一个追逐利润的人，在一个合理完善的制度下，应该成为一个遵纪守法的市场人。"

三、上市公司控股股东、实际控制人行为规范

第三位主谈人为浙江大学光华法学院副院长赵骏教授，赵老师以自利性并购的隧道阻遏研究为例，主要从对控股股东、实际控制人进行规范的理由，控股股东、实际控制人的界定和原则以及法律对控股股东、实际控制人的规范这三个方面来分析上市公司控股股东、实际控制人行为规范。

为什么对控股股东、实际控制人进行规范？赵老师首先提出"隧道挖掘"理论。所谓"隧道挖掘"，原意是指通过地下通道私下转移资产的行为。在企业治理的概念框架下，其可以理解为企业的控制者（往往是大股东）从企业转移资产和其他利益到自己手中的各种不合理、不合法的行为，这种行为通常是大股东通过正当及非法的手段对中小投资者利益的侵占。行为方式包括直接占用、关联交易、担保、缺乏经济实质收益的海外并购。其次，上市公司规范运作缺陷日益突出，如内部控制混乱，未能有效抵御风险；部分企业一股独大，影响公司治理提升；不当资产交易套取上市公司资金；激励约束机制有待进一步加强。

第二，控股股东、实际控制人的界定和原则。首先，赵老师简单介绍了控股股东与实际控制人的概念。控股股东指其出资额占有限责任公司资本总额 50% 以上或者其持有的股份占股份有限公司股本总额 50% 以上的股东，以及出资额或者持有股份的比例虽然不足 50%，但依其出资额或者持有的股份所享有的表决权已足以对股东会、股东大会的决议产生重大影响的股东。实际控制人指通过投资关系、协议或者其他安排，能够实际支配公司行为的人。《上海证券交易所科创板股票上市规则》还规定，实际支配上市公司股份表决权超过 30%，通过实际支配上市公司股份表决权能够决定董事会半数以上成员的任免，可以实际支配或者决定上市公司的重大经营决策、重要人事任命等事项这三种情形视为实际控制人。对控股股东、实际控制人行为进行规范的基本原则包括三

点：一是维护上市公司独立性，不得违反法律法规和公司章程，直接或间接干预公司决策和经营活动，损害公司及其他股东合法权益；二是不能通过关联交易、资金占用、担保、利润分配、资产重组、对外投资损害上市公司利益，侵害上市公司财产权利，牟取上市公司商业机会；三是积极配合上市公司履行信息披露义务，不得要求或者协助上市公司隐瞒重要信息。赵老师表示，规范控股股东、实际控制人行为应坚持诚实守信、规范行使权利、严格履行承诺、维护上市公司和全体股东共同利益的总体原则。

第三，法律对控股股东、实际控制人的规范。首先是信息披露行为规范，《证券法》规定，发行人及其控股股东、实际控制人、董事、监事、高级管理人员等作出公开承诺的，应当披露。不履行承诺给投资者造成损失的，应当依法承担赔偿责任；《上海证券交易所上市公司控股股东、实际控制人行为指引》规定，控股股东、实际控制人发生下列情形之一的，应当在该事件发生当日书面通知上市公司，并配合上市公司的信息披露工作：（1）控制权变动；（2）对上市公司进行重大资产重组或者债务重组；（3）经营状况恶化进入破产或者解散程序；（4）其他可能对上市公司证券及其衍生品种交易价格产生较大影响的事件。

其次是独立性规范，《上市公司治理准则》规定，控股股东、实际控制人与上市公司应当实行人员、资产、财务分开，机构、业务独立，各自独立核算、独立承担责任和风险；《上海证券交易所上市公司控股股东、实际控制人行为指引》规定，控股股东、实际控制人应当建立制度，明确对上市公司重大事项的决策程序及保证上市公司独立性的具体措施，确立相关人员在从事上市公司相关工作中的职责、权限和责任追究机制。最后是股份交易、控制权转移规范，涉及《上海证券交易所科创板股票上市规则》《上海证券交易所上市公司控股股东、实际控制人行为指引》及《最高人民法院关于为设立科创板并试点注册制改革提供司法保障的若干意见》等。背信损害上市公司利益罪还规定了董监高违背此类规范的刑事责任，证监会也有相应的监管措施。

最后，赵老师以自利性并购的隧道阻遏研究为例阐述上市公司控股股东、实际控制人行为规范。关于控股股东自利性并购，法律、行政法规、部门规章及自律性规定都有相应规定。自利性并购包括形式合法与形式非法两大类，前者又可细分为形式关联的自利性并购（包括股权型利益输送和资产型利益输送）与形式不关联的自利性并购。

这些遏制利益输送的法律法规主要存在以下问题。

一是信息披露与资产评估失范。控股股东自利性的并购从外表来看，往往伴随着信息披露不充分以及资产、股权评估价格不符合资产质量的现象。

二是公司内部治理机制不足。公司的董事会、监事会、独立董事往往都直接或间接受到控股股东的控制，第三方的评估机构委任也受到控股股东的控制，监事会、独立董事在制度移植的过程中便有着不足。在我国目前的股权结构下，控股股东与其他大股东之间的幕后关系亦使得股东大会的关联回避表决效果有所折扣。且目前上市公司交叉持股、金字塔结构繁复，关联关系复杂难辨。

三是违规责任与有效监管机制欠缺。控股股东自利性并购法律责任的缺位、司法与执法难题是导致其利益输送的根本性原因，有效监管体制的不足是导致目前控股股东自利性并购的重要原因。证券市场的监管以证监会为主导，而各种自律组织如证券交易所、证券业协会的监管作用尚待提高，导致证券监管的过多权责和事项集中于证监会，证监会也疲于应付，低成本的责任导致违法行为往往屡禁不止。

赵老师提出，要解决这些困境，利益输送隧道阻遏的全景法律架构必须立足利益输送的司法之治、利益输送的证券监管阻遏、利益输送的多层次和跨境监管、公司治理结构与社会监督的立法引导这四个维度，采取分而治之的思路，但不能在某个方面留下"短板"。考虑到各个国家的禀赋不同，构建利益输送阻遏机制也需量体裁衣、遵循路径依赖，充分考虑我国不同机构的制度能力，同时协调公平和可预期性方面的紧张关系，调动非制度因素。

四、我国构建控制股东信义义务的依据与路径

讲座的第四部分，由南京航空航天大学人文社科学院院长王建文教授围绕"我国构建控制股东信义义务依据与路径"与大家展开讨论。

王建文教授首先抛出了一个问题，即控制股东是否有法定的信义义务。从法条的梳理中可以发现，我国法律中能够找到控制股东信义义务或其同义表述的相关规定。目前，我国《公司法》虽未明确采用控制股东信义义务（或其他同义表述）的概念，但很多规定中已经包含了对控制股东行为的约束，为公司和非控制股东追究控制股东违背信义义务行为的责任提供了法律依据。《公司法》第二十条可以视为控制股东信义义务的概括性规定。该法第二十一条有关关联交易的规定，是对控制股东（采用的是控股股东、实际控制人概念）忠实义务的具体落实。这两个法律条文不仅仅是宣示性的规定，而是有完整的法律规范的结构。虽然对于是否所有股东都应无差别地承担信义义务仍存争议，但当前学术界比较一致地认为，至少公司的控制股东应当承担信义义务。随后，王建文教授从以下几个方面对控制股东的信义义务展开了讨论。

第一，控制股东信义义务的发展脉络。从发展脉络上看，控制股东的信义义务对象仅指公司和非控制股东，并不包括公司的债权人。当某一事项涉及控制股东与公司之间的利益分配时，控制股东的行为应当不能有损于公司，这时公司是信义义务的直接指向对象，而由于公司利益受损会间接影响到非控制股东的利益，故而非控制股东在此种情形下是信义义务的间接指向对象，在目前这个阶段，对于信义义务的指向对象作狭义的理解更为稳妥，随着立法的不断完善，法律应当明确控制股东和信义义务

的概念。从封闭性公司和开放性公司的差别来看，封闭性公司具有封闭性，股权不能公开交易，股东之间具有很强的人身信赖关系，人合性的特征非常明显，因而封闭性公司的控制股东需要承担的信义义务应当比开放性公司的控制股东更为严格，封闭性公司的股东之间要互负最大忠实义务和善意义务。从根本上说，董事的信义义务服务于公司与股东的利益，其以董事为经营主体和服务者的定位而展开；而控制股东的信义义务则是为了实现股东之间的利益平衡，其以股东为公司所有者的定位而展开。

第二，控制股东信义义务的内在逻辑。王建文教授指出，控制股东信义义务存在的原因主要有以下几点。一是利益冲突的存在，控制股东与公司，控制股东与其他公司参与者之间的利益冲突无法避免，这是控制股东信义义务产生的根本原因。二是非控制股东对控制股东的信任，因为非控制股东与控制股东之间存在着这样的信任与被信任关系，控制股东应当对非控制股东承担信义义务。三是禁止权力滥用，控制股东可以基于正当目的行使控制权，即控制股东对公司决策和经营施加影响时，应该是为公司和全体股东的利益而行事，不得为自己牟取不正当利益。四是公司合同的固有缺陷，控制股东相对于中小股东往往处于优势地位，控制股东的信义义务正是对公司合同进行额外监督的替代解决方案，它以阻吓作用代替了事前监督，使那些企图背信弃义的控制股东不敢任性妄为。

第三，控制股东信义义务的法律适用。在对控股股东信义义务进行探讨时首先要区分控制股东的双重身份。对于高管，有勤勉义务的规制，但目前法律上对勤勉义务的规定较为抽象和模糊。当控制股东不在公司担任董事或高级管理人员职务，但却具备类似董事或其他高级管理人员的地位时，即当控制股东能够通过选任、指派或其他安排控制董事或其他高级管理人员时，这些董事或高级管理人员作出的决策通常会代表控制股东的利益或从本质上就是控制股东意志的表达，此时让控制股东承担与董事或其他高级管理人员相似的勤勉义务也无可厚非。此外，即使控制股东不利用其表决权左右公司决策，而仅仅是处理与自身权益紧密相关的事务时，也有勤勉义务的适用空间。控制股东的忠实义务要求控制股东不得有下列行为：篡夺公司机会；不正当的关联交易；侵占公司财产。

以上三种情形是常见的控制股东违反忠实义务的行为，实践中控制股东背离忠实义务的表现远不止于此，控制股东压榨其他股东、恶意转让控制权、内幕交易、欺诈行为、违规处置公司资产、故意不披露重大信息等都严重危害到其他股东的利益。这些行为有的已经受到我国《公司法》的规制，有的则由于相对隐蔽，尚游走在法律规制的边缘。此外，控制股东信义义务还应当包含目前在学界和实务界仍存在争议的善意义务，所谓善意"义务"，是指信义义务中超出忠实义务与勤勉义务的内容。控制股东所为的不受勤勉义务和忠实义务约束，但需要进行否定性评价的不正当行为，均可以纳入善意义务规则的调整范围。作为对勤勉义务和忠实义务的补充，控制股东善意"义务"虽有必要确立，这是我们依据诚实信用原则构建的一个法律规范，但不能任意扩张适用。

总结来说，在控制股东信义义务的法律适用中，应注意区分控制股东的双重身份，对其勤勉义务、忠实义务及善意"义务"予以区分适用。其具体法律适用方案乃立足于我国市场经济及司法实践，主要以"解释论"方法展开，但也涉及无法经由"解释论"方法达成的"立法论"内容。在我国即将正式启动的《公司法》的修订中，应认真考虑如何对控制股东信义义务作明确规定，尤其是充分论证是否确认善意"义务"。当然，该问题应与董事等高管的信义义务一并考虑。此外，关于代表人诉讼的问题，目前《证券法》的代表人诉讼未来能否演绎出新的集团诉讼，这应当从《公司法》角度作更系统和细致的考虑。

五、控制控股股东、实际控制人：中国公司治理之特殊利益、结构与机制

讲座进入与谈部分，与谈人为中国商法学研究会秘书长，中国政法大学民商经济法学院教授李建伟。李教授首先表达了对前几位分享人的赞赏，认为几位所作的理论与实务的分享非常有价值，引人深思。之后李教授抛出了本次讲座各位专家的分享均涉及一个关键问题：控股股东与实际控制人权利与义务的法律规制问题。李教授主要从中国公司治理的特殊利益、结构和机制等几个角度回应了前几位嘉宾的观点。

首先，公司治理的核心及其主要的制度功能就是保护（中小）投资者的利益，而中国公司治理的核心问题是控股股东与少数股东间的利益冲突如何妥善解决。这一利益冲突属于《公司法》上的三大利益（即少数股东与控制股东的利益冲突、股东与高管层的利益冲突、债权人和股东的利益冲突）冲突之一。中国公司治理的核心问题在于控股股东与少数股东的利益冲突是由中国公司的股权结构决定的，具体表现为第一大股东控股比例过高。李教授谈到，大股东欺压小股东的问题在任何国家都普遍存在，但主要存在于私人公司当中，一旦公司成为公众公司，主要矛盾就变成了股东与管理层之间的利益冲突问题。而我国即使私人公司变成了公众公司，大股东欺压小股东仍是主要问题。李教授通过自己的观察指出，我国大多数公司高管做出损害小股东利益的行为，一种情况是该高管本就是大股东身份，另一种情况是该高管实际上是大股东的利益代言人。据此，李教授提出了我国公司治理的主线：通过限制、约束与问责"限权"多数股东，通过扶持、保护与诉权"扩权"少数股东。

其次，李教授具体讨论了如何限制大股东权力的问题，他认为主要是要发挥我国《公司法》第二十条的作用。我国《公司法》第二十条规定："公司股东应当遵守法律、行政法规和公司章程，依法行使股东权利，不得滥用股东权利损害公司或者其他股东的利益；不得滥用公司法人独立地位和股东有限责任损害公司债权人的利益。公司股东滥用股东权利给公司或者其他股东造成损失的，应当依法承担赔偿责任。公司股东滥用公司法人独立地位和股东有限责任，逃避债务，严重损害公司债权人利益的，应当对公司债务承担连带责任。"

李教授指出，当前我国对该条第三款即保护债权人利益的条款实际运用较多，使得中国成为世界"法人格否认"适用的第一大国。而要解决大股东以权力欺压小股东的问题，则应当更多发挥该法条第一款的作用，让它作为一般条款发挥更大的作用，使得当小股东在权力遭受损害，通过具体条款找不到救济途径时，通过回归第二十条得到法律的保护。

这里值得指出的是，该条属于一般条款而非基本原则，李教授认为若民法在适用时向基本原则逃逸，显示了这个国家民法规范的缺陷，向一般条款逃逸则是可以接受的。李教授随后提到该法条的司法化自 2005 年以来已经取得了一些进展，包括公司法解释四"原则通过稿"里将决议无效的情形作了类型化，公司法解释四第九条使得股东的知情权作为固有权利受到保护，公司法解释四第十五条规定了违反法律规定滥用股东权利导致公司不分配利润，给其他股东造成损失的，股东可以据此请求法院判决公司分配利润。纵使有上述进展，李教授认为《公司法》第二十条还应当进一步做大做强，应当发展出更多的救济机制。

随后，李教授认为，限制大股东权力，我们还应当在具体的制度举措和诉讼举措方面做出相应的努力，主要是要进一步发挥《公司法》第二十一条的作用来限制关联交易，第二十一条作为一般性条款，只规定了关联交易给公司造成损失的应当承担赔偿责任，却不能认定该交易无效。关于这一点，公司法解释五第一条做出了极大的努力，规定了损害公司利益的关联交易不能以已经履行正当程序作为抗辩。同时第二条规定："关联交易合同存在无效或者可撤销情形，公司没有起诉合同相对方的，符合公司法第一百五十一条第一款规定条件的股东，可以依据公司法第一百五十一条第二款、第三款规定向人民法院提起诉讼。"实际上适用了股东的代位诉讼权，是一个重大的突破。讲到这里，李教授指出前几位嘉宾所提到的事前、事中控制都有其意义，但他认为在中国，事后的救济更为重要。而上述法条正是事后救济的重要开拓性举措。同时李教授指出，充分重视民间的智慧，因为小股东本身有更强的激励、更充分的信息，也有更大的智慧去通过协议限制大股东权力，所以《公司法》要进行基础性制度配置，创造一种制度的可能性，以鼓励章程规定的自治性措施来达到限制大股东的目的。

最后，李教授对我国章程自治的困境与破解的远景进行了展望，李教授认为第一是取决于我国总体上的法治水平，我国少数股东的命运亟待进一步受到法律的保护与保障。第二是取决于我国商业文化、商业文明的养成与职业经理人市场的成长。第三是创业者群体本身素养的成长，小股东要在创业之初就与大股东达成协议，并且法律应当限制大股东所掌握的，以伤害中小股东利益为代价的，从根本上修改公司章程的权力。

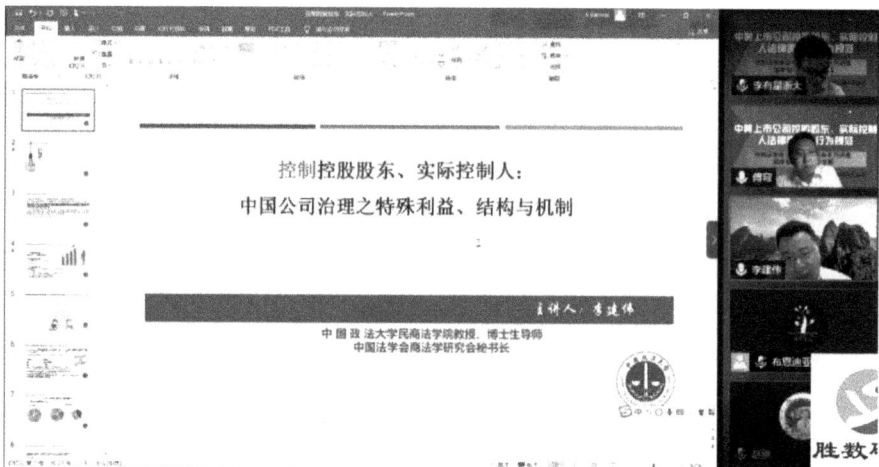

最后，李有星教授对本次会议进行了小结，并和各位主讲人、与谈人对未来中美上市公司控股股东、实际控制人法律规制进行了展望。刘运宏所长通过案例指出不仅要完备《公司法》《证券法》等法律制度，对于典型的恶劣事件，还要利用刑事处罚来遏制。

李建伟教授认为严刑峻法可以起到一定抑制作用，但仅靠严刑峻法还不够，实际上还是取决于行为人对造假成本、被发现的概率与违法成本的精巧算计的结果，因此严刑峻法显然可以起到一定的抑制作用，但不免是扬汤止沸，而这一问题的解决最终还是要靠商业文明的发展，通过漫长的时间使得我国职业经理人群体的第一操守——诚信得以进一步养成。王建文教授指出我国现有法律规定只是一个框架性规范，实践中难以适用证券法的现有规范达到立竿见影的效果，未来的发展道阻且长。

傅穹教授回到立法问题，在证券法已经修订完善之后，《公司法》如何在一般法的层面上进行修改，给控股股东、实际控制人设定义务，保护小股东权利是一个立法难点，在此期间可以借鉴成熟的国外立法。

赵骏教授总结道，对控股股东、实际控制人全方位的、多元的、立体的治理机制包含四个维度：程序精细化的司法维度、证券监管维度、多层次的跨境监管维度和多中心治理思路下的社会监督维度。美国具有精细化的司法模式，但是法律的借鉴需要谨慎。在我国治理标准精细化方面，需要将程序标准和实体标准、主观标准和客观标准、定性标准和定量标准有机结合。

李有星教授认为我国治理模式正趋于完善，即使在不考虑诚信文明等正面激励的情况下，我国已经具备足够的负面约束机制，所有的上市公司需要一起努力做好自我约束，逐步健全完善上市公司控股股东、实际控制人的治理机制。

第十二期　中美证券做空机制、法律后果与规范约束

2020 年 7 月 5 日 18：30，由中国法学会证券法学研究会副会长、浙江大学互联网金融研究院副院长、浙江大学光华法学院李有星教授主持的"瑞幸咖啡案例研究（第十二期）：中美证券做空机制、法律后果与规范约束"讲座在胜数直播"小鹅通"上顺利召开。本次讲座的主讲人为华东政法大学教授郑彧、中央财经大学副教授杜晶、复旦大学法学院教授许凌艳，与谈人为武汉大学法学院院长、中国经济法学研究会副会长、中国证券法学研究会副会长冯果教授。报告采取直播的方式，参与人数众多，近两千人参与直播和互动，讲座取得了圆满成功。本次活动由中国法学会证券法学研究会、浙江省法学会金融法学研究会、浙江大学互联网金融研究院、浙江省前景大数据金融风险防控研究中心、浙江互联网金融联合会、杭州胜数研创等支持完成。

会议伊始，李有星教授作为主持人，隆重介绍了本次出席分享的嘉宾，并就以下四个方面因素提出本次分享主题的重要意义。

第一，应如何正确地看待中概股？中概股是 VIE 架构的跨境上市公司，这种公司属于境外，特别是在美国上市的公司，监管责任主体理所当然地是美国的证券监管部门，虽然它的实体是在中国境内，但不是中国境内的上市公司，故而依照《证券法》无法对其进行监管。有关中概股问题的处理主要是涉及跨境监管合作的问题，特别是美方对有些问题回应不够，或者是双方的合作还存在着一些障碍，特别是审计监管问题，若能够解决，实际上对全球的投资者、发行人都有好处。

第二，应如何看待美国就瑞幸咖啡事件加速出台的《外国公司问责法案》？该法案特征是如果中概股连续三年未经美国上市公司公众会计监督委员会检查的公司就不应该有交易，如果一直延续就应该是强令公司退市。凭借这些条文强迫中方对美国的上市公司公众监督委员会的一些检查行为予以无条件的服从和配合，属于典型的美国长臂管辖，侵害我国国家主权，显然是不妥的，而最好的解决办法应是中美合作，实

现双赢。

第三，证券做空机制的利与弊。从 2020 年 4 月 14 日至 6 月 24 日，仅仅两个月，中概股"跟谁学"已经被香橼、浑水、天蝎创投和灰熊四家机构连续发布十次做空。有意思的是，股价从 4 月 24 日收盘价 31.2 美元，一直上涨至 58.33 美元，做空的投资者损失惨重。而经过十次做空之后，市值突破了千亿，收盘价是 59.99 美元，成为国内唯一市值突破千亿的在线教育企业，也是继新东方、好未来企业之后第四家市值突破千亿的教育培训企业。还有阿里巴巴、拼多多等被投资者做空的例子，可见，好企业是不怕做空的。整个做空机制到底该如何评价？目前可以明确的是，做空能够给上市公司带来无形的震慑力，这一点是普通财产性处罚所不能比拟的。

第四，中国是否需要确立做空机制？无论是核准制还是注册制，财务造假一直是我国证券市场的一大难题。尽管新证券法加大了刑事处罚，提高了刑事制裁，理论上已经相对构建了一个制裁上市公司财务造假和信息披露不规范的法律天网，但是如果引入做空机制，则对造假者的威慑力效果会更好。当然，单凭这一点并不能忽视引入机制也有可能存在一些更大的副作用，比如加大市场波动。因此，做空机制的引入需要择机而设，制度先行。

一、做空机制的法律经济学解读

第一位主谈人是华东政法大学教授郑彧，郑教授从法律经济学的角度出发，从五个方面分享了他对做空机制的了解。做空机制对大多数的观众而言可能是既熟悉又陌生的，一方面，"投机倒把""恶意做空"大家都耳熟能详。另一方面，对于做空本身所涵盖的意义或者说它本身的内容是什么，绝大多数人是比较陌生的。

第一部分，郑教授从最基础最基本的理论分享做空的基本背景，即回到市场的本真去理解做空存在的意义。交换是市场的本意，市场本身是为方便交换而存在的制度。当回到市场本质的时候，发现市场其实可以被理解成买方和卖方来决定价格并交换物品或劳务的机制，市场基本的规律是商品的价格，以商品的价值为基础，围绕供求关系上下波动。但是市场调节是一种事后调节，具有滞后性，特殊时期要结合国家干预的手段来规范市场运作。郑教授认为，当我们去理解市场，理解国家干预的市场的调控时，我们不应该误读美国股灾大萧条时期的凯恩斯主义，因为国家干预是有条件的。

第二部分讲的是对"投机倒把"的认知。《辞海》里"投机商"的释义是"投机商以囤积居奇、买空卖空、掺杂作假、操纵物价等方式扰乱市场，以牟取暴利为目的的商人"。在 1949 年前《人民日报》有一篇报道提到，"所谓的投机倒把是为了获取高利而囤积居奇"。1950 年，中央人民政府贸易部《关于取缔投机商业的指示》中提到扰乱市场投机商业是指囤积、拒售关于生产生活必需的物资者。1963 年，国务院《关于打击投机倒把的取缔私商长途贩运的几个政策界限的暂行规定》里，列了几个投机倒把的类目，比如买空卖空、居间牟利、囤积居奇和哄抬物价。1981 年，仍然列了投机倒卖、居间牟利和降质抬价等十多项投机倒把活动。1987 年 9 月，国务院发布了《投机倒把行政处罚暂行条例》，其中和今天主题有关的有倒卖国家禁止或者限制自由买卖的物资、倒卖国家计划供应物资票证，等等。按照郑教授的理解，投机倒把其实与市场趋势同步，不同于做空，它在"赌"市场的单边行情。

第三部分主要介绍了做空的基本机理。国际证监会组织有一个定义，做空是这样一种交易，即在交易中有人出售了他们并不拥有，并且在出售时也未达成购买协议的证券。1934 年的证券交易法对做空的定义是，投资者出售自己并不拥有的证券行为，或者投资者用自己的账户以借来的证券完成交收的任何出售行为。中国香港有《证券及期货条例》淡仓规则，指"任何指明的股份而言，在进行构成该项持仓的每项售卖时，该人没有一项即时可行使而不附带条件的权利，以将该等指明股份转归于其购买人名下"。接着，郑教授结合图示解释介绍了美国的做空规则，提到了一种特殊的类型——裸卖空，即出售证券时没有安排借入该证券，等卖完之后再去资产上借。美国将其分为两类：一类是纯粹的投机商，第二类是豁免的裸卖空。做空机制对比中国语义下的投机倒把，做空不是投机，必须有约束，要拿到券源才能做。可以看出，正常情况下的做空或者说成熟市场的做空和投机倒把、买空卖空以及囤积居奇有很大的差异。

第四部分主要讲做空的域外监管。美国的做法允许做空，限制裸卖空。有专家认为美国完全限制了裸卖空，郑教授认为美国并未完全限制裸卖空，是限制进修裸卖空的条件，如交易必须表明空头的标志，要有券源安排，有交收保障以及遵循最优价格等。总体而言，美国的做空规则受到 1934 年证券交易法的监管，其中第 9 条 d 款可以看出，操纵性卖空是违法的。

第五部分阐述了对中国目前做空的现状以及未来的基本看法。中国是厌空型的监管态度，比如大股东减持，整体上的监管思路是要通过减少对股东的减持来维持市场，T+0 以及 T+1 两种制度也是厌空型监管的表现。郑教授结合中国融资融券的运作、指数期权的态度以及股票的 ETF 回转套利交易得出结论，中国的做空机制其实非常不成熟，或者我们对它还抱有比较大的误解。在此背景下，中共中央、国务院《关于构建更加完善的要素市场化配置体制机制的意见》提到完善市场化配置是建设统一开放、竞争有序市场体系的内在要求，是坚持和完善社会主义基本经济制度，加快完善社会主义市场经济体制的重要内容。做空制度其实是一个非常重要的市场双向价格的选择机制，在中国目前的环境下或实践下，每个人对市场的理解不同，所以只有在大家有了共识之后，真正地把做空制度的市场起决定性配置资源的方式和市场主体的博弈方式落实到位，中国未来的做空机制才能得到更好的发展。

二、英美卖空机制法律规则及评述

复旦大学法学院教授许凌艳以"英美卖空机制法律规则及评述"为题，详细介绍了卖空机制的历史溯源及争论、英国的卖空交易监管规则和美国的卖空监管规则，并对上述内容进行了评述。

第一部分是卖空机制的历史溯源及争论。许教授认为卖空的原则源于一种逆向哲学，它是从对金融资产的悲观立场中获利的。在过去的400年里，证券市场投机和套利的支持者和反对者曾多次发生冲突，而且往往是在市场剧烈波动或下跌的背景下发生的。双向交易是资本市场的基本制度，证券市场的卖空交易始于17世纪的荷兰，二者相伴而生，不可分割。许教授着重对1932年关于卖空利弊的公开辩论进行了介绍。

第二部分是英国的卖空交易监管规则。许教授认为英国在2008年金融危机前和金融危机后呈现了不同的监管态度。因此她从2008年金融危机前的卖空交易监管、2008年金融危机中的干预和新型冠状病毒肺炎疫情的特殊时期三个方面对美国的卖空交易监管规则进行了详细介绍。她认为随着市场受到疫情的打击，欧盟强化了卖空规则。欧盟市场监管部门正在加大对对冲基金和其他卖空者的监管力度，这些投资者可能正利用新型冠状病毒肺炎疫情暴发造成的市场崩溃。欧洲证券和市场管理局于2020年3月16日宣布的临时措施迫使投资者披露更多有关其卖空头寸的信息，将披露的门槛降低一半。欧洲市场管理局表示，这些措施是预防性和适当的，因为严重的股票市场波动对市场和欧盟的信心构成了严重威胁，因为卖空会增加价格波动，并导致金融市场的更大损失。

第三部分是美国的卖空监管规则。许教授认为美国的监管非常复杂、分散及重复。比如证券和银行监管有州和联邦两个部分，而州当局是监管保险公司，联邦当局是监管期货市场，银行监管机构是审慎的监管机构，证券交易所是执行机构。然后从历史的角度详细梳理了美国从 1938 年至今操纵性和欺诈性行为相关条款的变化发展。经过金融危机之后，对于做空是利大于弊还是弊大于利的争论一直没有停止过。经过激烈的争论和权衡，2010 年 7 月，立法者认为做空机制增强了市场风险，但最终肯定了对于资本市场的监督作用。所以在《多德—弗兰克华尔街改革与消费者法案》中对 SEC 提出了三方面的要求来规范卖空的交易，但是其并没有设置明确的实施细则，也没有对合理的卖空交易作出具体的限制。

第四部分是评述部分。许教授提出两个观点：一是允许有控制地卖空，这将增加流动性，并允许对冲基金和其他机构卖空者继续推动市场向有效价格靠拢，从而逐渐恢复市场信心；二是虽然卖空增加了资本市场的效率和流动性，但卖空是一种有缺陷的市场效率机制，如果没有有效监管制度的支持性架构和市场监管机构警惕地执行反滥用法律，这种机制就无法运作。

三、浑水式做空与新证券法的适用

第三位主讲人是中央财经大学副教授杜晶，杜教授就浑水式做空与新证券法的适用发表了精彩演讲。

杜教授辨析了浑水式做空与做空卖空的区别。

第一，裸卖空。假设交易者既不在法律意义上拥有标的股票，也没有先去借来想要卖出的标的股票，先进行一笔证券交易，这是所谓的裸卖空。裸卖空最核心的交易风险就是最终可能没有办法真正履约或交付。卖空属于经典的信用交易，即买方给卖方的一种延迟交付。

第二，卖空。2009 年金融危机之后，美国 SEC 出台了新的卖空规则，其中需要注意的是标记要求、定位要求和交割与平仓的要求。这种要求先行借入式的卖空加上强行平仓的规定，在中国《证券法》的语境下就是融券，要求交易者在法律意义上先行完成和券商借证券的手续，实际上是在券商的会员融券专用账户下开设交易者的融券账户，其最大争议点是融券业务由券商予以垄断。我国的融券和 SHO 规则下的卖空最大的差别是，融券通过券商的会员融券专用账户来识别融券交易中的标的证券；而 SHO 规则下的卖空是通过经纪券商的标记来区分卖空的证券。

第三，做空与卖空机制。除了融券，还有其他的金融产品在设计上蕴含了做空或卖空的意思。国际金融市场上最经典的卖空式金融产品是股票期货。我国没有股票期货，但有股指期货和 ETF 期权，虽然不是对个股进行操作，但事实上可以起到类似在下行市场营利或者对冲风险减少损失的功能。

第四，浑水式做空。无论是浑水还是香橼，其实都不是美国联邦证券法制语境下的投资顾问，对发行人不负有义务，声称进行投研不以获得报酬为目的。浑水不是投资顾问，但会建仓参与做空交易，通过公开发布投研报告，对标的个股价格产生影响，其盈利模式便是如此。

杜教授分析了浑水式做空在我国《证券法》语境下的合法性。中国证监会曾对中能兴业看空康美药业事件给了两项回复。一是以研究报告等形式提供证券投资分析，并直接或间接获取经济利益的属于从事证券投资业务，应当获得牌照。二是浑水式做空的两种行为模式，第一种是公布真实可靠的调查研究信息，影响证券价格波动并获利。第二种是对于发现有疑问的证券，先融券卖出，建仓，再发布看空报告。

在我国《证券法》语境下，浑水式做空面临三大法律障碍：第五十条的内幕交易，第五十五条的操纵市场以及第五十六条的编造、传播虚假信息和误导性信息。

第一，内幕交易。中国证券市场上的浑水式融券的行为模式，需要交易者锁定标的证券或者是标的发行人，交易者不能是证券投资机构或投资咨询机构。交易者锁定标的的原因在于如果与内幕信息知情人密接，则为内幕信息传递链上的信息接收者，被视为非法获取内幕信息的人。这种情况有比较确定的被鉴定为内幕交易的问题，尤其是我国目前行政执法实践采用推定的方式，除非有充分的证据或理由排除这种推断。

第二，操纵市场。《证券法》第五十五条第六项规定，"对证券、发行人公开作出评价、预测或者是投资建议，并进行反向证券交易"，如果达到了影响证券交易价格或者证券交易量属于操纵市场。在以前行政执法实践中，传统的主体范围多为券商咨询机构、专业的中介机构及工作人员，这就是抢先交易。但新证券法把主体范围扩张至任何人。在2019年证券法进行修改之前，反向证券交易模式也属于操纵市场，证监会将之认定为以其他手段操纵市场。

第三，编造、传播虚假信息和误导性信息。发布投研报告是浑水式做空中最关键的环节之一。如果不向市场投放带有负面信息的报告，市场价格就不会发生预期的波动。第五十六条的立法精神是要降低，甚至消除证券市场的噪音，打造一个仅有真实客观信息存在的证券市场。第五十六条的适用要回答两个问题：编造、传播虚假信息或误导性的行为，是否应将行为人的主观状态界定为故意或重大过失？是否以"事后"来印证传播媒介所报道信息的客观与真实，还是以其在报道时所掌握的全部信息总量衡量即可？杜教授建议以报道时掌握的全部信息总量进行衡量即可。此外，利用举报制度，借助官方调查发布负面信息来做空的模式是否合法值得思考。

最后，杜教授提出要容忍浑水式做空。对于中国证券市场上可能出现的浑水式融券或者做空，要理性地分两面看：一方面，如果要从大证券市场迈向强证券市场，应该对双向交易有所容忍。这种民间执法或者私人执法，某种程度上可以节约行政执法的成本。容忍市场吹哨者的存在，有利于培养价值投资。另一方面，要理性地看待美国卖空交易模式。部分美方专家认为 SEC 目前对于卖空的监管披露过于宽松，未能遏制操纵性的卖空，督促 SEC 重新制定规则。在新证券法的背景下，证监会在执法过程中可以通过明确"安全港"来豁免善意的浑水式做空。阳光是最好的防腐剂，如果允许善意浑水式做空，可以规定多环节的披露要求。

四、做空机制的规范与制度完善

本次讲座的与谈人是武汉大学法学院院长冯果教授。冯教授对前三位教授的观点作了一个总结，并发表了几点自己的看法。

第一，做空是市场正常的运作机制。资本市场重在预期，投资者对未来个股或者整个资本市场的走势有不同的判断，根据判断决定自己的投资的策略。正是预期的不同才会带来二级市场的兴盛。因此，资本市场某种意义上是一种建立在信息基础之上、理性的"赌"，看涨、看跌是基于不同预期形成的。既然有看涨、看跌，就有人做多、做空，这是资本市场的逻辑所在。而且，价格正常波动是资本市场的魅力。没有永远上涨的市场，一个市场一直狂飙到一定程度、脱离实际价值后必然要回归，这是价值规律在起作用。资本市场不可能是单边的上涨市场，应该是双向的交易市场。资本市场的特点决定了不同的预期带来不同的交易模式、交易策略和交易手段，因此这是一种市场应该允许的投资行为。

第二，是否有做空机制和一个市场是否能够被做空是两个概念，没有因果关系。冯教授引经据典，认为做空的行为不应上升到道德的高度，对于善意做空和恶意做空，不同的人有不同的感受。做空机构也有风险，市场不一定会按照其做空的意愿而被做空。

第三，做空是市场风险的分配机制，是价格的发现机制，同时也是资源配置机制。当价格远远高于实际价值的时候，会有人看跌，正是因为这种反向的操作，把非理性的市场拉回了理性。在这个过程中，实现了资源配置，也存在资源分化问题。另外，追盈逐利者和市场正义者之间有时候完全合为一体，营利的同时会指出造假的行为，这也是市场正义的体现。做空并不是洪水猛兽，一个正常的、合法合规的做空有利于健康市场的发育。而建立在信息优势之上而产生的操纵性做空是任何市场都无法容忍的，也是受道德谴责的行为。

第四，做空对不同运行阶段的市场的影响不一样，在急剧下跌背景下的市场做空最容易发生，而做空会进一步地加剧市场的恐慌，进而引起更大的羊群效应，甚至会导致整个金融系统的崩盘。在非常时期，监管机构需要考量对做空行为容忍的程度。既然做空作为一种机制应该存在，那么对于做空就应当有相应的规则，做空应当适度。

第五，浑水模式和中国的状况。中国的监管机构和投资者具有"厌空型"的监管心态、投资心理。我们的资本市场散户非理性化，进入股票市场总是非常乐观，但抗压能力非常差，又忍受不了任何市场噪音，在这样的过程中就形成了大涨大跌。机构投资者逐渐"散户化"，不是长期投资，而是追逐短期利益，而且在这个过程中对股票走势的判断很多时候并不专业。做空在我国不理性、脆弱的市场非常容易形成大波动。我们考虑做空时，在借鉴欧美国家的同时还要结合我们自身市场的情况。此外，中国市场需要浑水模式。我们需要建立真正的对投资人负责的机构，但如何使这种机构能够发挥其真正作为投顾的价值判断功能，使其不承担过高的不确定的法律风险，是值得我们深思的问题。

第六，规范、完善我们的做空机制需要做到：对于市场操纵型做空保持零容忍的态度，进一步健全市场操纵方面的立法和执法；建立有交割保障的做空机制；完善信息披露制度；开展投资者教育，优化资本市场的投资结构等。

讲座最后，李有星教授与各位教授就本次讲座的主题进行总结发言，一同展望我国做空机制的未来发展。郑彧教授认为我国做空机制的发展极有可能朝着欧盟的监管方向走，在此过程中国家干预是必需的。许凌艳教授认为目前的做空机制已经形成了一个整体的交易结构，像多米诺骨牌一样环环相扣，利用传统的契约法律关系无法解决该问题。因此需要引进现代契约理论，即不完全契约理论和关系契约理论，另外还需要引入公法监管达到契约治理的共同目标。杜晶教授提出每次金融危机都会导致证券交易规则的变革，都把《证券法》推得更远。美国以义务规制市场欺诈行为，欧盟注重市场公平，证券民事制度借鉴美国，但执法理念非常偏向欧盟。杜教授认为我国《证券法》一有后发制度的优势，二有后发制度的警觉和清醒。冯果教授认同发挥后发的优势，保持后发警觉的观点，同时补充到我国涨跌板、登记结算等防止市场出现交割不能的好机制对推行该机制提供了已有的基础，可以充分利用。

第十三期　中美证券先行赔付、责任分担与行政和解制度

2020 年 7 月 12 日 18∶30，由中国法学会证券法学研究会副会长、浙江大学互联网金融研究院副院长、浙江大学光华法学院李有星教授主持的"中国法学会证券法学研究会瑞幸咖啡案例研究（第十三期）：中美证券先行赔付、责任分担与行政和解制度"讲座在胜数直播"小鹅通"上顺利召开。本次讲座的主讲人为西南政法大学民商法学院副教授赵吟、浙江大学光华法学院博士研究生陈吉雨、北京大学法学院博士研究生柯达、武汉大学法学院副教授袁康，与谈人为西北政法大学经济法学院教授强力。报告采取直播的方式，参与人数众多，两千多人参与直播和互动，讲座取得了圆满成功。本次活动由中国法学会证券法学研究会、浙江省法学会金融法学研究会、浙江大学互联网金融研究院、浙江省前景大数据金融风险防控研究中心、浙江互联网金融联合会、杭州胜数研创等支持完成。

会议伊始，李有星教授隆重介绍本次讲座的嘉宾，并围绕本次讲座主题"中美证券先行赔付、责任分担与行政和解制度"展开阐述。先行赔付制度作为投资者保护制度的一个重要组成部分，可以快速解决证券、期货领域的纠纷，并经历了万福生科、欣泰电气等案件的实践，最终，体现在我国新证券法中。《证券法》第九十三条规定："发行人因欺诈发行、虚假陈述或者其他重大违法行为给投资者造成损失的，发行人的控股股东、实际控制人、相关的证券公司可以委托投资者保护机构，就赔偿事宜与受到损失的投资者达成协议，予以先行赔付。先行赔付后，可以依法向发行人以及其他连带责任人追偿。"该条款规定了发行人的行为、先行赔付的主体、先行赔付的方式和追偿等内容。同时，《证券法》第一百七十一条规定了中止和终止调查的情形："国务院证券监督管理机构……调查期间，被调查的当事人书面申请，承诺在国务院证券监督管理机构认可的期限内纠正涉嫌违法行为，赔偿有关投资者损失，消除损害或者

不良影响的，国务院证券监督管理机构可以决定中止调查。被调查的当事人履行承诺的，国务院证券监督管理机构可以决定终止调查。"该制度对于促进先行赔付制度起到催化剂的作用。

李有星教授指出，在实践中，先行赔付制度主要涉及下述六个问题。第一，发起的主体问题，包括为何要发起、何时发起、由谁发起等问题。第二，赔付对象除普通投资者以外，是否包括机构投资者的问题。第三，赔付资金来源的问题，能否以借来资金、罚没资金等自有资金以外的来源进行赔偿。第四，赔付资金的管理问题，管理主体是投资者保护机构还是投资者保护基金之公司，抑或二者兼有。第五，行政和解、行政调查对于行政赔付的影响问题，如何衔接为优，以及行政裁量的标准问题。第六，先行赔付主体的追偿问题，包括超额赔偿如何处理、赔偿责任如何分配、赔付后是否仍需承担其他责任，以及先行赔付人难以顺利追偿等问题。例如现实中，欣泰电气退市后，兴业证券便很难向发行人行使追偿权。

一、我国证券市场先行赔付的实践检视与规则解读

讲座的第一部分由西南政法大学民商法学院副教授赵吟以"我国证券市场先行赔付的实践检视与规则解读"为题，就先行赔付制度的来源、重要性、发展历史以及其中关键性的制度问题作了详细而富有见地的讲解，并给出了她自己对于制度发展路径的建议。

首先，赵老师就先行赔付制度的来源与必要性作了分析。证券市场的先行赔付制度并非空中楼阁，早在2010年《社会保险法》中就有规定在第三人不支付或者无法确定第三人的情况下，由基本的医疗保险基金先行支付医疗费用。后来的《道路交通安全法》《消费者权益保护法》中也有原理相同的规定。因此，可以说这个机制已经在实践中有较为广泛的使用。证券市场的先行赔付制度起源于证监会的1号招股说明书，文件中明确保荐人在招股说明书扉页承诺先行赔付，后来关于上市公司退市制度的意见中也提到相关公司及其控股股东实际控制人在被行政处罚前先行赔付，可从轻或减轻处罚，将先行赔付作为一种从轻或减轻处罚的考虑条件。再后来证券法几次修订草案中都有关于先行赔付的规定，实现了从一些规范性文件到规章再到法律层面的上升的趋势。最终，证券法2019年修订的版本中正式规定了先行赔付的法律条文。

赵老师认为，先行赔付制度的中心思想即"保护弱势一方，赔偿请求权发生了转移，即实力较强的一方可以向相关责任主体追偿，这比弱势方自己追偿更有效"。证券市场上，投资者作为弱势方比较无助的原因有三：一是投资者本身缺乏足够的专业知识和风险的承受能力，尤其是中小投资者，没有足够的条件获取充分的信息；二是证券发行人为了以较低的成本在较短的时间内获得足额的融资，通常也会直接或者变

相地利用信息的优势，根据自身的实际需要调整财务的状况、盈利能力等重要信息的披露情况；三是类似于保荐人、主承销商等相关的证券公司、服务机构在利益的驱动下无法尽心尽力为投资者一方谋取利益，更倾向于站在发行人的角度，考虑的是谋取更多中介服务费用。综上，投资者显然处于弱势的地位。先行赔付制度无论从规模效益，加强投资者的保护力度，促进证券发行人自律，维护证券市场的稳定等角度来讲都具有合理性。

其次，赵老师从证券先行赔付的性质出发，提出了一些关键制度性问题，并给出了宝贵建议。从先行赔付制度历程及价值上看，其性质属于和解制度。先行赔付本质上来讲其实就是一种便利投资者获得赔偿经济的替代性制度安排，从多元化纠纷化解机制角度来看，先行赔付就是和诉讼并列的诉讼外的和解方式。

赵老师基于万福生科案、海联讯案以及欣泰电气案三个经典案例梳理了几个关键性问题。

一是先行赔付主体责任分担的问题。在法律规范层面，对于赔偿的责任主体有多层次的安排，但实践中责任主体单一，法院在审理相关案子的时候，最终判决的结果往往是要求发行人上市公司方来承担责任，对相关具体操作层面的负责人包括其他中介机构的责任认定相对比较弱。

二是赔付资金的来源和分配问题。资金来源是相关的机构或个人主体，即自掏腰包设立。资金分配上，三个案子思路大同小异，采用价差，即投资的差额损失加上一些佣金、印花税和利息，两者都需完善制度设计。

三是投资者保护机构有无必要列入赔付主体范围的问题。赵老师认为基于先行赔付的制度定位，主体范围并无限制的必要。只要相关的当事人和主体愿意或者有这样的能力承担相应的赔付责任，就可以允许其设立专项基金进行赔偿，后续追偿可以按照一般的民事责任追偿方式进行。关于投服中心是否应当纳入赔付主体范围，学界尚有争议。

四是先行赔付的行为范围问题，先行赔付适用的出发点主要在于发行人的证券违法行为。本质上来讲，欺诈发行、虚假陈述都是信息披露义务人违规对重大事实作出不实的陈述，两者的区别在于违法性质和严重程度的不同。欺诈发行和虚假陈述如何鉴分？虽然《证券法》及其相关司法解释与《关于在上海证券交易所设立科创板并试点注册制的实施意见》都有涉及，但仍然存在包含关系。同时对于其他重大违法行为如何鉴定，《证券法》也并没有明确。赵老师指出，相较于欺诈发行来讲，证券交易阶段虚假陈述可能更常见，也可以说是违规信息披露的重灾区，在条件成熟的情况下，将先行赔付制度扩展适用到证券交易阶段可能是未来考虑的方向。

五是先行赔付的对象范围问题。范围划定的宽窄应当综合考虑责任者的负担是否过重与能否满足制度设计最初的考量，即保护投资者的合法权益的两方面。因此证券市场先行赔付在现阶段可能对于投资者的划分还是要考虑不同投资者请求赔偿的能力问题，比如可将机构投资者排除在先行赔付主体之外。

最后，赵老师基于上述考量对先行赔付将来的发展路径给出了宝贵的建议。总体上来讲，要遵循三个方面的原则：公开公平，及时高效，合理适当。要特别注意赔偿范围的科学划分，到底赔哪些人，以及赔多少金额，这可能需要遵循损失补偿的原则，当然要根据证券市场的特殊性作一些调整，同时要突出"先行"这一制度特点。不同的赔付对象在不同交易阶段的区别对待，主要考量因果关系的认定问题，包括个人投资者、机构投资者及特定投资者，比如关联的公司和子公司投资者的区别对待。赔付的资金来源方面，主要是赔付人自主筹集相关的资金，同时可以鼓励相关的主体共同出资设立。赔付程序方面，应在已有实践基础之上，进一步完善制度框架，包括基金管理人的设置、基金托管人的设置，包括基金设立人，可以设立一些基金顾问，等等。归根到底，需要完善的是对于赔付方案的形成问题，基于赔付协议的复合性，投资者的充分参与应当给予保障，可以采用听证或者通过网络平台等，让投资者能够有足够的参与，有充分的机会来与赔付人进行沟通协商。

二、先行赔付的域外经验——美国公平基金制度

浙江大学光华法学院博士研究生陈吉雨作了关于"先行赔付的域外经验——美国公平基金制度"的主题演讲。

2019 年新修订的《证券法》第九十三条规定了先行赔付制度，该条规定："发行人因欺诈发行、虚假陈述或者其他重大违法行为给投资者造成损失的，发行人的控股股东、实际控制人、相关的证券公司可以委托投资者保护机构，就赔偿事宜与受到损失的投资者达成协议，予以先行赔付。先行赔付后，可以依法向发行人以及其他连带责任人追偿。"陈吉雨认为，《证券法》第九十三条使我国先行赔付制度有了法律依据，但其仍面临着赔付资金来源少、赔付者追偿难、赔付方案制定公正性有待提高、投资者选择权欠缺保障等问题。

陈吉雨接下来以美国公平基金制度为例，分享了先行赔付制度的域外经验。公平基金制度是美国证券交易委员会将通过行政审裁或者民事诉讼，向证券欺诈行为人追缴的违法所得、民事罚款、和解金设立一个基金，制定分配计划将其分配给受损投资者或者奖励举报人的制度。美国公平基金制度肇始于 1966 年美国联邦第二巡回法院所创立"吐出"非法所得裁判，1988 年的 SEC v. First City Financial Corp., Ltd. 案，SEC 将追缴违法所得的权限进一步扩展至虚假陈述领域。此后，美国通过一系列的法律或

法案不断完善公平基金制度，包括 1990 年《证券执法救济和小额股票改革法》（*The Securities Enforcement Remedies and Penny Stock Reform Act*）、2002 年的《萨班斯法案》（*Sarbanes-Oxley Act*）、2006 年制定的《公平基金与吐赃计划规范和实践规则》（*Rules of Practice and Rules on Fair Fund and Disgorgements Plans*）以及 2010 年出台的《多德—弗兰克法案》（*The Dodd- Frank Wall Street Reform and Consumer Protection Act*）。

就美国公平基金的具体制度而言，其资金来源于 SEC 对违法者追缴的、违法者吐出的非法所得、民事罚款和判决前利息，以及这些资金在分配前所产生的利息收入；公平基金采用一案一设的形式，公平基金的管理人是由 SEC 或听证官委任的任何人担任；基金的归集和分配程序也有着较为严格的规定，即便对于"未分配资金"，相关法案也规定"未分配资金用作投资者教育"。

当然，陈吉雨指出美国公平基金制度也并非完美无缺，在实践中也受到了来自各方的质疑，主要的质疑有二：一是效用性低，公平基金分配的补偿金难以弥补投资者的损失，与证券集团诉讼相比，公平基金的功用十分有限。公平基金制度也面临循环困境，广大投资者是公司的所有人，而公司的管理层利用自己的优势地位欺诈，却惩罚公司整体；二是缺乏有效制约，包括 SEC 对民事罚款的处置自由裁量空间过大、未建立有效的受损失投资者参与、分配方案无法保证考虑各类投资者利益，以及法院对分配程序未充分审查，等等。

最后，陈吉雨就中美证券先行赔付制度展开了对比，他认为中国资本市场的发展程度和证券执法体系都与美国存在差异，但公平基金操作所蕴含的制度要义——私人损害的公共补偿，对于我们仍有启示意义。

三、金融科技背景下证券行政和解的制度思考

讲座的第三位主讲人，北京大学法学院博士研究生柯达作了题为"金融科技背景下证券行政和解的制度思考——以美国 SEC 多例数字资产行政和解案为例"的演讲。

在第一部分，柯达向我们介绍了证券行政和解的基本情况。证券行政和解是证券监管机构与被监管主体通过双方协商、互相让步后达成协议，以和解方式解决行政争议，其不同于在行政机关主持下的证券民事和解。我国证监会于 2015 年发布实施《行政和解试点实施办法》，此后证券行政和解制度纳入 2020 年新证券法中，目前已出现两起行政和解案例。证券行政和解突破了传统行政法"行政权力不得自行处分"的限制，体现了在案多人少、资本市场执法难度增加背景下监管机构秉持"法律实用主义"的执法立场。证券行政和解的正当性在于证券监管机构拥有一定程度的行政裁量权，该执法模式可以合理兼顾监管机构公正执法与促使投资者及时获得赔偿两方面的需要，

同时可以缓解资本市场制度供给不足的难题。在瑞幸咖啡案中，值得关注的行政和解问题主要为董事责任险对行政和解适用的影响，以及瑞幸咖啡的违法程度是否可以适用行政和解。目前看来，由于瑞幸咖啡获得董事责任险理赔的可能性较小，该保险不会影响行政和解的适用；此外虽然诉讼方式可以起到对中概股公司的震慑效果，但监管机构也会考虑到中概股企业在诉讼中面临的跨境合作难题、投资者及时获赔等问题，因此可能更加倾向于采用行政和解。

柯达在第二部分详细论述了金融科技对证券行政和解适用范围的挑战。一般而言，行政和解的核心适用条件包括监管机构对于行政处罚所依据的事实无法确定（或需要投入大量成本才可明确），且证券监管机构对被监管主体的涉嫌违法行为已经开展调查。金融科技给证券行政和解适用范围带来的挑战主要体现在金融科技产品底层技术更新速度快导致监管标准无法恒定，相关产品或服务可能符合多重法律属性，以及跨境使用便利导致监管难度大。以区块链数字资产的证券属性认定为例，通过豪威测试可以发现，并非所有的数字资产均具有证券属性，同时部分数字资产的证券属性存在不确定性。从法律不确定性角度看，数字资产相关案件更适合采用行政和解方式解决。

第三部分，柯达主要讲述了美国 SEC 数字资产行政和解的实践观察。不同于大陆法系国家，SEC 没有规定行政和解的具体适用条件，只规定了税务扣减、董事责任险等方面的"负面清单"内容。根据 SEC 官网已发布的信息，2019 年至今，涉及数字资产的执法案件共 15 件，其中进入法院诉讼程序的有 9 件，行政和解 6 件；其中，涉及未经注册的证券发行事由的案件都采用了行政和解，而涉及欺诈发行、庞氏骗局的案件均进入了诉讼程序。从中可以看出，SEC 对行政和解还是法院诉讼的选择不仅考虑到数字资产证券属性的认定难易程度，还会考虑到受监管主体违法行为的轻重。

第四部分是我国证券行政和解适用范围的反思，柯达认为主要有三个方面。第一，细化"案件事实或者法律关系尚难完全明确"的适用范围要件，将金融产品证券属性难以认定的情形纳入其中，其可作为新兴金融产品合法化的途径之一。第二，注重监管者与受监管主体双方的利益衡量，如证券监管机构作为公权力主体，必须重视公众的整体利益以及非当事方中特殊群体的权益。第三，与先行赔付制度进行衔接，将受监管主体主动进行先行赔付作为行政和解的适用条件之一，以此提升相关主体进行先行赔付的激励。

四、先行赔付视角下投资者保护基金功能定位的再思考

讲座的第四部分，由武汉大学法学院副教授袁康以"先行赔付视角下投资者保护基金功能定位的再思考"为题与大家展开分享。袁康教授从四个方面展开分析。

第一个方面是先行赔付中投资者保护基金的角色。袁康副教授首先简要分析了万福生科、欣泰电器和海联讯三个案件，并指出投保基金公司在先行赔付中的角色就是基金管理人。投保基金发出的公告显示，中国证券投资者保护基金有限责任公司作为基金管理人的职责主要包括：负责专项基金的日常管理及运作；保证专项基金财产的安全完整、专款专用，向投资者发布专项基金的相关信息；按照相应的公告列明的赔付金额计算方法，对赔付金额进行核算确定办理资金划拨事宜。

袁康副教授指出，投保基金公司所起到的是一个被动管理的功能，其发挥的作用并不算大。从制度框架来分析，先行赔付制度经历了一个演进的过程。在万福生科和海联讯案中，先行赔付的主体主要是接受监管部门的窗口指导。在窗口指导阶段之后，2015年底，证监会在《公开发行证券公司信息披露内容与格式准则第1号——招股说明书》中，明确规定招股书扉页应载有如下声明及承诺：保荐人承诺，应为发行人首次公开发行股票制作出具的文件，有虚假记载、误导性陈述或者重大遗漏给投资者造成损失的，将先行赔付投资者损失。这样一个自主承诺实际上是强制背景下的自主承诺。

2020年初的新证券法第九十三条对先行赔付制度作出了明确规定，该条文有三点值得关注。

一是依据该条规定，发行人的控股股东、实际控制人、相关的证券公司可以委托投资者保护机构，就赔偿事宜与受到损失的投资者达成协议，予以先行赔付。条文中用的是"可以"而非"应当"，这意味着先行赔付是自愿性的行为。

二是关于委托的问题，如果先行赔付的主体委托投资者保护机构进行先行赔付，这个委托指的究竟是委托它进行"支付"还是委托它进行"赔付"？

三是投资者保护机构到底指的是哪一个投资者保护机构。目前市面上认可的投资者保护机构主要有两个，即投保基金公司与中证中小投资者服务中心。投保基金公司的主营范围是筹集管理和运作基金、管理和处分受偿资产、维护基金权益。中证中小投服中心主要是做投资者教育、持股行权、调解、证券支持诉讼等活动。根据主营业务范围来看，《证券法》第九十三条规定的投资者保护机构可以先行赔付的投资者保护机构就是投保基金公司，但这并不意味着中证中小投资者服务机构在未来也不能发挥其可能的作用。因此，在这样一个先行赔付的框架中，中国证券投资者保护基金有限公司法律地位需要进行精准的定位。从不同的角度可以对其法律地位进行不同的表述：一是投资者保护机构；二是提存机关；三是基金管理机构；四是受托人。袁康副教授指出，投保基金公司的法律地位更接近于提存机关。

第二个方面是投资者保护基金的功能定位及其检讨。《证券法》第一百二十六条规定了国家设立证券投资者保护基金。国务院根据《证券法》的规定，设立了证券投资者保护基金公司，投保基金公司负责投保基金的筹集管理和使用，《证券投资者保护管理办法》中明确规定了投保基金的使用目的在于防范和处置证券公司风险中用于证券投资者利益的保护，在《证券投资者保护管理办法》的第四条第二款中又规定了"投资者在证券投资活动中因证券市场波动或投资产品价值本身发生变化所导致的损失，由投资者自行负担"，这样就发生了功能的割裂，证券投资者保护基金本应该保护投资者利益，但因为加了"只有当证券公司发生风险的时候才可能用来保护投资者利益"这一限定条件，使得该笔基金很难用于保护投资者利益。

袁康副教授指出，从制度的设计和实践运行的角度可以提出检讨意见：其一，投资者保护基金的设计初衷应当是投资者的保护基金，而非证券公司的保护基金；其二，投保基金的使用路径应当公开透明；其三，投保基金公司应当更多地承担主动作为而非消极管理的角色。

第三个方面是投资者保护基金功能拓展的理论与经验。首先，从理论基础方面来看，先行赔付具有很强的民事和解属性，具有一定的公共补偿的特点。从投保基金的巨额存量资金中拿出一部分补偿投资者具有合理性。其次，从实践突破方面看来，美国的公平基金是很典型的公共补偿基金，中国的行政和解金的管理也已经出现了这样的趋势。投资者保护基金可以通过先行赔付的方式保护投资者，并且通过盘活存量资金来分担证券公司的流动性压力。

第四个方面是投保基金功能拓展的想象空间。袁康副教授提供了六个拓展的思路。

一是投保基金成为先行赔付主体的可行性探讨。一方面，投保基金公司有投资者保护机构的主体定位、雄厚的资金实力、一定的实践经验，这些都意味着投保基金公司作为先行赔付的主体具有可行性。另一方面，也存在着基金法定用途存在限制、先行赔付资格未被法律明确规定等方面的法律障碍。

二是基金的来源拓展。譬如行政罚没收入，刑事罚金、民事赔偿等都可纳入基金；另外，基金公司可以进行预算管理规定与"收支两条线"的突破。在资金不足的时候可以通过向政府借款或银行贷款等方式来筹集资金。

三是赔付的范围。如果让投保公司先行赔付，可以把充分补偿降到最低标准。

四是赔付资金安排。袁康副教授认为，我国的情况采用资金池的模式比较合适，投保公司可以直接用资金池里的资金进行先行赔付。

五是赔偿的对象。先行赔付主要保护中小投资者，而机构投资者有比较强的风险承受能力和寻求救济的能力，没有必要用公共资源补偿这些机构投资者。

六是追偿权利与集团诉讼之衔接。如果让投保基金公司作为先行赔付的主体，这将与《证券法》设置的集体诉讼或者代表人诉讼制度有一个很好的衔接。《证券法》第九十三条第三款中明确的是，投资者保护机构可以接受投资者的委托去提起诉讼，这是集体诉讼或者代表人诉讼。这可以让投保基金公司天然地把先行赔付和集体诉讼有机地结合起来，有助于减轻法院的压力，也可以避免受损的投资者在寻求法律服务方面付出过高的代价。

五、与谈环节

讲座进入与谈部分，与谈人为中国银行法学研究会副会长、西北政法大学经济法学院教授强力。首先，强力教授肯定了开展瑞幸咖啡案例研究系列讲座中的重要意义，同时也称赞了主持人李有星教授敏锐的洞察力和强大的感召力。随后，强力教授依次对前面四位嘉宾分享的内容谈了自己的心得体会，并进一步提出自己的思考。

对于赵吟教授的分享，强力教授指出，赵吟教授对于目前我国证券市场先行赔付的实践解释和规则解读划分为五个问题来讲述，十分完整。第一，从价值溯源上谈先行赔付制度，在我国，先行赔付制度并非证券市场或者证券法制的首创，在我国市场法律体系中其他的法律都已有规定，比如《保险法》《社会保险法》《道路交通安全法》。我国证券市场先行赔付是一种民事救济道路先行拓展，主要源于我国证券市场赔付难的问题。第二，关于法律定性的问题，先行赔付制度属于和解的范畴，是一种先行的替代性的纠纷解决机制。第三，从实践解释的角度，用当前已经出现的万福生科案件、海联讯案件及欣泰电气三个案件作了详细的梳理和解释，分别对其主体、对象、资金来源、程序进行了系统的分析和研究。第四，关于先行赔付制度的价值存在。第五，对进一步完善我国证券市场先行赔付制度的路径的选择提出对策，从基本原则中强调要及时、高效以及合理、适当。在这个过程中又强调了主体资金程序的合法性，具有实用价值。

　　对于陈吉雨的分享，强力教授指出，陈吉雨主要研究了先行赔付的域外经验问题，他主要从国家当前立法及立法实践中存在的问题入手，提出对于美国的先行赔付制度的经验借鉴，特别提到了美国公平基金制度。对美国的公平基金制度从产生到运行以及运行过程中的资金来源、资金管理、归集分配进行了评价。陈吉雨强调先行赔付制度应该考虑证券纠纷解决过程中及投资者保护过程中适用的方式及纠纷解决多元化的问题，赔偿也应该是多元化、多途径。要借鉴美国的公平交易制度，尤其是在这个过程中委托中介机构管理和执行先行赔付。在这个过程中陈吉雨有一个观点很具有意义，公平基金是一种补偿制度，补偿制度和赔偿制度是两回事，不应该把补偿和民事赔偿混为一谈，同时也考虑到补偿是不可以替代赔偿的。当然陈吉雨也强调，补偿和赔偿两者相加起来不能超过投资者受的损失之和，这符合填平原则。

　　对于柯达的分享，强力教授指出，柯达关于行政和解制度主要讲了四个问题。第一，关于行政和解的基本介绍，在行政和解这个过程中，澄清了关于行政和解的概念，行政和解不等于行政调解。在行政和解中提到了行政和解出现的背景、意义及域外实践，包括国内的实践，强调了行政和解的正当性和合理性。第二，在数字化的经济时代过程中，由于金融科技广泛应用，尤其是数字货币及数字证券出现之后，对行政证券市场的违法行为的处置带来困境，而行政和解可以在这方面作出适当的衡平。第三，柯达以美国SEC的数字资产行政和解的实践进行探讨。第四，他提出了关于我国证券行政和解制度范围的思考。在思考的过程中，他提出要进一步细化适用范围，适用范围主要考虑到法律事实和法律关系不明确的情况下如何考量，以及重大支出的调查不可以获得重大结果的情况下怎么做。他同时强调了投资者保护，如何适用行政调解，把投资者保护和鼓励创新结合，将行政和解和先行赔付制度进行衔接。

　　对于第四位主讲人袁康副教授的分享，强力教授指出，袁康副教授主要分析四个问题，第一，从市场实践到制度框架分析先行赔付中投资者保护基金角色问题。在市场实践过程中，无论是万福生科案件、海联讯案件还是欣泰电气案件，证券投资者保护基金都没有缺位，都被委托作为先行赔付的角色。另外，袁康副教授分析了中国的投保资金的来源，和美国的公平基金完全不一样，我国的基金来源于交易所风险基金、券商的营业收入、申购冻结资金的利息、破产清算人的收入以及捐赠等，是公共资金来源的过程。第二，袁康副教授提到管理用途，主要是证券公司在撤销关闭破产或者接管过程中采用强制措施时的使用，按国家规定对债权人偿付。在这个过程中，袁康教授提出了投保基金到底是投资者保护基金还是证券公司保护基金这个尖锐的问题。第三，袁康副教授提到先行赔付功能拓展的探讨，包括先行赔付的义务人最后实现的突破以及几个追问。最后，袁教授提出对投保基金拓展的想象空间，看起来激进，其实柔和。

回顾四位嘉宾的分享后，强力教授提出了自己的几点思考。

第一，先行赔付制度的定性的问题，先行赔付制度对于证券市场的公平、公正市场环境，以及营商环境的优化具有非常重要的意义和作用。先行赔付可以有效顺畅实施以达到预期的效果，不仅可以达到投资者的期盼和需求，还是对法律制度立法的回应、对行政执法机关具体执法过程的促进、对中介服务机构在实施过程中功能定位的思考和回应。

第二，动力问题的解决，即发起主体。有学者提出把行政和解制度和先行赔付制度衔接。

第三，关于赔付对象的确定。赔付对象是受害者，是否包括普通投资者、机构投资者或者专业投资者。学界有两种观点，一种观点是上述受害者都应该赔，另一种观点是优先赔或者按顺位次序赔。对普通投资者的赔付和专业投资者的赔付是否要分先后顺序或者轻重缓急，值得考量。

第四，在投保基金先行赔付的过程中是否需要救急。赔付主要看资金来源，目前来看主要是责任人自己掏钱，如果投保基金可以作为先行赔付的主体，资金来源意味着先行赔付基金不仅具有先行赔付义务和责任，同时还需要动用一些公共资金，比如行政罚款、刑事罚金及民事赔偿基金。

第五，关于赔付基金管理的问题，强力教授赞同袁康副教授的说法，不仅是投保机构作为主体来实践具有可替代性，只要符合条件的中介机构都可以成为先行赔付基金管理人。

第六，关于行政和解的问题，一方面加强证券市场的打击和执法的力度，另一方面强调行政和解，这两者适用的范围和对象不一致，不能混为一谈。

第七，关于先行赔付和行政赔偿两者之间的效果实施。要充分发挥公共制度的建设作用，比如袁康副教授提到用投保基金作为先行赔付的主体，资金来源中除了交易所、券商营收中的资金外，还有大量的行政罚款和刑事处罚资金，这产生了社会公共的性质。大量资金用于赔付可以解决不愿赔的问题。另外，加强先行赔付制度实施过程中的监管，能够使得上市公司在整个证券市场上健康地运行、持续地发展，产生良好的制度效应。

最后，李有星教授再次感谢各位嘉宾的莅临，并作总结陈词。李有星教授表示，先行赔付制度的良弊离不开实践检验。而从学理上，先行赔付制度还有以下几个问题需要大家讨论，以推动立法的进步和完善。

第一，如何通过先行赔付制度，让民事损失的投资人第一时间得到补偿。实践中，在行政处罚后，民事损害便很难得到赔偿。用好先行赔付制度，可以有效解决这一问题，使得民事补偿发生在行政处罚之前。

第二，如何解决行政调查和刑事犯罪追究的问题，即行政和刑事处罚系先后关系，抑或并行关系。若是先行政后刑事，那么当满足《证券法》第一百七十一条的情形出现，调查中止（或终止），便可阻却刑事调查，更有利于投资人获得补偿。

第三，发行人不能成为先行赔付主体的问题。由于先行赔付主体最后仍会找发行人追偿，为何不能直接通过控股股东控制人或者是其他机构先行赔付？赔付主体可以是多方面的，法律是否也应当允许发行人先行赔付？

第四，投资者保护基金的垫付问题。正如袁康副教授所说，要审计投资者保护基金的去处。此外，针对垫付问题，不一定必须由投资者保护机构垫付，许多民间组织也愿意垫付，因此，资金的来源可以适度放宽，特别是出资人自己设立该基金的情形下。李有星教授还指出，新证券法把投资者保护基金的主体孤立地放在证券公司这一章中，乃是一种遗憾。很多学者都提到过，证券投资者保护基金和证券公司的功能不同，与投资者保护的功能则更一致，应当在投资者保护一章中设计投资者保护基金的法律条文。

与会嘉宾也发表了对于先行赔付和行政和解制度的展望。

赵吟教授认为，一方面，针对赔付主体，应当不局限于立法所列举的主体范围；另一方面，针对赔付的行为，除了欺诈发行、虚假陈述，其他的重大违法行为是否也必要在细则中予以列举施加兜底式的明确？

陈吉雨认为，未来希望细化操作指引，例如先行赔付协议的效率确认、赔付标准的认定以及先行赔付与司法诉讼的有机衔接等方面的细则，当然还需要法院与证券监管机关之间建立高效顺畅的对接机制。在未来，先行赔付极有可能与行政和解和证券代表人诉讼以及示范诉讼等机制相互配套使用，切实实现证券纠纷多元化解的目标。

柯达提出三点建议：第一，可以扩大行政和解的适用范围，将金融产品，特别是一些金融创新产品难以查明其法律属性的情形纳入行政和解适用范围中；第二，行政和解不仅要考虑行政相对人的诉求，也要兼顾非相关方，即中小投资者的意见；第三，行政和解可以和先行赔付制度进行衔接，如果行政相对人主动实行先行赔付，可以在行政和解中对其优待。

袁康副教授希望通过系统化的顶层设计，让最适合的主体以最适合的方式向最适合的投资者进行先行赔付，让先行赔付不再只是一种偶然性的、自愿性的、特殊化的处理，而成为一种常态性的投资者权益救济的解决方案。

强力教授提出了四个方面的展望：第一，加强先行赔付和行政和解制度的普及和宣传；第二，不仅要细化先行赔付制度，还要增强刚性的可执行性；第三，建立先行赔付和行政和解制度之间的有机衔接机制；第四，建立对行政和解制度的监测和后期的评估制度。

第十四期　中美上市公司强制退市、破产与重组制度

　　2020 年 7 月 19 日 18∶30，由中国法学会证券法学研究会副会长、浙江大学互联网金融研究院副院长、浙江大学光华法学院李有星教授主持的"中国法学会证券法学研究会瑞幸咖啡案例研究（第十四期）：中美上市公司强制退市、破产与重组制度"讲座在胜数直播"小鹅通"上顺利召开。本次讲座的主讲人为中国银行法学研究会副会长、复旦大学法学院教授季立刚，清华大学法学院副院长、副教授高丝敏，浙江大学光华法学院讲师石一峰博士，浙江省金融法研究会副会长、北京市天元律师事务所合伙人尤挺辉博士，与谈人为南京大学法学院教授曾洋。讲座共有一千多人参与直播和互动，获得了良好的反响。本次活动由中国法学会证券法学研究会、浙江省法学会金融法学研究会、浙江大学互联网金融研究院、浙江省前景大数据金融风险防控研究中心、浙江互联网金融联合会、杭州胜数研创等支持完成。

　　会议伊始，李有星教授隆重介绍了与会专家，并对专家们的到来表示热烈欢迎。随后，李有星教授对于本次会议的选题背景进行介绍：瑞幸咖啡自 2020 年 6 月 29 日被强制退市后，公司进入了非上市状态。李教授指明瑞幸咖啡被强制退市的理由以及美国上市公司强制退市的标准是值得讨论的，并提出疑问，是否对于"造假零容忍"意味着必须退市。瑞幸被强制退市后的处理仍然引发大众关注，首先，外部将会存有大量诉讼，公司、股东的财产被强制保全，裁判权处分移交；其次，内部将会对公司治理结构进行调整；随后，会产生对公司实际控制权的争夺；最后，瑞幸若面临巨额赔偿则可能会引发后续的破产、重整程序。

　　李有星教授指出瑞幸自 2020 年 4 月 2 日自曝财务造假至 2020 年 6 月 29 日停止交易，其间仅历时三个月。这一案例对于国内的上市公司退市制度的改善也有借鉴意义。这也引申出学者对于上市公司的退市、破产与重组所具有的特殊规则制度的探讨，着眼对投资者保护的研究。

一、中美强制退市比较研究：制度与实践

讲座首先由中国银行法学研究会副会长、复旦大学法学院季立刚教授展开，就中美退市的制度和实践进行比较研究。季立刚教授将主题分为三个部分，美国证券市场退市制度、我国证券市场退市制度、二者的比较和展望。

第一部分中，季立刚教授阐述了美国证券市场退市制度的演变和规则。在美国，证券交易是商事交易的一种行为，在证券交易的过程中，若行为人不能遵守规则，则可能被逐出商会或商事组织，即通过自我净化，依据自律组织来实现证券市场的交易秩序。1856 年，纽交所逐渐建立一套比较统一的上市流程，带有商人自律性质。20 世纪 30 年代至 70 年代，经济危机导致联邦法层面的立法出现，多层次的强制退市制度形成。此后，随着纳斯达克市场的兴起、《萨班斯法案》的出台，美国证券交易规则逐渐完善，纳斯达克和纽交所的退市标准逐渐趋同化。就强制退市制度而言，既有 SEC 的强制退市制度，也有纽交所、纳斯达克、全国性场外交易所的制度。

接着，季立刚教授介绍纳斯达克的退市指标。纳斯达克没有独立的指标，只有持续上市的指标，分为财务与流动性标准和公司治理要求。财务与流动性指标主要包括股东权益标准、市值标准、总资产和总营收标准等；公司治理要求指标则作为定性标准，包括财报披露、独立董事、审计委员会、高管薪酬、董事提名、行为准则、股东大会，等等。基于上述指标，纳斯达克给出瑞幸咖啡退市处罚的两个原因：一是根据纳斯达克上市规则 5101，公司于 2020 年 4 月 2 日通过表格 6-K 披露的虚假交易引发了公众利益关切；二是根据规则 5250，公司未能公开披露被曝光的虚假交易所采取的特定商业模式这一重大信息。因此，根据上市规则 5101 自由裁量权之规定，在上市交易过程中出现了监管不当的行为，有监管不当行为史的个人与公司有关时，纳斯达克将综合考量多种因素，若确定监管历史上升到引发公众利益关切的水平，则作出拒绝其首次或继续上市的决定。纳斯达克上市资格部门基于瑞幸咖啡前 CEO、前首席运营官等高管和内部人员的虚构交易、业绩造假行为所引起的高度的公众利益关切，通过实施自由裁量权，要求瑞幸退市。

季立刚教授又简要介绍了纽交所的退市标准，其中定性标准包括：经营资产或经营范围减少、破产或清算、认定证券失去投资价值、认定证券注册不再有效等；而定量标准则包括发行标准、数量标准和股价标准。

随后，季立刚教授介绍纳斯达克的退市流程：（1）缺陷通知，包括公开谴责、缺陷通知，要求整改并提供合规计划书、员工退市决定；（2）信息披露，上市公司收到退市警示或决定后，应四个工作日内进行信披；（3）合规期和额外的宽限期，如果上市公司违反持续上市标准中的公司治理指标或财务交易类指标，在收到纳斯达克退市警示后，应在45天内提交合规整改计划至纳斯达克进行审查，并重新达到纳斯达克持续上市标准；（4）加速退市；（5）复核程序，包括听证和上诉程序；（6）退市或转板。

季立刚教授指出，与纳斯达克相比，纽交所退市流程有特殊之处。第一，退市决定主体不同。当公司触发退市标准时，由纽交所董事委员会向上市公司出具退市决定的书面通知，写明退市决定及依据。第二，纽交所复核过程环节较多、耗时较长。

综上，季立刚教授总结了美国退市制度特点。第一，退市决策市场化，包括交易所决策权的自主性、灵活性和针对性。例如，纽交所和纳斯达克等全国性证券交易所在退市制度的制定和实施上享有高度的决策自主权，对于特定上市公司自愈期的长短享有最终决定权，交易所在退市规则制定时对重大违法类和交易财务类退市情形区分对待。第二，退市标准多元化，包括单一指标背后蕴含多种因素的综合考量、定性定量标准结合、重视上市公司与交易所之间有效的沟通和协商等方面。第三，退市程序的高效化，呈现出退市周期短、退市程序高效、退出途径多元、投资者保护完善、退市现象常态化等特点。

在第二部分中，季立刚教授阐述了我国证券市场退市制度。我国退市制度初步确立于1994—2001年，直至2000年底，一直未曾发生上市公司退市事件。2001年至2012年，我国退市制度进入快速发展期，形成了以连续亏损为主要标准的强制退市制度。2005年，证券法首次对上市公司以被要约收购方式自主退市作了简要规定，标志着上市公司自主退市制度开始浮出水面。2012年至2019年，我国退市制度逐步完善，一套较为完善的、兼顾强制退市和主动退市，涵盖面值退市、欺诈发行和重大信息披露违法的强制退市标准的上市公司退市制度得以形成。

同时，季立刚教授概括了我国现行退市制度：第一，《证券法》明确了交易所权限，充分发挥自律监管职责；第二，《上海证券交易所科创板股票上市规则》实施多元化的退市指标，简化高效的退市流程；第三，在新旧退市制度过渡时期实行双轨制。季立刚教授还阐述了我国科创板的四大退市指标——重大违法强制退市、交易类强制退市、财务类强制退市和规范类强制退市，以及创业板和主板的退市指标。其中，季立刚教授指出，我国主板市场退市存在两个问题：退市后去处不明、难以转板，以及退市周期过长。

在第三部分中，季立刚教授比较了中美两国的退市制度，并提出了改善意见。

首先，针对退市标准，纽交所根据不同标准上市的公司制定了差异化的持续上市标准，纳斯达克市场也对在不同板块上市的公司制定了不同的退市标准；而我国科创板对于退市标准，采用了"一刀切"的方式。我国应当充分考虑上市公司所处行业、企业类型、发展周期等情况的差异，依据市值设定不同的退市标准。

其次，针对退市程序，在美国，从纳斯达克市场退市的企业既可进入场外市场挂牌交易，也可以在内部市场板块间进行转板；而我国，根据科创板和主板上市规则，公司退市后只能转入全国中小企业股份转让系统（新三板）或者其他认可的场所挂牌交易，但目前新三板市场或地方股权系统缺乏制度规范和有效监管，且市场流动性差、市场的活跃度不高，融资能力非常有限，很难有效保障投资者的权益。此外，我国多层次资本市场间的对接和转换机制尚不健全，现行规定过于抽象，缺乏可操作性，限制了退市公司"退市不退所"的可能。我国需要构建不同资本市场间的转板机制、完善退市复核程序、设置被警示公司自愈期，建立顺畅高效的退市程序。

最后，季立刚教授提出了中概股回流的流入标准问题，例如瑞幸咖啡能否回到境内市场、标准如何。季立刚教授认为，此问题需要慎重考虑，由于瑞幸咖啡的造假行为，难以保证其在境内市场的信誉。此外，可以借鉴联交所的交易规则，要求申请上市的公司提供在原上市地的合规记录，以保障信誉。

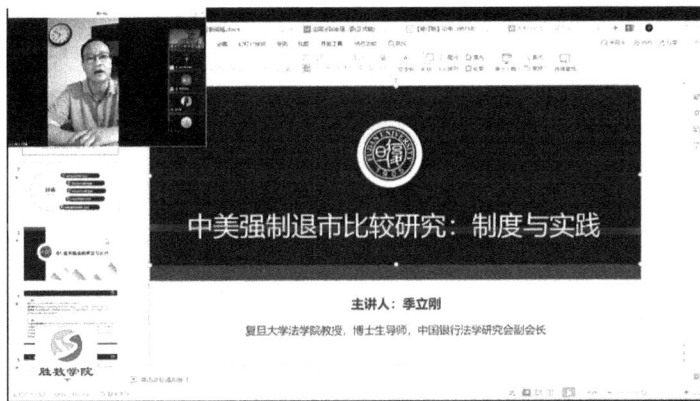

二、中美上市公司破产重整制度

讲座的第二位主讲人是清华大学法学院副院长、副教授高丝敏，高教授从美国上市公司破产重整制度讲起，紧接着介绍了我国上市公司破产重整制度，并对两者进行了对比，最后提出了制度完善建议。

首先，高教授概述了美国上市公司破产重整制度。

一是历史发展。美国公司破产制度起源于 19 世纪末衡平法上的接管制度，在保留公司及管理层的前提下对利益进行分配。20 世纪 30 年代新政时期，《钱德勒法案》与《证券交易法案》出台，美国证监会代表投资者利益，可以直接参与大型公司的破产重整。1978 年《破产法典》出台，采用市场化的破产重整程序取代了《钱德勒法案》偏行政化的破产重整程序。

二是信息披露。SEC 对破产公司提出繁重的 10K、10Q 和 8K 的持续信息披露要求，如及时披露提起破产的事实，DIP 须披露财务安排和债务加速到期等。一旦上市公司不满足上市要求或者被交易所告知不符合上市要求，同样须进行表格 8K 披露。在无交易状态下可申请信息披露义务的部分减免，但不一定获得 SEC 的批准（SLB No.2）。

三是基本流程。《破产法典》第十一章分别规定了自愿与非自愿申请的破产流程，并提出了富有特色的 DIP 模式（debtor in possession）。DIP 模式具有如下特点：保留管理层、债务人自行占有和管理公司的资产和事务、激励主动申请破产、相当于管理人的角色、极少任命管理人。法院在决定是否采取管理人代替债务人自行管理制度时可能采取最大利益测试，主要包括四要素测试：（1）债务人的可信度；（2）自行管理的债务人过去和现在的表现，以及债务人重整的前景；（3）整个商业社区以及债权人对于债务人自行管理是否有信心；（4）指定管理人的成本收益分析。

The U.S. trustee 在特定条件下可以要求法院用管理人替代 DIP，亦可在破产程序中对自行管理债务人进行日常监管，还可以任命债权人委员会监管 DIP 的行为和管理等。美国破产法中所有和重整计划相关的资产、负债、业务都在披露的范围内，法院会举行听证会并将结果邮寄到每一位股东和债权人手中，告知和表决相关的一切程序。DIP 有 120 天专属期间提出重整计划，向法院请求后可延长至 18 个月，之后债权人等利益关系人都可以提出重整计划。股东权益保留受制于绝对优先权，法院对股东的新价值贡献例外提出了严格的审查要求。

四是跨国破产。如果外国法院受理的破产案件被认定为主要程序，则外国代表将自动获得相应的国民待遇。如果美国法院认定外国程序为非主要程序，美国法院只能依外国代表的申请酌情给予适当救济。

其次，高教授介绍了我国上市公司的破产重整制度。

一是破产申请。申请上市公司破产重整的，不仅需要提交破产重整可行性报告，还需要提交证监会部门和当地政府意见，人民法院在审查重整申请时可以组织听证程序。重整计划草案涉及证券监管机构行政许可事项的，受理案件的人民法院应当通过最高人民法院启动与中国证券监督管理委员会的会商机制。人民法院应当参考专家咨询意见，作出是否批准重整计划草案的裁定。

二是跨国破产。《中华人民共和国企业破产法》（以下简称《企业破产法》）第五条规定承认了跨境破产的域外效力，对于发生在中国境内和境外的破产，在符合一定条件时予以承认。人民法院依照中华人民共和国缔结或者参加的国际条约，或者按照互惠原则进行审查，认为不违反中华人民共和国法律的基本原则，不损害国家主权、安全和社会公共利益，不损害中华人民共和国领域内债权人的合法权益的，裁定承认和执行。

三是境外管辖。根据我国《公司法》设立，中国境内的法人，中国法院有管辖权；境外上市，财产位于境外的法人，境外法院有管辖权。

最后，高教授分析了我国上市公司破产重整的几个具体问题。

一是管理人或DIP。《企业破产法》第七十三条规定"在重整期间，经债务人申请，人民法院批准，债务人可以在管理人的监督下自行管理财产和营业事务"。但在实务中，由于认定标准模糊，采用DIP模式的较少。《九民纪要》明确了批准债务人自行管理财产的条件，并对监督权和终止申请进行了规定。

二是信息披露问题。对于破产重整上市公司的信息披露和保密，对于股票仍在正常交易的上市公司，在上市公司破产重整申请相关信息披露前，上市公司及其债权人、出资人等利害关系人应当做好信息保密工作。进入破产重整程序后，由管理人履行原上市公司董事会、董事和高级管理人员承担的职责和义务，上市公司自行管理财产和营业事务的除外，管理人在上市公司破产重整程序中存在信息披露违法违规行为的，应当依法承担相应的责任。《企业破产法》中几乎没有合格的信息披露内容的规定。

三是股东权益问题。股东权益调整一直面临着较大的争议，《企业破产法》第八十五条规定债务人的出资人代表可以列席讨论重整计划草案的债权人会议。重整计划草案涉及出资人权益调整事项的，应当设出资人组，对该事项进行表决。对此，最高法曾提出：在中小股东比较多的情况下，不仅要考虑表决权，还可以考虑股东人头数，但实践中一般按表决权三分之二进行表决。第八十七条规定，重整计划草案对出资人权益的调整公平、公正，或者出资人已经通过重整计划草案的，债务人和管理人可以申请法院强裁通过，但公平公正的调整没有明晰的标准。面对超高的强裁比例，最高法提出要审慎使用第八十七条，不得滥用强制批准权。

四是破产过程中的融资问题。提供借款的债权人主张参照《企业破产法》第四十二条第四项的规定优先于普通破产债权清偿的，人民法院应予支持。管理人或者自行管理的债务人可以为前述借款设定抵押担保，抵押物在破产申请受理前已为其他债权人设定抵押的，债权人主张按照物权法第一百九十九条规定的顺序清偿，人民法院应予支持。

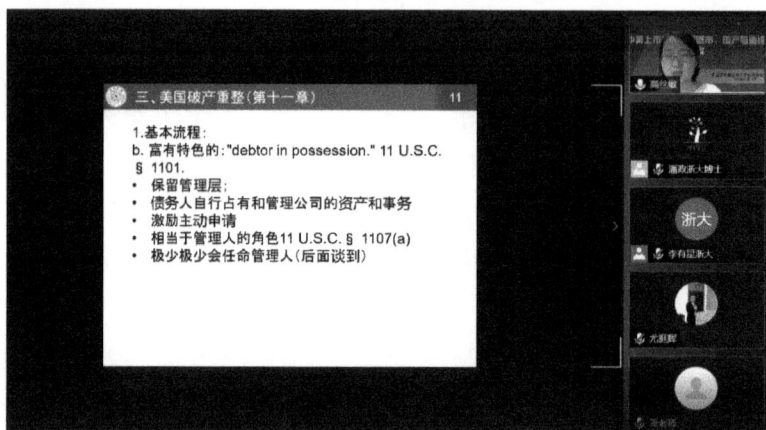

三、上市公司破产重整研究

　　讲座第三部分由浙江大学光华法学院讲师石一峰以"上市公司破产重整研究"为题，从问题的提出、中国上市公司破产重整的实证数据、比较法视角下上市公司破产重整的争点、中国上市公司破产重整的制度构建四个方面与大家展开分享。

　　第一部分，石老师分析了上市公司破产重整的特殊性：第一，上市公司涉及的面比较广，所以在多个层面上会涉及司法和行政权力如何衔接和协作的问题；第二，上市公司重整中的重组，就是引入战略投资者进行重大资产的重组，这会涉及一系列的监管要求；第三，上市公司破产重整涉及证券市场中小股东权益保护问题；第四，上市公司破产重整中上市公司退市的制度衔接安排。

　　第二部分，石老师为我们展示了近年我国上市公司破产重整的一些实际数据。从2007年6月1日到2020年7月17日，共86家上市公司申请破产重整。在2007—2016年，上市公司申请破产重整成功率在95%以上，但是从2016年开始，很多公司破产重整失败，并且从2018年开始申请破产重整的数量也开始攀升，2018年是7家，2019年是14家，2020年上半年已经有8家上市公司申请破产重整，可以看出随着我国资本市场的改革和《公司法》《企业破产法》的进一步实施，上市公司破产重整的体量在进一步扩大。

　　第三部分，石老师指出上市公司破产重整中存在的争论。

　　第一，上市公司破产重整的启动标准。上市公司首先是一个商业经营的公司，是否可以重整实际上是一个商业判断的问题。因此，在纪要的过程或者各地实践中增加听证的程序，使得这种商业判断能够有更多商业主体的参与，为程序的启动提供坚实的基础。此外，石老师提出在重整方案启动的时候，是否必然要求确定一个重组方；有了重组方以后，是否必然使得重整启动都是有差异的。在《企业破产法》中并没有规定启动破产重整要有明确的重组方，但是在实践过程中，都会考虑到潜在的战略投资者或者重组方。石老师也提到实践的过程中也出现一些已经确定了重组方但没有申请破产重整成功的案件，例如 2008 年的东星航空案件。

第二，上市公司破产重整管理人的选任。石老师提出我国破产重整管理人的选任受制于《企业破产法》第七十三条、第七十四条，一种是债务人在管理人的监督下去管理，另一种是管理人自己负责管理，这两种模式之下，对于管理人的要求不一样。上市公司通常会涉及诸多的利益主体，例如：职工的安置、中小股东的利益等，管理人作为上市公司管理者是否可以承担相应的责任是值得商榷的。因此，在实践的过程当中，破产重组管理人的一般形态是清算组，由政府推荐的部门、其他相关部门、中介机构人员组成清算组作为管理人。但是在这个层面上很少有债务人作为核心来进行上市公司的破产重整。结合当下，理想的管理人的选任措施就是要结合各个上市公司的特性，由国资委等部门组成清算组来作为管理人。但同时要注意行政力量介入过多，可能会导致上市公司本身重整的市场性被削弱。

第三，上市公司重整计划的制定权。石老师指出在我国如果是债务人自行管理的，那就由债务人来制定重整计划；如果由管理人来负责，那就由管理人来制定，股东基本上是没有权力去制定重整计划的，这是典型的所谓单一型的重整计划的制定。但是在比较法上，会有所谓的多元型的重整计划的制定权，比如德国《破产法》第二百一十八条第一款第一句明确规定，破产计划既可以是债务人来制定，也可以债权人制定，也可以破产管理人主动去制定，在美国、日本的范围会更广。

第四，上市公司重整计划的批准。石老师指出美国 SEC 在上市公司重整过程中的力量是逐步削弱的，早期 SEC 对破产重整的计划相当于我国的审批权限，但是现在它的作用被削弱，主要在信息披露和中小股东利益保护上发挥作用。德国法上也类似，强调当事人的意思自治，同时强调法院审查作用。相比较而言，我国对于上市公司的重整在行政力量的介入上是非常大的，主要因为我国早期上市公司 IPO 的机制和其他国家有差异，就是所谓的批准制和申请制的差异。但是，随着注册制的发展，行政力量会逐步退出。此外，在上市公司破产重整的过程当中，尤其在信息披露和中小股东的保护方面，交易所的职能应该被逐步强化。

第五，重整措施中重大资产重组程序的监督要求。石老师指出现行的上市公司的重整信息披露，包括普通公司重整的信息披露制度相对比较简陋。上市公司破产重组成功的关键是引入重组方，对于上市公司而言，就会触及重大资产重组程序，此时如何做好协调是配套机制发挥功效的关键。在程序上，上市公司引入重组方意味着其必须遵循《上市公司重大资产重组管理办法》中重大资产重组程序，其中信息披露依然是关键。此外，在重整计划的执行阶段，重组方能不能直接参与公司的经营，就影响了重整计划最终是否被表决通过、是否被法院批准，这也是上市公司破产重整引入重组方之后可能引发的问题。在这点上，美国的《破产法》对信息披露制度的规定比较到位，分为首次披露和重整计划提交之后的披露。在德国法上也有相应的信息披露规定，首先，作为破产程序的利益相关方，尤其是债权人可以要求知道一切情况，包括债务人的各类经济状况、可能的财产会计报表等都需要披露。在这点上，各国的证券市场监管的要求是类似的。但是在重整的过程中会涉及一些正常经营过程中所没有发生的事项，那么这些事项会作为特别披露的事项，被要求在相应的披露公告内，这点也是未来我们国家立法需要进一步补足的地方。

第六，重整计划中的中小股东权益维护。石老师指出上市公司重组计划中采取股权让渡的形式对出资人权益进行调整。股权让渡是指调减全部或者部分股东的持股数量，并将股东让渡的股权无偿转让给债权人或者有条件地由重组方受让。股权让渡是目前上市公司破产重组实践运用最为广泛的一种股东权益调整方法。虽然上市公司重整计划通常对大股东的股权让渡比例较高、小股东较低，但大股东通常已进行股权质押。此时，股权让渡及其比例是否合理，能否真正地保护小股东利益或其他债权人利益，有待进一步分析。

第七，上市公司破产重整中上市公司退市的制度衔接安排。石老师指出我们国家早先对退市主要是采取强制退市的方式。因为上市公司本身有壳资源存在，所以让其自愿退市的相对较少。我国亟须以自愿退市的方式，推进破产程序的进程，从而最大化破产企业财产的价值，保护债权人和中小股东的利益。在比较法中存在相应的自愿退市的规则，例如：纽交所规定经得审计委员会和董事会的同意，对退市情况进行披露，并书面通知大股东，经过 SEC 同意之后就可以自愿退市。

第四部分，石老师对中国上市公司破产重整的制度的构建提出了七点设想：第一，明确上市公司破产重整的启动标准；第二，建立上市公司破产重整管理人的选任机制；第三，发挥上市公司重整计划制定权的利益协调作用；第四，清晰上市公司重整计划

批准的层级和功能；第五，构建上市公司破产重整中重大资产重组程序的信息披露机制；第六，加强上市公司破产重整中小股东利益维护；第七，衔接上市公司破产重整与上市公司退市制度。

四、从瑞幸退市看 A 股退市制度

讲座的第四部分由浙江省金融法研究会副会长、北京市天元律师事务所合伙人博士尤挺辉律师以"从瑞幸退市看 A 股退市制度"为题，就 A 股主动退市的路径及制度以及被动强制退市的相关制度作了详细而富有见地的讲解。尤律师提到中国的退市制度可以归纳为两个大方向与四个小方向，两个大方向是主动退市与强制退市。其中主动退市情形下又包括主动申请的情形与通过回购、收购、合并、解散等导致退市的情形。强制退市情形下包括重大违法强制退市的情形与因不满足上市公司财务指标要求强制退市的情形。

首先，尤律师详细讲解了主动申请退市主要包括的两种情形：一是上市公司股东大会决议主动撤回其股票在本所的交易，并决定不再在交易所交易；二是上市公司股东大会决议主动撤回其股票在本所的交易，并转而申请在其他交易场所交易或转让。主动申请退市的流程包括股东大会特别决议、提出退市申请、交易所作出受理决定及退市决定、摘牌、报备等六个环节。其中涉及信息披露的要求主要包括几个方面：一是召开股东大会前，拟退市公司要充分披露退市原因及退市后的发展战略；二是独立董事应当针对是否有利于公司长远发展和全体股东利益充分征询中小股东意见，在此基础上发表独立意见；三是上市公司应当聘请财务顾问和律师为主动终止上市提供专业服务，发表专业意见，以上两种意见都应当与股东大会召开会议一并公告；四是股东大会对主动终止上市事项进行审议后，上市公司应当及时披露股东大会决议公告，说明议案的审议及通过情况。

通过回购、收购、合并、解散等导致退市的情形主要包括以下几种情况：一是上市公司向所有股东发出回购全部股份或部分股份的要约，导致公司股本总额、股权分布等发生变化不再具备上市条件；二是上市公司股东向所有其他股东发出收购全部股份或部分股份的要约，导致公司股本总额、股权分布等发生变化不再具备上市条件；三是除上市公司股东外的其他收购人向所有股东发出收购全部股份或部分股份的要约，导致公司股本总额、股权分布等发生变化不再具备上市条件，该种情形又被称作"恶意收购"；四是上市公司因新设合并或者吸收合并，不再具有独立主体资格并被注销；五是上市公司股东大会决议公司解散。其流程与主动申请退市的流程大同小异，亦包括退市申请、退市决定、摘牌、报备等环节，区别在于若为回购、要约收购、合并等原因的，应按照《公司法》《上市公司收购管理办法》《上市公司重大资产重组管理办法》等有关规定履行相应程序及信披义务。

随后，尤律师详细讲解了强制退市的情形，其中一个情形是重大违法强制退市。重大违法强制退市其中一种情形是上市主体的欺诈发行、重大信息披露违法等情形已经严重影响其上市地位。在这一情形下主要包括四种具体情境：一是上市公司首次公开发行股票申请或者披露文件存在虚假记载、误导性陈述或重大遗漏，被证监会作出行政处罚决定，或被作出有罪生效判决；二是上市公司发行股份购买资产并构成重组上市，申请或者披露文件存在虚假记载、误导性陈述或者重大遗漏，被证监会作出行政处罚决定，或被作出有罪生效判决；三是上市公司披露的年度报告存在虚假记载、误导性陈述或者重大遗漏，根据证监会行政处罚决定认定的事实，导致连续会计年度财务指标实际已触及《股票上市规则》规定的终止上市标准；四是根据违法行为的事实、性质、情节及社会影响等因素认定的其他严重损害证券市场秩序的情形。

重大违法强制退市的另一个情形是存在涉及国家安全、公共安全、生态安全、生产安全和公众健康安全等领域的违法行为。主要包括三个具体情境：一是上市公司或其主要子公司被依法吊销营业执照、责令关闭或者被撤销；二是上市公司或其主要子公司依法被吊销主营业务生产经营许可证，或者存在丧失继续生产经营法律资格的其他情形；三是根据上市公司重大违法行为损害国家利益、社会公共利益的严重程度，结合公司承担法律责任类型、对公司生产经营和上市地位的影响程度等情形，认为应当终止上市的。重大违法强制退市的流程主要包括上市委员会审议、召开听证会、上市委员会决议、实施退市决定等四个环节。

强制退市的另一个情形是因不满足上市公司财务指标要求的强制退市。其指标主要包括净利润、净资产、营业收入、审计报告意见等。上市公司出现财务状况异常情况或者其他异常情况，导致其股票存在被终止上市的风险，或者投资者难以判断公司前景，投资者权益可能受到损害，存在其他重大风险的，交易所对该公司股票实施风险警示。风险警示分为退市风险警示（即 *ST）和警示存在其他重大风险的其他风险警示（即 ST）。尤律师提到目前我国适用重大违法强制退市较少，而因不满足上市公司财务指标要求的强制退市较多。

最后，尤律师还就退市整理期作了简要的讲解。退市整理股票指被交易所作出终止上市决定但处于退市整理期尚未摘牌的股票。决定终止上市的，自作出决定之日后 5 个交易日届满的下一交易日起，公司股票进入退市整理。退市整理期的交易期限为 30 个交易日。上交所于该期限届满后 5 个交易日内对公司股票予以摘牌，公司股票终止上市。退市整理期间因特殊原因可以申请停牌，停牌期间不计入退市整理期。全天停牌天数累计不得超过 5 个交易日。累计停牌达到 5 个交易日后，不再接受公司的停牌申请；公司未在累计停牌期满前申请复牌的，上交所将于累计停牌期满后的下一交易日恢复公司股票的退市整理期交易。公司在退市整理期间不得筹划或者实施重大资产重组事项。上市公司被摘牌后，公司应当将其股票转入股份转让系统挂牌转让。

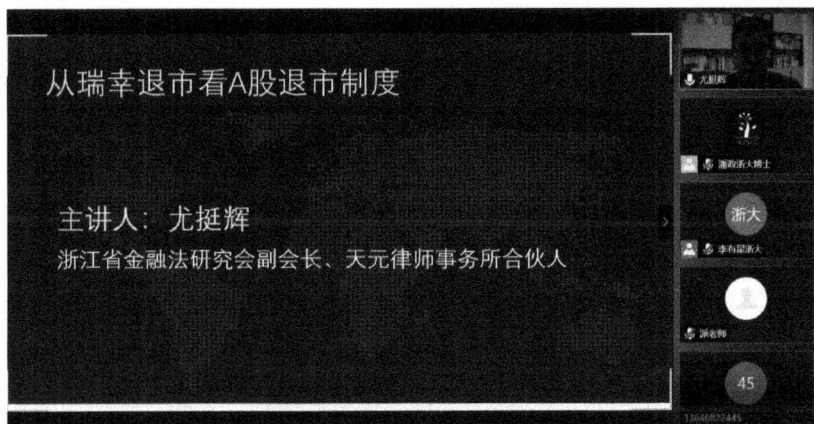

五、上市公司退市标准与中概股强制退市应对方案

讲座进入与谈环节，南京大学法学院教授曾洋作为与谈人，对今晚的讲座发表了相关看法。他主要从退市的类型、强制退市的标准和本次在美上市中概股强制性主动退市的应对三个方面作了与谈。

在退市的类型方面，他介绍了主动申请退市和强制被动退市两种类型。在强制退市的标准方面，曾教授提出了强制退市两个层次的逻辑。

第一层逻辑是实体要件，在对于不符合上市条件，仅处理了其中的上市行为，公开发行行为如何应对上，可以分三种类型，一是对于正常生产经营不力出现亏损的企业，可以留在市场或建立新板块；二是对于非正常生产经营的公司，退市的同时引发责任追究机制；三是对于破产的公司，区分正常经营和违法经营的情形对待公众投资人。

第二层逻辑是交易条件，包括价格要件、市值要件和交易量要件。曾教授认为，总体而言，上市及退市的标准属于法政策安排的范畴，如果说价格要件还有一点道理的话，市值和交易量要件的设定就比较牵强，更应当关注的是实体要件而非交易条件。退市常态化不应导致投资者损失常态化，而应当是"违法的上市公司"退市常态化。对于其他类型的可能触发当前退市条件的上市公司是否一律安排退市，值得商榷，设置一个新板块或者做代码标注的方法应当较为妥当。

在本次在美上市中概股强制性主动退市的应对方面，他提出应当正确认识私法和公法意义上的长臂管辖，市场监管、司法管辖应当各司其职，在策略上可以让渡管辖权。退市并不是一刀切地"常态化"，应当保护投资者和上市公司。

最后，所有与会老师对于本次会议进行总结。季立刚教授坚持强制退市必定是对于某种法规的违反，因而退市过程当中所发生的例如公共安全问题的影响值得考量。对于主动强制退市的行为，是对证券市场管理的选择。随着证券市场开放，应当考虑对不同的公司区分适用，对"走出去"的公司应当适用普遍性原则，而对于"走进来"的公司，应当按照地域性原则进行规制。高丝敏教授从美国破产法与中国法规的比较出发，提出两部法律对于债券持有人以及非标持有人保护上的具体规定仍有很大差异，但将随着全球化进程而相互趋同。石一峰教授认为我们应当改善上市公司退市以及相关的退市、重组制度，从而在全球化证券交易市场当中争取相应的竞争地位。尤挺辉律师同样指出理论界与实务界需要共同努力建立适用于我国资本市场的法律规制。

曾洋教授总结了以下三点：在上市公司未发生重大违法行为而导致的退市，立法并不准确，而应将其理解为恢复原状；应当深入研究上市公司破产环节；中概股被强迫要求离开美国市场，应当引发我国对于长臂管辖适用性的思考。李有星教授总结道，中概股留存股份的发展仍然由美国资本市场的投资者持有并作出相应决策，除法律规制，市场行为也会在资本市场当中显现出来。

第十五期　中美上市公司信息披露刑事犯罪问题

2020 年 7 月 26 日 18：30，由中国法学会证券法学研究会副会长、浙江大学互联网金融研究院副院长、浙江大学光华法学院李有星教授主持的"中国法学会证券法学研究会瑞幸咖啡案例研究（第十五期）：中美上市公司信息披露刑事犯罪问题"讲座在胜数直播"小鹅通"上顺利召开。本次讲座的主讲人为杭州师范大学法学院副教授王立、浙江大学城市学院法学院教授袁继红、浙江财经大学法学院助理教授周立波，与谈人为浙江省刑法学研究会副会长、浙江大学光华法学院教授叶良芳，中国刑法学研究会副会长、北京师范大学法学院教授卢建平。讲座共有一千多人参与直播和互动，获得了良好的反响。本次活动由中国法学会证券法学研究会、浙江省法学会金融法学研究会、浙江大学互联网金融研究院、浙江省前景大数据金融风险防控研究中心、浙江互联网金融联合会、杭州胜数研创等支持完成。

会议伊始，李有星教授对与会嘉宾进行介绍并表示热烈欢迎。随后，李有星教授对本次会议的选题背景进行介绍。我国证券市场强调以信息披露为中心，因而需要以民事、行政和刑事手段对其进行规制从而保证实施。对证券市场上的欺诈发行、财务造假、虚假陈述以及编造传播虚假信息等行为进行约束、规制，使得投资者能够获取投资所需的充分的信息。于此而言，刑法是最有威慑力的措施。对于虚假信息披露，从狭义上可以概括为以下两点：（1）发行股票或者公司、企业债券时，在招股说明书、认股书、公司、企业债券募集办法等发行文件中隐瞒重要事实或者编造重大虚假内容；（2）依法负有信息披露义务的公司、企业向股东和社会公众提供虚假的或者隐瞒重要事实的财务会计报告，或者对依法应当披露的其他重要信息不按照规定披露。除此之外，还包括：编造并且传播影响证券、期货交易的虚假信息，扰乱证券、期货交易市场；承担资产评估、验资、验证、会计、审计、法律服务、保荐等职责的中介组织的人员故意提供虚假证明文件。

李有星教授指出，未能真实、准确、完整对信息进行披露，信息披露过于延后而失去时效性，也应当受到法规惩处。

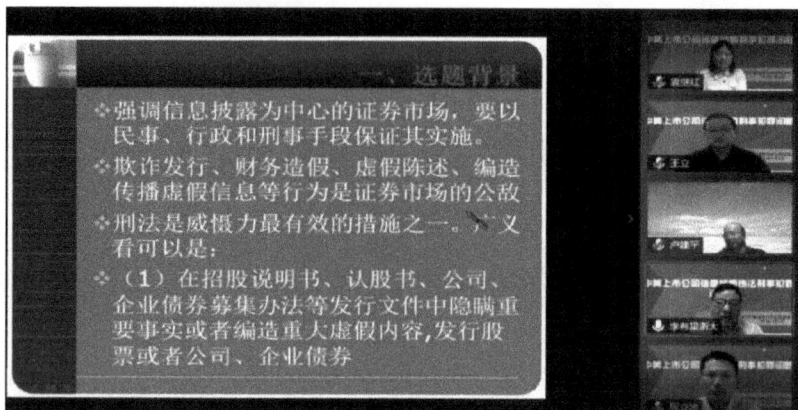

一、《刑法》与《证券法》的修法联动

讲座的第一位主讲人是杭州师范大学法学院副教授王立，王立教授首先梳理了金融变革的时代背景，王教授指出：《刑法修正案（六）》和《刑法修正案（七）》修改了第一百八十二条的"操纵证券交易价格罪"，增设了"利用未公开信息交易罪"。2019 年修订的《证券法》中，将"信息披露"作为单章出现，使信息披露的重要性提高了。2020 年 7 月 3 日公布的《刑法修正案（十一）》公开征求意见中，涉及三个证券类犯罪：虚假陈述；内幕交易；操纵市场。在《刑法》中，也有相应的一些罪名，针对虚假陈述的是"欺诈发行股票、债券罪"和"违规披露、不披露重要信息罪"。但是，针对内幕交易和操纵市场的"内幕交易、泄露内幕信息罪""未公开信息交易罪""操纵证券、期货市场罪"还没有修订。除妨害公司、企业的管理秩序罪、破坏金融管理秩序罪两类罪名，王教授还指出一类不直接针对资本市场或者期货市场，但却息息相关的罪名，比如中介机构犯罪行为，"提供虚假证明文件罪""出具证明文件重大失实罪""受贿罪""从业禁止"等罪名。对于这些罪名在司法实践中的应用，王教授认为证券类司法犯罪数量占金融类犯罪很少一部分，未来应该在司法实践中重视对资本市场信息披露，并将之与刑法罪名更好地衔接。

针对"欺诈发行股票、债券罪"，王教授指出了几个显著变化。

第一，发行文件范围扩大，在招股说明书、认股书、公司企业债券募集办法中加了"等发行文件"，"等"就"等"出来一大串将来可能的新文件，主要是实行注册制改革后的一系列文件。而 2019 年修改的《证券法》中对证券的概念作了扩张，增加了"存托凭证""资产支持证券""资产管理产品"。而对于此类的发行文件，只能放入"等发行文件"中，在《刑法》适用中应该重点注意。

第二，增加了重组上市的范围，《关于修改〈上市公司重大资产重组管理办法〉的决定》中，明确了上市公司发行股份、购买资产（包括重组上市）等重大资产重组活动中，标的资产财务资料隐瞒重要事实或编造重大虚假内容的，也应认定为欺诈发行，所谓的重组上市造假正式纳入欺诈发行的范畴。但是，对于证监会的部门规章，《刑法》中是否确认，如何认定是属于欺诈发行罪，还是违规披露、不披露重要信息罪，还需要进一步研讨细化。

第三，设立的结果要件。原证券法第一百八十九条规定了结果要件，只有以欺骗手段骗取了发行核准才能认定为欺诈发行。但是，新证券法第一百八十一条中规定，隐瞒重要事实或者编造重要内容发行证券的会受到重大处罚，将结果要件改成行为标准。而在《刑法》第一百六十条规定，数额巨大、后果严重或者有其他严重情节的，仍然有结果要件。如果修改为行为准则标准，有利于扩大打击面，把更多犯罪行为，即把原来有虚假陈述但没有获得发行核准或者发行注册的行为也纳入《刑法》的打击范围内。但是鉴于《刑法》的谦抑性，是否要和《证券法》联动，甚至联动得一模一样，还需要进一步考虑。

第四，欺诈发行犯罪主体范围扩大。在《刑法修正案（十一）》中增加了对于欺诈发行的违法行为、控股股东和实际控制人的处罚。但是，王教授认为《刑法》第一百六十条第一款中隐瞒重要事实或者编造重大虚假内容，发行股票或者公司、企业债券的主体并不明确，没有指明是自然人还是特指发行人。第二款中"单位"也没有对此指明。《刑法修正案（十一）》也没有对此主体进行明确。

第五，欺诈发行定罪与退市关系。上交所、深交所在《上市公司重大违法强制退市实施办法》中两个文件的第四条均明确规定"首次公开发行股票/上市公司发行股份购买资产并构成重组上市的，申请或披露文件存在虚假记载、误导性陈述或重大遗漏的"，这里有两种结果：一是被行政处罚的；二是被判决刑法上的有罪裁判的欺诈发行股票罪。不管是哪一个，都直接被强制退市。

第六，欺诈发行的法定刑升格。在《刑法修正案（十一）》第一百六十条，针对数额特别巨大、后果特别严重或者有其他特别严重情节的，处五年以上有期徒刑。

针对"违规披露、不披露重要信息罪"王教授指出了几个重点。

第一，对于《刑法修正案（十一）》第一百六十条在违规披露、不披露重要信息罪中，增加了对于单位的处罚。王教授认为如果把上市公司罚了，巨额的罚款落到公司头上，被处以罚金的公司的业绩本来有问题，重罚之后公司可能就直接破产，受害人是广大的中小股民以及相应的广大上市公司的债权人。罚款也不能给受害人，只能充缴国库。已经对有过错的控股股东、实际控制人、直接负责的主管人员和其他直接责任人员进行了处罚，是否有必要对公司进行处罚是值得商榷的。通过上海首例违规披露重要信息罪的中毅达案例，王教授指出几个重点：一是该案只对公司直接负责的主管人员和其他直接责任人员判处刑罚，对公司不再判处罚金。二是除控股股东、实际控制人、董监高外，上市公司其他与信息披露义务有密切关联的中层管理人员也属于其他直接责任人员，可能构成违规披露、不披露重要信息罪。三是行政监管未处罚的对象也有可能成为刑罚处罚对象。

第二，违规披露的行为模式与《证券法》不一致。《证券法》第一百九十七条中，信息披露违规主要是四种行为：（1）未按规定提交报告或者披露；（2）报告或者其他披露的信息中有虚假记载；（3）报告或披露的信息中有误导性陈述；（4）报告或披露中有重大遗漏。《刑法》第一百六十一条中有三种行为：（1）提供虚假的财务报告；（2）财务报告虚假；（3）财务报告隐瞒重要事实。《刑法》的行为模式比《证券法》少很多，这里是否要增加是一个问题。

第三，行刑衔接问题，在实务方面也非常麻烦，行政处罚如果涉及刑事案件应该移送给公安，但是信息披露案件不移送，这个问题如何解决。

针对中介失职的监管问题，王教授提出：《刑法修正案（十一）》第二百二十九条对于提供虚假证明文件罪，刑罚处罚升格了，对于情节严重的处 5 年以上 10 年以下有期徒刑，并处罚金。该条款本来不直接针对资本市场，但提供虚假资产评估报告及重大资产虚假交易，这两种情形和资本市场相关，要加重处罚。

最后，王教授提出了几点自己的思考。第一，在证券类犯罪中，现有的《刑法》规定是过严了还是过宽了？第二，是否要遵循《刑法》的谦抑性原则？如果过严了就需要谦抑，边界在哪里？第三，《刑法》和《证券法》是否要联动？我们分析了很多不同点，《证券法》和《刑法》不同的地方是否一定要改成一致？

二、中美上市公司信息披露刑事犯罪问题

讲座的第二部分由浙江大学城市学院法学院教授、诉讼法学博士、中国证券法研究会理事、浙江省金融法研究会常务理事袁继红以"中美上市公司信息披露刑事犯罪问题"为题，从美国著名的安然事件出发，解析了后安然时代刑事治理的变化，在梳理中国涉及该类犯罪的裁判文书的基础上重点分析了科龙电器案件，作出了立法展望，同时就上市公司刑事合规的问题提出了精彩的见解。

袁继红教授先是带领我们回顾了美国的安然事件，谈中美违规信息披露，就不能回避十几年前的安然事件，安然公司曾是世界上最大的集能源、商品和服务提供为一体的巨型综合性公司。表面上很辉煌，但实际上并没有多少盈利。公司高管把将近 130亿的巨额债务放到了关联公司，并没有放在安然自己的账目里，因此巨额的债务被掩盖了。在媒体质疑的情况下，2001 年 11 月 8 日安然被迫承认做假账，调查发现 1997

年以来安然虚报盈利近 6 亿美元。其创始人肯尼斯莱在案件审理过程中去世，对他的刑事指控撤销，追偿罚金 1200 万美元。两位主要的 CEO 因为欺诈的行为被重罚，判处了 168 个月监禁以及罚金 4200 万美元。首席财务官被判处 6 年监禁以及罚金 2380 万美元。但是安然事件不止于此，其水波效应导致当时排名全球第一的会计师事务所安达信宣告破产。另外，三大投行遭到重罚，花旗集团、摩根大通、美洲银行因涉嫌财务欺诈被判有罪，分别支付 20 亿美元、22 亿美元、6900 万美元罚款赔偿。安然事件丑闻令全世界震惊，使得包括美国在内的许多国家进入对上市公司的新的规制阶段。

随后，袁教授对美国后安然时代刑事治理的变化作了详细的解读。主要有三个现象，一是最为学界与业界熟知的《萨班斯法案》颁布，该法案是针对安然公司财务欺诈而颁布的，又被称为 2002 年公众公司会计改革和投资者保护法，主要涉及会计改革和投资者保护两个方面。其中规定"对编制法律法规的财务报告的刑事责任，最高可达 20 年监禁，证券欺诈的刑事责任，最高可处 25 年监禁"。二是辩诉双方达成 PDA（暂缓起诉协议）和 NPA（不起诉协议）的案件数量大幅度上升。因为美国政府对安达信处罚之后发现检察官的起诉往往意味着公司死亡，大量人员失业，甚至对整个国家的经济产生重创。三是 1977 年《反海外贿赂法》的出台，其中经过了 1988 年、1994 年、1998 年的三次修改，旨在限制美国公司利用个人贿赂国外政府官员的行为。

接着，袁教授分享了其对中国类似案件的裁判文书梳理后的所思所想。袁教授指出，违规披露、不披露重要信息罪是 2006 年新增的，由原来《刑法》第一百六十一条提供虚假财务报告罪进行修改演变而来。

其核心要件涉及以下几点：一是犯罪的主体是公司和直接责任人，一般称之为高管。二是客观行为是向股东和社会提供虚假或者隐瞒重要事实的财务会计报告，或者应当披露或披露其他重要的信息不按规定披露，科龙案件其实体现了这样的问题。三是处罚，虽然是单位犯罪，但只处罚直接负责的主管人员和其他的责任人员，并没有对单位判处罚金。这样立法是因为如果对单位判处罚金，可能会殃及无辜的第三人。那么何谓严重损害，何谓其他严重情节呢？袁教授通过对相关案例的梳理指出了一类典型的客观表现：通过循环转账、虚构业绩、谎称承诺已实际履行并对外披露。袁教授通过对科龙案件再审的解析指出了当时刑事规制存在的不合理之处。广东科龙电器在全国是非常知名的家电品牌，时任董事长顾雏军一审被判有罪，二审维持了原判，刑罚执行完毕后最高法院进行了提审并综合评判如下：科龙电器在 2002 年至 2004 年间实施了虚增利润并将其编入财务会计报告予以披露行为。原审认定科龙电器提供虚假财务会计报告的行为严重损害股东或者其他人利益的事实不清，证据不足。根据证据裁判的原则，依法不应追究原审被告人顾雏军等人的刑事责任。由此暴露出当时的两个问题：一是认定为违规披露重要信息罪很少，法条的适用存在障碍。二是刑事处罚的力度不大。

因此，立法展望时这些问题是无法回避的。

最后，袁教授对刑事合规管理的问题提出了精彩的见解。在"一带一路"背景下，中国大量的企业走出国门到海外经营投资上市，一定要遵循所在国和有关国际组织的法律制度和商业惯例，建立合规计划，这是长期发展必然的要求。2018年被称为中国合规元年，因为国家标准化管理委员会颁布了《合规管理体系指南》，国资委出台了《中央企业合规管理指引》，发改委与7家部门出台了《企业境外经营合规管理的指引》，刑事合规可能是律师界未来的一片蓝海。

但同时我们也需要非常谨慎，因为《刑法》只能作为国家治理社会最后的手段，不能把合规等同于刑事合规，行政的监管合规才是最广阔的领域。虽然合规不等同于刑事合规，但合规与刑法具有极为密切的关系。2010年英国的《反贿赂法》创造了一个世界领先的先例，通过设立"商业组织预防贿赂失职罪，改变了刑法的基本原理，将严格责任引入刑法"。世界范围内，美国、英国甚至德国、法国等传统大陆法系国家都不约而同地赋予了合规出罪的功能。企业只要建立了合规的体系，就有可能被宣告无罪，或被不起诉。在中国的实践中也出现了雀巢公司以合规切割员工责任案，于是刑事合规概念开始出现，合规成为刑法上激励的机制。如果预见《刑法》和《证券法》配套修改之后会增加，对于企业前置管理来讲，合规可以成为切割单位责任和员工责任的根据，成为无罪抗辩的理由。从律师界的观察来看，目前主动开展深度合规的中国大陆（内地）企业有限，这导致境内不断有企业走出去参与境外市场竞争的时候触碰到合规红线而遭到严厉的处罚，或者因违规行为受到世界银行等国际组织的制裁。

对于建立行之有效的合规机制，袁教授提出了三点具体的建议：一是在刑事诉讼法和行政相关法律中认可企业合规机制切割企业的责任，从宽处罚甚至不起诉。二是在《公司法》和《证券法》中增加会计条款，并建立相应的法则。三是在《公司法》中增加企业和高管的合规义务。

三、违规披露、不披露重要信息罪的理解与适用

讲座的第三位主讲人是浙江财经大学助理教授周立波。周老师从五个方面剖析了违规披露、不披露重要信息罪的理解与适用。

（一）关于此罪的概念特征

此罪有四个特征：（1）涉众性。主要侵犯客体是证券持续信息披露制度，直接受害者多是广泛分布于证券市场的中小投资者；（2）危害性大。概念罪往往涉案金额巨大，虚构利润或资产金额动辄数亿，社会危害性较大；（3）具有典型的职业化、技术性特征。实施本罪的直接行为人大多是熟悉证券市场的上市公司董事、监事以及高级管理人员

或者会计专业人员等；（4）本罪是情节犯。

（二）违规披露、不披露重要信息罪的立法沿革

此罪的前身是"提供虚假财会报告罪"。1993年，《公司法》中已经有条款规定，提供虚假财会报告构成犯罪的可以依法追究刑事责任，此属于附属刑法。1995年全国人大常委会颁布了单行刑法《关于惩治违反公司法的犯罪的决定》，其中第四条明确把这种行为认定为犯罪。1997年《刑法》除增设了罚金刑的下限外，沿用了该单行刑法的规定，确立了"提供虚假财会报告罪"的罪名。

2006年《刑法修正案（六）》将此罪修正为违规披露、不披露重要信息罪。修改内容包括：（1）扩大了犯罪主体。将"公司"扩大为"依法负有信息披露义务的公司、企业"；（2）增加了行为类型。"对依法应当披露的其他重要信息不按照规定披露"的行为也认定为犯罪；（3）扩大了结果要件，此罪变更为情节犯。构成犯罪不再仅限于"严重损害股东或者其他人利益"，"有其他严重情节"也可构成犯罪。

2020年《刑法修正案（十一）》草案对本罪再次进行修改，修改变化主要体现在以下四点：（1）提高有期徒刑刑期。设置了两档法定刑幅度，第一档刑期由原来的3年提高到5年；第二档最高可判处10年；（2）放宽罚金刑幅度。废除"二万元以上二十万元以下罚金"的限制；（3）明确控股股东、实际控制人的刑事责任；（4）规定对单位可以判处罚金。

（三）此罪的构成要件

首先，"依法负有信息披露义务的公司、企业"包括依据《公司法》《证券法》《银行业监督管理法》《证券投资基金法》等法律、行政法规、规章规定的具有信息披露义务的股票发行人、上市公司，公司、企业债券上市交易的公司、企业，银行、基金管理人、基金托管人和其他信息披露义务人。没有债券上市交易的一般有限责任公司和非上市股份公司等非信息披露义务人则不属于之。

其次，"向股东和社会公众提供虚假的或者隐瞒重要事实的财会报告"的理解包括三个方面：（1）股东和社会公众的内涵。信息披露的对象是股东和社会公众。股东主要指上市公司的股东；社会公众主要指证券市场潜在的不特定投资者。依据《证券法》和《上市公司信息披露管理办法》的规定，信息披露的对象还包括证券交易所、证券监督管理委员会、证券监督管理局等机构。当信息披露对象是前述对象以外的人员，例如公司内部的经营管理人员、税务机关、证券承销商、银行、清算组等，是否构成犯罪要区分判断的标准，在向这些对象进行披露时，如会使信息公开化、为社会公众所知晓，则可以认定为向社会公众进行披露，如不会则不构成。将虚假报告、报

表出于偷税、骗取贷款、妨害清算等目的向税务机关、银行清算组提交的，如果没有让信息公开化、为公众知晓，也应当认定为不符合信息披露的对象；（2）虚假与隐瞒重要事实的内涵。虚假，是指行为人对外披露的财会报告中，所记载的事项内容与客观实际不相符的情形。隐瞒，是指行为人披露的财会报告中，对根据相关法律法规应予以公告或记载的重要事项故意遗漏或不做记载。重要事实，主要是指《证券法》《上市公司信息披露管理办法》等法律法规规定的定期报告中应当予以披露的内容；（3）财会报告的内涵。结合《会计法》等其他法律，涉及的财会报告指年度报告、中期报告和季度报告，月度报告不需要对外披露。

再次，对"依法应当披露的其他重要信息不按规定披露"的理解：（1）"依法应当披露的其他重要信息"是指除定期报告外，发生的可能对信息披露义务人的证券交易价格产生较大影响的，投资人尚未得知的，应当临时予以披露的重大事件。重大事件是指《证券法》中第八十条、第八十一条所规定的重大事件，及《上市公司信息披露管理办法》第三十条补充规定的其他应当临时予以披露的重大事件；（2）"不按照规定披露"在《证券法》中主要表现为虚假记载、误导性陈述、重大遗漏、不当披露四种形式。这四个是否属于刑法第一百六十一条所规定的不按照规定披露的情形？不当披露的文义解释是不按照规定披露，符合刑法第一百六十一条的规定，是指信息披露义务人未在适当期限内或者未以法定方式公开披露应当披露的信息。《证券法》规定，适当期限指自起算日起或者触及披露时点的两个交易日内，如果不在这个期间范围可以认定为未在适当期限内。以法定公开方式披露指在证券交易场所的网站和符合国务院证券监督管理机构规定条件的媒体发布。而虚假记载、重大遗漏、误导性陈述这三种行为比不当披露的危害性更大，根据刑法的基本原理，理应属于《刑法》中"不按照规定披露"。

最后，关于"严重损害股东或其他人利益或者有其他严重情节"，《最高人民检察院、公安部关于经济犯罪案件追诉标准的补充规定》中有明确的列举。

（四）此罪的处罚规定

《刑法》规定了对直接负责的主管人员和其他直接责任人员进行刑事处罚，直接负责的主管人员，是指签署、审核财会报告和授意不披露或者不按规定披露依法应当披露的其他重要信息的公司、企业负责人。主要包括公司的董事、监事或高级管理人员等，如上市公司的经理、副经理、财务负责人、董事会秘书等。其他直接责任人员，是指具体编制、提供虚假的或者隐瞒重要事实的财会报告或者具体制作、披露其他应当披露的重要信息的公司、企业执行人员。主要包括财务会计人员和受指派从事相关工作的其他人员。本罪目前采用单罚制，即代罚制，犯罪主体是单位，受刑主体是直接负责的主管人员和其他直接责任人员。

《刑法修正案（十一）》草案对此罪关于单位是否处罚进行了一些修正："单位犯前款罪的，对单位判处罚金，并对其直接负责的主管人员和其他直接责任人员，依照前款的规定处罚。"该规定并不意味着此罪由单罚制变成了双罚制。"单位犯前款罪的"指犯第二款罪，控股股东、实际控制人既有自然人也有单位，所以草案第三款主要是针对控股股东、实际控制人是单位的时候，可以认定为作为控股股东、实际控制人的单位犯违规披露、不披露重要信息罪，对其双罚，所以此条文还是属于单罚制。

（五）此罪与相关犯罪界分认定

1. 此罪与编造并传播证券、期货交易虚假信息罪

行为人在其公布的中期报告或者年度报告中，向股东和社会公众提供虚假的或者隐瞒重要事实的财会信息，又大肆宣传、传播的行为，一定程度上符合编造并传播证券期货交易虚假信息罪。两罪情形有时出现交叉，但这两个罪有很多不同，比如主体方面。区分清楚后，如果都符合两罪的构成要件，可以认定为牵连行为，按照牵连犯的处罚原则处理。

2. 此罪与操纵证券、期货市场罪

实践中，行为人实施违规披露、不披露重要信息为操纵证券市场获取不正当利益或转嫁风险的应当认定为牵连犯，按照牵连犯的处罚原则处理。

3. 此罪与提供虚假证明文件罪

上市公司为顺利通过注册会计师的审计，串通会计师事务所或者注册会计师对虚假的或者隐瞒重要事实的财会报告出具虚假的审计报告进行披露的行为，对于会计师事务所等中介机构，尽管其与公司有通谋，也可以单独认定为提供虚假证明文件罪。

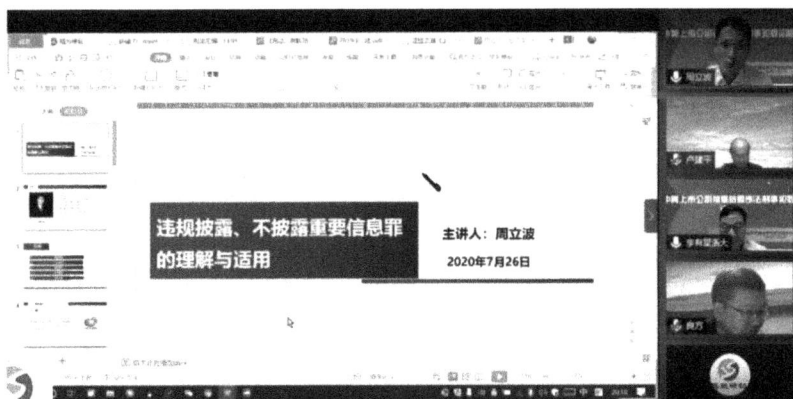

四、中美上市公司信息披露犯罪的治理

讲座进入与谈环节，讲座的第一位与谈人，浙江省刑法学研究会副会长、浙江大学光华法学院教授叶良芳对这次讲座发表了相关看法，主要是对三位主讲人从不同角度解读中美上市公司信息披露问题的一些心得体会和个人看法。

王立老师的核心关键词是"联动"，着重从立法的层面讲《刑法》和《证券法》的修法联动。叶老师认为，执法、司法的环节需要联动，学法的环节也需要联动。许多《证券法》的专业教师不太熟悉证券犯罪，大量的刑法老师也不太熟悉证券。证券信息披露违法犯罪既涉及刑事犯罪，也涉及行政犯罪，需将两法打通、衔接，实现两法的"联动"。王老师在具体阐述过程中也引发了新的思考和解读，包括发行市场、交易市场中涉及的犯罪，发行文件和财务报告的区别，重组上市是否是一种上市行为，等等，都很有启发性。

袁继红老师主要是从司法层面，从实际的相关裁判文书进行分析，根据她的研究，证券信息披露违规犯罪总共有 5 个罪名，数量比较少。袁老师结合再审确定为无罪的广东科龙事件，分析了立法中本罪设立的核心因素是严重损害股东的利益，或者有其他特别严重的情节。如果缺乏这个要素，本罪也难以成立。另外，袁老师也谈到公司的刑事合规问题，提出刑事合规不等于行政合规。可能对于上市公司而言，行政合规更应该是需要着力推动的地方。

周立波老师从概念特征、立法沿革、构成要件等方面专门就个税的理解和适用进行了非常详细的解读，抽丝剥茧，比如关于《证券法》第一百九十七条列举的不按照规定披露的四种类型：虚假记载、重大遗漏、不当披露和误导性陈述。这其实也回到了之前王立老师所说的"联动"，解读《刑法》罪名的时候不能完全抛开《证券法》。

对比中美上市公司信息披露犯罪的治理，叶老师结合安然公司和康美药业的案例，用"鞭子高高举起，轻轻落下"这句话来形容当前的治理现状。在 2001 年宣告破产之前，安然拥有约 21000 名雇员，是世界上最大的电力、天然气以及电讯公司之一，2000 年披露的营业额达 1010 亿美元之巨。后来美国证监会发现安然财务造假事实之后，对安然公司处以巨额罚款，导致其股票从道琼斯指数里直接除名，停止交易，最后迫使公司宣布破产。公司的首席执行官被判刑 24 年，没收 4500 万美元。公司首席财务官被判刑 6 年，罚款 2380 万美元。公司创始人因为在诉讼期间因病去世，所以侥幸逃脱了刑事处罚。此案涉及的会计师事务所安达信，被认定为妨碍司法公正罪，罚款 50 万美元，并禁止 5 年内从事相关业务。对会计师事务所来说，5 年内禁止公司业务等于破产，后来安达信也解体了。

对于比较新的案例，在对康美药业的处罚中，根据证监会查明的数据显示，康美

药业 2016 年的报告中，虚增货币资金 225.8 亿元，2017 年虚增 299.4 亿元，2018 年虚增 361.9 亿元，三年共虚增 887 亿元。康美药业解释为财务差错，但证监会仍予以处罚，董事长罚款 60 万元，终身禁止从业；财务总监罚款 50 万元，禁止从业十年。处罚数额共计约 595 万元，公司数据造假约 362 亿元，这里比例是 1∶16436，即 1 亿的造假成本只有 1.60 万元的风险。除了行政处罚，后续可能还有其他措施。从数据来看，这次造假可能比安然事件还要严重，实际处理值得我们反思。从立法角度来看，美国经过安然事件之后颁布《塞班斯法案》，对财务造假的处罚进行大幅度的修正，最高可以判处 500 万美元的罚款或者 20 年监禁。证券欺诈的刑事责任也提高了，最高可判处 25 年监禁。对举报人打击报复的监禁提高到十年，同时对举报人进行奖励。这次立法体现了严刑峻法的姿态。

叶老师认为，对比我国，这方面的规定相对弱一点。从立法层面来说，1999 年的证券法第一百七十七条规定，违规披露对于发行人的处罚是 30 万元以上 60 万元以下，最高罚款是 60 万元。经过 2004 年的修正、2005 年的修订以及 2013 年、2014 年的修正，处罚标准维持不变，2019 年新《证券法》才提高到 1000 万元的罚款。康美事件发生在修改之前，所以最高罚款是 60 万元，虽然太轻，但已经是顶格处罚。2019 年证券法进行了修改，可能出于"联动"的原因，相应的刑法修正案也作了修改。欺诈发行股票债券罪最高提高到 15 年，违规披露、不披露重要信息罪最高提高到 10 年，提供虚假证明文件罪最高提高到 10 年，这与原来相比有了大幅度的增长。从执法层面来说，证监会 2020 年 3 月 24 日发布严厉打击上市公司财务造假的公告，提到 2019 年以来查处了 22 家上市公司财务造假，其中 18 起作出了行政处罚，移送公安的 6 起。执法机关的处罚力度越来越大，这是比较可喜的变化。

最后，对上市公司信息披露犯罪进行有效的治理，叶老师提出了以下四点建议。第一，实行严刑峻法。不同于一般领域的造假，证券市场造假直接侵犯股民、公众的利益，危害后果大，涉及面广，无论是对始作俑者还是"帮凶"（指财务中介公司、担保人等）都不能姑息。第二，要实行监管部门的问责制。第三，要培育独立的证券咨询机构。康美药业问题的暴露源于 2012 年有一家没有证券咨询资质又名不见经传的咨询机构发布了一篇调查报告，引起了很大的反响，最终导致康美药业事件的发生。所以，培育独立的证券咨询机构有利于监督上市公司信息披露准确性。第四，倡导提高企业的核心竞争力。通过免费补贴的手段占领市场、融资并上市，这成了一种新商业模式的标配，为了达到上市的目的可以不择手段。公司本身的企业模式是否有竞争力反而被弱化了。这样很容易形成泡沫经济，对整个社会的发展可能都是不利的。所以跑马圈地的做法要摒弃，鼓励公司培育真正的硬核产品和企业竞争力，通过企业的实力走向上市，创造一种新型企业文化。

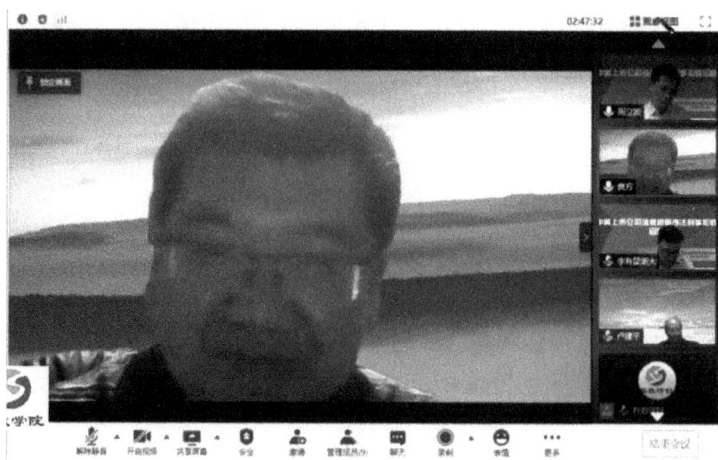

五、信息披露的两个维度和三个位阶

讲座的第二位与谈人是中国刑法学研究会副会长、北京师范大学法学院教授卢建平。卢建平教授从前总理朱镕基在 2001 年的 4 月份给北京、上海、厦门三个国家会计学院题写了院训"不做假账"的历史故事讲起，这不仅是会计准则的最低底线，更是国家证券市场的严格标准。大道至简，越是简单、直白的要求，实行起来可能越加困难。美国的安然事件、安达信事件等一系列案件中，无论上市公司还是中介机构，需要结合选择性公开的机制，结合商业秘密、证券市场的信心，以及股民投资的积极性对案件信息披露进行认真的考虑，因此卢建平教授认为朱镕基同志"不做假账"这四个字即使放在今天，依然是一个非常高的要求。

随后，卢建平教授从两个维度——国内层面和国际层面展开。从国内法的层面来讲，不做假账非常困难，我国《证券法》上信息披露的真实性是首要原则，但在社会发展层面，还应当考虑整个商业诚信机制和社会诚信机制，甚至包括政治诚信等问题，所以从《民法典》到行政法的层面，再到刑事法的层面，都在尽力强化商业诚信、社会诚信；从第二个维度上看，中国国际地位不断抬升，不断地走向世界，不断地融入世界，在全球治理或者在国际竞争的格局中扮演越来越重要的角色。因此，这个维度既可以概括为国内法律，又可以认定为国家间的法律，从这个维度来看不做假账的要求更加困难。在国际维度上看，美国证券市场较为发达，值得借鉴的经验更多。

在两维度之外，卢建平教授认为还可以再细分成三个位阶，即民事、行政、刑事，就刑事处罚来看，卢建平教授指出我国对刑法的研究与传授有诸多不足之处。第一，在未来的刑法整体修订中，应该把今天所讨论的犯罪类型调整到"破坏金融管理秩序罪"这一节里，而不应该放在破坏公司、企业管理秩序罪。第二，严格刑法问题，就目前的整个证券市场尤其是二手市场而言，真正的最大受害者是广大的投资者，因此在修正《刑法》时，应该考虑让利于人，让利于股民。卢建平认为对于上市公司、中介机构或者直接责任人员的处罚，个人的自由刑可以适度提高，但是罚金刑不能提高太多，因为高额的罚金并没有分配给因为财务造假、信息披露违法违规而利益受损的股民，所以，从促进股东的长期利益来看，天文数字的行政罚款是不可取的。在立法建议上，卢建平教授提出，应当回到《刑法》第三十六条第二款的基本立场，一家公司违法造成受害人损失的既要进行民事赔偿，又要承担刑事罚金，同时应当让民事赔偿优先。通过这种制度的安排，可以让投资者受损的利益得以恢复。

最后，卢建平教授回应了王立教授报告中提到的一个观点，《证券法》和《刑法》的联动有助于打破专业的壁垒。恩格斯曾说："在现代国家中，法不仅必须适应于总的经济状况，不仅必须是它的表现，而且还必须是不因内在矛盾而自相抵触的一种内部和谐一致的表现。"[①] 法必须保持内外和谐一致性，内部和谐一致性是刑法作为自组织，民法、行政法等基本上是法定犯，必须和相对应的《证券法》等前置法一致。另外，刑法体系内部，比如《刑法修正案（十一）》的修正有可能会引发《刑法》体系内部局部的不平衡。陆教授认为立法或者修法是平衡的事情，是很难做的事情。《刑法》具有谦抑性，处于最终保障的位置。

最后，李有星教授就各位专家的精心准备再次表示感谢，并在总结上述观点的基础上，提出更深层次的问题与各位专家探讨。首先，李有星教授指出，对财务造假应当是零容忍的，但公司往往为社会、为劳动者创造价值，因而如何在企业信息披露规制限度和价值创造之间进行权衡十分重要。在罚金、行政处罚及民事赔偿之间的优序问题上，《证券法》提出先行赔付制度，即就赔偿问题，在行政处罚、刑事处罚之前事先进行约定，但实践当中企业往往会走向破产的结局。刑罚的介入也无法完善解决其间存在的矛盾，投资者所期望的赔偿问题无法得以实现。李有星教授提出以下问题：

---

① 中共中央马克思恩格斯列宁斯大林著作编译局.马克思恩格斯选集　第四卷.北京：人民出版社，2012：610.

如何在防止刑法过度滥用以及对于财务造假的限制之间寻求权衡点这一问题亟待解决；如何对于财务造假以及信息披露的瑕疵行为进行有效区分。他指出，刑法过度适用对于上市公司行为的限制并不利于证券市场的发展。采取怎样的措施能够将对投资者的损害降低；证监会和刑事追究机关之间是否存在前后衔接关系；证监会移送与侦查机关立案之间的关系是串联还是并联，这一系列的问题仍然值得研讨。李有星教授提出证券市场具有其特殊性，可以设置行政机关前置程序，在监管部门主动移交司法部门之前由其自行处置，有利于证券市场执法统一以及力度一致，从而使得投资者的权益得到保护。

王立教授认为李有星教授提出的刑法边界性问题在实践中很难判定，更多涉及刑事政策的选择，无法从理论上予以明确解答。袁继红教授就李有星教授提出的信息披露刑事犯罪问题表示，可以借鉴域外暂缓不起诉的做法保护投资人利益。周立波教授认为这是刑法介入的必要性问题和民刑交叉时的程序启动问题。前者可以明确的是需要刑法的打击，但要不滥用，严格把握刑法及其司法解释的立案标准，兜底条款的适用不要随意突破底线；对于后者，周立波教授认为民事、行政先于刑事并不必要，只要满足相应犯罪的构成要件、达到立案追溯的标准，就可以直接启动刑事程序。叶良芳教授认为以上问题的根源性问题是如何在打击公司犯罪的时候保护投资人的利益、公众的利益。可以借鉴美国实务中的做法，即由美国证监会掌握刑事调查权，决定是否起诉。卢建平教授回到刑法的谦抑性、局部性和不完整性，对当前证券法领域的刑事应用确有担忧。如果用重刑确保财务报告的真实性，好比"刑讯逼供"，是极其危险的，没有必要抬高《刑法》，这也是《刑法》谦抑的应有之义。

第十六期　中美证券诉讼的理论与实践

2020 年 8 月 2 日 18：30，由中国法学会证券法学研究会副会长、浙江大学互联网金融研究院副院长、浙江大学光华法学院李有星教授主持的"中国法学会证券法学研究会瑞幸咖啡案例研究（第十六期）：中美证券诉讼的理论与实践"讲座在胜数直播"小鹅通"上顺利召开。本次讲座的主讲人为：上海财经大学法学院助理教授夏戴乐博士，上海金融法院证券专业委员会主任、庭长单素华，杭州市中级人民法院民二庭庭长余晟，深圳市中级人民法院高级法官秦拓，上海市法学会金融法学研究会副会长、上海汉联律师事务所合伙人宋一欣，北京师范大学法学院教授袁达松，与谈人为浙江大学光华法学院教授霍海红。讲座共有一千多人参与直播和互动，获得了良好的反响。本次活动由中国法学会证券法学研究会、浙江省法学会金融法学研究会、浙江大学互联网金融研究院、浙江省前景大数据金融风险防控研究中心、浙江互联网金融联合会、杭州胜数研创等支持完成。

　　会议伊始，李有星教授隆重介绍本次讲座的嘉宾，并围绕本次讲座主题"中美证券诉讼的理论与实践"展开阐述。李有星教授指出本次讲座的背景，我国新证券法第九十五条中，首次对证券诉讼问题作出三款规定，包含"人数特定的代表人诉讼""人数不确定的代表人诉讼""特殊代表人诉讼"。针对证券诉讼，我国法院在实践中已经积累了经验，也出台了先进的指导意见和指引，例如，上海金融法院关于证券纠纷代表人诉讼机制的规定、杭州中院关于证券期货纠纷示范判决机制的指导意见、深圳中院关于依法化解群体性证券侵权民事纠纷的程序指引。此外，在 2020 年 7 月 31 日，最高人民法院颁布了《关于证券纠纷代表人诉讼若干问题的规定》（以下简称《证券纠纷代表人诉讼规定》），标志着证券诉讼领域统一规则的奠定。同日，中国证监会出台了《关于做好投资者保护机构参加证券纠纷特别代表人诉讼相关工作的通知》，同日晚，中证中小投资者服务中心有限责任公司发布了《中证中小投资者服务中心特别代表人诉讼业务规则（试行）》。本次讲座将展开相应的理论研究，也会对现有问题提出意见和建议。

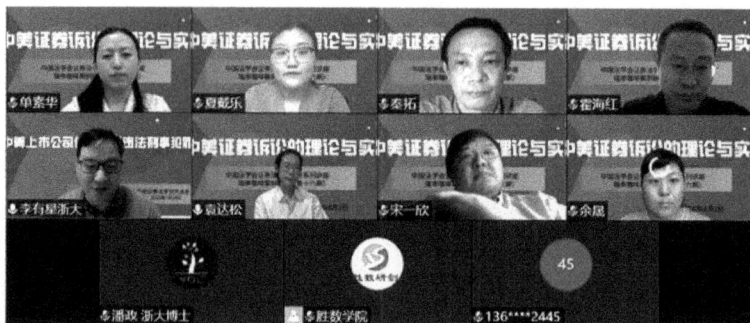

一、美国证券集团诉讼

讲座的第一位主讲人是上海财经大学法学院助理教授夏戴乐。夏戴乐老师从程序、优势和劣势、国会对滥诉的控制三个方面详细介绍了美国的证券集团诉讼。

第一部分，夏戴乐老师介绍了美国证券集团诉讼的程序，包括以下几个步骤。第一，起诉，以瑞幸咖啡案为例，律所直接起诉。第二，发布公告（声明退出或者申请成为诉讼代表人）。第三，确认诉讼代表人（lead plaintiff）和集团律师——诉讼代表人有权选择集团律师，但需要法院批准。第四，动议审查。管辖权异议审查和使案件成立的基本要素，10b-5 诉讼中的基本要素包括：原告的适格性、证券欺诈客观行为（虚假陈述、内幕交易、操纵市场）、主观状态（包括明知或应知）、因果关系（交易因果关系、损失因果关系）、损失。第五，证据开示阶段。第六，集团认证。第七，庭审。但是大多数案件，一旦通过了动议审查，就会迅速地以和解的方式结束。

第二部分，夏戴乐老师指出，美国证券集团诉讼具有以下几点优势：第一，有效激励诉讼，解决集体行动困境（和胜诉酬金制度相结合）；第二，提高诉讼效率，降低诉讼成本；第三，避免同诉不同判；第四，被告资产有限时，能使得受害原告平等受偿。但是滥诉会给上市公司带来高昂的成本，包括巨额赔付、声誉影响及诉讼成本等。此外，在目前的证券集团诉讼制度中，获益最多的是律师和公司高管。对公司股东和证券市场而言，证券集团诉讼对其提供的保护可能小于其造成的成本。

第三部分，夏戴乐老师介绍了《私人证券诉讼改革法案》针对滥诉的几项改革措施。第一，提高诉讼代表人要求，经济利益最大者推定为诉讼代表人；第二，起诉要求提高，PSLRA 要求原告需要明确列举每一个虚假陈述，并且阐述该陈述为虚假陈述的理由，与此同时要求原告必须指证足以强力推定被告故意的具体事实；第三，原告在动议被法院批准前无法运用证据开示制度；第四，展望性陈述安全港，即如果展望性陈述中包含的有意义警示性陈述明确了可能导致实际情况与展望性信息有明显出入的重要因素，则该展望陈述在 10b-5 规则下无责任。但是《私人证券诉讼改革法案》的效果很有限。夏戴乐老师认为核心原因在于：其一，美国集团诉讼基本没有门槛；其二，《私人证券诉讼改革法案》没有在根本上解决目前的诉讼机制对律师和上市公司高管等的不当激励问题。

二、证券代表人诉讼

讲座的第二位主讲人上海金融法院证券专业委员会主任、庭长单素华，主要介绍了代表人诉讼机制。

首先，单庭长概述了代表人诉讼的新形式。《最高人民法院关于为设立科创板并试点注册制改革提供司法保障的若干意见》提出有效保护投资者合法权益，建立健全与注册制改革相适应的证券民事诉讼制度，用好用足现行代表人诉讼制度。《证券法》第九十五条规定投资者保护机构受五十名以上投资者委托，可以作为代表人参加诉讼，并为经证券登记结算机构确认的权利人依照前款规定向人民法院登记，但投资者明确表示不愿意参加该诉讼的除外。《中华人民共和国民事诉讼法》（以下简称《民诉法》）普通代表人诉讼，代表人从原告中推选产生，代表人本身须为适格原告，诉讼范围采取"加入制"，投资者通过权利登记加入诉讼。证券法特别代表人诉讼，投资者保护机构接受五十名以上投资者授权可以作为代表人，赋予了投资者保护机构独立的诉讼地位诉讼，范围采取"退出制"，未明确表示退出诉讼的均列为原告，突破了民事诉讼"不告不理"原则。中国的代表人诉讼被称为中国版集团诉讼，借鉴了退出制和投保机构的设计。

其次，单庭长介绍了代表人诉讼的具体程序设计及相关制度理念。上海金融法院出台了全国法院首个关于代表人诉讼制度实施的具体规定，全面覆盖了两种代表人诉讼形式，系统规定了代表人诉讼的规范化流程，明确回应了代表人诉讼中的难点问题，大力依托信息技术落实代表人诉讼机制。《最高人民法院关于证券纠纷代表人诉讼若干问题的规定》重点解决了五大方面的难点问题：①代表人诉讼启动。由当事人启动，符合条件的，法院应当适用代表人诉讼程序进行审理，特别代表人诉讼的启动以普通代表人诉讼程序转换为基础。②权利人范围审查及登记。人数不确定，符合代表人诉讼条件，法院审查权利人范围，发布权利登记公告。对于实体性权利的审查，以民事裁定的方式作出，便于保障当事人权利。③代表人选定。对于人数确定的代表人诉讼，在起诉前确定获得特别授权的代表人；对于人数不确定的代表人诉讼，在起诉书中说明拟任代表人人选及条件，后加入权利人可提出异议并启动投票推选，并结合审判实践，对投票选举规则采取"人数决"还是"诉讼利益决"谈了自己的观点。④代表人权限。采取统一的特别授权模式，参加权利登记视为对代表人的特别授权，不同意的可以另行起诉，强调法院对代表人行使权利的监督职责。代表人与被代表原告的利益平衡，从正反两方面规定代表人任职资格，代表人不能忠实履职时可以依申请撤销代表人资格。对调解协议的审查、对重大诉讼事项的审查，充分保障当事人的表决权、知情权、异议权、复议权、退出权、上诉权。⑤代表人诉讼上诉。在现有民事诉讼法律框架下，以普通共同诉讼为理论依据，充分保障各当事人自主选择权，既不剥夺当事人提出上诉的权利，也应当尊重当事人退出上诉的意愿。是否上诉原则上以代表人的主张为准，但被代表的当事人明确提出异议的除外。

最后，单庭长探讨了如何构建多元化证券纠纷解决机制体系。关于证券纠纷的司法解决机制，目前有示范判决机制、代表人诉讼机制和支持诉讼机制等，单庭长认为这些机制之间各有定位、各有千秋、各有特点，机制的出台和协调是为了给当事人更多选择的机会和选择的权利，在不同的案情下可以选择不同的机制，最高人民法院对于示范判决和代表人诉讼之间协调适用的问题也作了回应。对于多元化的证券纠纷解决机制，法院应当依据纠纷的不同情况，由当事人自主选择，上海金融法院在示范判决机制的试点中进行了有益的尝试，取得了较好的效果，不同的诉讼机制都有各自的优缺点。证券代表人诉讼的适用和完善还须在诉讼实践中展开进一步的探索和总结。

三、证券纠纷代表人诉讼的启动和审理准备

讲座第三部分由杭州市中级人民法院民二庭庭长余晟以"证券纠纷代表人诉讼的启动和审理准备"为题，从开启证券纠纷代表人诉讼的原因、证券纠纷代表人诉讼的启动、证券纠纷代表人诉讼的审理准备、仍需解决的问题四个方面与大家展开分享。

第一部分，余庭长指出杭州中院开启证券纠纷代表人诉讼的原因。第一，证券虚假陈述批量案件逐年增加；第二，个案分别审理占去较多的司法资源；第三，《证券法》第九十五条对于代表人诉讼的修订；第四，浙江证券期货纠纷化解智慧平台的技术支持。

第二部分，余庭长谈到证券纠纷代表人诉讼的启动。第一，关于启动方式。根据《民诉法》第五十四条第一款的规定，法院可依职权启动；根据最高法 2020 年 7 月 31 日发布的《证券纠纷代表人诉讼规定》第五条规定，依申请启动，应是对法院视情依职权启动进行了限制，充分尊重当事人的选择权。第二，关于启动形式。杭州中院依职权以公告方式，以保障投资者便捷、高效、低成本获取信息为原则。公告的内容应当包括一般内容加上特别授权事项的说明。

第三部分，余庭长介绍了证券纠纷代表人诉讼的审理准备相关内容。包括原告名单的确定、代表人推选、已立案件的处理和诉讼请求的确定。第一，关于原告名单的确定。《证券纠纷代表人诉讼规定》规定，受理后 30 日内裁定权利人的范围，5 日内公告，30 日的公告期，10 日内完成审核，公布原告名单，其实审核过程比较耗时，十日为限。根据原告数量不同，有的案件不一定能完成。第二，关于代表人选举的规则。根据《证券纠纷代表人诉讼规定》第十四条第二款规定，代表人的推选实行一人一票，每位代表人的得票数应当不少于参与投票人数的 50%，代表人人数为二至五名，按得票数排名确定，通过投票产生两名以上代表人的，为推选成功。余庭长对此提出建议：过半数投票的推选有效，获得参加投票者过半数的选票始得当选。第三，关于已立案案件的处理。一个是根据《证券纠纷代表人诉讼规定》第十条规定撤诉，这一规定与杭州中院已采取的做法不同；一个是合并审理，可根据民诉法司法解释裁定前案与代表人诉讼合并。第四，关于诉讼请求的确定。一方面，法院通过释明的方式，引导当事人分出明确的诉讼请求；另一方面，要加强代表人及其律师的作用。

第四部分，余庭长分析了目前仍需要解决的三大问题。第一，关于案件受理费的问题。《证券纠纷代表人诉讼规定》中明确特别代表人诉讼案件不预交案件受理费，那么在普通代表人诉讼案件中是否需要预交案件受理费？余庭长指出，从现有法律规定看，人数不确定的普通代表人诉讼案件也不需要预交案件受理费。其优势是由于诉讼费用采取"梯级式"计算标准，最终的代表人诉讼案件受理费比个案合计的受理费低。但是，在原告败诉的情况下，将可能产生大量的执行受理费的案件。第二，关于代表人调解的问题。代表人诉讼的调解和解有利于投资者快速获赔，但因原告人数众多，利益诉求较难统一，集中调解的难度较大。此外，代表人数为二至五名，代表人调解较易出现"阴阳合同"道德风险问题。关于如何管理和监督代表人诉讼和解调解，余庭长指出可以引入特邀调解组织委托调解，目前在涉五洋债案件中已引入了公益性质的投资者保护基金公司居中协调。第三，关于上诉和改判的问题。根据《证券纠纷代表人诉讼规定》第二十七条、第二十八条规定，一审判决送达后，代表人决定放弃上诉的，一审判决在未上诉的原告与被告之间生效，二审裁判的效力不及未上诉的原告；代表人决定上诉的，一审判决在放弃上诉的原告与被告之间生效，二审裁判的效力不及于放弃上诉的原告。以上规则在上诉改判的情况下将存在两份不同的生效判决，既判力扩张以何为准将形成争议。

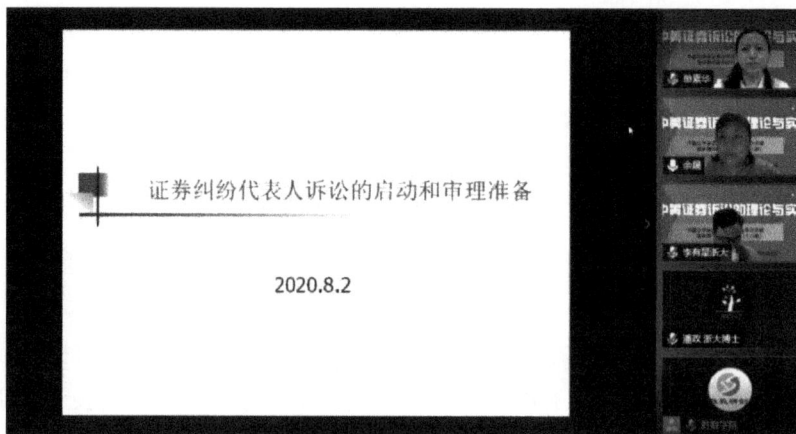

四、群体性证券侵权纠纷解决机制

讲座的第四部分，由深圳市中级人民法院高级法官秦拓围绕深圳中院金融法庭的司法实践与大家展开分享。秦拓法官首先介绍了深圳中院审理案件的基本情况，目前深圳中院的受理案件呈现出以下特点：案件类型均为虚假陈述案件；立案仍然基本坚持行政处罚前置程序，近期个别案件对采取行政监管措施的也予以立案；目前深圳中院基本沿用"一案一立，合并审理"的模式，少数采用"示范诉讼 + 调解 + 简化审理"的方式，但尚无适用代表人诉讼制度的案例；上诉率低，全部维持原判；形成大规模群体纠纷较少。

深圳市中级人民法院在实践中形成的经验和做法主要是：对合并审理的案件，往往在庭前会议中根据代理投资者人数、诉益比例、业界经验等综合考量，临时指定二至五名代理人作为代表发言，其他原告或代理人补充发言的方式，促进庭审顺利开展；对适用示范诉讼方式的案件，在挑好示范案件并引导当事人充分诉辩的基础上充分审理和优先审理。示范判决充分说理并生效后，对无法调解的平行案件集中审理，并会提前做一个摘要，就共通的法律事实、损失计算标准等问题在庭前会议告知当事人，都具有既判力，在平行案件中直接适用，庭审中不会再去审理。为应对注册制下未来可能越来越多的大规模证券群体性纠纷，深圳市中级人民法院通过总结既往做法、经验的基础上，积极配合新证券法颁行和深交所创业板注册制改革，提前调研并颁布了相关裁判指引，进行一些制度上的准备。主要的思路是：以示范诉讼为主导，辅以特别代表人诉讼。核心是提高诉讼效率。

构建我国群体性证券侵权纠纷诉讼制度的基本考量是把效率价值提到更高甚至优

先的位置。理由主要有以下几点：其一，群体性证券侵权纠纷呈现出小额分散众多的特点。单个投资者受损额普遍较低，维权成本往往高于收益，投资者分散无联络，因此，单个投资者维权意愿不强是理性选择，需要市场和制度激励。其二，群体性证券侵权纠纷实体处理难以适用"镜像原则"。在实体处理上也难以对不同交易形态一一对应，操纵市场、内幕交易甚至不太适用民事诉讼。必须突破传统民事诉讼理论，来理解把握公正与效率的平衡关系。其三，群体性证券侵权纠纷案件的处理具有一定的公益性。因此，必须强调处理的及时性，如果久拖不决其边际效用是递减的。

秦拓法官指出，可以借鉴代表人诉讼判决既判力扩张原理对示范诉讼机制进行改造。引入诉讼契约，在平行案件原告同意的情况下，实现平行案件以不开庭方式彻底地快捷处理，以期实现对"加入制"代表人诉讼缺位的替代。最终目的是建立以示范诉讼为主体，退出型代表人诉讼为补充的集约化处理机制，也就是一个侵权行为或一个类型案件只处理一次，无论是按照示范诉讼还是"退出型"代表人诉讼。在有生效示范判决的情况下，实现平行案件可以基本做到随立随调，调不成就径行裁判的目的。按照既判力的一般理论，判决的既判力分为主观方面和客观方面。从客观方面而言，体现为前判对后诉的拘束力，但这种预判力是一种法律拟制，其拘束力不是绝对的；从主观方面而言，传统理论认为从既判力相对性出发，既判力只在当事人之间产生，原则上不对第三人发生拘束力，但在公司诉讼、代表人诉讼等特殊情况下，既判力扩张至第三人。当然，在赋予示范制度判决既判力向平行案件当事人扩张的同时，我们在制度设计上要特别重视程序保障，以保证示范案件充分审理、充分辩论，并通过引入诉讼契约来充分保证扩张的正当性。具体措施包括注重示范案件的选取必须有代表性；其次要保障审理的充分性，同时要保障平行案件原告的知情权，但不允许过分介入诉讼，以提高效率。秦拓法官指出，共通的事实有了既判力，那么剩下的就是每一个投资者因为交易频度和金额不同带来的不同金额损失的认定。这虽然有差异，但在电子数据和计算方法恒定的情况下，恰恰是客观的、确定的、无可争议的。

最后，秦拓法官就完善群体性证券侵权纠纷化解方式的深圳方案提出一些解读。首先，关于代表人诉讼，需要考虑协商确定或指定代表人的考量因素，如当事人的意愿，当事人及其诉讼代理人的诉讼能力、专业经验等。在未来需优先考量投保机构，参考破产管理人防止垄断和费用激励。加入制代表人诉讼制度存在效率不高的固有缺陷，退出制代表人诉讼是解决大规模群体性证券侵权纠纷最有效率的制度设计，但未来也不可能作为常态化的工具。成长于司法实践的示范诉讼制度将是各地法院处理相关案件的主要选择。未来设计相关制度时，应突破传统民事诉讼理论和制度，根据案件特征和纠纷解决公益性需要，将效率价值放到更高的位置。通过对示范诉讼制度稍加改造，可以大幅度提高诉讼效率，起到替代加入制代表人诉讼的作用。从而构建"示范诉讼为主导、退出制代表人诉讼为补充"的中国特色群体性证券侵权纠纷诉讼机制。

此外，秦拓法官分享了关于证券纠纷代表人诉讼司法解释的学习心得，指出其具有以下亮点：其一，降低受理条件，明确适用要求，顶层设计推动制度落地，解决法院内部适用主动性不足的问题；其二，降低维权成本，启动市场激励，切实解决当事人和代理律师启动代表人诉讼制度外在动力不足的问题，推动制度落地；其三，兼顾公平与效率，十分注重投资者程序权利和实体权利保护，加强对代表人的监督，防范道德风险；其四，明确了特别代表人诉讼案件的专门管辖及衔接问题；其五，创设了公告前权利人登记范围预审制度，有利于代表人诉讼的"格式化"，防止与前后结果有冲突，提高诉讼效率。最后，秦拓法官指出了有待进一步探索和细化明确的地方，如程序的设计过于繁复；部分规定还有待进一步的实践后加以完善等。

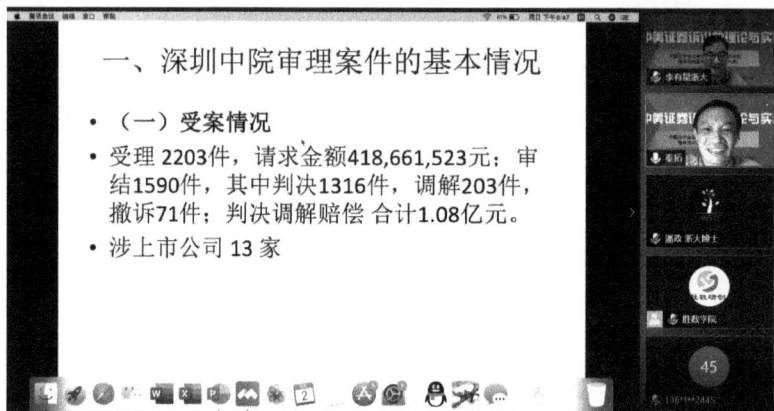

五、证券纠纷诉讼代表人司法解释阅读体会

讲座第五部分，上海市法学会金融法研究会副会长、上海汉联律师事务所合伙人宋一欣主要从九个问题出发，阐述了对最高人民法院于 2020 年 7 月 31 日颁布施行的《关于证券纠纷代表人诉讼若干问题的规定》以及中国证监会于同日出台的《关于做好投资者保护机构参加证券纠纷特别代表人诉讼相关工作的通知》的阅读体会。

（一）证券纠纷诉讼的相关制度沿革

1982 年通过的《中华人民共和国民事诉讼法（试行）》第四十八条已有了共同诉讼的规定，1991 年通过的民诉法第五十三条、第五十四条也有了共同诉讼与代表人诉讼的规定，但都规定得很原则性。因此，在 1998 年通过的证券法和 2003 年的最高人民法院《关于审理证券市场因虚假陈述引发的民事赔偿案件的若干规定》，使证券市场民事诉讼具有可诉性后，虽然虚假陈述民事赔偿司法解释第十二条规定"证券民事赔偿案件的原告可以选择单独诉讼或者共同诉讼方式提起诉讼"，但"共同诉讼"实际上语境指向是起诉时人数确定的代表人诉讼，立案时对共同诉讼管得较严，故长期以来在证券民事赔偿诉讼的司法实践中仍以单独起诉为主，而且一开始就在程序上面临代表人诉讼实施困难的问题。证券民事诉讼早期的司法实践有三种做法：单独诉讼、"明示加入"且限定人数的共同诉讼（哈尔滨中院大庆联谊案为 100 人、青岛中院东方电子案为 10—20 人）、单独诉讼合并审理（广州中院佛山照明案一纸判决合并 934 人、上海一中院 / 上海二中院 / 上海金融法院依原告代理律师合并案号），在技术层面修补了《民诉法》中规定过于简约的问题。

2019 年，上海金融法院《关于证券纠纷示范判决机制的规定》、杭州中院《关于证券期货纠纷示范判决机制的指导意见（试行）》等规章相继出台，创造性地推出了示范诉讼机制，上海金融法院在方正科技案、上海普天案、中毅达案中展开了示范诉讼机制的试点。2019 年 11 月 8 日，最高人民法院在《九民纪要》第八十三条中专列了"选定代表人"的内容。

2020 年 3 月 1 日生效的《证券法》第九十五条第一款、第二款规定了普通代表人诉讼制度（"明示加入，默示退出"），第三款则作了证券纠纷审理专属的特殊代表人诉讼制度的规定（"明示退出，默示参加"）。同期出台的规章有：上海金融法院《关于证券纠纷代表人诉讼机制的规定》、深圳中院《关于依法化解群体性证券侵权民事纠纷的程序指引（试行）》、南京中院《证券纠纷代表人诉讼程序操作规则》。

在证券民事诉讼当下的司法实践中，杭州中院率先在五洋建设债券案中启动证券纠纷代表人诉讼机制，接着，南京中院批量启动证券纠纷代表人诉讼（怡球资源案、辉丰股份案、澄星股份案、蓝丰生化案），而成都中院在 2019 年 7 月 3 日在华泽钴镍案中运用代表人诉讼机制进行了公示。在此基础上，最高人民法院于 2020 年 7 月 31 日颁布施行《关于证券纠纷代表人诉讼若干问题的规定》。这个司法解释糅合规定了两种证券纠纷代表人诉讼制度，即普通代表人诉讼程序与特殊代表人诉讼程序，采用两类司法管辖制度，实际上取消了前置程序的限制，故在中国证券民事赔偿诉讼史及中国集体诉讼制度史上，皆具有里程碑式的意义。

（二）诉讼范围及依据

证券纠纷代表人诉讼包括因证券市场虚假陈述、内幕交易、操纵市场等行为引发的普通代表人诉讼和特别代表人诉讼。普通代表人诉讼是依据《民诉法》第五十三条、第五十四条，《证券法》第九十五条第一款、第二款规定提起的诉讼；特别代表人诉讼是依据《证券法》第九十五条第三款规定提起的诉讼。《证券纠纷代表人诉讼规定》这个司法解释，则创造性地融汇了两个法律的规定，糅合两种证券纠纷代表人诉讼制度，形成了第一个中国式证券集体诉讼制度的法律规范。

（三）管辖

证券纠纷代表人诉讼的管辖为：普通代表人诉讼案件，由省、自治区、直辖市人民政府所在的市、计划单列市和经济特区中级人民法院或者专门人民法院管辖。特别代表人诉讼案件，由涉诉证券集中交易的证券交易所、国务院批准的其他全国性证券交易场所所在地的中级人民法院或者专门人民法院管辖。目前而言，证券交易所所在地的中级人民法院或者专门人民法院为上海金融法院、深圳市中级人民法院，而其他全国性证券交易场所所在地的中级人民法院或者专门人民法院则包括：全国中小企业股份转让系统所在地北京西城区对应的北京市第二中级人民法院。形成两类司法管辖制度，即普通代表人诉讼的专属管辖与特殊代表人诉讼的交易场所所在地法院的专门管辖。

（四）普通代表人诉讼启动的条件

启动普通代表人诉讼程序，应有三个条件，即原告一方人数十人以上，二至五名拟任代表人，提交证券侵权事实的初步证据。但关键是代表人的拟任资质，亦有四条，即自愿、相当比例的利益诉求份额、本人或者其委托诉讼代理人具备一定的诉讼能力和专业经验、忠实勤勉履职。四条指标中"相当比例的利益诉求份额"，刚中带柔，得由法院审查确定，司法解释没有作具体规定。在美国，《私人证券诉讼改革法》规定，法官从原告中选任代表人，必须是与诉讼存在巨大经济利益联系、能够妥善履职、最能够代表登记原告利益的原告，法官一般将所购股份总股数、所持股份净股数、花费的净资金、造成的净损失等四个指标作为选任的主要标准。

（五）代表人诉讼立案的依据

司法解释相较于最高人民法院 2003 年制定的《关于审理证券市场因虚假陈述引发的民事赔偿案件的若干规定》证据范围扩大，表明可诉的上市公司及相关责任人范围会大幅扩大、数量会大幅增加，而"证明证券侵权事实的初步证据"的提法，表明虚假陈述民事赔偿司法解释只规定行政处罚决定、刑事裁判文书作为前置条件的限定，实际上可不再适用。从《九民纪要》"重大性要件的认定"的肯定式表述，到最高人民法院《全国法院审理债券纠纷案件座谈会纪要》的否定式表述（"欺诈发行、虚假陈述行为人以债券持有人、债券投资者主张的欺诈发行、虚假陈述行为未经有关机关行政处罚或者生效刑事裁判文书认定为由请求不予受理或者驳回起诉的，人民法院不予支持"），到这次《关于证券纠纷代表人诉讼若干问题的规定》第五条"证明证券侵权事实的初步证据"，表明施行了 18 年的 2003 年《关于审理证券市场因虚假陈述引发的民事赔偿案件的若干规定》的修订已在路上，而取消前置条件的限制，转而使用"证明证券侵权事实的初步证据"和"重大性要件的认定"，应是新司法解释的题中之义。对普通代表人诉讼程序的形成、公告、登记、审核、加入、退出、调解、专家证人等事项，司法解释都作了明确规定。

（六）诉讼代表人选任方式

宋律师认为，司法解释规定的一人一票制有时不能充分反映诉讼原告整体的最大利益，实际上，采取依原告人数选任与依揭露日所持股份净股数选任相结合的累积投票制或许更妥。

（七）代表人诉讼判决的扩张力

司法解释第二十三条和最高法院民事诉讼法解释第八十条，同示范诉讼的思路与规制一致，体现了代表人诉讼及其判决的扩张力。

（八）特别代表人诉讼程序的规定

特别代表人诉讼程序是指，根据《民诉法》第五十四条第一款、《证券法》第九十五条第二款的规定发布权利登记公告的，投资者保护机构在公告期间受五十名以上权利人的特别授权，可以作为代表人参加诉讼。对于特别代表人诉讼程序的形成、公告、登记、审核、加入、退出等事项，司法解释也都作了明确规定。但司法解释没有涉及投资者保护机构主动发起特别代表人诉讼程序与方式的问题，也没有论及普通代表人诉讼程序转向特别代表人诉讼程序的条件与标准（含是否要经最高人民法院批准）。投保机构参与特别代表人诉讼程序有两种，即人数不确定的代表人诉讼产生后，法院公告而加入的"被动式"，受托于50名投资者主动发起的"主动式"，如仅限于"被动式"，这表明最高人民法院对投保机构的主动发起行为仍为审慎探索态度，这与中国证监会要求的"试点诉讼，积累经验"是一致的。

（九）关于诉讼受理费

宋律师提出，特别代表人诉讼中，证监会文件并未涉及投资者保护结果败诉的诉讼费承担问题。是否应该减交和免交？还是投保机构动用资本金？理论上败诉的可能性是存在的，应及时填补此空白。

六、证券公益诉讼

最后一位主讲人北京师范大学法学院教授袁达松主要就证券公益诉讼进行了精彩

的演讲。袁达松教授认为公益是一种公与私的相对性的表述，为他人是公益，为自己是私益。代表人诉讼从被代表方角度来讲也是一种公益。

首先，袁达松教授指出，一方面，由于公共利益本身的模糊性和不确定性等固有弊端；另一方面，证券法实践中本土资源的局限、证券法规范多元的影响以及证券法形式理性不足等因素，在现行证券相关法制下，公共利益保护存在立法保护不足、程序保障缺失以及传统救济模式局限等方面的限制。袁达松教授认为广义上的证券公益包括金融市场公益、证券行业公益等狭义上的证券公益以及相关国家公益、社会公益和市场公益等。对于证券业市场中最为重要的不特定公众投资者权益在证券公益和其他公益中有所交叉，更要给予全面的保护。

随后，袁达松教授重点介绍了国家公益、社会公益、市场公益和证券行业公益等其他公益的类型及特点。袁达松教授认为国家公益主要体现在经济安全和金融安全方面。经济安全是社会公共利益在证券市场中的重要内容，经济安全可以从微观和宏观两种角度来理解。作为国家公益的经济安全即国家经济整体安全，是指国家经济的稳定、健康、可持续发展的协调状态。一方面，在总体上它表现为社会需要和社会经济发展之间的一种适应与满足的关系；另一方面，其具体表现为证券市场中的多重因素和多种力量的多种促进、多元互补的合理关系。金融安全是经济安全的核心，它作为现代经济的核心，对整个国家经济的稳定和发展至关重要，一国金融安全与国家安全紧密相关。

社会公益，因为社会有时候包括国家，但与国家政府相对应的时候是特定的领域，所以广义上包括一切公益，但狭义上可以分解为主要包括劳动与社会保障权益、环境和资源保护、反种族歧视和灭绝人类法和反腐败等社会法意义上的公益。市场公益是实现证券公益的基本要求之一，也是维护证券市场公共利益的集中体现。社会经济秩序是公平的竞争秩序。维护公平竞争，是证券市场规制法的基本理念。任何经济市场的法律都是以维护公平的市场竞争为出发点和归宿点。因此，必须维护竞争秩序的安全性、有效性。

证券行业公益，主要体现在提高上市公司的治理水平，维持证券行业的公正和秩序，建立完全竞争的行业秩序，避免垄断，增强证券投资者对证券行业及市场的投资自信心，使证券行业健康稳定发展。另外，国家公益、社会公益和市场公益的维护可能会影响证券行业公益的保护，不同类型公益的保护存在冲突与平衡的问题。

最后，袁达松教授总结道，对于证券资本市场，要协调资本决和人数决的矛盾，考虑行政与法律的效率，因此对于不同的公益类型及其相互关系，有必要设计出维护和实现相对应的责任机制，引进证券公益诉讼这一社会化程序法理念，用合理的程序平衡相关证券公益的保护，于法院而言，证券公益诉讼任重而道远。

七、特别代表人诉讼制度的探索与投资者保护机构的定位

讲座进入与谈环节，浙江大学光华法学院教授霍海红对几位主讲人的观点作了简要的总结，并提出自己对证券纠纷代表人诉讼新制度的几点看法。

首先，霍教授肯定了《最高人民法院关于证券纠纷代表人诉讼若干问题的规定》的两个意义：一是落实了《民诉法》的代表人诉讼制度和《证券法》第九十五条尤其是第三款规定；二是解决了代表人诉讼中权利登记和代表人推选的难题，如权利登记增加了默示加入方式，并依托电子信息平台进行，代表人推选采用诉前确定和诉后推选相结合的制度等。

其次，霍教授提出了两个值得进一步关注的问题。第一，制度的突破与保守并存。《证券法》第九十五条和新司法解释的特别代表人诉讼突破了《民诉法》规定的所谓普通代表人诉讼，但这种突破可能基于探索和求稳的心态，仍体现出一定的保守性，如投资者保护机构，即使受50名投资者委托也不能直接提起诉讼，只能加入已经提起的普通代表人诉讼，以迂回方式实现。特别代表人诉讼与普通代表人诉讼的区分有限，可能使得特别代表人诉讼无法形成更有效率的规则，比如在上诉问题上不得不复杂化。第二，对投资者保护机构的定位和对特别代表人诉讼的期待问题。我们究竟是希望特别代表人诉讼成为解决证券纠纷的"主力军"还是仅仅成为"补充"？我们究竟是希望投资者保护机构"全面"发挥作用，还是仅期待其在"个别"案件中发挥作用？定位和期待不一样，我们对新制度的理解与评价也会不同。

讲座进入尾声，李有星教授对各位嘉宾的发言表示感谢，并总结陈词。李有星教授表示，各位嘉宾对于最高法的司法解释都持肯定态度，其有效改善了过去代表人诉讼无法落实的局面，并且在制度设计上作出了精细化考量，具有里程碑意义。但是，在程序上，就成本和效率的选择还有不同的想法和声音，还可以吸收实践中的经验。对于特别代表人诉讼，也有不同的观点，但不论如何，在未来，代表人诉讼案件数量会有增长，诉讼也更为便利，投资人保护机构也会发挥相应的作用。此外，若按此司法解释，则被告将承担更大的压力，对于虚假陈述等行为也有更强的震慑力。

最后，与会嘉宾也发表了各自对于证券诉讼制度的展望。

夏戴乐教授认为，因为我国对于证券集团诉讼的门槛较高，诉讼程序也更复杂，便利性程度较低，因此并不担心滥诉问题，而是担心投服中心能否全力推行该制度。

单素华庭长认为，在证券代表人诉讼的实务中，律师能发挥一个主力军的作用，此外，在代表人诉讼制度设计过程中，需要给代理律师一定的激励机制，来推动制度落实。一方面，我们要严惩侵权责任主体，另一方面也要加强损失赔偿的精准度和科学性。

余晟庭长认为，第一，代表人诉讼制度便利了投资者，也为律所带来业务，行政处罚和刑事判决前置的规则也有了突破；第二，对于法院而言，需要尽快掌握并应用规则，发现存在的问题，寻求上级法院的指导；第三，对于上市公司而言，代表人诉讼制度有警示作用，可以进一步规范上市公司；第四，对于投服中心等组织而言，则负担了更重的义务。

秦拓法官赞成嘉宾们的发言，提出对于程序效力和价值问题的重视，并预测未来相关案例将会激增。针对霍海红教授提出的供给不足的问题，秦拓法官认为，可以参照破产管理人制度，向律师购买服务，鼓励律师参与活动。宋一欣律师指出，第一，就律师行业而言，对特别代表人诉讼并不担心，因为大量的案件还是通过普通代表人诉讼进行；第二，担心律所难以承担数量庞大的证券诉讼案件。

　　袁达松教授认为，司法解释是一个赋权的规则，需要解决资本决和人数决的矛盾。袁达松教授建议，一方面赋予投保机构权力，另一方面也可以赋予消费者权益保护机构相应权力。

　　霍海红教授认为，司法解释为民诉学者的研究提供了新的素材，因为我们仍处于探索阶段，在程序上需要求稳，在未来，通过诉讼实践，可能还会逐步调整规则来体现程序自身的价值。

第十七期　中美家族信托、财富传承与法律风险

2020 年 8 月 9 日 18：30，由中国法学会证券法学研究会副会长、浙江大学互联网金融研究院副院长、浙江大学光华法学院李有星教授主持的"中国法学会证券法学研究会瑞幸咖啡案例研究（第十七期）：中美家族信托、财富传承与法律风险"讲座在胜数直播"小鹅通"上顺利召开。本次讲座的主讲人为：浙江大学城市学院法学院教授、慧众中国信托资管法治论坛召集人谭立，南开大学法学院教授、京都家族信托法律事务中心首席专家韩良，盈科全国家族信托中心主任兼首席律师、米兰贝拉家族办公室联合创始人李魏，浙江大学城市学院法学院博士、浙江省金融法学研究会副秘书长陈飞，与谈人为西北政法大学经济法学院教授、中国法学会银行法学研究会副会长强力。讲座共有两千多人参与直播和互动，获得了良好的反响。本次活动由中国法学会证券法学研究会、浙江省法学会金融法学研究会、浙江大学互联网金融研究院、浙江省前景大数据金融风险防控研究中心、浙江互联网金融联合会、杭州胜数研创等支持完成。

会议伊始，李有星教授对于本次选题背景进行介绍并对与会嘉宾表示热烈欢迎。李有星教授将信托的作用归结为以下五点：（1）避开所有权纠结：信托期间无所有权，所有权、收益权和管理处分权分离；（2）信托财产封闭独立：财产自身承担利益和损失；（3）避债功能：防止经营失败导致倾家荡产；（4）避税功能：避开权益过户的税费；（5）死人控制活人行为：利用受益权激励、约束人们的行为。

李有星教授指出 VIE 跨境上市公司存在家族信托，其目的是稳定股权和规避债务风险。作为海外上市"标配"的股权家族信托在此发挥的主要作用是成为一个稳定的股权持股平台，避免因创始人离婚或死亡造成的股份分割或继承，从而保证上市公司股权结构的稳定。大股东夫妻之间对上市公司股权各种利益的分配和制约、对子女及后代的掌控和安排，出现夫妻分道扬镳或分家接管的时候都可以在信托框架下操作。而且股权信托也方便统一管理处分股权，比如质押、转让、减持等。

根据瑞幸咖啡上市注册文件，陆正耀通过陆氏家族信托实际持有上市公司 30.53% 的股份，创始人及 CEO 钱治亚最终通过实益持有 19.68% 的股份。根据高盛的文件披露，瑞幸咖啡的股东 Haode Investment Inc. 作为借款人的 5.18 亿美元保证金贷款融资发生违约。此后，由贷款人组成的银团，指示受托人瑞士信贷银行新加坡分行对担保物行使担保权。瑞幸咖啡的部分股权被用来质押担保该笔融资，其中包括受"钱氏家族信托"控制的实体额外质押的股票。该笔贷款的借款人 Haode Investment Inc. 由"陆氏家族信托"控制。其中附有保证金贷款安排"对陆正耀及其配偶有完全追索权"。作为此次债务的保证人，可能就需要用个人及家庭财产偿还 5.18 亿美元债务。值得注意的是，瑞幸咖啡若对外欠债，原则上由瑞幸咖啡自己还债，在特殊情况下股东才会被追责。保证金贷款安排则构成其中的特殊情况。

总而言之，设置家族信托旨在资产隔离、税务筹划、资产保护、隐私保护、财富传承等。其中的资产隔离是指个人资产与公司资产有明确区分，从而在发生企业家破产、婚姻破裂等变化时，家族信托资产不会被追偿。但这一切的前提是不存在欺诈、洗钱等违法行为。若上市公司先是被集体诉讼，后经营不善，最终破产，在这种案例当中，信托是否能起到财产隔离与保护的作用在于其合规性，而对于合规的界定取决于诸如信托计划的设立时点、设立时的资产和负债状况、信托计划的管辖法律等条件。

李有星教授总结本次会议达成的以下几点共识：（1）信托业在我国未来发展势头良好，是精神财富和物质财富的传承；（2）我国信托业法律制度的建设以及公众认知仍有很大的短板；（3）学术界以及立法对于信托设立目的的研究仍有很大不足；（4）受托人的行为对信托目的的实现有很大的关联。会议以与会嘉宾对未来信托业的美好展望结束。

一、海外家族信托的功能、架构、制度成因及法律问题

讲座的第一部分由浙江大学城市学院法学院教授、财税金融法研究中心主任、慧

众中国信托资管法治论坛召集人谭立以"海外家族信托的功能、架构、制度成因及法律问题"为题，就家族信托的含义与分类，家族信托的基本观念、突出的特点与功能优势，海外（上市公司）家族信托的一般架构和特征，家族信托面临的税法问题与解决对策等内容作了精彩的分享。

谭教授详细讲解了家族信托的含义与分类。许多人认为，家族信托就是指富豪家族或者高净值人群的信托。谭教授认为，从信托的起源与目的来看，这样的观点存在较大的问题。因此，首先有必要对家族信托的含义予以明确：家族信托是以家庭或家族财产的保护、管理与传承为主要目的，以家庭或家族成员为主要受益人的信托活动。其内核要素是以家庭成员为委托人设立，以其家庭或家族成员为主要受益人。换言之，家族信托关系是以家庭或家族成员为主要当事人的信托关系。

同时，家族信托具有两个通常要素：一是具有财产代际传承的目的和功能；二是信托结构和内容定制化。银保监会关于家族信托的定义如下："家族信托是指信托公司接受单一个人或者家庭的委托，以家庭财富的保护、传承和管理为主要信托目的，提供产业规划、风险隔离、资产配置、子女教育、家族治理、公益（慈善）事业等定制化事务管理和金融服务的信托业务。"谭教授认为该定义存在一些问题，比如家庭作为委托人不适格，信托财产数额起点过高，受益人未必包括委托人等。谭教授随后提到，根据不同的标准，家族信托可以分为普通家族信托与高端家族信托，机构受托人信托与个人受托人信托，离岸家族信托与在岸家族信托。谭教授详细解读了离岸与在岸家族信托的区别，包括受托人不同与司法环境不同。离岸家族信托的优势在于受离岸地立法保护，并往往有税收优惠。而面临的法律风险则主要包括陌生域外法律制度的误解以及国内的外汇管制、税收征管影响等。

谭教授认为，家族信托应树立六个正确的基本观念：一是以家庭为中心，进行代际财产传承与管理；二是以财产安全和妥善传承为宗旨，具有长期性；三是属于民事信托为主的混合型信托，其功能具有多样性；四是以定制化为特色，一般属于非标准化产品；五是家族信托可以很简单，也可以很复杂；六是家族信托是家族财富传承的最优选方式。

随后，谭教授强调，家族信托具有突出的特点与功能优势：一是财产的安全性（财产保护与风险隔离）。集中体现在信托财产具有独立性，独立于受托人的自有或固有财产，也独立于委托人、受益人的自有财产及其他信托财产。此为信托最为独特的功能和优势，是信托最大价值所在。二是财产管理及其定制性。家族信托将财产交给信托公司等专业机构和人员去管理，其承担信义义务，专业性和责任性很强。同时，家族信托根据委托人的需要和具体情况量身打造，提供个性化的优质服务。三是财产传承及其经济性。家族信托的突出功能在于财产传承，且具有成本低、效率高的经济性。

其经济性主要是指，可以规避高额的遗产税及赠与税，同时信托设立过程方便快捷，可以节约时间与操作费用。四是具有隐私保护、家族治理、子女教育与创业、防止挥霍浪费等其他功能。

接着，谭教授介绍了海外家族信托的架构及制度成因。家族信托基本法律构造涉及的主体包括委托人、受托人、受益人、保护人与第三人等。理解信托的基本法律构造最重要的是将内部法律关系与外部法律关系区分开来。谭教授举了特朗普设立"盲目信托"（Blind Trust）的例子，并深入分析了瑞幸咖啡的股权信托结构，包括陆氏家族信托和钱氏家族信托的基本结构。同时还介绍了英飞拓刘氏家族信托、小米雷氏家族信托、安踏家族信托等几个典型的海外家族信托的架构。谭教授从中总结了海外（上市公司）家族信托的一般架构和特征，主要是在海外离岸地设立控股公司，具有多层结构（一般三层以上），为加强控制有时将股权分为 A、B 两类，通过 VIE 结构将经营实体纳入控股公司体系之内，将控股公司股权作为信托财产以构建家族信托，一般设立保护人来监督制衡受托人，有时设立自己专门的私人信托公司作为受托人负责家族财富管理，以及一般上市前设立家族信托并使之成为上市公司顶层财产权结构安排等。海外家族信托的制度成因主要包括节税等经济优惠，合理配置资产以降低风险，海外离岸地信托制度较为成熟，以及为海外上市提供便利等。

最后，谭教授就家族信托面临的税法问题与解决对策提出了自己的见解。谭教授首先提到了国家间关于税收信息的共同申报准则（Common Reporting Standard，CRS，又称统一报告标准）。由经济合作与发展组织（OECD）提出，旨在推动国与国之间税务信息交换，其信息交换的内容包括海外机构账户、资产信息与个人信息等，其宗旨在于打击利用跨境金融账户逃避税行为。中国第二批加入 CRS，同时开曼群岛和 BVI（开曼、BVI 是世界著名的老牌离岸公司注册地，受全球投资人士青睐）均已加入 CRS 信息交换机制，并且从 2018 年 9 月就已经开始按照 CRS 机制与中国进行信息交换。由于震惊全球的"黑天鹅事件"，富人利用免税离岸壳公司避税问题引发全球愤慨。受到欧盟的压力，上述两地于 2018 年底开始先后发布经济实质法案，要求在当地注册成立的从事"相关活动"的"相关实体"应当满足有关经济实质要求。所在地的公司该项审查必须通过，否则将遭重罚甚至被注销，法人可被判 5 年监禁。同时，相关实体的信息也将交换给最终受益人所在的税务主管机关。这是对海外家族信托的一个重要影响因素。

从中国的情况来看，家族信托的税收与税法问题主要表现为：主体客体不明，税目税率不明，纳税环节不明，征税法规不明，税制竞争劣势等问题。其后果是，导致财产向境外转移，房地产信托等非金钱信托难以展开，进一步使境内家族信托受阻，而离岸家族信托兴盛。在此基础上，谭教授将信托税制与投资税制进行了比较，认为凡是投资不征税的，信托必然不征税；凡是投资征税的，信托未必要征税。同时，他认为应当以证券投资基金作为我国信托税制的样本进行相关的分析和改进。最后，谭教授就我国信托税制改革提出了基本设想：一是信托设立无税或轻税；二是受托人不纳税；三是信托收益及时纳税，一年一清；四是立即展开试点，公益信托全面展开，民事信托择地先试；五是启动信托税制立法，分别修改相关税法规定；六是尽快进行与税制改革相关规定的配套改革。

二、委托人保留信托控制权的风险与防范

讲座的第二位主讲人是南开大学法学院教授、京都家族信托法律事务中心的首席专家韩良，韩良教授主要从委托人对信托保留控制权导致的风险以及防范两个方面进行深入的分析。

对于委托人对信托保留控制权的原因，韩教授主要从两个方面进行了阐释。第一，在理论方面，《民法典》的颁布，标志我国的民法体系已经成熟，我们应该重新分析民法与信托法的关系。《中华人民共和国信托法》（以下简称《信托法》）中带有很多当时民法的烙印，如受民法"一物一权"的影响，《信托法》第二条模糊了信托财产的所有权，赋予了委托人过多的权利，信托与代理很难区分，将信托看作合同，为委托人在信托合同里保留过多的控制权打开了方便之门。第二，在实务方面，主要有几个原因：一是境内信托公司长期作为金融创新的通道，特别在资管领域，银信合作、银证信合作，信托公司处于消极的通道地位。二是我国缺少信托的文化，一定量资金交给信托公司进行打理，以前信托公司有金融机构的背书，刚性兑付作为担保，高净值客户是认可的。如果是股权信托和资金量较大的信托，委托人是不放心受托人进行管理的。三是受托人对股权信托缺乏专业知识，害怕承担不尽职的信托责任。

委托人对信托保留控制权导致的风险，韩教授主要从两个方面进行了阐释。第一，委托人保留过度控制权导致"虚假信托",在英美法系,"虚假信托"在实践中具体表现为:一是保留干涉受托人管理处分信托财产的权利。二是保留对信托剩余财产分配的处置权。如 Burn v. Turnbull 案,由于委托人可以随意发出指令,指使受托人进行信托财产管理和投资,并且有权任命新的受托人,具有随时可以撤销信托、修改信托的权利。本案中的委托人为了控制信托,为自己保留了信托中绝大多数的权利,最终法院判决该信托是虚假信托,是无效的。第二,导致信托财产独立性被穿透风险。独立性被穿透之后,产生委托人的债权人对信托财产追偿的法律后果,以及由委托人纳税的后果。

现在境外对委托人保留过渡的控制权的立法也在发生变化。英国认为一旦委托人设立信托之后就应当从信托中退出,由受托人进行管理。但是,现在很多的离岸地国家和地区出于商务的考虑,纷纷扩大委托人保留的控制权。比如,我国的香港地区,在2013年公布的新的受托人法案中规定了委托人可以保留投资的权利以及管理的职能。

针对我国对于委托人保留控制权的法律规定,韩教授主要从四个方面进行了解析:一是我国《信托法》并没有明确的规定,但赋予了我国的委托人可以更换受托人以及改变信托财产的管理方法等权利。二是《关于规范金融机构资产管理业务的指导意见》(以下简称"资管新规")第二十二条规定,金融机构不得为其他金融机构的资产管理产品提供规避投资范围、杠杆约束等监管要求的通道服务。三是《九民纪要》第九十三条规定,当事人在信托文件中约定,委托人自主决定信托设立、信托财产运用对象,信托财产管理运用处分方式等事宜,自行承担信托资产的风险管理责任和相应风险损失,受托人仅提供必要的事务协助或服务,不承担主动管理职责的,应当认定为通道业务。通道业务的后果在《九民纪要》中没有明确规定,主要是遵从"资管新规"的规定。四是《民法典》第一百五十四条规定,行为人与相对人恶意串通,损害他人合法权益的民事法律行为无效。如果不是恶意串通,仅仅是通道业务,是否会认定为无效或者代理关系?民法典没有明确说明,韩教授认为可以根据《九民纪要》关于通道业务的规定,信托财产不具有独立性,作为信托当事人的债权人可以追及该财产,《九民纪要》关于通道业务定义的重要性非常大。

委托人对信托保留控制权风险的防控,韩教授主要列举了四个防控措施。

第一,设立信托的保护人。鉴于《信托法》只对公益信托设立了监察人,而对民事信托或者家族信托没有提及,因此,把《信托法》规定的委托人权利授予信托保护人,将来信托业务不会被视为通道或者仅仅是代理的关系,比如赋予保护人要求受托人调整信托财产管理方法的权利、对不当信托行为的撤销权等。

第二,设立不可撤销信托。不可撤销信托在《信托法》中没有被提及,在信托实务中参照美国的做法,引入了不可撤销信托。在美国,如果被认为是委托人信托的话,信托可以被撤销，财产的独立性以及税收上都可能遭受不利的后果。

第三，设立离岸股权信托。主要有两种手段：一是境内上市公司的离岸架构。在开曼有上市主体，上市主体下面会设几层的架构，最多达到四五层，比如在 BVI 设立相应的公司、员工的持股平台、投资平台等，下面设相应的离岸公司控股中国香港的公司，中国香港公司再持有境内的控股公司股权，境内控股公司通过 VIE 架构控制境内的公司，这样就完成了上市的架构安排。韩教授具体列举了潘石屹和张欣夫妇离岸股权信托以及瑞幸公司的家族信托进行说明。二是离岸私人信托公司架构。私人信托公司的架构主要针对不上市的家族公司。委托人自己在 BVI 和开曼都可以设立私人信托公司。家族企业的股权类资产可以委托私人信托公司作为受托人，私人信托公司董事可以由家族成员或者是核心高管担任。其有几个特点：（1）从控制权的角度来讲，不是委托人自己控制，而是由 PTC 董事控制公司；（2）私人信托公司通过持有家族企业控股公司的股权，对整个家族企业进行决策；（3）PTC 公司的股权可以设立目的信托，如依据 BVI 的 VISTA 法案由持牌信托公司持有 PTC 公司的股权；（4）信托财产的投资等事项也可以任命投资顾问负责。

第四，境内设立有限合伙股权信托。现在境内由于信托登记的问题，股权信托、不动产信托不能直接设立，实践上采取先设立一个资金信托，然后将股权或者合伙份额"装到"信托里，这样会产生较大的税收成本，但对于一些刚建立的公司还没有产生税收的话是可以的。然后设立有限合伙，将有限合伙里的有限合伙人（LP）"装入"信托公司，现在信托公司的风控很严格，因此基本上不接受股权直接"装到"信托的方式。普通合伙人（GP）由委托人指定或者信任的公司担任，委托人不直接进行控制和管理，应该说解决了将来信托被认为是代理或者是被认为通道的法律问题。

三、中美家族信托的立法和实践

讲座的第三位主讲人，盈科全国家族信托中心主任兼首席律师、米兰贝拉家族办公室联合创始人李魏就中美信托的立法和实践为我们带来了精彩的演讲。

首先，李律师指出国内家族信托不是法律概念。2001 年 10 月 1 日颁布实施的《信托法》第三条将信托分成三类：民事信托、营业信托和公益信托。《中华人民共和国慈善法》出台之后多了慈善信托，归类于公益信托。也就是说私益里只有民事信托和营业信托两种，并没有家族信托的概念。多年以来，民事信托和营业信托的概念非常模糊，在司法实践中容易混淆。《九民纪要》中第八十八条专门对营业信托进行了非常明确的界定。信托公司根据法律法规以及金融监督管理部门的监管规定，以取得信托报酬为目的，接受委托人的委托，以受托人身份处理信托事务的经营行为属于营业信托。由此产生的信托当事人争执纠纷为营业信托纠纷。中国银保监会信托部 2018 年的 37 号文首次以正规文件的形式对家族信托作出了概念性规定，37 号文是银保监会信托部对金融信托机构监管过程中形成的业务指导性文件，信托公司按照 37 号文规定开展家族信托业务，可以不受"资管新规"的投资限制，并非对家族信托立法。家族信托本身是一种服务产品类型，从法律性质来划分，可以分为民事性家族信托和营业性家族信托。如果信托公司担任受托人以取得信托报酬为目的，以经营的形式为不特定的人提供服务，而且以信托公司为主导，归类于营业性家族信托。如果不以取得信托报酬为目的，主要是普通自然人之间的互助形式，以律师做主导安排，归类于民事性家族信托。

其次，李律师分析了家族信托在财产保护传承过程中的先天优势。家族信托最大的特点是资产的独立性，在信托存续期间不属于任何人的财产。《九民纪要》第九十五条再次强调，信托财产在信托存续期间独立于委托人、受托人、受益人各自的固有财产。国内家族信托具有海外信托的基本功能，在放心藏富、人身安全、税务减免、债务隔离、幼儿保障、老人赡养、员工忠诚、无惧婚变、家族永传等方面与传统财富管理手段相比具有明显优势。常用的财富管理法律工具有代持、婚前协议、赠与、遗嘱、人寿保险等。①代持是最常见的资产的保密或者是避险工具，但代持与家族信托相比，除了代持人道德风险，也容易产生代持人的债务风险、婚姻风险和继承风险；②婚前协议伤面子、伤感情，缺乏安全感，婚后财产混同会减弱婚前财产协议的效果，难以对抗婚内的债务和法定的继承；③赠与适用于小额资产赠与。对于大额附条件的赠与及家族企业交班式赠与，通过家族信托能够实现进退自如；④遗嘱在身后生效，容易产生纠纷，遗嘱稳定性、隐私性差，立遗嘱人容易被他人所控，不能解决遗产税及身后财产控制问题；⑤人寿保险仅限部分现金资产，因保险受益人的道德风险，多代传承功能较弱。

接着，李律师指出国内营业（家族）信托是主力军。营业（家族）信托发展空间很大，截至 2018 年末，在 68 家信托公司中，共有 36 家实质性地开展了家族信托业务，以资金信托为主，六年业务总规模约为 850 亿元，平均每年 140 亿元，相对于 200 万亿元的可投资资产及无法估算的天量私人财产规模，发展空间很大。但营业（家族）信托基于监管要求，挑战很大。在银保监会信托部的 37 号文监管下，信托公司要开展家族信托业务一定要遵循 37 号文，无论内容是否合理和完善。信托公司开展营业性家族信托业务面临着门槛高、委托人单一、受益人限家庭成员、费用高、财产类型受限和合规要求等多重挑战。

最后，李律师介绍了民事（家族）信托司法判例与实际应用。民事信托安全钱包法律服务产品是具有代表性的一种民事性家族信托法律架构安排，客户以 1 万元初始资金为起点，指定信任的亲友担任受托人，设立民事信托并开立指定的专用信托账户，客户可向指定账户无限追加资金，并根据自身的意愿指定受托人。因为《信托法》第二条规定，受托人依据委托人的意愿进行资产的管理处分，可以进行投资、置业、持股、分配、传承等财富保护传承和保值增值的安排。信托账户的资金和其他信托财产依法接受《信托法》的保护，方便灵活，科学适用，安排应用非常广泛，包括未来的债务隔离、婚前财产隔离、控制赠与财产以及代持的升级保护、私人投资委托以及隔代定向传承。李律师还介绍了若干民事信托安全钱包的适用案例，例如企业家通过安全钱包应对未来债务风险、单身人士通过安全钱包实现婚前财产保护等。

四、迷你家族信托：保险金信托——法律视域的财富传承"利器"

讲座最后一位主讲人是浙江大学城市学院法学院博士、浙江省金融法学研究会副秘书长陈飞。陈飞博士以"迷你家族信托：保险金信托——法律视域的财富传承'利器'"为题，对比传统传承方式，对保险金信托进行了详细的讲解。

首先，陈飞博士介绍了保险金信托，陈博士认为保险金信托是家族信托中最有前景的信托类别。原因有三：一是门槛低，家族信托最低门槛是1000万元人民币，但保险金信托只需要400万元就可以做成家族信托。二是标准化，现在一些信托公司推出了App专门出售保险金信托。三是几乎无法律障碍，不存在动产与不动产面临信托财产登记的法律障碍。

接着，陈飞博士对传统传承方式及其弊端进行了介绍。传统传承方式主要包括生前赠与、法定继承、遗嘱继承、遗赠等方式。传统传承方式在实践中存在无精神财富传承、无杠杆、被继承人债务风险、继承人债务风险、离婚风险、程序复杂、遗产税诸多弊端。

具体而言，第一，无精神财富的传承在以前是指物质财富的传承，是股权、动产、不动产、货币等物质财富的传承。随着精神财富的发展，精神层面的传承非常有意义，这是传统传承的一大弊端。第二，传统传承方式没有杠杆。第三，遗产继承的前提是债务的承继，在资不抵债时很可能使得继承人放弃继承。第四，继承人的债务风险，继承人很可能把上一辈传承下来的财富挥霍掉，上一辈失去了对财富的控制。第五，继承人的婚姻风险，因为如果没有特别指明的话，都会成为夫妻的共同财产。第六，传统的传承方式程序非常复杂。在实际办理财产继承过户之前还要办理继承权公证，继承权公证最大难点是继承人不配合，不愿意配合做继承权公证。第七，税收的问题，遗产税非常重。

传统的传承方式有非常多的弊端，陈飞博士进一步提出问题：是否存在更好的传承方式？有些新型的传承方式，比如保险工具、信托工具到底好不好？为什么保险和信托还可以做财富的传承？因为保险和信托都具有涉他性，在保险工具和信托工具中实现了财富的转移，通过合理的构造可以把保险和信托作为一个传承的工具。

随后，陈飞博士系统讲述了保险在财富传承中的优势和弊端。第一，没有精神财富传承的功能。虽然有的保险可以延期支付，比如等小孩 18 岁了再支付，等小孩到 30 岁再支付，但不能反映上一代的精神层面意志。第二，保险有杠杆功能。第三，被传承人的债务风险以及传承人的债务风险。陈博士以人寿保险为例，认为通过保险传承存在一定风险。第四，投保人的债务风险。浙江省出台了《浙江省高级人民法院关于加强和规范对被执行人拥有的人身保险产品财产利益执行的通知》，该通知提到保单的现金价值可以被强制执行，也就是说，投保人投保以前交的保费形成的现金价值，当发生债务风险的时候可能被法院强制执行。从该角度看，保险不但没有避债的功能，反而有缺陷。第五，婚姻风险。婚姻关系存续期间，夫妻一方作为被保险人，依据意外伤害保险合同，健康保险合同获得的具有人身性质的保险金，或者夫妻一方作为受益人，依据以死亡为给付条件的人寿保险合同获得的保险金为个人财产，但这也是有限制的，一定是以死亡为给付条件的人寿保单，除此之外都是共同财产。所以保险无论在债务还是婚姻风险防范方面的作用都非常有限。当然保险的优点也很明显，比如，具有杠杆效应，程序简单。受益人只要拿着保单就可以去保险公司拿钱，不需要问法定继承有没有其他人等，不需要继承权公证的手续就可以取钱，程序非常简单。其次保险金不存在遗产税问题。

根据分析保险金信托的优点和弊端，陈飞博士指出保险金信托是一种完美的财富传承工具。将钱交给信托公司，让信托公司作为投保人去买保险，信托公司自己作保单受益人，最终由委托人通过信托指定最终受益人，这样便实现了财富的安全传承。保单在债务与婚姻风险防范方面的弊端，恰好是信托在财富风险隔离方面的优势。陈飞博士最后强调保险金信托传承的是资金或者货币，动产、不动产的传承，保险金信托是无能为力的。

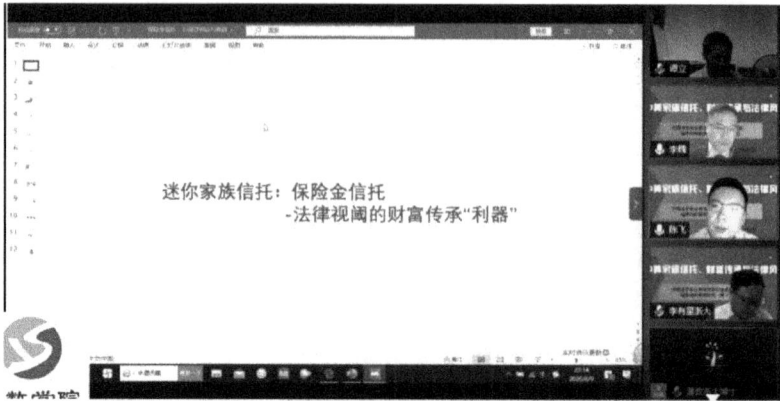

五、对家族信托法定地位的确立与相应风险防控的完善

本次讲座与谈人为西北政法大学经济法学院教授、中国法学会银行法学研究会副会长强力。强力教授首先高度赞誉李有星教授瑞幸咖啡系列讲座的精心策划、组织和精彩主持，对本期讲座安排可谓匠心独具，主讲嘉宾既有理论大家，又有实务专家；讲座内容既有域外家族信托构架规制，又有国内家族信托实践探索。接着，对四位主讲嘉宾的演讲给予了高度评价，逐一撷取其对国内外家族信托理论、实务、风险和法律规制的精辟见解，并对需要进一步深化的相关问题进行了讨论和回应。最后，强力教授对家族信托法律问题发表了自己的五点认识和意见。

第一点，充分认识家族信托的地位和作用。家族信托对现代经济社会发展的财富管理和传承具有非常重要的意义。从历史渊源上说，信托最早就是从家族信托开始的，中国信托行业发展轨迹的走向是要回归于此；家族信托不单是财富管理，其传承的价值意义更大；信托传承较之传统财产传承更附加了对精神财富的传承，只有家族信托能将家族的信念、理念连同财富一同传承下去。

第二点，确立家族信托的法定地位。当前家族信托法在我国并不是一个法律概念，不论是《信托法》还是监管部门诸如央行、银保监会都没有给家族信托一个完整的法定地位；考虑到已有私益信托与公益信托、民事信托和商事信托、资金信托和事务信托、单一信托和集合信托等对信托分类的法律概念，尚缺少家族信托，那么在上位法的《信托法》当中给予家族信托一席之地就显得尤为重要；当前《民法典》对遗嘱信托作出的响应也是不容忽视。因此，在监管层面及上位法层面给予家族信托一个完整的法律地位势在必行。

第三点，加快研究制定信托的税制问题。最早的信托公司与改革开放同龄，但是在营业信托的发展当中，信托税收一直是一个长期没有处理好的问题；想解决好信托税制问题，要充分研究运用"导管理论"，制定好相应的应用规则，建构良好的信托税法、税制。为此，学界应敦促立法机关和税务机关有更大的作为。

第四点，关于民事信托的风险防范。虽然我们有《信托法》及银保监会的支撑，但是民事信托风险防范方面还是显得有些薄弱；以家族信托为例，从委托人到受托人、咨询顾问，再到受益人，架构类似于阳光信托。其中有很多潜在的问题，包括整个民事信托当中怎么避免受托人和委托人的混同；另外，受托人聘请的咨询顾问法律地位怎么界定以及其权利义务靠什么规制；再有，家族信托当中的委托人的进一步扩大会有造成非法集资的法律风险问题。以上均是民事信托风险方面需要完善的地方。

第五点，关于信托财产交易风险问题。信托财产本身具有特定性和独立性，对于普通信托财产纠纷，一般涉及委托人、受托人和受益人，三者之间的关系按照《信托法》、原理法抑或是最高法的《九民纪要》是可以解决的；但是受托人以信托财产进行投资管理的过程当中必然会和相对人的财产发生交易，那么这个过程中的法律风险就需要特别关注。比如在现实中的回购交易，此时会赋予受托财产回购义务，法律风险随之而来，相对人、受托人的法律责任以及对受益人、委托人的影响是无法预测的；解决这一问题，要重新加强信托财产的特殊性、标识性、识别性，保证受托人管理信托财产所获收益与其面临的法律风险相匹配。

第十八期　中美投资者适当性、说明义务、举证责任与免责事由

2020年8月16日18:30，由中国法学会证券法学研究会副会长、浙江大学互联网金融研究院副院长、浙江大学光华法学院李有星教授主持的"中国法学会证券法学研究会瑞幸咖啡案例研究（第十八期）：中美投资者适当性、说明义务、举证责任与免责事由"讲座在胜数直播"小鹅通"上顺利召开。本次讲座的主讲人为：浙江大学光华法学院研究生康琼梅，上海交通大学助理研究员、法学博士朱翘楚，华东政法大学教授胡改蓉，北京交通大学法学院副教授李文华，与谈嘉宾为西南政法大学民商法学院教授曹兴权。讲座共有三千多人参与直播和互动，获得了良好的反响。本次活动由中国法学会证券法学研究会、浙江省法学会金融法学研究会、浙江大学互联网金融研究院、浙江省前景大数据金融风险防控研究中心、浙江互联网金融联合会、杭州胜数研创等支持完成。

会议伊始，李有星教授隆重介绍了与会嘉宾，并围绕本次讲座主题的选题背景展开了精彩的阐述。李有星教授从以下六个方面介绍了中美投资者适当性义务责任与免责制度的选题背景。

第一，回应现实问题。随着投资者保护力度的不断加强，投资者适当性义务的履行成为一种有效的保障措施，坚持"卖者尽责、买者自负"的逻辑统一。但在实践中，投资者的义务标准、责任范围幅度、举证责任和免责事由等存在难点，如由机构的失误导致的不适格投资者，其发生损失后如何采取补救措施，扩大的损失由谁承担等问题存在争议。

第二，《证券法》关于投资者保护的相关规定。《证券法》第八十八条是对证券领域投资者适当性的规定：证券公司向投资者销售证券、提供服务时，应当按照规定充分了解投资者的基本情况、财产状况、金融资产状况、投资知识和经验、专业能力

等相关信息；如实说明证券、服务的重要内容，充分揭示投资风险；销售、提供与投资者上述状况相匹配的证券、服务。投资者在购买证券或者接受服务时，应当按照证券公司明示的要求提供前款所列真实信息。拒绝提供或者未按照要求提供信息的，证券公司应当告知其后果，并按照规定拒绝向其销售证券、提供服务。证券公司违反第一款规定导致投资者损失的，应当承担相应的赔偿责任。《证券法》第八十九条对投资者作了分类：根据财产状况、金融资产状况、投资知识和经验、专业能力等因素，投资者可以分为普通投资者和专业投资者。专业投资者的标准由国务院证券监督管理机构规定。普通投资者与证券公司发生纠纷的，证券公司应当证明其行为符合法律、行政法规以及国务院证券监督管理机构的规定，不存在误导、欺诈等情形。证券公司不能证明的，应当承担相应的赔偿责任。

第三，《九民纪要》中的"五、关于金融消费者权益保护纠纷案件的审理"详细列举了关于投资者适当性保护方面的要求。首先是适当性义务，在推介、销售高风险等级金融产品和提供高风险等级金融服务领域，适当性义务的履行是"卖者尽责"的主要内容，也是"买者自负"的前提和基础。在法律适用上应以法律规定的基本原则和国务院发布的规范性文件作为主要依据，不与法律和行政法规相抵触的部门规章和规范性文件可以参照适用。其次是责任主体，金融产品发行人、销售者以及金融服务提供者都可以成为责任主体，遭受损失后，金融消费者可以请求其承担赔偿责任。关于举证责任分配，金融消费者应当对购买产品（或者接受服务）、遭受的损失等事实承担举证责任，卖方机构对其是否履行了适当性义务承担举证责任。然后是告知说明义务，人民法院应当根据产品、投资活动的风险和金融消费者的实际情况，综合理性人能够理解的客观标准和金融消费者能够理解的主观标准来确定卖方机构是否已经履行了告知说明义务。最后是免责事由的相关规定，卖方机构的免责事由是金融消费者故意提供虚假信息、拒绝听取卖方机构的建议等自身原因导致其购买产品或者接受服务不适当。

第四，瑞幸咖啡案件涉及很多中外投资者，其中中方投资者适当性问题如何理解和适用值得探讨。

第五，投资者适当性与金融消费者适当性的概念及区别。

第六，违反投资者适当性义务的机构能否补救，不适当的投资者能否自救，是否存在扩大损失的责任判断机制，以及赔偿的比例原则等问题，李有星教授通过提出上述的观点和问题抛砖引玉，希望在讨论后期能对这些问题得出结论。

一、投资者适当性制度的立法沿革和适用现状

讲座的第一位主讲人是来自浙江大学光华法学院的研究生康琼梅，康琼梅从投资者适当性制度的立法沿革、立法完善和适用现状三部分对该制度的框架作了详细的介绍。

康琼梅从中行原油宝事件引出，开始了演讲内容的第一部分，即投资者适当性制度的立法沿革。我国投资者适当性制度最早可以追溯到 2003 年的《证券公司客户资产管理业务试行办法》，其中第四十五条和第四十七条规定了相关内容。2007 年，在应对国际金融危机中，我国出于支持和鼓励金融创新的需要，学习和借鉴国外适当性义务规则立法，陆续在监管条例及创业板、股指期货等多种创新产品或服务规范中设置了适当性义务规则。比如《证券公司监督管理条例》明确了证券公司的投资者适当性义务。随后，各个板块及市场中出现了很多专门规定投资者适当性制度的法律文件，创业板、科创板、股票期权、债券、期货等金融市场都确立了投资者适当性制度，其应用非常广泛。2019 年新证券法和《九民纪要》的出台，再次成为投资者适当性制度重要的立法完善。

康琼梅认为在此次完善之前，该制度的立法有以下三个特点：一是规定散见于规制各大新兴市场和创新业务的法律文件中，制定主体往往是证监会、证券交易所或者有关部门；二是除少数法律外，适当性制度普遍适用的法律文件的法律效力过低，约束力有限；三是通过对法律文件的内容分析，对违反该制度的主体一般采取行政处罚措施，缺乏纠纷解决机制，尤其是赔偿责任的具体规则很少涉及，缺乏完备的惩罚机制。

第二部分是投资者适当制度的立法完善，即《证券法》和《九民纪要》对投资者适当性制度的完善。康琼梅从法律条文出发，经过横向和纵向对比，讲述了这次完善对投资者适当性制度的重要意义。《证券法》的规定是在第八十八条、第八十九条，对制度内容、举证责任、法定赔偿等进行明确规定，并将投资者分为专业投资者和普通投资者。《九民纪要》的规范范围与《证券法》有一定的差别，它确定了"卖者尽责、买者自负"的原则，并具体规定了适当性义务、法律适用规则、责任主体、举证责任分配、损失赔偿数额和免责事由。至此，康琼梅总结了投资者适当性的三个内容：了解投资者、告知风险以及将合适的产品推荐给合适的投资者。

经过此次完善，针对违反该义务的主体的责任可以分为行政责任和民事责任。行政责任是指交易所、证监会或者各地证监局对违反相关规定的卖方机构进行行政处罚，处罚的法律依据散见于上述所提到的各种法律文件中，比如《证券法》中规定的责令改正、给予警告、罚款，《证券期货投资者适当性管理办法》中规定的警告、罚款、市场禁入等等，康琼梅认为实践中行政处罚的法律规范较多，适用较广。民事责任的规定则相对较少，《证券法》首先确定了法定赔偿义务，《九民纪要》将具体规则和标准进行了规定。

最后一部分，康琼梅用实践的案例介绍了投资者适当制度的适用现状。首先在行政处罚方面，因为违反适当性义务被行政处罚的金融机构不在少数，因此被行政处罚的案例很多，比如江苏张家港农村商业银行被要求责令改正、光大证券上海仙霞路营业部被上海证监局开具罚单，并对负有直接责任的人员出具了警示函。在民事诉讼方面，因为投资者适当性义务进入法院审判的民事诉讼也不在少数，有法院支持卖方机构，即认为其履行了适当性义务的案例。比如：汤承娟诉平安银行股份有限公司大连西岗支行服务合同纠纷案和夏文旭诉东吴证券股份有限公司上海分公司证券投资基金交易纠纷案。也有认定卖方机构没有履行法定义务的案例，比如刘奇与民生银行股份有限公司合肥马鞍山路支行的合同纠纷案。通过对上述案例的分析，康琼梅认为裁判依据的适用、法律论证和民事赔偿数额都在不断变化，形成了不断完善的趋势，但与此同时，部分案例中仍出现了与现有立法规范不契合的地方，需要根据现有立法和《九民纪要》的思想进行法律解释和完善。

最后，康琼梅回应了开始的原油宝事件，认为中行在宣传产品时，并未充分告知移仓不能的法律后果，而且在风险评测环节，适用用户的风险等级被评测为平衡型产品而非进取型等高风险等级，与实际不符。因此，中行没有完全履行投资者适当性义务，应当向受损失的投资者赔偿。

二、违反适当性义务的民事责任

讲座的第二部分是由华东政法大学教授胡改蓉进行分享。胡教授以"违反适当性义务的民事责任"为题，主要从民事责任的性质探讨、归责原则与举证责任分配、责任认定和赔偿机制、免责事由几个方面进行了详细的论述。

通过文献梳理，胡教授认为违反适当性义务的民事责任主要有三种明显的观点差异：第一，认为这是缔约过失责任，且持这种观点的学者较多，《九民纪要》也持该观点。具体而言，因为各方当事人已进入缔约状态，此时产生了先合同义务，这种义务是源于诚实信用原则，违反这种先合同义务，将产生缔约过失责任。第二，认为这是违约责任。这里又有两种认识，其一认为后续的投资策略、投资方向应符合合同约定；其二是应持续关注金融产品和投资者信息的变化，在性质上后者又属于附随义务。但上述这些义务是否属于适当性义务的范畴，胡教授认为还可以进一步思考。第三，认为是侵权责任。这一观点也较为常见。侵权责任主要是违反法定义务，此次《证券法》修订已经明确将适当性义务规定为法定义务，而如果认为是侵权责任，胡教授认为其侵害的是投资者的知情权和公平交易权。在三种责任中，胡教授认为将违反适当性义务的民事责任认定为缔约过失责任更为合理。因为在侵权行为法下，往往要求的是不作为，因为通常不作为就不会侵权；但是在缔约过失责任中，由于各方当事人已经进入缔约状态，形成了高度的信赖关系，对于注意义务的要求自然就更高，不但是不作为，而且可能是必要的情况下的积极作为，比如协助、通知等，而适当性义务恰恰是对作为的要求。

关于归责原则和举证责任分配，胡教授认为判断举证责任该如何设定的时候，主要有这三点的考量：第一，举证难易要恰当。第二，与立法宗旨进行匹配。第三，能否在一定程度上保护弱者。基于这几个考虑，在违反适当性义务的配置中，用过错推定和举证责任倒置比较合理。就信息获取能力和专业技能来说，证券公司处于优势的地位，让其提供证据并不会增加其额外的负担，而投资者往往处于劣势，举证很难。而且适当性义务的本质是买者自负前提下的卖者尽责，两者是一个辩证关系，在信息弱势下，确实要对投资者进行倾斜性的保护。这是归责原则和举证责任在配置时倾向于投资者的设置。之后，胡教授提出了一个问题，即专业的投资者是否不适用投资者适当性制度？专业的投资者真的在举证能力上、在证据的提供力上确实比普通投资者容易吗？胡教授认为专业投资者虽然投资经验足、抗风险能力强，但这与举证能力的优劣并无直接关系。因此，从证据占有和证据的可能性和方便性上来讲，在案件审理时，或许还是应当考虑举证责任倒置，只是对金融机构的证明要求可以适度降低，允许其对专业投资者的投资知识、经验进行合理假设。

对于责任的认定和赔偿机制，胡教授认为适当性制度的目的，虽然在一定程度上是倾斜保护金融投资者，但实际上最终目的是实现金融机构与金融投资者之间的利益平衡，过度地保护并不合理，也会抑制金融创新。裁判的基本思路应该是，同时考量"金融机构违反适当性义务的行为"和"投资者自身未审慎判断"两个因素，按比例承担损失。而对于赔偿机制，应该原则上按照实际损失为限，在金融机构构成欺诈，且主观故意、过错严重的情况下，采用赔偿性惩罚措施。目前《九民纪要》对金融机构"欺诈"性违反适当性义务的赔偿规定，在一定程度上就体现了这种惩罚性赔偿的思路。就此，胡教授列举了平安银行的案例、建行与王翔的案件的裁判思路。

关于免责问题，胡教授提到免责的法理基础是防止对投资者的过度保护，要实现金融机构与投资者之间的利益平衡。具体表现在两个方面：第一是证券投资风险越大，适合参与投资的群体越小，根据适当性义务的要求应当披露的信息范围也越广泛，金融机构的职责就越重，这就会造成其运营成本提高、工作效率低，也会制约金融创新。第二是风险与收益成正比，在保护投资人不必承担与之能力不匹配的风险的同时，其实也限制了投资人参与获取高收益的金融交易的机会。

接着，胡教授认为应该确定免责的基本原则：一是金融机构能证明投资者对其并无"信赖"；二是金融机构能够证明投资者具有专业知识，不存在缔约中的不平等地位；三是金融机构能证明其不适当销售行为与投资者的损害间不具备因果关系。当上述条件满足时，基于投资者自我责任原则，因可归于投资者的原因导致金融机构无法履行适当性义务时，应免除其法律责任。

而对于免责的具体情形的考量，涉及以下四个方面。

第一，投资者基于各种原因拒绝提供相关的信息，应当认定为拒绝交易而不是免责。

第二，如果投资者提供了虚假信息，或者故意隐瞒金融机构要作出适当性推荐的关键信息。对于金融机构应当采用有条件的免责，即其尽到了必要的勤勉和审慎，并根据所得信息作出了合理、尽责的"适当性"匹配，方可免责。

第三，对于自愿承担高风险的投资者，主流观点是允许交易且免责。既然投资者适当性是在保护投资者，尤其是投资者的知情权和公平交易权，那么，作为一项权利，投资者当然可以自我放弃。但是仍有一部分观点认为，应该是拒绝交易。其主要原因是投资者适当性看上去是保护投资者的私权，但这个私权聚集起来的时候，可能保护的不是个人本位，而更倾向于社会本位，从整体来看可能会使得金融市场的风险集聚，进而影响金融市场的稳定。胡教授认为，从个人本位权利角度来看，权利自然可以放弃。但如果站在更高的社会角度来分析这个问题，基于社会本位的考虑，就不是风险自担的简单问题。

第四，对于专业投资者，是否应该豁免适用投资者适当性制度，还是说仅是保护程度不同？主张豁免适用的观点认为，专业投资者更为理性，有专业知识、专业经验，抗风险能力强，因此可以独立判断，再加上监管资源有限，所以，对专业投资者可以豁免适用。但从域外来看，在欧盟金融市场工具指令里，投资者分为零售客户和专业客户，在专业客户里又细分出专业能力更强的合格对手方，对于专业客户、合格对手方并非不保护，只是保护程度没有零售客户那么强。对此，胡教授也认为，不同类型的投资者都应该受到适当性制度的保护，当然，根据投资者专业性的能力不同，保护的力度和层次可能有所差异。

三、美国法下证券从业人员的责任义务

讲座的第三部分由上海交通大学助理研究员、法学博士朱翘楚以"美国法下证券从业人员的责任义务"为题，从美国证券从业人员类型划分、不同人员类型所适用的法律义务标准及比较、美国证券类案件争议解决方式、几个典型的证券从业人员责任义务法案具体内容等四个角度对美国法框架下证券从业人员的责任义务进行了详尽而富有见地的讲解。

首先，朱博士提到美国的证券从业人员类型主要可以划分为两类，即投资顾问（investment adviser）与证券经纪（broker-dealer），两者的区别主要从收费方式、持续监督义务、自我交易的规制等三个方面体现出来：收费方式方面，投资顾问主要以客户委托投资管理的财产为基准提供长期服务从而收取费用，而证券经纪主要以单笔的证券交易为基准收取一定的费用；持续监督义务方面，投资顾问有对投资管理的财产进行持续监督的义务，而证券经纪在交易后并没有对标的进行持续监督的义务；自我交易方面，美国法律对投资顾问的自我交易设置了严格的披露义务限制，而允许证券经纪进行自我交易。由于上述区别的存在，两类证券从业人员分别受不同的机构监管，所受到的法律规制也有所差别。投资顾问主要由美国证券交易委员会、各州政府监管，法律依据主要是美国《1940 年投资顾问法》（*Investment Adviser Act of 1940*）和各州的法律。证券经纪人主要由 SEC、美国金融监管局（FINRA）、州政府监管，法律依据主要是美国《1934 年证券交易法》（*Securities Exchange Act of 1934*）、金融监管局规则和各州的法律，值得注意的是金融监管局虽然带有"局"字，但它实际上是一个行业自治的平台和机构。

随后朱博士就两类证券从业人员的法律义务标准作了详细的讲解，首先是诚信义务原则（fiduciary duty），依据是 1940 年投资顾问法第 206 条，典型案例为 SEC v. Capital Gains Research Bureau. Inc. 375 U.S. 180（1963）。在该判例中美国最高法院指出，诚信义务原则和联邦国会立法意图一致，揭示了投资顾问和顾客之间存在类似于信托的责任义务，具体分为两部分：一是忠实义务，即不希望投资顾问和顾客之间存在利益冲突。二是注意义务。

除此之外，投资顾问法为了达成投资者保护的目的，还从其他的方式设定了这几个义务标准。具体来说，一是要持证上岗。二是广告的限制，包括不可以使用介绍信以及不可列出曾经的盈利交易。三是不能简单地列出建模公式而不提及其在适用上的局限性和限制性条件。四是不能发布错误的暗示，比如提供的分析报告属于免费服务。五是不能在广告上有不实陈述。另外还有指导义务，即投资顾问公司对下面有执照的投资顾问有管理监督的义务。六是要求保留交易记录。与投资顾问不同，证券经纪所受制的法律是证券法以及行业自治的规则，适当性原则来自行业自治规则，即全国证券交易协会规则 NASD2310 号。适当性原则即证券经纪向顾客推荐证券交易时必须要进行充分的调查，并且要基于适当的理由判断某一个交易的金融产品与客户的状况以及投资目的是否相符，相符才可以进行售卖。

适当性原则主要分为两个方面：一是了解客户，包括客户的财产状况以及为什么要进行投资，二是了解产品的构架与风险。在两个了解义务都已经完成之后，再去作售卖的判断。而根据相关案例，当证券经纪对于顾客理财账户有全权的管理权时，从本质上来讲已经不是证券经纪，而是投资顾问了，因此法律义务的标准也将从适当性原则提高到了诚信义务原则。其他责任则包括了要通过国家统一考试，内部的监管义务以及合规程序的建立等等。

关于美国证券类案件争议解决方式，投资顾问和证券经纪违反投资顾问法和行业规则时，除了行政上的处罚，比如 SEC 可以向其开出罚单，FINRA 行业协会也可以对其进行行业处罚，比如吊销执照。而当投资者和证券从业人员发生争议时，在美国最常用的解决方式是证券仲裁。

证券仲裁有四个最主要的特点，首先是程序上具有柔软性和机构自治性。这使得在仲裁时不需要去法院起诉，而是在自治机构平台进行仲裁。这两个特点导致投资者在想解决纠纷时并不需要服从联邦非常复杂的民事程序去讨论管辖的问题，可以非常高效和快速地达到争议解决的目的。其次是不需要严格依照现行法律，并极少受到司法审查。即便在法院不会被保护的情况下，在仲裁程序中依然可以获得很高额的补偿甚至赔偿，因此对投资者来说更有效。同时民事救济也有其缺点，如果投资者想去法院起诉证券从业人员，主要是利用两个法条：一是《1933 年证券法》12（a）（2）款，二是《1934 年证券交易法》10b 及 10b-5 款。这两个条款适用有非常大的难度。在民事救济比较困难的情况下，民事仲裁可以很好地填补空缺，可以起到保护投资者的作用。而这方面责任认定的具体法条之所以缺失，是因为美国的学者以及法官们担心，若责任非常容易认定，那么投资者可以在赔偿之后，以对方没有及时履行说明义务为由进行索赔，最终会把证券服务合同变成保险。赚了钱直接提现走人，如果赔了去法院起诉，这对证券行业甚至金融市场必然是有害的。

最后朱博士还详细介绍了 2008 年美国次贷危机发生之后在美国各界反思美国的金融治理制度所存在的问题的背景下出台的 2010 年《华尔街改革法案》（Dodd-Frank 改革法）。法案中有两条和报告主题息息相关，一是第 913 条，要求 SEC 在 6 个月内出具证券行业义务标准解释报告，报告目的之一是提高证券经纪的义务标准，希望把它从之前的适当性原则提高到诚信义务原则，主要目的是加强投资者保护。并且在报告的基础上制定详细的规定。二是第 921 条，要求 SEC 限制强制仲裁条款的应用。

在法案出台之后，2011 年 SEC 出具了 IA/BD 报告，梳理了投资顾问诚信义务的标准，主要是两个板块：一是忠实义务，即客户利益至上。二是注意义务，基于投资者的财务情况和理财目标作出最符合他的投资建议。同时，该改革法案出台之后最大的改变是关于证券经纪的适当性原则的解释，即 FINRA 规则第 2111 条。新法从三个角度解释了证券经纪的适当性义务：包括合理根据，客户定制原则以及量的适合性。适当性原则有一个例外规定，主要是针对客户定制的例外规定，针对机构投资者证券经纪可以履行客户定制的较低标准原则，甚至在某种情形下可以不按条文履行，同时针对特定顾客以及特定产品设定了特定注意义务的标准。

另外，还有值得我们注意的几点：第一，Dodd-Frank 改革法第 921 条要求 SEC 限制强制仲裁条款在行业中的应用，随后 SEC 进行了解释，如果顾客提出要使用强制仲裁条款时，证券公司一方不能拒绝，但证券公司一方不能提出强制仲裁条款的应用。第二，投资者适当性免责条款。法律明确禁止该条款的应用，但在实践中变得越来越模糊。第三，证券投资顾问和证券经纪义务标准差异。华尔街法案希望能提高证券经纪的义务标准，但该法案出来之后受到了实业界及学术界强烈的反对，理由是这样会把无法负担投资顾问费用的小额投资者拒之门外，这与证券市场发展目标相悖。针对上面的问题，其中一个解决办法是借助科技在证券市场的进一步应用，例如近期出现的一个由硅谷公司专门研发的 AI 投资顾问——Fin-Tech 投资顾问，类似的科技创新可以大大降低证券行业的收费标准。

四、美国投资者适当性监管的历史演变及其启示

讲座的第四部分由北京交通大学法学院副教授李文华围绕"美国投资者适当性监管"这一主题，着重介绍了其规则的历史演变过程，并在此基础上总结了对我国投资者适应性监管的启示。

关于美国投资者适当性监管的历史演变，李文华教授指出，美国现有的监管制度是历史发展演变的结果，而不是某个单一的主导型原则所引致的结果。具体来说，其规则的历史演变可以总结为十个重要阶段。

第一阶段，在大萧条以前，没有关于将证券销售给公众的人的行为标准，投资者自负（caveat emptor）为市场经济的基本法则。

第二阶段，在《1934 年证券交易法》通过之前，法院即根据信义原则（fiduciary principles）将注意和忠实义务施加到证券经纪人身上，原因在于经纪人是以代理人的身份实施经纪行为的。

第三阶段，为应对 1929 年证券市场大跌及其所导致的大萧条，罗斯福总统促成了《1933 年证券法》和《1934 年证券交易法》，国会和总统通过证券交易法设立了 SEC，并基于两部法律赋予 SEC 规则制定权（准立法权）、裁定权（法律监督和准司法权）和调查执行权，与此同时，也赋予自律组织（SRO）一线监管的权利（initial regulatory authority），即为创设和实施关于证券和经纪行业的规则和标准的权力，以发挥自律监管者的专业能力和因与证券市场的亲密接触而具备的更快的反应能力。值得注意的是，《1934 年证券交易法》仅仅赋予证券经纪人职业受托人（fiduciaries）或者代理人（agents）的身份，而不对其强制施加信义义务，因为立法者认为他们只是买卖证券，向顾客提供投资建议并不是他们的主要义务。

第四阶段，1938 年国会通过的《玛隆尼法》（Maloney Act）催生了 NASD（美国全国证券交易商协会），并于 1964 年修订证券交易法，要求 NASD 颁布关于经纪人 / 经销商行为的具体规则和标准。对此，NASD 创设了 Rule2310 来规范经纪人 / 经销商的行为：如果某经纪人 / 经销商推荐一个客户购买、销售或者交易一个证券，他必须合理地相信他的推荐对该客户是适当的，其依据是其了解该客户的财务和税收情况、投资目标、风险承受能力和"在作推荐时被用作或者考虑的其他类似的信息"。这被称

为适合客户的适当性（"customer specific"suitability，也可称为客户个性化的适当性义务），适当性规则的第二个维度是"合理性基础"，即：如果经纪人 / 经销商合理地相信客户购买的证券适合某个人，则他通过了合理性基础的适当性测试。换言之，如果经纪人 / 经销商推荐了任何理性人（rational person）都不会购买的证券，他才违反了合理性基础的适当性义务。我们可以将该规则理解为"对事（证券）不对人"。

第五阶段，20 世纪 70 年代，法院在实施证券交易法过程中对适当性义务作了过于苛刻的要求，尤其是难以证明被告有故意（scienter）欺诈原告的目的，并且原告也合理地信赖经纪人的重大虚假陈述（material misrepresentation），这使得投资者维权艰难。

第六阶段，20 世纪 80 年代最高法承认了证券仲裁协议及证券仲裁的合法性，证券仲裁广泛覆盖，消除了适应性索赔的障碍。

第七阶段，2005 年到 2007 年，最高法拒绝了 SEC 的一个对提供一揽子服务的经纪人 / 经销商和投资顾问进行区别对待（对前者不要求其承担当然的信义义务和披露义务）的规章。

第八阶段，2008 年，为应对金融危机，布什政府发布了详细的现代金融管制结构之蓝图，奥巴马政府在这一点上和布什政府相一致，其也主张建立新的消费者金融保护局（consumer financial protection agency）。但是，布什政府和奥巴马政府在以下方面有很大的不同：布什政府希望并着力减弱 SEC 在关于对经纪人 / 经销商和投资顾问的监管事项上的角色和权力，转而利用自律性监管组织和监管标准来监管投资顾问。然而，这与奥巴马政府所持态度恰恰相反，后者望加强之，用对投资顾问的监管标准来监管经纪人 / 经销商。

第九阶段，2009 年，针对以次贷为基础设立的证券销售以及麦道夫欺诈案件所反映的监督与管制的失败，奥巴马政府和国会提出了统一的信义义务，以消除经纪人 / 经纪商与投资顾问之间人为划分的界限。

第十阶段，《多德—弗兰克法案》对投资者适当性的规定作了修订，要求经纪人 / 经纪商和投资顾问遵从以下相同标准，即《投资顾问法》第 211 节（g）：行为标准（1）整体性规定……投资顾问向零售客户提供个性化投资建议时，应该为了客户的最佳利益而行事（act in the best interest of the customer），而不能考虑提供该等建议的经纪人 / 经销商、投资顾问自己的财务（financial）或者其他利益。

基于以上的演变历程，李文华教授提出以下几点重要启示。

第一，对适当性问题进行监管，是大势所趋，符合加强投资者、消费者保护的时代潮流。行政监管者、自律监管者、总统、法院、仲裁机构等众多监管主体对投资者适当性问题全面的监管介入，体现了法律从保护形式平等到追求实质平等。从"买者自负"到"卖者尽责"以及到"卖者尽责"和"买者自负"并重，甚至倾斜保护弱者的清晰脉络，成为国际上日益增长的对于证券投资者金融消费者保护潮流中重要的支流。中国在这方面做了许多工作，在注册制的背景下应当再接再厉。

第二，建立投资者适当性以至投资者保护的大监管观——主要是在监管主体方面，建议构建各有关主体分工明确、相互配合以及制衡的大监管观念。根据中国的国情，证监会投资者保护局、各自律监管机构包括证券业协会、基金业协会、期货业协会以及各证券交易所、政府、国务院及司法部、最高人民法院、仲裁委员会等机构在整个监管过程中，要形成一种既有分工又相互配合和制衡的大监管观。具体来说，一是法院可以在《九民纪要》的基础上再积极一些，二是证监会在注册制下可以更加宏观一些。三是交易所可以更加积极一些，四是协会可以更多一些作为，五是证券仲裁协议条款应该给客户以选择权。

第三，内容上可以进一步完善，在基本原则上建议增加实质公平的交易原则以及客户最佳利益原则，在适当性义务的具体内容上增加一项，即数量上的适当性义务。

第四，监管尺度上要坚持平衡原则，平衡投资者保护和证券经纪行业的发展，不可一味追求过度保护。监管强度很重要，实际监管中强度究竟怎么样，包括行政规章的强度怎么样，要进行平衡，如果一味地保护投资者权益，最后反而不利于整个行业的发展。

五、《证券法》条文解读

讲座进入与谈环节，本次讲座与谈人为西南政法大学民商法学院教授曹兴权。曹教授首先将本次主题聚焦在《证券法》相关条文的理解上，整理出相关条文存在的问题，然后对前几位主讲人的观点作了简要的总结与回应，最后发表了自己的几点看法。

首先，曹教授提出了自己在理解《证券法》第八十八条和第八十九条时的11个疑问，并从这些问题出发，结合四位主讲人的内容谈了自己的理解。

其中第一个疑问是关于义务主体的疑问，曹教授指出，现实中除了证券公司的义务，还有其他金融机构的义务。所以广义的适用资本市场的法律，适当性义务不应该局限在证券公司。

第二个疑问是关于投资者提供服务时的情况，由第八十九条规定分为普通投资者和专业投资者，适当性义务对所有的投资者都承担还是只针对普通投资者？或者说普通投资者和专业投资者之间有无差别？

第三个疑问是关于销售证券业务，证券公司业务包含经纪、咨询、顾问和融资融券等，是否所有的业务中都有适当性审查业务或者不同业务中适当性审查业务不一样？

第四个疑问是适当性匹配应当以各种法律渊源进行规定吗？

第五个疑问是对于客户信息的了解具体应当包括哪一些方面？

第六个疑问是关于如实的说明服务，《民法典》中提到格式条款的使用方应当履行说明义务，并且应当对重要条款履行实质性的说明义务，那么该说明义务与《合同法》所说的格式条款的说明义务是否有本质区别？说明义务与适当性审查义务之间是什么关系？是适当性审查义务的业务次要内容还是并列内容？等等。

第七个疑问是当我们谈到揭示投资风险时，是揭示产品中的重要条款，还是揭示整个产品的风险等级或者风险状况？

第八个疑问是在谈到销售提供与投资者情况相匹配的证券服务时我们具体指的是匹配什么？

第九个疑问是若证券公司收集客户信息时出现了障碍，比如客户不想提供，或者客户提供了虚假信息，这种情况之下该如何规定？

第十个疑问是第八十八条第三款提到证券公司违反第一款规定导致投资者损失的，应当承担相应的赔偿责任。那么什么是相应的责任？

第十一个疑问是关于专业投资者与普通投资者的举证责任是否要加以区分，如何区分？

随后，在这些疑问的基础上，通过对《证券法》第八十八条的解读以及对四位主讲人演讲内容的复盘，曹教授指出以下几点。第一，我们要关注适用范围。适用范围包括《证券法》和其他法律的衔接、证券公司五大业务之间的区别。第二，可能需要对证券公司适当性审查义务本身的义务体系进行把握，包括四点细化：（1）明确适当性审查义务与一般的反欺诈义务的联系；（2）关注适当性审查义务与信息披露之间的关系；（3）搞清内部体系与外部体系之间的区别；（4）对不同的客户进行分类以及相应的风险评测。

其次，考虑对证券公司内容进行构建时，最终会落实到证券公司的市场行为，曹教授提出证券公司义务负担的相机理论，根据不同的情况施加不同的义务水平，核心是根据他们之间的信赖程度进行判断。当然，构建义务相机原则时，可能需要关注以下积极要素：比如投资者的情况——投资者是年轻人还是老人、是专业的还是非专业的、是大的还是小的等等都要进行区分。

再次，需要对产品进行具体的理解，产品类型不一样，服务类型也随之不同。后续还要考虑机构本身的信誉度，因为信誉度与社会标准有关系，可能还会提到客户本身的产品总量是什么，适当性义务有量的适当性，中国也应当引入。还需关注相适应的法律责任，包括民事责任、行政责任和刑事责任。

最后，曹教授就适当性义务与说明义务谈了自己的看法，认为适当性义务与说明义务应当加以区分，具体来说，适当性义务应当坚持狭义的解释比较科学，这才能够与其他的法律规则体系相匹配。因为适当性审查义务背后是保护弱者的基本逻辑，保护弱者的基本逻辑是证券公司等金融机构应当尽责，在此基础上才能让买者自负，设立适当性义务目的是让投资者知道：市场有风险，投资需要谨慎。而适当性审查机制核心目的是构建震慑性的法律机制，让证券公司等金融机构承担义务，让客户有据以回避高风险产品的规则体系，如《九民纪要》所提到的那样。至于投资者非理性的问题，主要表现在性价比判断能力和风险承受能力两个方面。性价比的判断能力，可以基于投资者教育、明确说明义务、风险提示义务来校正，但风险承受能力的低下或者不足，以至于出现问题，可能只能找到要求证券公司等金融机构提醒，或者正式地拒绝，或者正式地把投资者排除在高风险产品之外的机制，而这机制恰恰是适当性管理的基本要求。

讲座进入尾声，李有星教授提出了两个问题，第一，民法典实施之后，《九民纪要》中关于规则的使用这一条款能否作为裁判规则来执行？第二，《九民纪要》强调金融消费者的概念，投资者不同于消费者，商品也不同于产品，如何理解和适用金融投资者、金融消费者和金融商品、金融产品以及《证券法》《九民纪要》中关于投资者的相关规定？

康琼梅认为，金融消费者是对金融投资者的一种资质肯定，在《九民纪要》的理念下是对于投资者的一种保护。法院不能将《九民纪要》作为裁判依据时，可以根据《证券法》进行解释和修改。

朱翘楚博士首先指出根据自己对美国法和日本法的相关问题的整理，了解到金融商品市场上并没有明确区分金融投资者与金融消费者的概念，细分两者意义并不大。其次，朱博士提出《九民纪要》与《证券法》虽说字面上有些规定不一致，但背后的逻辑是相通的，在法律适用上应当以《证券法》为第一位阶。

胡改蓉教授认为，学界对于金融消费者概念能否成立有争议，《九民纪要》也没有明确界定。到目前为止，金融消费者作为一个法律术语，还未进入法律层面。根据《证券法》第八十八条、第八十九条以及央行对于投资者的相关规定，《九民纪要》若要在此基础上界定金融消费者的概念，会使范围缩小至《证券法》中普通投资者里面的非专业自然人投资者的程度。在不违反上位法的情况下，《九民纪要》在适用法律时也可作为裁判依据。

李文华教授认为，《九民纪要》提出金融消费者的概念可能是因为受到《资管新规》的影响，在这种背景下，要强调政策的连贯性。金融消费者属于个人投资者的范围，但并不等同于金融投资者。作为司法文件，《九民纪要》有一个调试的过程，还需完善，作为说理的层面使用比较适合。在证券投资者与经纪人/经销商和投资公司的证券经纪、经销和顾问的具体法律关系中，证券投资者被视为金融消费者是比较合理的，而在证券投资者与上市公司的法律关系中，则不宜被直接视为金融消费者。所以，根据具体的语境（具体的法律关系）来界定某证券投资者是否为金融消费者是比较妥当的。

曹兴权教授认为，证券业务是经典的商业行为，不是以消费为目的的民事行为，所以在概念上，《证券法》只能用投资者，而不能用消费者。《九民纪要》和银保监会以及人民银行用金融消费者的概念，其实就是弱者保护的政策理念。在互联网金融领域，有一部分纯粹以消费为目的的行为适用民法，还有一部分属于投资类，用人民银行和银保监会的金融消费者比较合适。

会议在李有星教授对中国法学会证券法学研究会瑞幸咖啡案例研究系列讲座的阶段性总结以及对与会各方的真诚感谢中落下帷幕。

第十九期 律师视角的中美证券诉讼制度与律师实务

    2020 年 8 月 23 日 18：30，由中国法学会证券法学研究会副会长、浙江大学互联网金融研究院副院长、浙江大学光华法学院李有星教授主持的"中国法学会证券法学研究会瑞幸咖啡案例研究（第十九期）：律师视角的中美证券诉讼制度与律师实务"讲座在胜数直播"小鹅通"上顺利召开。本次讲座的主讲人为：北京市隆安（深圳）律师事务所合伙人赖冠能律师、北京市地平线（深圳）律师事务所律师徐瑶、北京市中银律师事务所高级合伙人吴则涛律师、北京市天元律师事务所上海分所律师许晏铭，与谈人为北京市天元律师事务所合伙人、浙江省金融法学研究会副会长尤挺辉博士。讲座共有四千多人参与直播和互动，获得了良好的反响。本次活动由中国法学会证券法学研究会、浙江省法学会金融法学研究会、浙江大学互联网金融研究院、浙江省前景大数据金融风险防控研究中心、浙江互联网金融联合会、杭州胜数研创等支持完成。

    会议伊始，李有星教授隆重介绍了与会嘉宾并表示了热烈的欢迎，接着从三个方面向大家介绍了本次讲座的选题背景。

    第一，法律的生命在于实施，实施的推动在于律师。任何一项法律制度的出台，都会催生律师新型业务的发育和成熟。律师是真正应用法律的高手，本次讲座希望通过高手的宣传和实践促进制度的完善。李有星教授认为，法学家们或者法学教授们的理论研究，有的和现实紧密结合，但也有脱离实际的。在有关部门制定的文件中，有时候也会看到理论的设想和需求之间发生错位，只有律师才真正清楚这些规则在实践中是否好用，或者制度的哪些地方需要在实践中完善。

    第二，律师最大的特点在于实务性应用和解读。2020 年 7 月 31 日，《最高人民法院关于证券纠纷代表人诉讼若干问题的规定》出台的第二天，就组织以法官和学者为主的解读，但无一线律师的实务性解读。新证券法实施之后，各位律师在证券虚假陈述、内幕交易、操纵市场等领域作了不少的回应。通过律师实务性的解读，能更好地让大众理解证券市场涉众性诉讼案件、不特定人数的案件的特点以及应该具有的制度规则和需求。

第三，应当分专题解读和应用《最高人民法院关于证券纠纷代表人诉讼若干问题的规定》。该规定内容博大精深，最高人民法院的起草人以及参与其中的很多学者专家投入了很大的精力，是智慧的凝聚。从实践应用角度出发，计划分三期宣传和解读，现已开展两期。

一、新证券法下律师从事证券诉讼实务探讨

讲座的第一位主讲人是北京市隆安（深圳）律师事务所高级合伙人赖冠能律师，赖冠能律师从新证券法下我国现有的证券诉讼制度及其机制、律师从事证券诉讼业务的挑战与机遇等方面展开分享。

第一部分为新证券法下我国现有的证券诉讼制度及其机制。即在新证券法实施之后，存在哪些证券诉讼的方式。

第一，单独诉讼与共同诉讼。在《民事诉讼法》第五十二条、《虚假陈述若干规定》第十二条和第十三条均对共同诉讼有所规定，若单独诉讼人数众多，人民法院可以合并审理。但实务中，大多数仍采用单独诉讼的方式来立案审理。赖冠能律师认为，可能是由于法院结案率等业绩考核指标激励法院采用了"单独诉讼、批量审理"这一方式。

第二，证券支持诉讼。该诉讼机制的法律依据是《民事诉讼法》第十五条，机关、团体和企事业单位对损害国家、集体和个人民事权益的行为可以支持受损害的单位或个人向人民法院提出诉讼。新证券法第九十四条第二款也明确规定了投资者保护机构支持诉讼的权利、职责。第九十三条同时规定了投资者保护机构可以以股东身份提起股东诉讼，且其持股比例不受《公司法》中关于持股比例和期限的限制。目前我国有两个投资者保护机构，一是中证中小投资者服务中心，二是投资者保护基金公司。前者是目前唯一的证券诉讼支持机构。投资者服务中心于 2013 年 3 月由证监会批准设立，于 2014 年 12 月正式注册成立，可以对任何一家上市公司提起公益诉讼。支持诉讼具有公益性，不收取律师费、差旅费，投资者只需要承担诉讼费。根据诉讼契约理论，如果投资者按递交公告的要求准备证据材料，即视为投服中心支持诉讼，并且投服中心的委派律师将作为投资者的代理人，投资者对公益律师形成特别授权的诉讼代表关系。截至 2019 年底，投服中心发起了 24 起证券诉讼和一起股东诉讼。

第三，示范判决机制。这是近些年人民法院在审理群体性证券纠纷的过程中形成的一个创新性举措，是指法院在审理群体性证券纠纷中，涉及十人以上的案件，选取具有代表性的案件，先行审理，先行判决，通过发挥示范案件的引领作用妥善化解平行案件的纠纷调解机制。示范判决机制的主要特点是效力的扩张，包括事实认定和法律适用两个部分的扩张。在事实认定方面，除非有相反的证据推翻，包括对示范判决认定的共性事实，比如虚假陈述案件的若干个时间节点，虚假陈述实施的揭露日、基准日以及损失的计算方式、因果关系的认定，等等。在法律适用方面，如果示范判决已经认定了法律适用标准，将在平行案件中直接适用。在此基础上鼓励平行案件先行调解，通过委托调解机构进行调解，并且出台一系列的鼓励措施，比如在已经起诉的情形下，若选择撤诉后调解，诉讼费可以全额退或者减免半退，若不撤诉继续审理，审理的结果没有比示范判决更好，法院可能会加重诉讼费的承担义务。

第四，代表人诉讼。代表人诉讼在新证券法下分为两大类，一类是普通的代表人诉讼，一类是特别的代表人诉讼。普通的代表人诉讼是指在新证券法实施前，根据《民事诉讼法》第五十三条、第五十四条规定的人数确定的代表人诉讼和人数不确定的代表人诉讼。特别代表人诉讼是依据新证券法第九十五条第三款提起的诉讼，即"中国版的集团诉讼"。其是指由一个或者数个代表人为了集团成员的共同利益，经法院许可，代表所有成员进行诉讼。集团诉讼又分为加入制和退出制两种方式。关于新证券法中有关代表人诉讼的规定，赖冠能律师认为，在实践中存在难以确定投资者人数的情况，起诉时无法确定投资者的具体人数，因此人数确定的代表人诉讼可能会被虚置。在管辖上，赖冠能律师指出，司法解释的亮点在于前置范围扩大。2003 年虚假陈述司法解释中有一个前置的条件，即虚假陈述行为必须经过行政处罚决定或者刑事裁判文书的认定法院才会受理。而新的司法解释规定，除了两类情形外，被告自认的材料、证交所及股转公司给予的纪律处分或者自律监管措施等也可以作为初步证据，符合前置程序的条件。

第二部分是关于在此背景下律师从事证券诉讼业务的挑战与机遇。

关于挑战，赖冠能律师认为，特别代表人诉讼制度引入公益律师后会导致在同一案件早已签订合同的律师陷入尴尬境地，无法参与到诉讼中来，在这种情况下，律师选择案件更应慎重。在如何排除可能适用特别代表人诉讼的案件上，赖冠能律师指出，可以根据投服中心受理的三个标准和条件（已受到行政处罚；重大、社会影响恶劣，具有示范意义；具有一定偿付能力）予以排除。此外，还有一种办法是争取成为投服中心的公益律师。

关于机遇，赖冠能律师提出以下几点：第一，集中管辖政策是沪、深、京三地律师的历史性机遇，但北京只能管新三板的案件，因此主要受益的是上海和深圳的律师；第二，内幕交易、操纵市场案件很少有民事案件，基本上是刑事案件，可以期待出台新的司法解释，释放出更多可以走民事诉讼的案件；第三，其他的群体性金融案件也会给我们提供机遇，比如2020年的"原油宝"案件，今后极有可能出现其他类似案件。第四，司法解释第五条规定前置条件范围扩大，对此有些律师认为会逐渐取消前置条件，但不论如何，可以肯定的是增加了可诉案件的范围；第五，被告自认的案件，比如瑞幸咖啡案件，虽然这属于境外上市公司，国内无法提起诉讼，但将来可能出现类似具有管辖权的案件。

二、证券代表诉讼律师实务探讨

讲座第二部分由北京市地平线（深圳）律师事务所律师徐瑶以"证券代表诉讼律师实务探讨"为题，从证券代表/集团诉讼概述出发，以欺诈发行、虚假陈述、内幕交易和操纵市场四个方面的真实案例为例进行分享、讨论，最后总结了律师在证券代表诉讼体制下的新机遇问题。

第一部分，徐瑶律师从证券代表/集团诉讼角度出发进行了详尽概述。《证券法》用专章规定了投资者保护，其中代表人诉讼制度规定在第九十五条，第九十五条第一款的内容在虚假陈述的司法解释中已经有了规定。第二款以民事诉讼法中人数不确定的代表人诉讼为基础，这条规定过去一直处在"休眠"状态，新证券法的修改把它激活了。第三款，也是最有突破的一款，即所谓中国式的证券集团诉讼，采用"明示退出，默示加入"制度。同时《九民纪要》对证券代表人诉讼程序、统一立案登记（共同诉讼形式）进行了一定的补充。中国版的证券集团诉讼实施之后，一案一立、分别审理的情况会逐渐演变成立案+公告+登记后一个判决普遍适用于多个登记投资人的情形，没有登记的投资人在判决之后提起诉讼则适用先前的判决、裁定，这种形式大大地节约了诉讼资源。示范性判决和代表人诉讼具有相辅相成的关系，示范性判决之后，虽然没有通过公告的形式，但后续如果发现属于相同的法律关系，相同的被告和相同的受损事实，可以参照通过法院甄选的示范性来判决。

第二部分，徐瑶律师从欺诈发行、虚假陈述、内幕交易和操纵市场四个方面用实际案例进行研讨。

1. 绿大地欺诈发行案

在 2007 年 12 月 6 日发布即招股说明书当天至 2010 年 3 月 18 日公司首次对外披露已经被中国证监会立案调查涉嫌信息披露违纪违规期间，买入公司股票的投资者属于合格投资者，在公告之后卖出或者继续持有产生的亏损是可以主张获得赔偿的范围。上市公司的抗辩事由，是在虚假陈述揭露日或者更正日之后进行的投资不具有因果关系，这也符合司法解释的规定。

2. 方正科技案

争议焦点一共有四个。

第一，有没有侵权行为，主要体现在未披露的事实是否具有重大性，是否足以影响到投资者的投资决策或者市场交易价格。重大性的概念贯穿整个《证券法》的始终，所谓重大性，简单理解，是从二级市场普通投资者的角度判断，如果这个消息的释放对一般的普通投资者的投资决策造成核心的影响则重大性成立。一般来讲，如果事后已经被监管部门行政处罚，也应当认为重大性违法行为。

第二，侵权行为与原告投资者买入股票是否存在交易上的因果关系。原告买入方正科技股票是否受了虚假陈述的行为诱导。根据虚假陈述司法解释的规定，推定虚假陈述对市场产生影响的时段内进行相关股票交易的股票者是基于对虚假陈述的信赖而进行的。由于方正科技没有披露关联交易行为，从 2004 年到 2015 年一直持续，可以推定在此期间原告投资者基于对方正科技年度报告的信赖而买入方正科技的股票。该交易的因果关系是推定的。

第三，损失上的因果关系。因果关系的判断比较复杂，因为市场上影响股价的波动因素有很多，到底是否是因为虚假陈述的行为本身造成的损失比较难以认定。但判决书提到，对于市场风险因素造成的损失，如果由虚假陈述行为人上市公司来承担是不公平的。除了系统性风险的抗辩，方正科技还提出了一个抗辩理由，即公司的经营业绩存在下滑，经营本身对股价造成的影响也应当从因果关系中扣除。但法院认为，抗辩没有提出合理的理由或者相关证据进行证明，因此不予采纳。

第四，损失计算的问题。应当采用个股的均价和同期的指数均值进行对比，比如指数或行业在此期间有价格波动，对那部分波动进行扣除，投资者还存在损失，剩下的损失便认定为具有因果关系的损失，支持投资者的请求。

3. 光大乌龙指案件

2015 年上海二中院作出的判决在实务界和学术界引起了很大的反响，这是非常激进的判决。在这个判决之前，国家有三起内幕交易民事赔偿起诉但均没有获得支持。这个案件的争议焦点是，原告主张的损失与被告行为之间的因果关系。原告认为交易的品种因光大证券公司的对冲行为造成了价格下跌，因此其经济损失与光大证券公司内幕交易自然存在因果关系。光大证券认为，光大证券对冲的总成交量、交易手法、市场价格变化，均不会影响市场价格，不会造成原告损失，不存在因果关系。交易品种交易模式也表明，原告所受损失与内幕交易之间没有因果关系。最终法院从多角度论证推定因果关系成立，支持了投资者的诉讼请求。

4. 操纵市场案件——恒康医疗

这是操纵市场第一例民事赔偿获得支持的案件。主要的争议点在于如何确定损失，以及操纵市场行为和损失之间的因果关系。关于损失，原告引入投服中心的计算，认为操纵市场后虚高的价格和股票真实价格之间的价差是他买入股票的损失，最终法院只适用先进先出法，支持了卖出价格与买入价格的差价部分作为原告的损失。至于行为与损失之间的因果关系，法院也采取了适用欺诈市场理论推定因果关系存在的论证方法，是比较激进的。

第三部分，徐瑶律师提到了律师在证券代表诉讼体制下的新机遇。徐瑶律师认为新的机遇主要分为四个方面：第一，可以关注投服中心，有一些公益律师的招募。所谓公益律师，虽然没有律师费，但对于律师来讲是很好的锻炼，如果能参与到特别代表人诉讼中，对于律师开展这个领域业务的帮助非常大。第二，发起普通代表人诉讼，这需要律师自己征集受损的投资者。从律师角度来讲，建议多关注中国证监会的网站，因为所有的处罚决定书会第一时间在网站上发布，对于一些上市公司包括虚假陈述、内幕交易、操纵市场在内的违规违法行为。处罚决定书中的事实可以判断诉讼要素，从而发起投资者的征集。第三，代理上市公司进行抗辩。这对于律师来讲工作量可能会小一些，但胜诉的空间不是很大。第四，参与证券纠纷多元化解机制。比如证券调解，深圳和上海都有证券调解委员会，律师可以参与到证券纠纷的多元化解中。

三、特别代表人诉讼制度与律师实务

讲座第三部分由北京市中银律师事务所高级合伙人吴则涛以"特别代表人诉讼制度与律师实务"为题，从特别代表人诉讼制度出台的背景，特别代表人诉讼制度的总体特色，各方主体在特别代表人诉讼中的角色、功能和地位，以及对相关问题的思考四个方面与大家展开分享。

第一部分，吴律师阐述了特别代表人诉讼制度出台的背景。第一，建立与注册制改革相配套的诉讼制度。注册制改革的主要特点是上市硬性条件放宽，以信息披露为核心，市场化的发行承销机制，强化中介机构责任。新证券法全面推行证券发行注册制，需要探索完善与注册制相适应的证券民事诉讼制度。第二，降低维权成本，示范引领中小投资者维权。为全面落实投资者保护，示范引领中小投资者维权，需要稳妥推进投资者保护机构特别代表人诉讼，解决资本市场违法成本过低的问题。第三，提升诉讼效率，促进证券群体纠纷多元化解。为提高审判效率，需克服集体诉讼周期长、成本高等固有的缺点，促进多元化解纠纷矛盾。

第二部分，吴律师介绍了特别代表人诉讼制度的总体特色。第一，确定特定代表人；第二，建立"默示加入、明示退出"的诉讼机制；第三，切实降低投资者的维权成本和诉讼风险；第四，建立案件筛选机制，主要分为预研—重大案件评估—决定是否参加三个步骤；第五，投资者保护机构"参与式诉讼"，而非"发起式诉讼"；第六，确立案件的专属管辖原则；第七，代表人的特别授权无须投资者另行同意；第八，证监会监督，系统单位支持。

第三部分，吴律师阐述了各方主体在特别代表人诉讼中的角色、功能和地位。

第一，人民法院的角色与功能是引导调解；法院依托信息化技术手段开展立案登记、诉讼文书送达、公告和通知、权利登记、执行款项发放等工作；决定是否发出权利登记公告；裁定确定权利人范围；法院初步审查调解协议草案，并主持召开异议当事人的听证会；法院裁定是否准许代表人变更或放弃诉讼请求、承认对方当事人诉讼请求、决定撤诉；法院依职权委托专业机构对有关事项进行核定，并组织双方当事人质证。

第二，关于投保机构的角色与功能，投保机构基于公益机构的属性，人力、物力、财力有限，其角色与功能是示范、引领中小投资者维权，对案件进行预演，启动重大案件评估机制，决定是否参加特别代表人诉讼；公开征集投资者，建立委托关系；向证券登记结算机构调取权利人名单，向法院代为登记；选定合适的公益律师、管理公益律师；向法院申请减交或免交诉讼费用；代为收发诉讼文书、提供证据、参加开庭审理、申请财产保全等诉讼活动；建立特别代表人诉讼案件档案管理制度，规范保管、保密和查阅等事项。

第三，关于投资者的诉讼权利和程序利益，主要有复议权、知情权、异议权、退出权和上诉权。应当注意的是法院将依托信息化技术手段进行通知和公告，投资者应当持续跟进相关通知和公告，积极行使自身的权利；对于个别投资者涉及的特殊事项，应当及时告知代表人（投保机构）向法院提出，在诉讼过程中应与代表人保持紧密联系。

第四，关于证监会与其他支持机构的角色与功能。证监会系统各相关单位在参加特别代表人诉讼过程中，应当加强与人民法院的沟通协调，积极总结经验，及时向证监会反馈意见与建议，不断推动完善特别代表人诉讼制度，保护投资者的合法权益。具体而言，中国结算应当按照人民法院出具的载有确定的权利登记范围的法律文书，根据证券登记结算系统里的登记记载，确认相关权利人持有证券的事实；中国结算、证券交易所、投资者保护机构等可以根据自身职能，按照司法协助程序积极配合人民法院在特别代表人诉讼过程中的相关工作，在证据核查、损失计算及赔偿金分配等方面提供支持配合；投资者保护机构、中国结算、证券交易所等单位之间应当加强沟通合作，可以通过签订备忘录或业务协议等方式完善协作机制。

第五，关于公益律师制度。投服中心负责公益律师的管理工作，包括审核、聘用、委派、联络、考核等，投服中心决定公益律师的回避：应当自行回避而未回避的，投服中心可以解除聘用。选择公益律师应当采取就近原则，优先选择案件管辖地的公益律师。公益律师应全程掌握案件进展和被代表人诉求，亲自参加诉讼活动，及时通报案件进展。

第四部分，吴律师对特别代表人诉讼制度的相关问题提出了一些思考。

第一，关于证券纠纷代表人诉讼的适用范围，包括对证券的定义和范围、证券市场的范围的思考。

第二，关于代表人诉讼设置前置程序是否为倒退的问题。吴律师认为不尽然，要看实践运行的情况、判决的扩张效力，以及法院基于审慎启动代表人诉讼尤其是人数不确定的代表人诉讼程序的考虑；集团诉讼（代表人诉讼）的沟通及协调成本可能更大；代表人诉讼一旦启动，将给被告构成巨大的压力；代表人诉讼一旦启动，具有不可逆性；特别代表人诉讼具有公益属性，要避免浪费公共资源。

第三，关于两审判决结果冲突与二审的程序适用问题。在判决冲突问题上，在代表人决定上诉或个别权利人上诉的情况下，如二审改变一审的判决，对于未上诉的权利人而言，是否会发生同案不同判的情况以及是否会启动审判监督程序？在二审的程序适用问题上，存在投服中心放弃上诉后，其他原告提起上诉是继续适用代表人诉讼，还是共同诉讼，抑或是按单独上诉的案件处理。如果继续适用代表人诉讼，投服中心是否继续担任代表人还是按照人数确定的代表人诉讼重新推选代表人，部分上诉人对代表人不满意如何处理，是否可以退出代表人诉讼单独上诉等问题需要思考。

第四，关于投保机构是否可以通过公开平台来"通知"投资者以实现送达目的的问题。与传统民事诉讼法及司法实践的送达惯例不大相同，实践中，例如"五洋债"证券虚假陈述纠纷案，公示通过审核的投资者名单无须一一通知，吴律师认为基于"默示加入，明示退出"、判决扩张效力的特点及提高效率的考虑，应当允许。

第五，对投资者保护机构进行监督的问题。证监会对投资者保护机构作为代表人参加诉讼进行监督，但就重大问题向证监会报告的制度如何运行，是否需经证监会同意，或者仅履行形式上的报告依然需要思考，具体而言，投资者保护机构在变更、放弃诉讼请求或者承认对方当事人的诉讼请求，与被告达成调解协议，提起或者放弃上诉、聘请律师等方面都有较大的自主权利，法院作为中立的角色不可能进行实时监督，遑论如何监督其行使权利的问题值得思考。

第六，关于委托律师相关的问题，包括按照委托关系的理论，投保机构委托的律师是为投保机构的利益，还是为全体投资者的利益的问题。具体而言，普通代表人诉讼的投资者或拟任代表人在前期委托的律师，在转化为特别代表人诉讼后，投保机构及其公益律师介入，原任律师如何继续代理案件；按照委托关系的理论，投保机构委托的律师是为投保机构的利益，还是为全体投资者的利益；投服中心委托公益律师，将对公益律师进行管理，负责对公益律师进行考核，扩大了律师回避的范围，要求律师应当忠实勤勉履职，及时通报案件进展、工作留痕等，律师的自主性是否会受到限制；如投服中心未委托公益律师，其委托的其他律师是否按照公益律师的规则进行管理等问题需要思考。

四、证券纠纷代表人诉讼司法解释对律师业务的影响

讲座的第四部分由北京市天元律师事务所上海分所律师许晏铭以"证券纠纷代表人诉讼司法解释对律师业务的影响"为题，具体就"证券虚假陈述纠纷前置条件的演化及司法实践""前置条件在司法解释中的体现""律师执业的机遇和挑战"三块内容作了翔实而富有见地的分享。

首先，就证券虚假陈述纠纷前置条件的演化及其司法实践，许律师首先指出了前置条件确立的规则：2002年最高人民法院发布了《最高人民法院关于受理证券市场因虚假陈述引发的民事侵权纠纷案件有关问题的通知》，通知的第二条明确规定，人民法院受理的虚假陈述民事赔偿案件及虚假陈述行为须经中国证券督察委员会及其派出机构调查并作出生效处罚决定，当事人依据查处结果作为提起民事诉讼事实依据的，人民法院方予以依法受理。这就是各界共识的关于受理证券虚假陈述纠纷前置条件的明文规定。最高人民法院又在2003年的1月9日发布了《最高人民法院关于审理证券市场因虚假陈述引发的民事赔偿案件的若干规定》。该规定中第六条再次强调了投资人以自己受到虚假陈述侵害为由，向人民法院提起诉讼时，需要提交有关机关的行政处罚决定，或者人民法院的刑事裁判文书。该规定就进一步明确了相应的前置程序，并且把前置条件进一步扩大为有关机关出具的行政处罚决定书，或者人民法院的刑事裁判文书。

许律师认为，证券虚假陈述纠纷前置程序的设立有比较积极的意义，一方面，由于证券虚假陈述纠纷具有比较强的专业性，在司法审判、实践经验比较欠缺的时候需要有专门的主管行政机关对相关的行为是否属于虚假陈述等事实进行调查认定。另一方面，这样的规定也减轻了投资者的举证难度。但这种一刀切的强制性的前置程序也带来了一定的争议。

争议主要表现在法院对于作为前置条件的行政行为的性质认定问题上。一种观点认为这种作为前置条件的行政行为具有实质效力。另一种观点认为这种前置条件的行政行为只是属于程序前提的行政行为。许律师则认为法院在审理案件的过程中，可以表现出对行政机关专业性处理的处罚决定的尊重和重视。但更重要的一点是法院要把握好对行政机关生效处罚决定认定实施的司法审查尺度。这样才能给律师代理工作留下发挥空间，体现律师工作的含金量和司法审判的水平。

随后，许律师谈到了此次出台的证券纠纷代表人诉讼的司法解释中关于前置条件是如何规定和体现的。《最高人民法院关于证券纠纷代表人诉讼若干问题的规定》第五条第（三）款：原告提交有关行政处罚决定、刑事裁判文书、被告自认材料、证券交易所和国务院批准的其他全国性证券交易场所等给予的纪律处分或者采取的自律管理措施等证明证券侵权事实的初步证据。

现在的证券纠纷代表人诉讼分为两大类：一是普通的代表人诉讼。二是特别代表人诉讼。普通代表人诉讼并无形式上的前置程序的硬性要求，但要符合基本前置要求。原告代表人要提供初步的证据，相较于之前的司法解释来讲，此次的司法解释将初步证据的范围进一步扩大，增加了被告自认材料、证券交易所和国务院批准的其他全国性证券交易所等给予的纪律处分或者是采取的法律管理措施等两项内容，同时有一个"等"字兜底给初步证据的内容留下了一定的开放空间。对于特殊代表人诉讼，有比较明确的前置程序要求，即人民法院已经按照普通代表人诉讼的规定发布了权利登记公告。这时候，投资者保护机构在公告期内受到50名以上的权利人特别授权，可以作为代表人参加特别诉讼。法院需要先发动普通代表人诉讼的权利登记公告程序。投服中心作为目前唯一已经明确的可以启动特别代表人诉讼程序的投资者保护机构，这时候有一个选择权，可以选择在这时候加入诉讼。但在实务中，至少在目前，在证监会指导下的投资者保护机构放弃了法院扩大的前置程序的要求，仍然坚持原来较为狭窄的前置程序的要求。所以对于司法解释的解读，我们不能仅仅关注司法解释说了什么，重要的是看具体的实施者和落实者做了什么。

最后，许律师对这一领域律师执业的机遇和挑战谈了谈自己的看法。首先，司法解释的出台大大地降低了投资者提起证券虚假陈述责任诉讼的门槛。也能在一定程度上激发投资者提起诉讼和维权的积极性。这必将导致人民法院受理此类案件的数量再次呈现爆发式的增长。同时司法解释中对于拟任代表人的条件，明确规定了一点，拟任代表人本人或者其委托的诉讼代理人必须具备一定的诉讼能力和专业经验，这样的规定在一定程度上增加了律师代理相关案件的可能性。

但许律师认为事实没有司法解释规定得那么美好，主要体现在司法解释对于律师尤其是代理普通代表人诉讼的原告律师的奖励机制上。一方面，按照司法解释的逻辑，要先产生诉讼代表人，由诉讼代表人委托律师代理相关的案件。但由于诉讼代表人案件原告内部的特性，在起诉前律师有大部分的精力耗费在处理原告内部的关系相关问题上。许律师自己团队在实践中也觉得大部分的精力都花在了和委托人的沟通上，并且存在一人质疑则全部方案推倒重来的可能性。另一方面，如果我们解决了前面的问题，也顺利地在法院启动了普通代表人诉讼的流程，法院发出了相应的公告。这时候一旦投服中心选择加入诉讼中启动特别代表人诉讼的流程，而在特别代表人诉讼过程中，作为代表人只有投服中心，诉讼代理人一般是工作人员或者聘请的公益律师。在这种情况下，原来启动普通代表人诉讼的律师很有可能会被排除在此后的诉讼程序之外。

同时许律师认为，这次的司法解释也给律师代理及执业带来了比较多的机遇，主要是律师代理的工作价值可能有机会更好地表现出来。比如权威媒体的报道、爆料，这些内容在诉讼过程中法院如何认定？这将会成为律师体现代理价值的一些切入点。又比如对于虚假陈述行为是否符合重大性标准的鉴定其实在很大程度上将影响因果关系的认定，也能有律师发挥其工作价值的余地。其他方面，如以行政处罚为前置条件的证券虚假陈述纠纷、关于虚假陈述揭露日的界定等领域，都有律师发挥其专业性的空间。

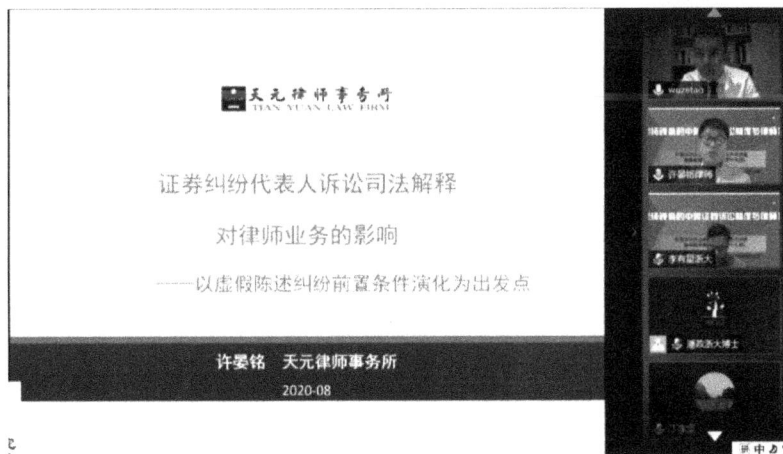

五、证券诉讼制度与律师实务

讲座进入与谈阶段，由浙江省金融法学会研究会副会长，北京市天元律师事务所合伙人尤挺辉进行与谈分享。尤律师在精辟地总结了前面四位分享嘉宾的演讲内容，提炼了与代表人诉讼司法解释紧密相关的内容后发表了自己的看法，并就代表人诉讼制度下个体权利如何保护进行了详谈。最后，尤律师对人民法院贯彻落实相关司法解释的细节性问题作了一些展望。

与谈伊始，尤律师在对各位分享嘉宾作了补充介绍并总结了各位分享嘉宾的主要观点后，提炼出了代表人诉讼的司法解释涉及的四个方面：一是全面规范普通代表人诉讼和特别代表人诉讼的程序。普通代表人诉讼请求权基础是《民诉法》第五十三条、第五十四条，以明示加入作为前提。特别代表人诉讼的程序请求权基础是新证券法第九十五条第三款，基础是明示退出，不退出视为加入。二是细化了两类代表人诉讼的程序性规定，包括但不限于先行审查制度，还有代表人的推选制度、审理与判决、执行与分配等，在第二十四条作了相应规定。三是准确地回应了代表人诉讼中的实践难题，比如代表人诉讼的启动条件、代表人的推选方式以及被推选出来之后代表人的权限，另外还有代表人放弃诉讼之后的其他的投资人诉权的选择和安排等问题。四是充分发挥了投资者保护机构和证券登记结算机构的职能作用，依托信息化的技术手段开展各项工作，提高审判执行的公正性、高效性和透明性。

随后尤律师就这四个方面谈了谈个人的看法。第一是律所的定位问题，在 IPO 业务及其相关的领域中，律所的定位在哪里？尤律师提到了徐瑶嘉宾的观点，定位的其中之一应该是能够代表上市公司。

另一个问题就是平等的保护如何体现的问题，在这样的制度下，代表人诉讼效率性和所有的投资人的平等保护之间有没有一种形成机制？个体的权利如何保护？针对这个问题，尤律师从第二十四条的几个机制出发作了详细的分享：一是第二十四条规定了表决权，代表人的推选实行的是一人一票，充分保护弱势群体的利益。二是知情权，代表人在达成条件协议，放弃上诉的情况下，不管是普通代表人诉讼还是特别代表人诉讼，应当同时通知全体的原告，或者是通知全体登记的投资人。三是异议权，投资者认为代表人不适格可以申请向法院撤销代表人的资格，有权作出撤诉、变更或者放弃诉讼请求的决定等。在特别代表人诉讼的过程中，对于代表全体投资人的撤诉权利的处分有异议的，可以提出异议。四是复议权，当事人对人民法院经先行审查裁定确定权利人的范围有异议，可以在裁定送达之日起 10 日内向上级人民法院申请复议。五是退出权，普通代表人诉讼中投资人对推选出的代表人不满意的，有权撤回权利登记并另行起诉。在特别代表人诉讼中，可以在公告期间届满后的 15 日内向人民法院申明退出。通过听证程序之后，投资者对调解协议草案仍不认同的，可向法院提出退出申请。

六是上诉权，代表人放弃上诉以后，不影响个别的要上诉的投资人行使上诉权。如果代表人提出上诉，个别的投资人选择不上诉，也可以不参与上诉。这六点是司法解释中代表人诉讼制度的建立在考虑效率的前提下，突出保护投资人个体特别是弱小投资人的权利的平衡。

最后，尤律师就人民法院对于落实和贯彻司法解释的法律适用可能遇到的司法实践的情况，从一些细节性的问题出发作了一些展望。包括九大影响。

一是证券代表人诉讼管辖格局的变化。《证券纠纷代表人诉讼规定》第二条第三款就特别代表人诉讼的管辖作出特殊规定。尤律师认为对于上海和深圳的律所是利好消息。

二是证券侵权诉讼前置程序或发生松动，《证券纠纷代表人诉讼规定》第五条第一款普通代表人诉讼中第三项已经进行了规定。此外最高人民法院 2020 年 7 月 15 日发布的《全国法院审理债券纠纷案件的座谈会纪要》第九条也明确规定，在债券虚假陈述纠纷中不适用前置程序的规定。

三是权利人范围确定程序的前移。《证券纠纷代表人诉讼规定》第六条明确了权利人范围的确定，人民法院公告中提到应当就被诉侵权行为的性质和侵权事实等进行审查。提示审查的方式包括阅卷、调查、询问和听证。律师特别是做投资人保护方面的律师，可能在听证阶段就有业务的切入机会。

四是代表人诉讼与示范判决机制的关联。代表人诉讼制度与示范判决机制彼此相互着力，《证券纠纷代表人诉讼规定》第二十三条规定有效衔接代表人诉讼与示范判决机制，这表明示范判决机制不是替代机制，仍有独特的功能。

五是投资差额损失的复核程序的创新。由于投资者人数众多，为了提高效率，节约资源，在已有的市场实践中人民法院一般将原告的姓名与投资差额损失的信息作为判决书的附件。

六是证券侵权行为以外的其他风险因素确定的程序明确。《证券纠纷代表人诉讼规定》第二十四条明确其他因素以及投资差额的损失的核定程序，对人民法院委托双方认可，或者随机抽取的专业机构进行投资差额损失的核定，并依法进行举证。对于其他风险的认定方面的具体问题交由专业机构进行确认。

七是规定了区别于普通的一审判决的费用负担。

八是建立了具有团体因素的审理模式与理念。对于代表人诉讼的审理模式完全不同于一审案件的审理模式，其充分考虑到投资人人数众多等团体因素，并为优化团体治理设计了相关制度。

九是规则体系的持续发展与完善。

讲座进入尾声，李有星教授认为各位律师精彩的演讲彰显了律师的专业性，理论储备和实践经验十分丰富，把司法解释的核心问题解释得清晰明了。同时，李有星教授提出了两点问题，第一，如何解决律师之间因程序转换引起的利益冲突？第二，什么是最理想的集团诉讼或者代表人诉讼？

针对第一个问题，赖律师认为，可以适当作一些妥协，或者在委托代理合同中约定如果转换成特别代表人程序，合同便会自动解除。如果有上诉费用，律师费不退，减半收取或者收取一定的比例。

徐律师主要讲了两个前提、两种方案。两个前提即律师接受当事人委托的时候首先应该做两个方面的预判，一是案件的社会影响力和社会效应，二是人数。关于两种方案，第一，转给投服中心；第二，先按普通代表人诉讼代理，在委托代理合同中明确约定后续转化为特别代表人诉讼后律师的工作职责以及律师费的转变等事项。

吴律师提了三点建议，第一，前期在征集投资者的时候尽量征集有实力和有代表性的机构投资者；第二，律师在签署委托代理协议时把尽可能出现的情形充分地约定出来；第三，充分发挥调解多元纠纷机制等的作用。许律师认为，前期已经支付的律师费在转化程序中是否可以向法院提出退回，并得到法院的支持，这是在后续实践中可以探讨和细化的点。另外，投服中心的业务规则在不断地细化，若达成由普通代表人诉讼的代理律师和特别代表人诉讼投服中心的公益律师合作办案的机制，有利于通过交流合作办案。同徐律师的观点类似，从制度上站在更高的角度考虑，尤律师个人觉得不一定存在这样的问题，所谓的特别代表人诉讼制度，只是在法院处理案件的情况下的一种司法制度的安排。现实情况下，公益律师不可能和每一个投资人做到完美的沟通。

针对第二个问题，赖律师认为，现有的规则充分尊重投资者的处分权，比如可以退出调解，可以自行决定上诉或不上诉，这可能会影响审判效率和统一适用，引发不良的后果，比如一审投服中心决定不上诉，有的投资人选择上诉，如果二审发送，甚至改变一审认定的基本事实，那就比较尴尬，是否有可能引发原来一审不上诉投资者申请再审等问题，这与典型的退出制集团诉讼是不同的。这是因为新证券法第九十五条第三款规定是在《民诉法》第五十四条人数不确定的代表人诉讼上改造出来的，实为无奈之举，若要解决这个问题，赖律师建议可以从立法上来改良，即直接在《民诉法》上规定采用退出制的集团诉讼，未声明退出的投资者不得自行决定上诉或不上诉。

徐律师认为，从律师角度来讲，从当事人的利益出发，如果投服中心支持发起特别代表人诉讼，有助于当事人利益实现最大化。吴律师则担心未来的代表人诉讼将会流于形式，最理想的状态是投服中心从正面的角度约定一些硬性的条件，比如同时符合一定的硬性条件之后，投服中心应当有义务站出来发起特别代表人诉讼。这相当于能保证日常的常态化。

许律师从两个层面来回答，其一，制度出台之后会涌现一批特别代表人诉讼的标杆性的案例，这些案例会确定出自己的裁判规则。在这种情况下，律师代理比较合理或者比较好的状态是，原被告双方在没有转化之前就通过协商的方式尽快地解决案子，这时可以通过非诉处理。其二，标准型的裁判规则已经比较明确，双方对诉讼结果有比较良好的预判，这种情况下通过调解的方式解决更合理。尤律师认为，由于境内的投资人普遍是散户、个人投资者，不是机构投资者，现在的机制是无奈之选。上海市检察系统已经准备介入证券的公益诉讼，对于上市公司来说，压力不仅来自投服中心，可能更多来自检察系统的介入。

第二十期 中美证券发行上市注册审核与反欺诈

2020 年 8 月 30 日 18：30，由中国法学会证券法学研究会副会长、浙江大学互联网金融研究院副院长、浙江大学光华法学院李有星教授主持的"中国法学会证券法学研究会瑞幸咖啡案例研究（第二十期）：中美证券发行上市注册审核与反欺诈"讲座在胜数直播"小鹅通"上顺利召开。本次讲座的主讲人为：华东政法大学教授陈岱松、北京大学法学院硕士研究生王晨、复旦大学法学院博士研究生任愿达、中央财经大学法学院副教授董新义，与谈人为北京大学法学院教授彭冰，总结人为清华大学法学院教授、中国法学会证券法学研究会常务副会长施天涛。讲座共有三千多人参与直播和互动，获得了良好的反响。本次活动由中国法学会证券法学研究会、浙江省法学会金融法学研究会、浙江大学互联网金融研究院、浙江省前景大数据金融风险防控研究中心、浙江互联网金融联合会、杭州胜数研创等支持完成。

以下为讲座的详细内容。

会议伊始，李有星教授隆重介绍了与会嘉宾并表示了热烈的欢迎，接着李教授介绍了选题背景，新证券法的其中一大亮点是注册制的实施，《证券法》第九条规定，公开发行证券，依法报经国务院证券监督管理机构或者国务院授权的部门注册。理论上，核准制应该结束并退出历史舞台，全面实施注册制。然而，2020 年 2 月 29 日，《国务院办公厅关于贯彻实施修订后的证券法有关工作的通知》中明确分步实施股票公开发行注册制改革。总结科创板、创业板注册制改革经验，积极创造条件，适时提出在证券交易所其他板块和国务院批准的其他全国性证券交易场所实行股票公开发行注册制的方案，相关方案经国务院批准后实施。在证券交易所有关板块和国务院批准的其他全国性证券交易场所的股票公开发行实行注册制前，继续实行核准制，适用本次证券法修订前股票发行核准制度的规定。

注册制在推行的过程中也存在一些问题，比如说，注册制的上市标准采用市值制，某些企业为了在短时间内达到上市的标准，需要维持股价的向上运行，从而有了财务造假的动机。李有星教授提出几个值得思考的问题：注册制在实践中存在着哪些问题，注册制与欺诈发行是否有关系，市值制度背后是否存在对赌、资本操纵和扭曲的投资心态。希望通过几位专家学者的探讨，可以对注册制的利和弊有更清楚的认知，从而在全面推行注册制的过程中把握焦点问题。

一、我国证券发行从审批制到注册制的发展历程

讲座的第一部分由华东政法大学的陈岱松教授讲授，围绕我国证券发行从审批制到注册制的发展历程展开。

陈岱松教授指出注册制和核准制是两个证券入口的审核制度，各有优劣，新兴市场大多采用核准制，成熟市场则采用注册制。1990 年，上海证券交易所创设；1992 年，中国证监会成立，我国证券发行经历了行政主导的审批制到核准制的发展。审批制包括额度管理和指标管理两个阶段，而核准制包括通道制和保荐制两个阶段。审批制额度管理按照额度进行分配。陈岱松教授指出，股票的发行额度由中国证监会制定，带有计划经济色彩，对于投资者而言不公平。后来，1993 年国务院颁布了《股票发行与交易管理暂行条例》，这标志着审批制的正式确立。该条例在证券法颁布之前一直发挥着重要的作用，因此一直被称为"小证券法"。1993—1995 年总共确定了 105 亿的发行额度，大概有 200 多家企业发行，筹集资金 400 多亿元。1996—2000 年证券发行进入指标管理阶段。1996 年、1997 年分别确定了 150 个亿和 300 亿股发行量，到 2000 年时共有 700 家企业发行，筹集了 4000 多亿元。

2000 年，我国证券发行进入核准制时代，这与 1999 年 7 月证券法实施有很大的关系。最早的核准制将券商分级，根据等级高低给予不同数量的通道。通道制一定程度上改变了行政机构的遴选推荐，让中介机构进行选择和推荐。但通道数量的限制引发了券商的不满，通道的买卖也是监管机构不能认可的，因此在 2005 年被废止，改为保荐制。通道制被废止时，全国共有 83 家证券公司、318 条通道。陈岱松教授指出通道制改变了行政机构的遴选和推荐，而由证券公司、主承销商来承担相应的责任，承担股票发行的风险，是核准制相较之前审核制度的进步。保荐制把推荐家数建立在保荐代表人的数量上，无限提升个人的重要性保荐制，对于证券公司的管理产生了不利影响，也导致非保荐代表人的不满，一段时间内，导致证券业生态恶化。陈岱松教授认为，2005 年将保荐代表人写入证券法，为上述乱象提供了法律依据，乃是败笔，是立法者对市场缺乏了解所致，应该让法学界来主持立法、修法、废法等相关工作。保荐制引起的问题随着发行体制的完善和注册制的改革得到逐渐缓解。

2019 年中国证监会发布了《关于在上海证券交易所设立科创板并试点注册制的实施意见》，科创板试点注册制。2020 年 3 月份新修订的《证券法》正式实施，从法律的层面全面推行证券发行的注册制。关于注册制，陈岱松教授认为，核准制和注册制各有千秋，我国需要建立更完善的证券新兴市场，注册制和核准制并不完全对立，注册制和核准制也不能完全隔离，而应当根据市场需求改进。目前，我国全面推行证券发行注册制。最后，陈岱松教授点题，瑞幸咖啡的案例正是证明了注册制并非万能，注册制依然存在造假，不论注册制或核准制都需要配套制度来反欺诈，以保障证券市场健康发展。

二、中国式注册制——科创板实践经验总结

讲座第二部分由北京大学法学院的硕士研究生王晨以"中国式注册制——科创板实践经验总结"为题，对科创板注册制运行一年多的经验进行了总结。王晨通过对注册情况的分析和公司上市失败原因的提炼，总结出当前科创板注册制审核中交易所和证监会重点关注的问题，以及注册制运行的一些问题和经验。

首先，王晨介绍了科创板注册制的运行情况。科创板注册的现行机制是公司内部提出上市决议之后，先交由上交所进行审核，在上交所的审核中心和上市委分别通过之后，就可以提出注册，由证监会作出"同意注册"或者"不予注册"的决定；而在上述过程中的不同阶段的都有着严格的时间限制。在2020年4月6日，共有227家公司提出科创板注册申请并受理。其中104家已经进入了证监会的注册环节，101家注册生效，1家不予注册（恒安嘉新），另外2家主动撤回注册申请。在25家终止注册的公司中有3家由上交所予以终止，另外22家主动撤回。到了8月28日，全部受理的公司数量已经达到了423家，短短4个月的时间受理公司的数量已经翻了1倍，其中新增注册生效79家，科创板注册制的运行已经渐入佳境。

紧接着王晨通过对每家申请公司的问询回复逐一分析，详尽介绍了三种情形下各公司申请上市失败的原因，重点分析了恒安嘉新、利元亨、世纪空间、博众精工四家在注册环节失败的公司，以及博拉网络、泰坦科技、国科环宇三家被上交所终止审核的公司。随后，王晨将上述公司可能的上市失败原因归结为六类，分别为：（1）公司是否符合上市标准，科创板的上市标准相对宽松，但在这种情况下还是有些公司不符合审核上市标准，这属于比较基础的问题；（2）公司的科创性不够，主要是针对"三项指标、五种例外"的审查，公司核心业务是否具有科创性也是考察公司定位的核心要素；（3）公司的持续经营能力没有达到标准，公司必须具有独立性和市场环境下持续经营的能力；（4）公司的会计处理能力以及内控的制度问题，基本上所有拟上市公司都出了这个问题，既包括会计处理的差错不合规定，也包括财务处理不符合规范；（5）关于公司的历史问题，包含历史沿革问题和公司历史交易问题，公司过去的交易很可能会埋下很多隐患，包括股权交易、并购等导致的溢价问题等；（6）公司的信息披露水平，强调关注完整性、真实性、准确性三个方面。

最后，王晨总结当前科创板实施一年多存在的有待改进之处：第一，审核程序方面不够完善，《科创板首次公开发行股票注册管理办法（试行）》和《上海证券交易所科创板股票上市规则》在细节上都不够明确，主要参考的审核标准只有上交所发布的"32条"，但"32条"无法囊括审核的方方面面；第二，证监会注册环节信息并不透明，公司和证监会在注册环节的问询、回复等信息完全无从获取；第三，上交所的现场督导环节并不透明，与证监会的现场检查相似，根据实践来看，上交所对保荐机构的现场督导是很有成效的，但这一环节中发现的问题同样不为人知；第四，审核内容方面的问题，这体现在问询、回复时间过长和浪费精力在修改规范招股书上。注意到证监会在恒安嘉新案中的行政处罚措施为出具警示函，王晨认为这种处罚力度可能还不够，这可能导致发行人和保荐人不会极尽其能力来完善招股说明书，导致上交所在审核工作中不得不帮助发行人修改招股书，这无疑是一种资源的浪费。

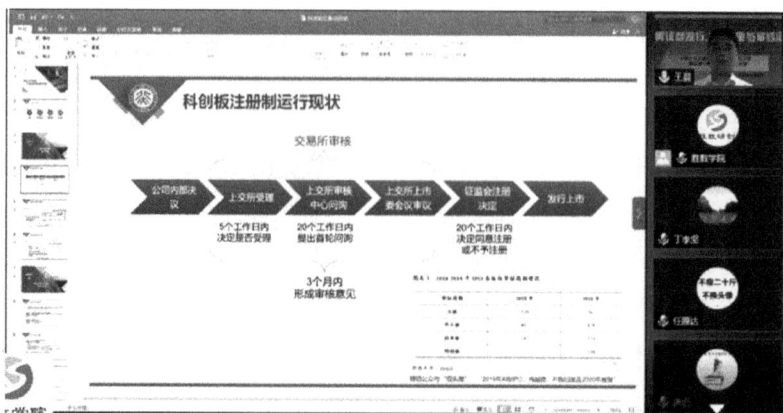

三、我国试点注册制视域下的科创板反欺诈若干问题刍议

讲座的第三部分，复旦大学法学院法学博士生任愿达以"我国试点注册制视域下的科创板反欺诈若干问题刍议——以发行／上市条件下预计市值、科创性与合规性等要素为展开"为题，阐述了自己对相关规范的理解以及对机制完善的建议，主要分为四个部分：一是结合上述议题对涉及的规范予以梳理，二是围绕相关规范进行初步分析，三是结合自身的实务经验对相关规范中所涉及机制可能产生的实务问题提出自己的理解，四是回到学理层面对立法规范与实务问题间的不协调之处进行反思与检讨。

在第一部分，任愿达对相关的规范进行了梳理，并选取了与科创板预计市值关联度最高的几项规范进行文义层面的分析。相关规范具体包括《首次公开发行股票并上市管理办法》（以下简称《首发管理办法》）第二十六条、《上海证券交易所科创板股票上市规则》第 2.1.2—2.1.4 条、《上海证券交易所科创板股票发行上市审核规则》第八十三条及国务院相关规范性文件中的释义条款。对于这些规范条文，任愿达分别作了条文内容的比较分析与具体概念的体系分析，由此对相关规范背后的立法逻辑提出思考。

在第二部分，任愿达对上述规范作了进一步分析。分析的重点在于预计市值的内涵与外延、在发行条件与上市条件统合考量的实务中主管部门与中介机构处理预计市值标准的实操、主板与科创板不同财务指标要求间的转换逻辑、鼓励科创逻辑与投资者保护逻辑的协调等四个思考点进行了深入的观点阐述，并进一步引出在理解相关规范时，发行条件与上市条件之间的关系对于确认预计市值的影响、在支持科创的顶层设计下具有特殊控制架构或表决权安排的企业是否能够适应目前的预计市值要求、预计市值指标与科创属性和企业合规性间的要素序列等，均系值得关注的问题。

在第三部分，任愿达对于上述内容结合到实务中一些机制理念可能产生的问题与大家开展交流探讨。对于申报发行阶段如何理解与定义预计市值的概念、资本市场中不同维度的实质重于形式的标准、与预计市值指标相关的衍生问题、多政策导向的协调问题等，有必要结合实务中的现状进行深度思考、总结相关机制中尚待解决的实务问题。任愿达认为，在实践当中各方主体对资本市场中实质重于形式的标准有多维度的理解，而可以确认的是，这个标准在前述维度均贯穿于企业上市的整个过程，包括但不限于在判断关联交易时就必须抓住关联关系的实质性作出合理判断；相对于主板上市企业的总体成熟度以及行业的分布特点，需要为科创板拟上市企业找到可比企业并不容易，相关企业往往前期亏损，且经营模式尚未成熟，如何把握其预计市值在实践中需要考察很多的因素，本质上仍需要理清预计市值指标背后主管部门关注的核心要素，即是以科创属性为优位还是以企业可判断的当前估值为优位；与预计市值指标相关的衍生问题则包括科创板申报中多轮问询机制、询价机制与发现预计市值间的对标问题、科创板语境下多政策导向的协调问题等，在实践中还需要考虑外部设施条件是否足以在目前时点支撑和保障相关机制的有序运行。

在最后一部分，任愿达回到学理层面对相关问题进行了概括性的反思与检讨，其"借用"国学大师王国维的三大境界，分别从实践论、认识论、方法论层面表达了自己对相关机制优化、资本市场整体制度进一步健全、相关理论研究应被实务人士更多关注的想法。任愿达认为现在实务人士无论是出于防范职业风险的需要还是提高职业技能的需求，均应加深学术素养，为在市场中保持审慎思考与独立判断的、寻求有理据支撑的中立性立场。

四、资本市场治理下核准制到注册制的演变

讲座第四部分的主讲人为中央财经大学法学院副教授董新义。

分享伊始，董新义教授提炼了中央颁布的《中共中央关于坚持和完善中国特色社会主义制度、推进国家治理体系和治理能力现代化若干重大问题的决定》中的核心精神，并借此从国家战略层面分析资本市场审核制度为什么要改、改成什么样以及怎么改的问题。

第一部分是关于核准制与注册制的解读和评价。对此，董新义教授既肯定了核准制在我国资本市场的新兴时期发挥了不可替代的功能和作用，同时也认为"有罪推定"的核准制不仅效率低下，也不能从真正意义上杜绝欺诈发行等有问题的上市公司的出现，而且极大阻碍了大部分企业的融资途径。相较而言，董新义教授认为，注册制的采用更像是刑事诉讼中的"无罪推定"模式以及选"真"不选"美"的审核标准，更符合当前资本市场治理能力现代化的根本要求。当然，注册制并不是毫无弊端，董新义教授认为，注册制同样无法从根本上杜绝欺诈发行，实施不好甚至进一步危害散户投资者的利益。董新义教授还着重指出，注册制采用的并非所谓的"形式审查"。就

美国的注册制的实践经验而言，注册制是包含"实质审查"的。比如 SEC 会关注产品、服务、研发、生产、营销以及客户满意度等实质性信息，也包括管理人员的背景、工作经历等，在承销方面，也会对股东权利分配、是否存在利益冲突、发行价格、期权、投票权以及权重比例等事项进行审查和监管，这已经远远超过形式审查的范围了。从这一点来看，我国科创板、创业板实施的注册制在一定程度上体现了实质审查的精神，也是一种国际通行做法。

第二部分是关于我国目前注册制的核心理念和基本原则。首先，董新义教授指出，无论是科创板还是创业板，其制度中均有一个完美的核心理念，即"一条主线、三个统筹"。"一条主线"指的是实施以信息披露为核心的发行制度，提高透明度和真实性，投资者自主进行价值判断，真正把选择权交给市场。"三个统筹"是什么？第一，统筹推进创业板改革多层次资本市场体系建设，体现了坚持创业板与其他板块错位发展，推动形成侧重相互补充的适度竞争的格局；第二，推进试点注册制的其他基础制度建设，实施一揽子改革措施，健全配套制度；第三，统筹推进增量改革与存量改革，稳定投资者的预期。其次，《创业板首次公开发行股票注册施行办法》提及多个注册制的基本原则，包括以下四点：（1）要借鉴科创板注册制试点经验做法；（2）体现更加便利股权融资，精简优化发行条件，增加资本市场的包容性，扩大资本市场的覆盖面，实现普惠金融的思想；（3）强化信息披露监管；（4）加强风险防控。

随着注册制监管规则的出台，最高人民法院也跟着配套了相应的司法保障的措施。比如说针对科创板注册制实施出台了 17 条意见，针对创业板注册制实施又新出台了 10 条保障意见。然而，从科创板和创业板注册制现有规定以及司法保障措施规定的内容来看，仍存在诸多不足，董新义教授指出，其原则性有余、细则不足是其最大的问题。比如证券服务机构的义务这一块历来争议颇多，义务内容的不明确可能导致机构在未来会因虚假陈述案件中承担过多责任，从而影响证券服务机构提供服务的积极性，损害资本市场自身发展。

最后，董新义教授指出，注册制想要为投资者提供更安全可靠的投资环境，就必须做好以下几件事：第一，发行人不敢欺诈造假；第二，中介机构不愿意、不敢参与欺诈造假；第三，投资者和社会各界共同监督，抵制欺诈造假；第四，让造假者得到严厉的制裁。

五、证券发行制度演变与关键因素

本次讲座的与谈人是北京大学法学院教授彭冰。彭教授首先总结了四位发言人的观点并予以肯定，其次发表了几点看法。

第一，回顾注册制的发展，从 1990 年到现在 30 年间，中国证券市场，尤其是发行制度的变迁蕴含了一条发展主线：政府放权的幅度越来越大，政府有意收缩自己的权限。在最初的额度制下，挑选企业的功能交给地方政府，由地方政府来向证监会推荐企业。在核准制下这个功能主要交给了中介机构，由保荐人向证监会推荐企业，由证监会进行批准。在注册制下这个功能进一步下放到交易所，即使交易所还在行使某种审核性的权利，但这个权利的边界也变得越来越清楚。核准制最大的问题是它不作实质审核，充满了不确定性。证监会从最初无理由否决企业上市到逐渐公布否决的理由，到现在将此权力赋予交易所，这样的过程体现出历史发展的逻辑，就是政府在越来越多地退出市场，让市场自身发挥作用。市场化的趋势是持续发展的，但最终能持续多长时间还得在实践中验证。

第二，彭冰教授认为证券发行制度关键的因素即必须解决的核心问题有 3 个：（1）信息披露的真实性，减少欺诈；（2）发行人的质量；（3）证券发行的价格。彭冰认为，首先，对信息披露真实性审核的重点放在前端控制上是不合适的，没有一个国家在事前审核的时候能保证信息的真实性。注册制无法挑选出"真"企业。发行人聘请大量的中介机构出具了浩如烟海的材料，审核机构根本无法核实每份材料的真实性。其实只能通过事后的惩罚机制，加大处罚力度，让上市公司不敢造假。所以制度设计追求的目标只能是尽可能确保信息真实，但不能保证绝对真实。其次，发行人的质量和发行价格是成正比的。但发行审核无法确保证券质量和价格的统一。从证券发行历史来看，证监会、地方政府或者交易所挑选企业的主要标准一直也是企业的质量，但市场才是最适合做发行人质量判断工作的，市场在判断发行人的质量上更容易试错，市场自身能够承担这个试错机制带来的成本。

彭冰教授指出，中国 30 年证券市场审核制度的变革，逐渐把对发行人质量的判断权交给了市场。如果我们不拘泥于某些具体的制度，而是从长远角度看中国证券市场 30 年的发展，资本市场的发展前景是乐观的，挑选发行人、把在资本市场融资的权利交还给发行人的审核机制，从政府向市场转移。科创板由于自身市场的性质，会保留一些实质性审核的功能。在注册制全面推行，各个板块都实行注册制之后，实质性的审核会局限在特定的板块。市值标准跟投资者保护并没有直接的关系，市值标准是交易所的标准，是交易所为确保在此板块上市的公司的质量或者保持板块特色提出的要求。投资者本身的需求是多样化的，有些投资者对科技创新企业感兴趣，有些投资者希望能有一些稳健的收益，某一个板块具体的要求与整个制度的设计即如何让企业更加便利地融资的同时更好地保护投资者并没有太大关系。

六、尾声

讲座进入尾声，清华大学教授施天涛对讲座中各位学者的分享进行了总结：陈岱松教授进行了历史回顾、制度上的检讨；王晨同学从实证角度对注册制进行分析；任愿达同学从规则层面进行深入分析；董教授也对注册制适用提出个人看法；彭冰教授更是在自己专业领域中发表了高见。

随后施教授对注册制试行提出个人见解，他指出，注册制与核准制除了形式审查与实质审查的区分，更重要的层面在于解决权利归属问题，这是哲学层面上的问题。注册制和核准制适用根本上属于资本市场自有问题，是否应当由政府和监管机构进行规范值得商榷。核准制的参与主体除交易所外，更多其他类似保荐人等中介机构也应参与其中。

最后，施教授对李有星教授组织的瑞幸咖啡系列讲座表示了支持和认可。讲座已经涉及《证券法》、证券市场各个方面的理论和实务问题，有学术性的研讨，也有新证券法的推广、介绍、普及，影响非常大。

讲座最后，李有星教授和各位嘉宾对本次讲座作了总结和问题探讨。李有星教授指出证券法已经全面推进注册制，从理论立法上注册制适用已经相对成熟，但从实践上看仍然是不断推进的过程。核准制与注册制都不是用于规避欺诈行为，应当从后端的惩戒措施进行威慑。并提出问题：若将注册制仅作为公司融资方式，可以从哪些方面对现行注册制进行改进？

王晨认为现有的法规对于发行人和保荐人在申请过程中造假的处罚压力不大，在无法通过审查解决造假问题的情况下，应当加重处罚力度从而提高威慑作用。

任愿达认为在立法规范方面，现有的注册制语境下的法律规制已经呈现日益严格的趋势；在监管规范方面，对于违法行为的认定，在资本市场的总体框架下具有较强的主观性，相关主管部门存在依据整体经济情况、市场运行情况作出于不同市场风口或不同窗口期内适度调整监管口径的先例；而值得关注的是，在规范不断趋严的情况下，金融基础设施的完备性是决定发现违法行为的技术保障，后续金融科技与监管科技的融合将不断强化立法的实施效果。

董教授认为，从规范层面上看，注册制上对于造假行为的治理力度较大，现有症结在于制度配套的机制仍存有缺陷，例如内幕交易或者虚假陈述难以发现、现有的监管资源不足。彭冰教授指出，《证券法》默示加入民事集体诉讼制度，这一制度落地将使未来证券民事赔偿数额大额增加。值得思考的是，上市公司赔偿额度过大导致公司破产，是否能够真正起到保护投资者的作用，是否会对投资者造成二次伤害。如何处理才能够将上市公司的赔偿落实到真正实行违法行为的董事、高管个人。从现实来看，对于中国证券市场广大投资者而言，接受制度上的变迁需要一定的时间，最重要的是坚持正确的方向。

施教授总结道，体制上试行的注册制改革和核准制之间，最根本的问题在于解决权力分配的关系问题。核准制的变迁应使得监管部门能够将资源充分专注于证券市场的监管。

第二十一期　中美股权投资中的对赌回购协议、责任承担与风险管控

2020 年 9 月 6 日 18∶30，由中国法学会证券法学研究会副会长、浙江大学互联网金融研究院副院长、浙江大学光华法学院李有星教授主持的"中国法学会证券法学研究会瑞幸咖啡案例研究（第二十一期）：中美股权投资中的对赌回购协议、责任承担与风险管控"讲座在胜数直播"小鹅通"上顺利召开。本次讲座的主讲人为：北京隆安律师事务所高级合伙人邱琳，华睿富华资本董事长、浙江省股权投资协会副会长宗佩民，中国投资发展促进会副会长周恺秉，华东政法大学国际金融法律学院副院长、副教授丁勇，浙江大学城市学院法学院讲师张桂龙，浙江省律师协会副会长、浙江和义观达律师事务所创始合伙人叶明，与谈嘉宾为北京大学法学院教授刘燕。讲座共有五千多人参与直播和互动，获得了良好的反响。本次活动由中国法学会证券法学研究会、浙江省法学会金融法学研究会、浙江大学互联网金融研究院、浙江省前景大数据金融风险防控研究中心、浙江互联网金融联合会、杭州胜数研创等支持完成。

以下为讲座的详细内容。

会议伊始，李有星教授对本次会议与会嘉宾进行介绍。随后对本次讲座的选题考虑进行介绍，他指出瑞幸咖啡上市前后均进行了几轮融资，过程当中往往存在对赌协议，其中必定存有业绩压力。股权投资是市场化资源配置方式，优势明显。融资有股权融资和债券融资两种方式，债权融资作为主基调，在企业营运管理过程中，若企业经营状况不佳，无法对债券进行偿付，则投资者血本无归。股权融资，没有还本付息压力，等待企业利润增长或企业增值，其间所存有的风险由投资者自己承担，由买方自负。对赌、回购、不稀释协议保护投资者和被投资者利益，均是双方进行平等互利谈判的结果。由于对赌协议没有违反禁止性规定，法院对于对赌协议的效力予以认可。最高人民法院在《全国法院民商事审判工作会议纪要》当中明确了对赌协议的定位，将其作为估值调整协议。李有星教授指出纪要对对赌协议主体以及对赌协议的存在形式均

予以明确。

李有星教授指出，在实践当中对赌回购引发了诸多问题，亟须制度完善。具体问题包括：理念和认识问题、具体操作技术问题、对赌指标的法律限制等。以上的问题都需要进一步探讨与明确。

一、特殊资本交易——对赌

讲座第一部分由北京隆安律师事务所高级合伙人邱琳以"特殊资本交易——对赌"为题，从数据的研判角度出发，分析具有法律实践价值的对赌数据，进而进行分享验证，最终揭示对赌的本质是什么。同时，邱琳律师也提及了关于与目标公司对赌、与实控人及原股东对赌的僵局问题，并分享了自己独有的观点。邱琳律师的讲座体系分为以下三个部分。

第一部分，邱琳律师通过举例大量商业数据来分析中国股权投资市场出现对赌失诺的情况。2010 年到 2020 年第一季度的整个中国的股权投资市场规模，从 2013 年开始处于逐步上升的阶段，在 2017 年达到了峰值。2017 年和 2018 年整个股权投资市场的规模超过了万亿。整体的股权投资市场在这样一个欣欣向荣的情况下，不仅仅包括天使轮、种子轮，更多是 VC 风险投资、PE 私募股权投资在投资市场表现得非常好。2020 年第一季度的退出情况，在某种程度上也反映了过往股权投资市场退出情况，IPO 占到超过 70% 的比例，从这样的数据来看，很多的投资是良性退出的，其中并购和股权转让也占到了超过 20% 的比例。

同时通过对数据进行细化可以发现，早期种子轮和天使轮的投资退出方式更多是股权转让方式，IPO 方式第二，回购第三，而在风险投资市场和私募股权投资市场仍然以 IPO 的方式退出，占到核心的地位。其实并购是个很大的退出路径，2016—2018 年并购案例非常多，在做研究的过程中，因为 VC、PE 投融资的很多交易数据的披露其实并没有那么及时和准确，而上市公司的数据有上市公司年报的披露，所以在上市公司数据统计过程中能看到更多有价值的数据。在 2010—2018 年上市公司进行重大资产重组且完成的 1239 起交易中，680 起交易涉及对赌交易，占比为 55%。从争议解决的角度看，并不是所有的对赌失诺最终都选择了诉讼，一大部分选择了仲裁，尤其是在海富案再审判决之后，所以我们看到，在北仲、贸仲、深国仲审理了大量涉对赌争议。当然，投融资双方更多还是选择了和解，少部分极端案例会直接动用刑事手段。总体上，从商业数据和司法裁判的数据可以看到，对赌争议标的额巨大、案件疑难复杂，对赌失败占比更是逐年在升高。

第二部分，邱琳律师对上述数据反映出的对赌情况进行进一步的验证。验证期间因遭遇疫情，于是辅之以问卷调查的形式了解疫情对正在发生的对赌的影响。验证显示实际上对赌交易的数量比我们掌握的数据还要多，对赌成了投资活动的标配。虽然从 2019 年开始慢慢地有一些投融资双方不再用对赌的方式解决估值问题，但不能忽视的客观现实是，在过去的很长一段时间内"无对赌不投资"。同时也发现除了大型的投资机构，还有很多中小投资者及大量的创业者并不了解对赌，只是直接签署投资人给出的大量的模板性文件，也不了解一旦对赌失败可能对企业及自身产生的致命影响，加之新冠肺炎疫情影响，对赌协议的履行更是雪上加霜。据此，对赌交易或有关股权投融资交易中存在很多的程序、实体法律问题都亟待解决。

第三部分，邱琳律师对对赌的本质进行了概括。对赌虽然在 VC、PE 投资合同中表现为一个条款，或是在股转、增资协议之外的补充协议，或是在上市公司重大资产重组中的一份盈利预测补偿协议，但都涵盖三个核心的部分：第一个部分是估值。第二个部分是对估值作调整，调整的前提是，投资者给融资方设置里程碑事件，财务指标也好，非财务指标也好，调整的手段可以是金钱补偿，也可以是股权补偿，补偿的主体可以是目标公司、控股股东、实控人及目标公司高管。第三个部分是退出，退出的方式包括 IPO、被第三方并购、股权回购的方式。也就是说在股权投融资交易中，为了解决目标公司未来发展不确定、信息不对称及代理成本的三大问题，而进行的估值调整及退出的整个动态的交易范本，我们称之为对赌协议。

同时邱琳律师也提及了关于和实控人对赌的时候，目标公司承担担保责任是"曲线救国"的路径还是"变相"回购的问题。同时，邱琳律师亦提示，在山东省高级人民法院（2014）鲁商初字第 25 号案例中，投资者与目标公司对赌，法院把计入注册资本和资金公积的投资款作了分别处理，判决目标公司偿还计入资本公积部分的款项。虽然这样的案例在检索过程中并不多见，投资者也很少拆分诉讼请求，甚至该案件中也没有拆分诉讼请求，是法院主动作了拆分，计入目标公司注册资本的投资款没有被支持，计入资金公积的投资款以债权请求权的形式给予了支持，该案的裁判思路没有违反现行《公司法》的规定，对于那些遗留的尚未处理完的和目标公司对赌的判例确实提供了有价值的参考依据。

二、回购与对赌的实务

讲座的第二位主讲人是华睿富华资本董事长、浙江省股权投资协会副会长宗佩民。首先，宗会长介绍了回购与对赌条款产生的背景。2000年前做投资，股东之间一般同股同权，投资估值一般遵循净资产法，很少采用市盈率法与市销率法，回购与对赌等条款比较少见。在法律上没有先例，所以整个投资比较单纯，虽然股东都是同股同权，互相之间以诚信为基础进行合作，市场比较简单。随着股权投资行业的发展，市盈率估值开始成为主要估值方法，对赌与回购开始多见，特别是外资机构，带进一套比较成熟的法律文本，使得投资协议中对赌与回购条款开始流行。2014年《公司法》修改后，股东之间通过协议约定权利义务的灵活性大大提高了，回购、对赌、各种优先权、反稀释等条款成为常规条款，融资方为了提高融资价格，也愿意采用回购与对赌条款，投资方为了控制风险，更是普遍要求在协议条款中增加回购与对赌条款。

其次，宗会长分析了对赌回购条款针对的主要情形。从华睿投资18年的投资实践看，投资协议设置对赌与回购条款不仅仅针对估值，还有很多情形，包括但不限于：（1）防范融资前隐瞒事实真相，不能如实披露重大问题；（2）融资估值开价过高，与公司已经形成的盈利能力与成长速度不匹配；（3）约束实际控制人或者其他重要股东、董事、管理者存在同业竞争；（4）约束实际控制人、股东、董事、管理者挪用或者转移公司财产；（5）约束实际控制人或者其他管理者发生拆借资金与对外担保等行为；（6）约束公司发生违规与违法行为，导致行政与刑事处罚；（7）约束其他一些重大违约行为与主观过失。

接着，宗会长讨论了对赌与回购条款的实际执行。其一，对赌与回购更多的是作为防御性条款，目的是避免一些情况的发生。在华睿投资的实践中，对赌回购条款的总体执行比例低于50%，特别是对那些过程非常努力也讲诚信的团队，因为没有重大过错，如果创业没有成功，一般选择放弃对赌与回购权利的追溯。但在创业者再创业的情况下，会要求新公司给予适当的股权补偿。其二，由于业绩无法达到承诺导致估值过高引发补偿机制的，一般能通过现金补偿或者股权补偿的方法使得对赌与回购条款得到执行，执行情况也普遍比较好。其三，由于其他实际控制人过失、违规违法等原因引发对赌与回购条款的，执行难度往往比较大，同业竞争、资产转移等行为的法律取证难度也比较大。其四，回购条款适用于实际控制人不适用于公司，也是重大障碍，投资人钱投在公司，如果不是公司来执行回购，那就很难保护投资人权利。社会上投资公司的对赌或者回购条款的名声不太好，对赌名声是正确引导创业和正确引导估值很重要的手段，校正的不仅仅是估值问题，更重要的是诚信问题，是创业者的行为规范问题。所以这不完全是一个彻头彻尾的保护投资者的条款，也是保护创业者的条款，是保护创业和投资者之间互相能开诚布公、公平合理，能够共同走向成功的一些很重要的法律性条款。

最后，宗会长对对赌和回购的实务提出了切实可行的建议。其一，给对赌与回购正名，这不是投资人压迫创业者的工具，更多的是投资人权利保护的一个防御性工具。其二，需要对对赌与回购的针对性情形有更多的法律角度的描述，以便引导创业者与投资人达成共识。其三，要突破公司不承担回购义务的限制，特定情况下公司应当承担回购责任。

三、对赌和诚信体系建设

讲座的第三部分，中国投资发展促进会副会长周恺秉从实务角度分享了自己对中美对赌规定的相关独到见解。

美国的对赌主要发生在 PE 阶段，对赌的对象主要是公司，但在传统行业里，主要股东在公司股权占比非常高。另外，股东责任以公司的权益为上限，最多对赌回购或者赔掉公司所有股份，是一种有限责任的对赌。美国早期投资可能不再用对赌的形式，A 轮以前的投资现在有两种工具，一种是 A 轮前普遍采用的可转债，另一种特殊的投资工具是 SAFE(simple agreement for future equity)，由美国著名的孵化器 Y Combinator(简称 "YC") 于 2013 年针对早期投融资推出的一种新的交易形式，类似于可转债，但本质不是债，更不是股权，而是介于股权和债权的一种契约形式，其目的是使得创业公司的融资过程简化、快速、低成本。可转债也好，SAFE 也好，一般来说，美国 A 轮投资人进来的时候，相应转换成股权，相当于前期对投资人的保护采用的方法有一些区别。中国股权投资的对赌存在于 PE 和 VC 两大领域中，对赌责任倾向于由控股股东承担，包括连带责任。20 世纪 90 年代我国就出现了对赌协议，主要是明股实债的形式，即投资资金以股权投资的模式进入被投企业，但是附加了回购条款，约定一定期限后，由被投企业原股东或其关联方收购前述股权。

中美早期投资有一个很大的差异，即美国更倾向于保护创业者。我国则对创业者诚信要求很高。由于不诚信行为的违法成本高，美国创业者隐瞒自己重大失误的不诚信行为较少，而我国创业者普遍高估自己。根据初步统计，80%以上的创业者不一定能完成得了承诺的业绩。高估自己，很可能隐瞒或者没有说出很多行为，对投资人来讲会有压力，这需要作出对赌或者估值调整协议要求。由于诚信压力，很容易让创始股东签连带责任，进而产生很高的社会成本，如产生很大的纠纷，或者让一些协议的执行出现很大的问题。

针对以上提出的问题，周恺秉副会长给出了几点建议。第一，理性投资。从投资人的角度来讲，不能盲目跟风，不要相信对赌一定保证投资的收益或安全性。估值很高的项目不一定要追高，投资界为盲目追高付出了极高的代价，投资人要理性投资。第二，理性创业。从创业者的角度来讲，不能过分高估自己，高估对自身和投资人都是非常不好的事情。过分地高估自己，可能导致数据造假甚至其他违法行为。创业者从而承受不了回购的所有责任，投资人也有自己的道德风险，这也是很大的社会隐患。周恺秉副会长强调，理性创业、诚信创业是非常重要的事情，不要隐瞒自己存在的问题，故意欺骗投资者，这会带来极高的社会成本。

四、资本三原则视野下的对赌协议

讲座第四部分的主讲人，华东政法大学国际金融法律学院副院长、副教授丁勇以"资本三原则视野下的对赌协议"为题给我们带来了精彩演讲。

对于对赌协议的法律评价，丁教授提出了以下主要观点。首先，评价对赌协议应当重点从《公司法》的视角而不能仅从《合同法》视角。与《合同法》上一般的债权债务关系不同，对赌协议调整的是 PE/VC 投资方出资成为被投资公司股东的协议，这在本质上是组织与其成员间的关系，而组织成员负有促进组织利益的义务，其个人权利要受到组织利益的限制。因此，即便股东与公司之间存在合同约定，股东个体基于合同所享有的权利在必要时也要受到公司整体利益的限制，尤其不能以牺牲公司利益为代价去实现个体权利。这种《公司法》基于组织整体利益对《合同法》上绝对的个体权利的限制正是《公司法》不同于《合同法》的独立价值所在，也从根本上决定了投资方基于对赌协议所享有的合同权利并非绝对的、无条件的，而要受到公司利益的限制。

接着，丁教授指出，对于股东与公司间的资产投入与流出关系，包括我国在内的大陆法系《公司法》一般以法定资本制及资本三原则加以规制。法定资本制的基本理念是将注册资本作为股东获得有限责任的对价，以此平衡有限责任对公司债权人的不利。我国2014年的资本认缴制改革并未改变我国仍是法定资本制的事实，因此也不改变资本三原则的适用。当然，对于法定资本制及资本三原则更好的表达是"确定资本制"及资本两原则，即公司成立时仅需股东确定（认缴）一个注册资本数字，但一旦确定了这个数字，股东就负有按这个数字向公司真实缴纳出资以及此后不能再从公司拿走出资的义务，前者就是目前常说的资本确定原则，或者更准确地称为资本真实缴纳原则，后者就是资本维持原则。至于资本不变原则，一来容易引起歧义，二来其实已经暗含在"确定资本制"的概念当中了。

就资本真实缴纳原则而言，其要求股东按法律和章程的规定真实履行所承诺的出资，特别是要求出资应当完全处于公司最终的自由处分之下，从而使股东真正承担公司的经营风险。因此，股东不能仅仅是形式上先将现金出资给公司，但同时又通过在出资义务上附加一个与公司订立的买卖或借款合同，使公司为履行该合同而很快又将出资返还给股东。这种规避资本真实缴纳要求的做法在各国其实都很常见，而我国司法实践往往认为此时股东已经完成了出资义务从而满足了资本真实缴纳（确定）的要求，而仅仅只是抽逃出资从而违反资本维持原则的问题。这实际上是对资本真实缴纳原则的误解和放松。对赌协议场景下其实存在类似的问题，即股东在出资的同时就已经通过对赌协议使得该出资能够回流到自己手中，确保了其并不承担公司的经营风险，因此严格来讲并不能真正满足资本真实缴纳原则的要求。目前理论和司法仅将对赌协议的问题聚焦于资本维持原则，实际上已经是对其的宽松处理。

就资本维持原则而言，丁教授指出其在判断上采用的是资本负债表的观察方式，即公司净资产只有高于注册资本的部分才能流向股东。当然，我国《公司法》并未明确资本维持的具体标准，因此维持的仅是形式上的注册资本还是也包括资本公积等其他部分并不明确。实践中的确也有法院支持了资本公积金可向股东分配的做法，对此可能需要立法加以明确。《九民纪要》同样是从资本维持的角度对对赌协议的履行加以限制，但丁教授认为，将股权回购和减资作捆绑理论上并不合理。回购可以成为减资的一种手段，但回购并不必然需要减资。当然这和我国对回购事项尤其是财源限制等问题的立法不完善有关。对于现金补偿须以可分配利润进行，也应当在资本维持锁定可分配资产的意义上理解，并非要公司真的做一个利润分配程序，更不是只能按投资方的出资比例向其分配。当然，在由谁来判断和决定公司是否有可履行资金问题上，丁教授认为应当尊重董事会的商业判断，并指出公司利益有可能超出资产负债表的可分配财产范围，对可履行资金进行进一步的限制。

最后，丁教授总结认为现行法对 PE/VC 投资方看上去并不"友好"，但根源在于其自己所选择的股权投资方式，从而只能接受《公司法》要求其必须承担公司经营风险的约束和限制。试图通过合同约定排除这种风险（尤其是创业者的道德风险）虽然可以理解，但法律不可能以牺牲被投资公司广大债权人及其他股东利益为代价加以成全，这对社会整体经济效益也未必有益，否则只会进一步助长强势股东转嫁其在股权投资中本应付出的尽职调查等成本和本应承担的公司经营风险。当然，PE/VC 投资方今后仍可在组织法框架内寻求最大化其利益的法律安排，立法和司法如何回应也值得期待。

五、法律与金融视野中的对赌协议

讲座第五部分由浙江大学城市学院法学院讲师张桂龙以"法律与金融视野中的对赌协议"为题，从对赌协议的法律结构、对赌协议的法律和金融属性、对赌协议的履行三个方面与大家展开分享。

第一部分，张桂龙博士介绍了对赌协议的两种法律结构。一种是估值调整条款，这是对赌协议的核心，包括单向、双向的估值调整，这些调整通常以金钱或者股权补偿的方式体现，目的是在投资时能锁定因为未来的业绩的变化而导致的股权账面的公允价值的变动，用来锁定账面资产的股权公允价值的变动而采取价格调整的条款；另一种是全部回购条款，这是股权投资共性条款，非对赌特有，属于退出条款，该退出条款究竟属于违约、合同解除或类似于担保性质的条款还是其他性质，在法律界和会计界都有所争议。

第二部分，张桂龙博士谈到了对赌协议的法律和金融属性。

第一，关于估值调整条款，其法律性质上股性不变，属于股权成本调整条款，旨在锁定公允价值变动。估值调整条款核心在于估值调整，在会计上，补偿可以作为长期股权投资的初始资本进行调整，例如：琼地税函〔2014〕198 号中，海南航空股份公司在对赌协议中取得的利润补偿可以视为对最初受让股权的定价调整，将收到的利润补偿相应长期股权投资者的初始投资成本。会计上这样处理的原因与法律上对估值调整条款的认识有关系，因为不同的会计处理会导致企业可能缴纳不同的税款，比如调整初始股权投资成本不会给企业带来额外的所得税。

第二，关于全部回购条款，法律实质上属于债的性质，属于未经公示的可赎回普通股，在会计处理上，按照金融工具相关国内外准则，应视合同条款以被投资方权益工具或金融负债进行初始计量。实践中，投资方希望作为长期股权投资，溢价部分被计入资本公积，但无法反映经济实质，全部赎回又导致公司资本基础受到冲击，也导致法律形式和经济实质的割裂。造成这种现象的原因在于原先应该把投资款按照金融工具的会计准则处理，但是实践中投资款被计入股本同时把溢价部分计入资本公积里，没有办法反映经济实质，全部赎回又导致公司的资本基础受到冲击，导致了法律形式和经济实质的割裂。在会计上，反映经济实质是时时刻刻的，但在法律上例如股权债权的性质定了之后，未来要发生改变可能要借助一些其他的外力，比如通过诉讼或者其他方式才能发生改变。因此，在经济实质反映上法律是滞后于会计的。

第三，关于金融视角下的对赌协议。对赌协议与优先股功能相似，均可回购，但是会计处理不同，实践中对赌协议放在股本科目中，优先股没有放在股本科目中。例如：在中国香港上市的小米集团和美团，在上市中采用的工具就是可转换、可赎回的优先股，优先股是小米和美团在拟上市期间引进的投资者，这些投资者中涉及的条款是可以转换也可以赎回的优先股。也就是说，发行优先股可以转换为普通股，如果小米和美团上市失败的话，优先股可以赎回。所以优先股也是小米和美团为了上市集中做的融资。从金融的角度进行分析，对赌协议是普通股加上看跌期权，实践中多计入股本；可转换可赎回优先股是优先股加上看跌看涨双向期权。

第四，关于金融视角的现代公司融资安排。公司资金来源主要包括：普通股、可赎回普通股、优先股、永续债、可转债、债、担保债。按照《公司法》原理，资金来源整个序列整体上可以视为劣后级到优先级的排序，劣后级必须先满足优先级的利益，股性越强越劣后，债性越强越优先、越可赎回。既然优先股可转换可赎回，普通股理论上也可赎回，同时必须考虑优先级的利益，但没有必要固守传统的公司资本原则，只要保证整体优先劣后序列的利益即可。对赌协议实践中为了反稀释，拟上市公司往往会主动要求回购普通股。

第三部分张桂龙博士谈到了对赌协议的履行。关于对赌协议股权调整和赎回的实现，《九民纪要》虽承认对赌协议的效力，但混淆了对赌协议的履行、回购、减资之间的关系，对赌协议的履行并非一定要经过减资程序，可以通过其他路径实现。

第一，资本公积科目调整，仅估值调整，非全部赎回情况。由于存在估值调整协议，列入资本公积中的溢价款并非反映经济实质，公司原本不应得的股款被列入资本公积，允许调整契合法律形式和经济实质。股价调整并不属于公司亏损，符合资本公积的用途，属于投资方股权投资成本调节，如果不纳入成本调节，补偿对于投资方构成营业外收入或捐赠所得，还需要缴纳企业所得税，不利于创投和风险资本的发展，也不符合经济实质。股东的责任在于注册资本，资本公积只是注册资本的储备库。

第二，视合同条款按权益工具或者金融负债进行会计处理。当存在全部赎回条款时，可以按金融工具进行会计处理。这符合国内外关于金融工具的会计准则，对赌条件发生时，进行后续计量，无须减资程序。考虑对赌协议的存在，一般初始以金融负债进行处理，对赌失败后列入财务费用，对赌成功后，再转入股本项目。

第三，发行优先股回购，主要依据《优先股试点管理办法》第五十四条，上市公司可以非公开发行优先股作为支付手段，向公司特定股东回购普通股。上市公司回购普通股的价格应当公允、合理，不得损害股东或其他利益相关方的合法利益。该办法给出一个思路，类似的对赌协议可以通过发行优先股作为支付手段进行回购普通股。这就避免了减资的程序，虽然说这是上市公司的规定，但将来可以考虑作为回购的途径和手段。

第四，《九民纪要》中的会计缺陷。因为利润容易调节，以公司利润偿还，可能造成对赌协议履行遥遥无期。股东异议回购请求权也有利润要求，但实践中公司调节利润，造成了很大困扰。以利润偿还会导致投资方构成营业外收入或者捐赠所得，需要缴纳企业所得税，不利于创投，也不符合经济实质。在仅存在估值调整情况下，以减资来履行对赌协议不符合经济实质，让原本不应属于公司的收入变成了股本项目。

最后，张桂龙博士列举了两个对赌协议履行案例。一个是掌趣科技并购玩蟹科技的对赌协议阶段性完成。玩蟹科技如果从总的完成比例来看是完成了对赌，但某一年没有完成对赌。这种情况就属于对赌协议的阶段性完成，首先要看合同条款如何进行约定，是单次的对赌还是综合的对赌，如果没有的话要按照全周期进行处理。因为企业在发展四年之后，估值变化是整体的过程，按照估值调整的原理要按照完成时的估值水平进行处理。另一个是新华医疗投资英德公司，和其他的对赌协议区别在于，新华医疗投资英德公司实质上参与了英德公司的管理，所以法院认为新华医疗对英德管理的实质性参与，对公司业绩的下滑造成了一定的影响，同时负有相应的责任。我们在处理类似的有关对赌协议的履行问题时，也可以借鉴企业会计准则2号里的应用指南，关于投资方对被投资方施加的不存在控制或实际控制但对被投资方造成重大影响的情形。这些投资方对被投资方施加的重大影响，也可以作为对赌协议履行里法院参考的裁量标准。

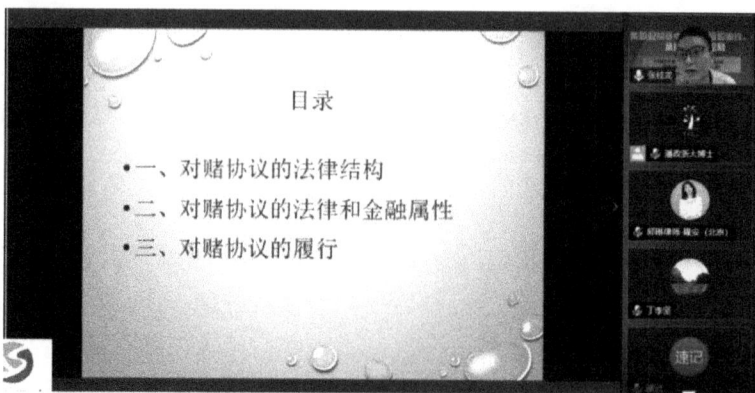

六、当前股权投资中对赌协议常见法律问题及风险防控

讲座的第六部分，由浙江省律师协会副会长、浙江和义观达律师事务所创始合伙人叶明进行分享。叶会长以"当前股权投资中对赌协议常见法律问题及风险防控"为题，从当前对赌协议司法判例中的主要争议、对赌协议实际操作中的风险以及给投资方和创业者的建议三个方面进行了详细而富有见地的分享。

首先，在选取《九民纪要》颁布后法院有关的近百份判决（涉及的案由包括合同纠纷、股权转让纠纷与公司有关的其他纠纷，等等）进行初步研究的基础上，叶会长对当前对赌协议的司法判例中主要的争议问题进行了深入分析，对当前对赌协议司法判例中的主要争议进行了大致罗列，其中关于对赌协议效力问题，在《九民纪要》颁布后，司法个案中关于对赌协议的争议焦点主要集中在：对赌是否为当事人真实意思表示，签章是否真实，回购条款是否属于格式条款，等等。而在认定对赌协议有效的基础上，具体操作中也会发生许多争议，主要包括：（1）股权回购条件是否已经成就？是否触发了业绩补偿条款？具体回购或者补偿义务的主体如何最终确定？（2）确定进行股权回购或者是现金补偿后的具体金额，相应的利息、违约金的计算；（3）当回购或补偿义务主体消极履行义务时，其他方的担保责任的承担问题，等等。

带着这些问题，叶会长进一步分析了当前对赌协议实际操作中的问题和风险。首先是投资方与目标公司对赌，《九民纪要》虽然明确了投资方与目标公司对赌的效力，但对赌协议有效只是第一步，投资方与目标公司的对赌还存在不少操作上的问题。

第一，关于目标公司及其股东主观上不愿意履行和不配合的问题，表现为拒绝召开关于减资的股东会，或减资的股东会决议未通过，或虽然通过了减资的股东会决议但不积极履行变更登记备案手续等。由于减资的流程复杂、耗时长，需要股东会决议2/3以上通过，还要通知债权人，还有债权人异议的问题以及债权人有权要求公司清偿债务或者提供相应的担保。因此，目标公司通过减资回购投资方的股权，减资程序在实际操作中会经历种种困难。有人提出，可以在投资之初提前作出有关未来减资、退出的股东会决议，或在对赌协议中对减资决议的通过作出明确的约定。但从实际操作上看，目标公司股东在投资期间可能存在变化。这中间新进入的股东并不是对赌协议的签署方，这样提前作出的减资决议和约定对新股东没有约束力。

第二，另一个风险是目标公司客观上无力履行，表现为目标公司资金不足以完全履行回购义务，不足以进行现金补偿。《九民纪要》明确投资方请求目标公司承担现金补偿义务这一诉讼请求得到支持的前提是，目标公司有可以分配的利润，符合《公司法》第一百六十六条关于利润分配的强制性规定。这一要求对大多数对赌公司而言是极为严苛的，《公司法》规定公司弥补亏损和提取公积金后所余税后利润才可用来分配，实际操作中对赌失败且投资方起诉，此时目标公司可能亏损了多年，甚至已经诉讼、债务缠身，更不要提有可分配利润。未来能够有可分配利润的概率微乎其微，可见目标公司有时客观上很难履行。

第三，关于对赌协议同时约定了业绩补偿和股权回购，两者发生竞合时如何适用的问题。一种观点认为两种可以同时适用；另一种观点认为业绩补偿和股权回购不可以同时适用。建议投资方根据实际情况在对赌协议中明确业绩补偿和股权回购的性质及实施的具体安排。第四，关于对赌失败和目标公司进入破产程序后投资方权益该如何救济的问题。

叶会长又详细谈到了投资方与创始股东、实际控制人等对赌的风险，他认为这类风险要关注以下几个方面。

一是股东欠缺股权回购的履行能力。目前我国欠缺个人财产公示制度，信用体系不够完善，作为对赌方的股东是否有履行能力是关键，实际操作中有些当事人会提前转移资产，投资方面临着赢了官司执行不了的困局。建议在前期尽职调查时就查明股东的回购履行能力，也可以由股东或实际控制人以及持有目标公司股权和其他资产提供质押或者抵押担保，或引入其他目标公司做担保。同时目标公司做担保也面临着要进行股东会决议的问题。

二是股东实际控制人等因对赌产生的债务往往不能被认定为夫妻共同债务，当事人可以通过离婚析产方式来规避和转移财产。在实践中要综合考虑配偶是否在公司内部任职，是否参与公司经营，建议配偶在相关协议上一同签字，以满足"共债共签"的要求，或者投资方要求配偶作担保，通过承担连带责任等方式加强风险防范。

三是目标公司对股东实际控制人、对赌协议提供担保的问题。要注意涉及担保效力的问题，这里有两个方面：第一方面，需要目标公司以担保人身份在协议上盖章确认。第二方面，需召开股东会对目标公司提供担保作出决议，此时的风险和上述情况类似。

同时，叶会长还特意提到了一些其他需要关注的风险点，第一是公司章程与对赌协议不一致的情况。第二是 IPO 对对赌协议的排斥与清理。第三是对实际控制人而言，股权补偿方式存在失去公司控股权的风险。第四是在完成工商变更登记前，投资方作为公司的股东还要承担对外责任的风险。

紧接着，叶会长对投资方和创业者分别提出了几点建议，其中给投资方有三点建议。

第一，投前尽调阶段，要全面深入尽调，发掘优质项目和诚信靠谱的创业者。要高度重视前期项目尽调，很多潜在风险在前期项目尽调中可以发现问题苗头，可以找专业律所、会计师事务所尽调或者协助尽调分析。此外要重视创业者个人的能力品格、经验和企业经营信用。

第二，协议谈判阶段，公平合理地设置协议条款，要特别重视协议的可操作性。在拟定对赌协议的过程中要牢记投资的目的是促进目标公司发展，投资方要准确自我定位，投资方不能投资后撒手不管，也不能把控目标公司经营管理，要把握好度。

第三，在投后管理阶段进行整合资源，助力目标公司的发展。不是投了就了事，而是做强做深投后管理，在"募、投、管、退"四个环节要非常重视"管"的环节，多了解目标公司发展情况和需求，整合资源，助力发展，才能更好地实现退出。

接着是给创业者的三点建议。

第一，建议明确发展规划与融资需求，保持融资的理性。建议创业者不要盲目跟风融资、跟风上市，做好自身规划与品牌定位，做好公司长期战略规划，有计划、有步骤、有目标地安排融资。

第二，了解自身的承受能力，合理估值，认真研究对赌的法律责任。如果确定引入投资方，应充分了解和准确地评估可能的风险，切勿对公司过高估值，高估值会造成较高的对赌标准，业绩目标设定过高很可能导致公司盲目扩张或者过于追求短期业绩，忽视公司持久性、战略性的发展。

第三，注意在协议中约定违约责任的豁免或者减免条款。比如设置一些对赌的终止条款，如发生不可抗力、政策法规的影响或其他特殊情形导致对赌无法实现的情况，可以终止对赌，也可以约定特殊情况下减免对赌协议中义务的部分责任。否则根据意思自治原则或契约精神，创业者应当按照协议承担完全的责任。

最后，叶会长作了简短的总结。他认为，当今的股权投资面临的问题不少，对赌回购只是其中的一个热点问题。我国要给予股权投资应有的法律地位，需要对"募、投、管、退"全流程健全立法，完善司法与退出机制，增强社会对投资行业的价值认同，打造最佳的营商环境，完善企业信用体系。股权投资行业的发展任重而道远，需要政府、理论界尤其是投资机构、创业者和相关人士的共同努力，通过国家立法、行业引导，不断完善对赌协议形式和内容，建立示范文本，使之真正成为理性、良性促进股权投资行业繁荣发展的"游戏规则"。

七、与谈部分

本次讲座的与谈人是北京大学法学院教授刘燕。刘燕教授针对此前诸位的发言发表了几点感想。

第一，整个 PE/VC 投资下的对赌回购发生的背景其实是失败了的投资。PE 退出的渠道首先是 IPO 上市，这是最理想的状态，其次是转让和并购，最后才是由创始股东回购。但不管企业还是创始股东回购，都不太具有可行性，失败的投资中没有赢家，由于投入的资金已经沉淀到无效的资产上了，或"烧钱烧掉了"，创始人的身家基本上也都砸在了企业里，此时如果想让企业或创始股东回购，不管法律规则如何突破，都无太大意义。

第二，投资人回购不能的结局，其实从一开始投资就注定了。不论是 PE 投资的对赌、上市公司重组的业绩补偿、中国的企业海外并购和国外常用的股权转让 Earn-out 的安排，交易的形式决定了法律的适用。在 PE/VC 对赌下，股东的资本已经投入了公司，资本维持原则使得资本必须按照特定的法律程序才能流出公司，包括减资、回购、估值调整的现金补偿。上市公司重组的业绩补偿稍微好一些。业绩补偿主要是上市公司引入第三方资产，第三方或是借壳上市，或是把资产卖给公司。此时上市公司以股份支付购买了资产，并支付新股东以股份。如果对赌失败，业绩补偿一般采取剥夺新股东股份的方式。Earn-out 是对收购价格的一种特别规定，不定死收购价格，也不一次付清收购价款，而是由收购方在交割时先支付部分价款，待交割之后，按照被并购企业一段时间内实现的业绩逐步支付剩余收购价款；假如约定的条件没有实现，被收购方通常就不能再得到这部分滞后的价款。

因此，投资人在这个模式下最主动。总的来说，应对投资入股作价不确定性的估值调整，比较可行的方式只能以股东间进行股权的转让，以及按照 Earn-out 分期出资的形式，因为业绩估值具有不确定性，所以需要明确每一个小的业绩目标。《美国风险投资协会示范条款》中，应对初始估值的不确定性没有现金补偿这种方式，实践中采用 PE 分期注资的方式（多轮投资）以及股权比例调整的方式。毕竟，公司的现金流失后会影响公司的持续经营和清偿能力。前面投资机构的嘉宾提到，公司对赌中失败了，如果创业者是真心做企业的，投资机构可以豁免回购义务，这是真正符合商业逻辑的、体现双方协商性的安排。一个失败的投资交易中没有赢家。法律的限制实际上是建立在商业逻辑之上的，只不过再把这个场景中未出面的债权人也一并考虑进来。

关于《公司法》的修改是否需要保留资本维持的原则这一问题，学界有很强烈的观点，认为资本维持的原则都是过时的、僵化的，没有必要保留，《公司法》修改应当转向公司的清偿能力。但用清偿能力衡量公司对股东的支付或回购时，又会回到公司现金流的问题之下面对失败的投资中现金从何而来的困境。

针对《九民纪要》后出现的一些新的热点，刘燕教授也给予了回应。

一是关于公司回购与减资绑定引发的争议。刘燕教授认为，首先，回购不一定要采取减资的方式。在实践中，公司的钱流向股东，可能是利润分配、减资或者中间状态的回购，中间状态的回购根据公司减资或不减资有不同的法律效果。回购共同的特点是，回购了股东的股票，股东身份被消灭。但公司可以不减资，公司保留回购的股份或股票成为库存股。第二种情况是回购又减资，注销相关股份。如果公司有积累盈余，既可以用来做现金补偿，也可以用来实施回购，冲销库存股。如果没有积累，库存股的金额冲销的就是股本。也就是说，回购如果有财源就可以不减资。其次，如果没有财源要减资时，就涉及法院是否能判决启动减资程序的问题。法院不能判决启动减资程序就会使 PE 投资者陷入一种僵局。这种僵局来自《九民纪要》的理解适用：减资程序属于公司事项，司法不宜介入，即使介入也不能强制执行。但在必须通过减资回购的场景下，既然全体股东已有决议，公司必须执行，那么程序上的拖延就不应当阻却实体权利的实现。对此，《公司法》司法解释四已经有一些司法介入自治程序的尝试。

二是由最惨创业者引起的对赌协议是否约束已经退出的股东？刘燕教授认为，这里的核心问题是对赌应当与企业的实际经营管理挂钩。这个问题也是域外 Earn-out 交易中最常见的争议。在 Earn-out 下，股权转让方会把股权转让给收购方，此时收购方派管理团队进入公司。如果未来第二年、第三年的业绩没有达到，应该由谁负责？Earn-out 下转让款是否应该支付？法院一般认为，谁拥有实际控制权，谁就应该对没有实现业绩对赌的目标负责。它和 PE/VC 与公司对赌引发的是不同的问题，不涉及资本维持原则的管制，而是涉及把对赌协议赋予了这么高尚的地位的核心问题——代理成本问题，这和实际经营权在谁手上密切相关。在我国，已有案例显示，法院会按照公平原则，区分各方责任从而判决。

三是与股东对赌，由目标公司提供担保，或者由第三人提供担保。这种情形一定需要具体问题具体分析。最高法曾经审判过一个案子：PE 与股东对赌，目标公司可以提供担保，股东无钱支付，则目标公司可以取得对股东的债权——应收账款。但应收账款的项目有意义吗？若创始股东已经把全部身家都投入目标公司了，公司再获得一个应收账款也许无法获得多少资金。但如果股东具有经济能力，只是现金流周转不开，公司履行担保支付退出 PE 的义务之后，能够冻结创始股东的某些财产，这样的制度安排是有一定意义的。

总之，法律的规则越符合商业逻辑、越符合人们对商业公平的认知，这样的法律才能得到支持，靠其他的技巧或者概念不应该是法律人追求的。

在讲座的最后，李有星教授对本次讲座的内容进行了总结，并与与会嘉宾讨论了平台听众提出的问题。一方面，李有星教授对内容进行总结：股权投资中的对赌，是对投资方以及融资方的保护，是资源配置的好方式。可以明确股权投资中融入对赌，优势大于弊端。但应当指出的是，投资人以及创业者都需要理性对待，在可把控的范畴内诚信履行义务。学者们纷纷对《九民纪要》中对各方当事人保护的条款设置表示肯定，但也指出实行阶段仍有改善的空间。李有星教授指出对赌虽然是资本市场的良好运用方式，但法院系统、学术界需要更多的投入与把控，从而为证券市场提供更好的经营环境。在此也引用与会嘉宾的两句话总结，"凡是有投资的地方，必有对赌。""投资失败没有赢家。"在整个投资当中需要根据实际情况作出符合商业逻辑的处理。

另一方面，李有星教授与与会嘉宾针对"政策对 P2P 行业一刀切退出前，贷款余额不断压缩的情况下，对赌协议中的利润、交易额规模条件难以实现的情形下，是否符合对赌当中的豁免情况"这一问题进行讨论。邱琳律师指出，首先需要明确平台主体的合法性；其次可以适用情势变更条款，主张变更或解除双方合同。丁勇教授同样指出，情势变更适用，政策变更属于订立基础发生根本性改变的情形，可以对合同进行变更。张桂龙博士指出：对赌是为了获取投资收益，在投资目的无法实现的情形下可以解除合同。合同双方互相返还，还股还钱，政策变更不能构成不可抗力的认定。P2P 平台破产，回购义务人可以与其他债权人共同在破产程序中求偿，跟股东对赌，则潜在返还义务归属于股东，与公司无关。叶明律师指出首先应当考虑的是，若 P2P 平台形式上有诈骗，则应当视为无效合同。其次应当考虑政策变更是否属于双方约定当中的豁免事由，若不作为约定中的豁免事项，融资方应当承担相应责任，但可以提出情势变更抗辩。

第二十二期　中美公司跨境融资并购法律制度与律师实践

2020 年 9 月 13 日 18：30，由中国法学会证券法学研究会副会长、浙江大学互联网金融研究院副院长、浙江大学光华法学院李有星教授主持的"中国法学会证券法学研究会瑞幸咖啡案例研究（第二十二期）：中美公司跨境融资并购法律制度与律师实践"讲座在胜数直播"小鹅通"上顺利召开。本次讲座的主讲人为：原北京律协证券委主任、北京市中银律师事务所高级合伙人李宝峰，江苏省律协涉外法律委主任、北京市中银（南京）律师事务所高级合伙人李俭，钱伯斯中国税务领先梯队律师、北京明税律师事务所主任武礼斌，北京明税律师事务所高级合伙人施志群，钱伯斯中国反垄断法推荐律师、北京高朋律师事务所高级合伙人姜丽勇，北京市朝阳区律协财税委副秘书长、北京明税律师事务所律师赖春华，国际并购整合联盟（GPMIP）中国董事合伙人於平，与谈人为中国和美国纽约州双执照律师、知名经济学家、美国中概股协会前理事长唐兆凡。讲座共有四千多人参与直播和互动，获得了良好的反响。本次活动由中国法学会证券法学研究会、浙江省法学会金融法学研究会、浙江大学互联网金融研究院、浙江省前景大数据金融风险防控研究中心、浙江互联网金融联合会、杭州胜数研创等支持完成。

会议伊始，主持人李有星教授隆重介绍了本次与会的八位嘉宾，并就本次议题交代了研究背景。他指出，首先，收购兼并被誉为《证券法》的"三驾马车"之一，在具体条文中亦设有"上市公司收购"专章，足见其地位之重要。其次，收购兼并在具体实务中涉及内容繁杂多样，既包含反垄断、税收等其他领域的法律问题，同时也包含收购兼并具体方案的实施以及后期整理等问题，为实务工作带来诸多挑战。再次，收购兼并适用的主体众多，其不仅仅适用于上市公司之间的收购兼并，同时还适用于上市公司与非上市公司之间以及非上市公司和非上市公司之间的收购兼并。最后，中美跨境因素的引入涉及我国法律与域外法律的衔接问题，这进一步导致收购兼并相关问题的复杂化。因此，无论从理论层面还是实践层面，对中美公司跨境并购相关法律制度和律师实务的研究都具有重要价值。对于立法的完善，李有星教授认为，从走在实务前沿的律师群体中获取相关法律的实践情况并从中发现问题所在，能够有效地帮助和促进相关理论研究的发展，进而完善相关立法。

一、中美跨境并购证券市场操作实务与律师实践

讲座的第一部分由原北京律协证券委主任、北京市中银律师事务所高级合伙人李宝峰教授以"中美跨境并购证券市场操作实务与律师实践"为题，从上市公司跨境并购的操作实务，六部委联合出台的《关于外国投资者并购境内企业的规定》（2006年第10号）（以下简称10号文）与外商投资审核的变迁以及中美跨境并购的两条路径对比等三个方面进行了细致而富有见解的分享。

第一部分"上市公司跨境并购的操作实务"主要包括三部分内容。

一是并购及其相关概念。李宝峰教授主要就上市公司跨境并购的两个常见方式作了讲解，分别为资产并购和股权并购，股权并购是指投资人通过购买目标公司的股权或认购目标公司的增资，成为目标公司的股东，进而达到参与、控制目标公司的目的。资产并购是指投资人通过购买目标公司的资产，如不动产、无形资产等并运营，从而获得目标公司利润创造能力，进而达到参与、控制目标公司实际运营的目的。

二是跨境并购的一般流程。主要包括四个步骤：确定并购战略和并购标的，设计并购方案，谈判签约，并购接管及后续整合、评价。其中设计并购方案时的尽职调查和设计交易结构两个步骤极为关键。这里李教授还提到了国内外并购律师的角色差异，国际律师往往是交易的发起者，国内律师更多扮演配合者的角色，李教授相信在这方面国内会渐渐与国际接轨，律师的作用也会越来越重要。

三是上市公司跨境并购的典型交易结构。从大类上分可以分为上市公司直接收购与通过设立特殊目的机构（以下简称SPV）进行并购。这两种方式主要是根据不同国家的管制条件，包括外汇、结算的方便、上市的要求、收购的要求等制度安排来针对性地运用。李教授随后以襄阳轴承收购波兰 KFLT 的案例详细说明了上市公司直接跨境并购标的公司的情形。另一种典型的交易结构是大股东或并购基金先收购标的公司，再通过资产重组注入上市公司，李教授以均胜电子收购德国普瑞案例详细说明了该种收购方式。最后一种交易结构是大股东或并购基金与上市公司首先同时收购境外公司，再将剩余境外资产注入上市公司，从而避免交叉持股的问题。

第二部分"10 号文与外商投资审核变迁"主要包括两部分内容。

第一，外商投资逐案审批时代的 10 号文的应用。10 号文的前身是 2003 年开始实施的《外国投资者并购境内企业暂行规定》（2003 年第 3 号，已失效），该暂行规定后经不断的修正与补充，于 2006 年被六部委联合出台的 10 号文所取代。10 号文的出台对外资并购及红筹上市产生了比较大的影响。主要包括两方面的内容，一是关联并购，对外资并购境内企业需要满足的条件作出了更加具体的规定，如增加了关联并购的概念和反垄断审查的要求。二是跨境换股，对外资并购完成的方式特别是对以股权为收购对价、通过 SPV 进行跨境换股等技术手段作出了具体的规定。李教授提到 10 号文的意义主要在于限制资本外逃，防止境内公司政策寻租避税，同时在公司法律制度方面规定了 SPV 制度以及与之配套的以股权作支付手段的操作路径，这是一个制度创新。

第二，外商投资备案时代 10 号文的适用性分析。主要提到了备案制与特殊产业审批制"双规并行"，简单来说就是特殊产业特殊办，一般产业法无禁止可以办。随后李教授还提到了主要涉及境内自然人境外投资相关的外汇登记方面规定的《国家外汇管理局关于境内居民通过特殊目的公司境外投融资及返程投资外汇管理有关问题的通知》（汇发〔2014〕37 号）与《关于境内居民通过境外特殊目的公司融资及返程投资外汇管理有关问题的通知》（汇发〔2005〕75 号）。

第三部分"中美跨境并购的两条路径对比"主要包括四部分内容。

一是中美并购路径对比，主要分为中赴美与美赴中，中赴美的主要流程为：（1）制定目标，筛选标度，组建团队。（2）海外投资，架构搭建。（3）融资结构设计。（4）尽职调查，交易结构设计。（5）境内外审批。（6）谈判与签约。（7）整合。美赴中的并购主要流程大致不变，主要增加了预接触的环节，同时审批与签约的环节顺序倒置。这里李教授提到了中国大陆（内地）企业对美投资并购的"三座大山"，包括美国外国投资委员会（CFIUS）、美国商务部颁布的《出口管理条例》（EAR）、美国国防部颁布的《国际管制武器条例》（ITAR）。境内的跨境并购监管体系主要包括发改委、商务部、外汇管理局、国资监管部门、证监会证交所、反垄断部门。

二是中美跨境并购的合规问题，包括反垄断审查、安全审查、知识产权审查与尽职调查。李教授主要强调了审查期限与企业风险防范措施，并举了双汇给出反向分手费从而在诸多竞争对手中脱颖而出的案例。

三是中美跨境并购的其他问题，包括两国税收体系的对比、税收（美赴中）、汇率、文化整合等。

四是国际并购中的投资者保护和救济问题，主要的原则是平等保护，事后的救济包括行政申诉与司法诉讼以及 WTO 规则下的争议解决机制。

二、回购与对赌的实务

讲座的第二部分，由江苏省律协涉外法律业务委员会主任，中银（南京）律师事务所高级律师、高级合伙人李俭为大家展开分享，李俭律师以"上市公司并购中尽调的法律风险"为主题，分四个部分进行阐述。

第一部分是经典案例解析，李俭律师首先介绍了他参与的一起上市公司并购案，2017 年 9 月，目标公司于某国际银行存款 3 亿元，当日签订 3 份《存单质押合同》，该目标公司发布的 2017 年报中事实上已经存在虚增收入、利润，财务数据造假等问题，2018 年 6 月发布标的公司原董事长王某涉嫌违规担保及收到上交所问询函的公告，该目标公司随后发布公告回复上交所的问询，各中介机构均表示其在重组调查中，对标的公司质押、担保情况实施了必要的调查程序，只是因受限于调查手段和交易对方的恶意隐瞒，因而未发现目标公司存在 3 亿元存单质押及违规担保的情况。

该案例反映出中介机构在尽调中存在以下主要问题。

第一，调查手段未穷尽，中介机构应当合理、充分地运用查验方法，除运用面谈方式、书面审查、实地调查、查询、函证等方式外，应根据需要采用其他合理手段，以获取适当的证据材料，对被查验事项作出认定和判断。而上市公司中介机构的说明显示，其仅采取了公开信息查询及函证方式进行核查，未能说明其是否进行了现场走访工作，是否与公司内部负责人员（如财务负责人等）进行了沟通、访谈，如核查财务上有无记载，专门询问财务人员存单由谁保管、存单上是否设立质押等；向相关登记机关查证、确认存单质押及其他违规担保事项等。

第二，各中介机构援引的资料存在大量重复，上市公司问询函回复公告中各中介机构对核查情况的说明存在大量表述重复，未履行独立、审慎发表意见的义务。援引其他证券中介机构的资料时，需履行普通人的一般注意义务。根据国家企业信用信息公示系统中标的公司的报告，2017 年 8 月 8 日，标的公司就其 2000 万元债权进行了动产抵押登记。但 2017 年 12 月 1 日上市公司披露的《重组报告书》中未披露该笔抵押信息。该抵押信息可通过公开渠道轻易获取，财务顾问、会计师事务所、律师事务所三家中介机构当时却均未在重组交易报告书提及。

另一个案例是此次的瑞幸咖啡财务造假案件，李俭律师介绍了瑞幸咖啡事件的时间线，并指出瑞幸咖啡财务造假问题主要囊括以下几点。

第一，虚假的销售业绩。瑞幸通过各种方法虚增了销售收入，虚增收入的方法主要包括虚增订单、虚增每件商品的实际销售价格、夸大广告支出、虚增其他产品收入等等，

第二，复杂的关联交易。包括瑞幸管理层较高的股票质押比率，瑞幸集团董事长陆正耀及一批关系密切的股权投资者曾经从神州租车套现 16 亿美元，通过收购宝沃汽车转移资金给关联方。

第三，令人质疑的商业模式。商业模式存在以下几方面的问题，中国消费者 95% 的咖啡因摄入来自茶，中国核心功能性咖啡产品市场很小；瑞幸的客户价格敏感度较高，通过降低折扣来增长收入的方法并不现实；公司缺乏有竞争力的非咖啡产品，了解商业模式有助于判断诈骗的真实性。瑞幸咖啡造假 22 亿元等违法行为将面临民事、行政、刑事的多重处罚。在民事赔偿方面，美国已有多家律师事务所对瑞幸咖啡提起集体诉讼，控告瑞幸咖啡作出虚假陈述和误导性陈述，违反美国证券法，瑞幸咖啡将面临巨额赔偿。在行政处罚方面，瑞幸咖啡将遭受巨额重罚，退市破产的概率很高。在刑事责任方面，一旦瑞幸咖啡的董监高、实控人等主体存在恶意欺诈行为，其可能会被追究刑事责任。我国新修改的《证券法》第二条规定，在中华人民共和国境外的证券发行和交易活动，扰乱中华人民共和国境内市场秩序，损害境内投资者合法权益的，依照本法有关规定处理并追究法律责任。据此，瑞幸咖啡可能成为新证券法确定的长臂管辖下首家因为财务造假而被中美两地同时处罚的中概股公司。

从以上两个案例中可以总结出，上市公司在并购尽调中存在以下一些常见问题。

第一，尽职调查程序存在明显瑕疵，这主要集中在中介机构在编制工作计划、底稿记录保存、获取核查证据等流程或形式方面未做到勤勉尽责，如中介机构在进行核查和验证前未按规定编制工作计划；工作底稿记录不全，缺失有关业务规则明确要求应保存的相关内容。

第二，中介机构未保持应有的职业审慎，主要表现为中介机构未全面评估项目风险，对明显异常情况未充分关注，对重大舞弊迹象职业怀疑不足，也未采取有效措施予以识别或应对。

第三，专业意见出现明显错漏，中介机构对法律意见的明确性缺乏合理判断，形成的专业意见背离职业基本标准或存在明显疏漏，专业意见出现明显疏漏是指虽然中介机构关注到了潜在异常，但是认为并不构成异常，而该等判断背离了职业标准。

第四，未充分履行核查验证义务，这主要指中介机构的审计、评估、尽职调查程序流于形式或存在重大缺陷、瑕疵。在该类违规事实中，中介机构一般履行了相关的核查程序，但是在程序的履行过程中未落实相关规则的要求，存在重大缺陷和瑕疵。

在第二部分，李律师与观众讨论了如何在尽调中做到穷尽以及法律尽调的边界何在的问题。《律师事务所从事证券法律业务管理办法》第十二条规定，律师事务所及其指派的律师从事证券法律业务，应当按照依法制定的业务规则，勤勉尽责，审慎履行核查和验证义务。律师进行核查和验证，可以采用面谈、书面审查、实地调查、查询和函证、计算、复核等方法。律师在提供证券法律服务时，须采用多种手段进行印证核查。如针对公司高管的涉诉情况，除了应该要求当事人提供资料、书面承诺外，还要通过网络检索裁判文书网、最高人民法院的失信被执行人名单、中国执行信息网、百度检索、当事人户籍所在地的基层法院及中院的现场走访等途径进行论证。穷尽查验方法和路径，并保留好相应的证据和痕迹、记录，是证明律师在执业过程中已经做到了勤勉尽责的必要条件。通过面谈、实地调查等方式可以更好地掌握案件的真实性。

此外，《律师事务所从事证券法律业务管理办法》第十四条规定："律师在出具法律意见时，对与法律相关的业务事项应当履行法律专业人士特别的注意义务，对其他业务事项履行普通人一般的注意义务，其制作、出具的文件不得有虚假记载、误导性陈述或者重大遗漏。"除了法律对律师尽调的要求，律师在实际运用时应当进行细化，如须做到列好明确的清单；发现问题要及时核验；意见书和底稿要互相印证；尽到一般人的注意义务。

在第三部分，李俭律师与听众分享了对尽调法条的解读。针对《证券法》第一百七十三条、《律师事务所从事证券法律业务管理办法》第十二条、第十三条，李律师作出了如下解读，对于与公司经营相关的重要事项，律师事务所均应当予以充分关注并进行审慎查验；审计报告、评估报告等只是作为包括法律尽调在内的各中介机构尽调的基础材料之一；律所与审计机构、资产评估机构不是平行分工关系，各中介机构对自己出具的报告均应独立承担责任，尽调不是针对审计报告、资产评估报告本身的复核，审计报告、资产评估报告也不能成为免除律师事务所勤勉义务的依据。律师在提供法律服务的过程中可以引用会计师出具的审计报告等文件资料，并应当尽到普通人一般的注意义务。普通一般人的注意义务是指与需要通过走访、询证等专业方法进行重点核查的法律问题相区别，即无须具备相关领域的专业知识即可识别的问题或风险。

第四部分是如何做好并购中的尽调的问题，李俭律师提出了以下五点要求：第一，树立底稿意识，工作底稿是判断律师是否勤勉尽责的重要证据。中国证监会及其派出机构可根据监管工作需要调阅、检查工作底稿。第二，强化编制查验计划的意识，即及时地对尽调信息进行制定、补充、调查、留存。第三，穷尽查验方法和路径，应尽可能地采取面谈、书面审查、实地调查、查询和函证、计算、复核等方法。第四，保留好相应的证据和痕迹、记录。第五，亲自履行查验义务，律师对资料的收集应当亲自办理，不得交由委托人代为办理。因为律师法律尽调遵循独立性原则，交由委托人代为收集，对于资料的真实性难以保证，可能导致查验过程失控和失真。第六，律师事务所应加强内部风险控制，律师从事本办法第六条规定的证券法律业务，其所出具的法律意见应当经所在律师事务所讨论复核，并制作相关记录作为工作底稿留存。

三、境外投资并购的税务管理和税务规划

本次讲座的第三位嘉宾是北京明税律师事务所主任武礼斌。武律师分享的主题为"境外投资并购的税务管理和税务规划"，主要从规划、风险防范以及争议解决的角度对境外投资和并购的过程中需关注的税务风险问题作了详尽的分析阐述。主要包括两大部分：（1）境外投资税务管理的概述，关于境外投资或并购的过程中如何进行税务规划。（2）通过典型案例分析境外投资架构的选择与规划。

第一部分，在境外投资、企业走出去的过程中进行税务管理和税务规划需要坚持一个目标，关注三个阶段和四个维度的税务问题。一个目标是指树立正确的观念，税收并不是越低越好，而是应该在风险可控的前提下寻找最优的投资架构。

三个阶段指：（1）投资或并购的过程中需要关注标的公司或本次并购交易可能产生的税务问题，如境外投资设立的公司形式、标的公司自身能否享受投资目的国的税收优惠等。（2）获取投资收益的方式，通过股息、利息还是租金特权使用费的方式？不同的投资收益获取方式会产生不同的影响。（3）未来公司退出的方式。以清算的方式还是通过股权转让的方式退出，退出如何更省税、退出从税务结构的角度是否更具有灵活性等。

四个维度指：（1）中国跨境投资的税收制度问题。包括境外所得的抵免规则、中国签订的对外税收协定的利用等；（2）中间控股公司所在国的税务制度。采用直接投资还是间接投资，若通过设立中间控股公司的方式来进行投资，那中间控股公司设立的地点和架构如何选择？（3）目的地国家的选择、目的地国家投资的方式以及目的国

的税收问题；（4）当地的反避税规则对投资交易架构的影响。好的税务管理或者税务架构可以通过一些指标进行判断：能够争取东道国的税收优惠，可以获取广泛的协定保护，以税收上更有利的方式来分配投资收益，以较低的成本融资，为未来的退出预留更多的灵活性，以低成本的方式退出。

在第二部分，武主任通过五个案例跟大家分享了如何进行境外投资架构的选择与规划。第一个案例以中国内地企业投资美国企业为例。中国内地企业如果想去美国投资会有几种不同的方案。

第一种方案是中国内地直接投资美国。第二种是先投资中国香港企业，由中国香港企业投资美国企业。第三种方案为先投资中国香港企业，中国香港企业投资一些欧洲国家的企业再投资美国企业。第一种方案，如果中国内地直接投资美国，中美之间有税收协定，如果获取投资收益的方式是股息，美国汇给中国内地的股息首先需要在美国缴纳 10% 的预计所得税。方案二和方案一的区别在于投资方在中国香港设置一个中间控股公司，中国香港跟美国没有税收协定，意味着美国公司把投资税率分给中国香港时，需要在美国缴纳 30% 的预期所得税，与方案一相比，中国内地公司获取投资收益的税负更高。

第三种方案，如中国内地先投资中国香港，中国香港投资卢森堡，卢森堡投资美国。因为卢森堡与美国之间有税收协定，而卢森堡与中国香港之间也有税收协定，导致卢森堡跟中国香港之间的收益汇回去时不产生任何税收，投资方可以把利润累积在中国香港，不调回中国内地。股息红利汇到中国香港时，如果未来有其他境外投资的运作或者资本运作的安排，则不需要走境外审批的手续，还能让股息红利以低税务的方式进行分配。当然除了卢森堡，还有英国和荷兰的结构等。任何跨境交易的价格安排都必须考虑反避税的问题，比如卢森堡跟美国之间虽然存在税收协定，卢森堡公司想享受税收协定优惠，需要满足税收协定里面的特定要求，如果不满足特定条件就无法享受协定优惠待遇。

第二个案例是中国电力主动申请成为境外注册中资居民企业。中国电力的控股股东是国资企业，中间的控股公司设在中国香港，当年设立这个结构是以在中国香港资本市场融资为目的。按照中国内地企业所得税法，境内子公司将利润分给中间中国香港公司时需要缴纳 10% 或 5% 的预计所得税。为了优化税负，中国电力的中国香港实体主动向中国内地税务机关要求认定其为境外注册的中资居民企业，通过这种认定，本来境内实体向境外分股息红利时要缴纳 5% 或者 10% 的预计所得税，但将中国香港实体公司认定为境外注册中资居民企业，表明它是一家在境外注册的实体，但它仍然是中国内地税法上的居民企业，按照企业所得税法的规定，居民企业之间的股息红利是免税的。这是在境外投资的工作架构中很多企业认为适用的方式。

武主任通过第三、第四个案例指出，在境外投资的过程中不仅需要考虑当地或中间控股公司所在地的反避税规则，也需要考虑中国大陆（内地）的税务机关或者税法里面的反避税规则。第五个案例是一家中国大陆（内地）工程公司在斯里兰卡承包工程，很多大型基建工程在当地是免税的，也取得当地税务机关对该工程免税的批文，但免税的批文实际上并没有用。因为中国大陆（内地）实行居民管辖权，中国大陆（内地）居民对全球所得都有纳税义务，虽然中国大陆（内地）企业在目的国取得免税的批文，但免税的收入要并入中国大陆（内地）企业的全球范围的所得里作为应税收入来征税，所以这个免税不是真正的免税。但也不是一定不免税，如果符合税收协定税收抵免规则，在境外缴税获得境外所得抵免，这样也可以真正享受到免税优惠。第六个案例是关于在境外投资过程中，如果遭遇当地一些稽查或者反避税调查，如何进行争议解决的问题。实践中争议解决的方式多种多样，包括复议、诉讼与寻求国家税务总局的救助，启动双面磋商，最终使得争议得到圆满解决。

四、律师视角：间接转让中国境内股权的税收监管新态势

北京明税律师事务所高级合伙人施志群基于律师的角度分四个方面阐述了间接转让中国境内股权税收监管的新态势。

施律师认为，在境内，会计师、税务师以及律师从事税收业务的现象并不少见。在当前的经济形势下，不仅仅是非居民的投资人或者是非居民的企业，很多中国大陆（内地）企业在境外上市以后也可能发生在境外间接转让中国境内股权的经济行为或者业务操作。

施律师先跟大家分享了一个非居民间接转让股权的典型案例。2011年9月，杭州市西湖区国税局接到某境外基金通过美国某国际律师事务所发来的律师函件，询问该基金在间接转让杭州G公司股权的过程中，是否需要在中国境内完税。该间接股权转让的标的物是设立在开曼群岛的C公司。基金持有C公司26.32%的股权，而C公司通过设立在中国香港的H公司，持有杭州G公司95%的股权。这个案件在当时来讲影响非常大，涉及的税款标的最终确定为4.5亿，税款分期入库。在调查时，税务机关主要依据的是《国家税务总局关于加强非居民企业股权转让所得企业所得税管理的通知》（国税函〔2009〕698号，以下简称698号文）。随着经济的变化和政策的调整，当年适用的698号文已经消失在历史长河中，被2015年的7号公告和2017年的37号公告全面替代，但698号文对非居民间接转让股权的征税判定方法被延续下来。

第一个方面：从698号文到7号公告和37号公告。相对直接转让而言，在现代社会中，由于公司制度的引入，投资者可以选择直接投资相关资产，也可以选择设立公司，由公司直接投资相关资产，投资者则通过控制其设立的公司间接投资相关资产。由于

存在直接投资持有资产和间接投资持有资产两种方式，也就产生了转让资产交易的两种方式——直接转让和间接转让。同时，由于不同司法领域内的税收差异，投资者还可以选择在不同的司法领域内进行资产交易。投资者通过选择在不征收或者以低于一般国际水平税率征收公司所得税、财产收益税的免税或抵税的国家或地区，如开曼群岛、英属维尔京群岛注册公司并进行交易，从而达到降低税负的效果。

施律师罗列了近些年的整个发展趋势：第一，2009 年以来放卫星式的案件报道，动辄数亿税款；第二，案件处理过程不是境内一般企业或者纳税人所面临的税务稽查模式，更多是一般反避税程序，或者叫特别纳税调整；第三，通常没有税收滞纳金和最高五倍罚款的问题；第四，境内税务机关在纳税人履行了报告义务的前提下可以豁免所谓的扣缴义务；第五，税务机关管辖权冲突问题，在实践中操作这些案件的时候会有谈判和溢价的空间；第六个是新问题，也可以说是老问题的新爆发，即境内实控人境外间接转让境内公司股权的征税问题。

第二个方面：非居民间接转让股权的典型案例。2018 年 8 月，中国台湾 A 公司及其下属英属维尔京群岛 B 公司与中国大陆 Y 公司签订股权转让合同。合同约定：B 公司将其持有的中国香港 C 公司 49% 的股权转让给 Y 公司，从而间接转让了中国大陆（内地）Z 公司 100% 的股权。股权转让前，转让方企业 A 公司、B 公司和受让方 Y 公司均前往税务机关进行政策咨询。主管税务机关认为：该间接股权转让的整体安排应直接认定为不具有合理商业目的，应按照《中华人民共和国企业所得税法》第四十七条的规定，对转让所得按照 10% 征收非居民企业所得税。

施律师认为，同时符合以下四点才能认定为不具有合理商业目的。第一，境外企业股权 75% 以上价值直接或间接来自境内应税财产；第二，资产或者收入 90% 源自境内；第三，境外企业的功能风险与经济实质限制；第四，交易的境外税负低于境内。

第三个方面：间接转让股权与个人境外所得。2009 年至 2010 年，某境外上市公司大股东 Y 公司通过其 BVI 离岸公司 FA 减持其境外上市主体 Y 公司 6500 万股、5700 万股，累计转让收入逾 18 亿港元。并有证据表明，FA 公司已经对股东作了分配，有部分股东减持并未汇回境内，而是留在了股东境外的账户上。虽然 FA 公司对 Y 公司是非居民间转让，但 FA 公司背后管理层股东为境内居民纳税人，如果 FA 公司就减持收益向其分配，税务机关应行使税收管辖权。最终，对个人股东境外减持所得 18 亿港元，核算应税金额为 3.211 亿元，扣除汇回境内部分已交的 7350 万元，补征税款 2.476 亿元。

第四个方面：主动利用非居民间接转让股权的政策避税。同样地，施律师结合一个励志故事娓娓道来。M 夫妻为发展互联网电商业务，在某二线城市设立了公司 B，因业务拓展迅速，被境外 C 公司所看重，拟收购其子公司 B 的 60% 股权，M 夫妻同意上述要求，但考虑到搭建境外平台等，具体方案如下：第一步，M 在境外成立 BVI 公司，并搭建多层架构；第二步，M 将 B 公司股权转给中国香港公司；第三步，BVI-1 公司将其直接持有的 Cayman 公司股权转给 C 公司，形成间接转让股权的事实。这里实际存在两次交易：1 月份 M 将 B 公司股权转给中国香港公司，同年 3 月份 BVI-1 转股权给 C 公司。在具体的价格上，首次转让以净资产 1000 万元直接转让 100% 股权，第二次转让以 1 亿元价格转让了 60% 股权。

此案存在三个争议点：第一，两次交易，其所涉境内资产几乎一致，为何定价差别巨大？是否需要出具评估报告，以何种价格确定合适？第二，非居民间接转让股权主动申报，并按 10% 缴纳预提所得税，其是否存在故意规避 20% 个税？第三，税务机关按照何种模式进行检查？两次股权转让价格差异的原因主要为商业目的不同而造成对于股权价值的评估范围以及定价基础和收入确认原则的差异。同时，一般反避税还是常规税务稽查模式，应考虑搭建境外平台等因素。

最后，施律师简单地作了一个小结：第一，间接转让股权不仅仅涉及境外投资者，很多是境内自然人或者机构也会采取在境外绕道然后再回来投资的模式；第二，由于涉外信息存在的一些沟壑和阻拦，非居民间接转让股权案件被查的比例并不是很高，尤其是非上市公司。第三，非居民间接转让股权本质上是避税行为，不是偷税。

五、经营者集中反垄断申报重点问题介绍

讲座第五位主讲人，钱伯斯中国反垄断法推荐律师、北京高朋律师事务所高级合伙人姜丽勇为我们详细介绍了经营者集中反垄断申报中的重点问题。

姜律师认为反垄断是并购程序中的一个重要部分，原因如下。

第一，反垄断申报对于并购的时间表和结果产生较大的影响。因为不是所有的交易都会涉及国家安全，实际上涉及国家安全的案件比例不高，虽然我国发改委和商务部没有披露每年审查的涉及国家安全的案件数量，但是据美国 CFIUS 的统计，每天涉及中国企业的案件数量大约 4—5 件。实践中很容易触发反垄断申报，一家企业只要和另外一家大型企业发生交易往来，那么就有可能触发反垄断申报。中国目前年均申报数量为 300—400 例，大大低于应当申报的交易数量，姜律师认为至少有一半的交易应报而未报，而且由于执法资源的原因，目前只处罚一部分案件。将来随着反垄断法的修改，罚金的上限应当大大提高，若按照营业收入来进行处罚，可能造成天价金额，到时将会有更多交易被反垄断影响。此外，由于中国反垄断审查的进程比较慢，很容易耽误交割时间，因此很多公司不愿意申报。但是，随着中国的反垄断审查速度加快，向国际看齐，将会鼓励更多企业制定更加紧凑的时间表。

第二，如对竞争产生负面影响，审查机关有权宣布未经申报的交易无效。具体来看，这部分交易的比例较低，基本上每年数量为 300—400 件，其中大约 1% 的案件确

实有竞争关注，最后有可能会被附加限制性条件，但是否决的交易比较少。以中国为例，到目前为止仅否决过两次交易，一个是 2008 年的可口可乐收购汇源案，另外一个是三家航运公司在境外设立一家运营中心案，也就是说绝大多数交易不会被否决。

第三，反垄断法具有域外适用的效力。反垄断法是中国法律体系当中比较有"牙齿"的法律，基本上中国的反垄断局会审查近一半的涉外交易，具有域外适用的效用。也就是说全中国范围内的交易，只要在中国触发了反垄断申报的门槛，中国的反垄断局就会审查，因此企业在制定时间表时必须考虑其审查因素。

第四，反垄断审查给敌对方带来了干涉交易的机会。对于其他竞争对手来说，除非价格优势，否则很难有干预普通商业交易的机会。反垄断法给政府提供了干预交易的机会，政府能因此干涉商业交易。

第五，审查机关有权处罚未经申报的交易，应申报而未申报的企业会面临较重的处罚责任。在中国，一个交易如果应申报而未申报，审查机关可以宣布这个交易无效，要求恢复到交易以前的状态。一方面，该处罚措施太重；另一方面，截至今日，一共处罚的几十起案件中没有一起案件最后要求恢复到交易发生之前，这给实践带来了很大挑战。此外，在 2018 年机构改革之后，反垄断职能合并在市场监督管理总局下设的反垄断局当中，规模较小，面对每年逐增的案件会产生极大的审查压力。

姜律师认为在跨境反垄断申报时需要注意的问题主要分为几个方面。

第一，经营者集中审查很重要，因为应报未报将予以行政处罚，这两年行政处罚的数量一直增加，按照上一年度营业收入的 1%—10% 计算，处罚的金额目前不高但呈上涨趋势。据统计数据显示，处罚的案件中有 30%—40% 属于设立合资公司该报未报，而设立合资公司的一般是几个巨头设立合资公司的情形，会触发经营者集中申报的门槛，这也成为律师目前比较重要的一个工作。在最新的反垄断法修改的征求意见稿中有规定，如果经营者集中应报未报，反垄断执法部门可以处以上一年度营业收入 10% 以下的罚款。虽然没有设置最低限，但提高了最高限至上一年度的 10%。而对于经营者集中这个定义，可以理解为并购概念，但并购不光指吸收合并，也包括取得控制权，通过股权、资产以及合同控股都可以构成经营者集中，所以经营者集中这个概念是比较广泛的。对于申报标准，有两个选择，其一是中国境内的营业额合计超过 20 亿元人民币，并且其中至少两个经营者在中国境内的营业额均超过 4 亿元人民币。其二是全球范围内的营业额合计超过 100 亿元人民币，并且其中至少两个经营者在中国境内的营业额均超过 4 亿元人民币。

第二，整个反垄断审查最具有技术含量的工作是界定相关市场。经营者集中审查的案件，不是黑和白的问题，而是如何将品类相似的产品分为不同市场，这也是反垄断律师的价值所在。在游说时，即便市场份额较高，也可以通过不同方法的计算和不同理由的阐述来证明市场边界的不同。因此，反垄断可能是一个公权利干预私权利的法律体系，这当中并非黑和白的问题，而是通过政策和理论来进行一些干预的问题。作为律师，为了客户利益的最大化，给各个国家的反垄断主管机关"讲故事"，让他们相信我们所进行的交易对市场是没有危害的，并通过审查。

第三，合营企业是否需要申报的问题。参与集中经营者的界定非常具有技术性。姜律师认为，必须审查是否触发中国的申报门槛时，尤其对上市公司而言，其要求公司交易公开，会面临监管机构的随时审查。如果反垄断审查机构认为没有申报，则一直处于违法状态，不属于行政处罚法当中的时效中断，很多远远超过两年期限也被处罚。因此姜律师建议企业如果发现自己以前有应报未报时，可以委托律师主动要求进行补申报。

对于跨境反垄断申报中需要注意的问题，姜律师认为：跨国公司之间的收入往往不是来自一个司法区，因此极有可能触发多个司法区的门槛，各个司法区的进展不一样。另外，各司法区的门槛可能存在差异，比较法中有以资产、营业额或市场份额来确定的情况，但中国总体来看较简单，只根据营业收入来确定。此外，部分交易也有可能触发多个司法区的门槛，比如国有企业，姜律师提出是否应该把中国的国有企业视为在中国的国资委统一控制下的国有企业。如果这样的话，国有企业内部并购不用申报，因为同一控制人之间的合并重组不用申报，中国、外国都不用报。但实践中并非如此，中外都进行了申报，姜律师认为中国的反垄断执法机关持有一个理念，即国资委虽然持有企业甚至企业百分之百国有，但是国资委任免的干部并不主要干预经营，企业在国资委持有的时候应当视为无实际控制人，此时应该进行申报。

六、国际并购流程监管和合规以及投资者的保护

讲座第六部分由北京市朝阳区律协财税委副秘书长、北京明税律师事务所律师赖春华以"国际并购流程、监管和合规以及投资者的保护"为题，从国际并购的基本流程、中美跨境并购的监管和合规问题、投资者的保护和救济问题三个方面与大家展开分享，最后赖春华律师提了一点建议以及对价值投资的思考。

第一部分，赖律师介绍了国际并购的基本流程，并以其中的谈判阶段为例实际讨论交易条款的确定。赖律师提出可以把国际并购看成一个总的投资过程中的一部分，包含了募投管退的阶段，细化即：募是资金的募集，投是进行项目的投资，管是对项目进行管理，退可能考虑后期退出投资拿到合适的盈利。赖律师也指出并购的基本流程首先要有明确的意向，围绕此意向方能进行尽调、谈判以及签约。这里赖律师主要对谈判阶段进行了展开讨论，以美国为例，一般并购交易中会出现"分手费"和"反向分手费"的问题，"分手费"是指被并购方如果签约之后由于种种原因不履约、不卖了，这时候需要给并购方分手费作为补偿，"反向分手费"是指并购方已经签约之

后不买标的，需要向被并购方提交一定的补偿费。这种特别的条款设计可以明确双方的交易意愿，锁定双方的交易成本，可以更好地促进并购的发展。

第二部分，赖律师讲解了中美跨境并购中的监管和合规问题。赖律师指出美国关于对外资并购的监管方式主要为四种：财政部CFIUS安全审查、OFAC合规审查、商务部实体清单及FCPA反海外贿赂法。第一种为财政部CFIUS安全审查，其特点在于审查的流程是可以由交易各方自愿去申报，或者CFIUS认为需要审查主动审查，没有强制性的要求。但如果涉及国家安全方面又不提出自愿申报，后面被CFIUS发现外资企业之前可以申报又不申报，那么对外资企业本身的主观意愿方面有不利影响，包括对之后的外资企业抗辩等都不是很有利。第二种为OFAC合规审查，这是一个包含范围很全面的合规审查，不仅仅包含并购，是一个大的合规框架，是有关制裁的合规体系的指引，也是执行美国经济和贸易制裁方面的依据，它还负责维护特别指定国民清单、SSI名单和其他制裁名单。第三种为商务部实体清单制度。第四种为FCPA反海外贿赂法。它针对的管制对象是命令、授权或者协助他人违反反贿赂条款的个人和公司，可以是在美国注册或者需定期向SEC提交报告的法人。包括美国的母公司，如果在海外子公司被授权指示控制的活动引起贿赂争议的情况下，美国母公司要受反贿赂法的管辖，或者美国母公司被海外的子公司雇佣或者代表海外子公司违反了反贿赂法，母公司也要受到相应的处罚。

第三部分，赖律师谈及国际并购中的投资者保护和救济的问题。赖律师整理出当前国际并购中关于投资者待解决的三个问题：中国的投资人进入美国是否能够得到平等对待、国际投资的时候是否要考虑东道国的问题以及国际投资争议的救济途径。就国际投资争端救济途径，赖律师主要谈及两个方面，包括《华盛顿公约》与国际投资仲裁以及东道国的国内起诉。依托《华盛顿公约》的国际投资仲裁，是国际公法方面保护国际投资者的方式。为了这个公约能够实施，它配套的机构性的建制就是ICSID——国际投资争端解决中心。ICSID依照《华盛顿公约》成立，设立的目的就是通过仲裁和调解的方式来解决投资争议，要求争议双方一方为该公约缔约国，一方为该公约另一缔约国的国民，而争议的内容主要涉及缔约国是否违反了保护其他缔约国的国民（投资人）的国际义务。通常缔约国会结合BIT（双边投资协定）来考虑是否授予ICSID在相应的国际投资争端上的管辖权。另一种救济途径为在东道国内进行起诉，这是私力救济的方式。

最后，赖律师在上述总结的基础上提出了自己的一些建议与价值投资的思考。从把并购看成整个投资的一部分的角度，可以从什么是合理的资本规则、监管方面、立法方面去促进整个市场的发展进而保护各方的利益。美国并购法律中更加强调保护股东的利益。我们可以思考，什么是善的资本，什么是恶的资本，什么是社会利益，什么是长期投资，什么是价值投资，以及什么是价值，以更好地促进国际投资并购的发展。

七、跨国并购整合挑战以及并购整合管理要素

讲座的第七个部分由国际并购整合联盟（以下简称 GPMIP）的中国董事合伙人於平展开，主题是跨境并购整合挑战以及并购整合管理要素。於平的讲座分为以下三个部分。

（一）背景介绍

於平简要介绍了 GPMIP 的概况和专业服务。GPMIP 目前进行了超过 375 个并购项目，在超过 35 个国家成立了分支机构，提供并购交易后的并购整合、投后管理和重组转型服务。

（二）跨境并购管理

於平根据统计数据指出，在跨境并购实践过程中，50% 以上的企业难以达到预期目标，2/3 的公司在收购后第一季度损失市场份额，而第三季度后 90% 的公司会遭遇此类挑战。18 个月后，80% 的大型和小型公司未能达到股东预期目标。我国企业的跨境并购在 2016 年达到高潮，由国资委研究中心和商务部研究院在 2014—2015 年间对 250 多家"走出去"企业的经营情况作了调研并给出概括性总结，其中盈利可观的企业仅有 13%。於平引用该调研总结出如下问题：语言和文化差异导致沟通阻碍、缺乏有效的管理机制和组织系统、劳资关系管理存在域内外差异、环境和安全等经营风险和纠纷、缺乏与当地社区及其他利益相关方的沟通能力。因此，要想从根本上解决这些问题，就需要提高并购整合能力。於平还总结了并购整合问题的根源，包括：（1）商业逻辑问题，战略不清晰或不可行；（2）对标的公司缺乏了解、尽调不够完善深入，并未达到专业的标准。例如缺乏当地专业和行业对口资源做尽调，只做财务与法务尽调，缺乏对于文化、高管、管理体系及利益相关方的调查、沟通和分析；（3）缺乏并购整合管理经验。很多企业缺乏对建立并购整合管理体系的认知或重视，难以建立有效风控机制，且对于很多问题都缺少预判，导致问题出现后支出高额的挽救费用，亡羊补牢不可取。很多企业还缺乏主动管理意识，依赖对赌协议规避风险或只靠标的公司职业经理来推动变革，缺乏相应的软实力而导致并购失败。

於平指出，并购整合难做的原因有多方面，例如需要维持日常运营，处理错综复杂的关系，而许多情况下是临时抽调的人员兼职从事整合要务，导致挑战更艰巨。此外，并购整合首先是风险管理，而主要风险可以分为四个方面：协同价值风险、结构性风险、项目管理风险和人力资源风险。协同价值风险是指并购初期对并购价值的预判往往经

不起现实的考验，实际挑战往往比预想的复杂，导致无法完全实现预期的并购目标甚至持续亏损。结构性风险包含战略的不确定性，公司组织结构和管理体系的差异以及各类业务流程的不兼容导致的问题，等等；项目管理风险包含管理经验和资源缺乏导致的整合问题；人力资源风险包含人才管理、优秀人才保留，文化融合和沟通管理，以及裁员问题的挑战等。於平认为，要想做好整合，想要了解协同价值的意义：在收购结束后，由于并购常常是溢价收购，在交易后收购方已经产生"损失"，而在整合产生协同价值前，由于整合成本和整合成功前价值的流失（比如客户流失或关键员工跳槽等），使得收购的资产净价值更低。若并购整合无法实现足够的（远远超过这里提到的价值损失的）协同价值，则并购结果将无法有正回报，这种投资将没有任何意义。很多国内企业在之前的跨境并购中就是缺乏精准的并购战略和有效的并购整合，暴露出诸多风险和问题而无法实现协同价值，导致最终亏损。

（三）跨境并购整合管理要素

鉴于对跨境并购整合挑战的理解，於平提出了并购整合的一些关键管理要素的建议：需要确保整合策略与公司发展战略及并购战略一致；建立与整合策略相应的并购管理体系；尽早开始准备风险管理和起草整合计划，最好是在交割之前开始；主动的文化融合和沟通管理；有效的人才管理和激励机制，例如在欧洲，高税收导致提高薪水反而缺乏边际效益，不如多安排假期或其他奖励。因此，需要维持人力资源项目（HR projects）、技术和系统项目（technology & system projects）、组织流程项目（organization and process projects）之间的平衡。

於平指出，需要建立与整合策略相适应的管理体系。

第一，需要明确业务目标和整合策略。

第二，需要建立相应的整合管理机制和组织结构，需要明确分工和职责，让整合管理办公室（以下简称 IMO）承上启下，及时发现风险和解决问题，至于如何利用并购整合管理架构，让人员各尽其职，需要根据并购战略和公司的内部情况量身定制，需要有一定经验和治理艺术。

第三，需要确定关键价值要素和确认协同价值。

第四，需要制定整合管理计划，通过分析能实现协同价值的价值要素来确定整合目标和整合计划，以确保在整合过程中，保证这些价值要素持续提升，而非损失，需要把整合策略具体到价值要素上去。在制定整合计划时，可以用哈氏矩阵法分析各关键价值要素保持独立运营的需求和被整合到收购方的战略重要性以及各要素对协同价值的贡献和整合成本，使得对整合项目的优先排序和时间规划有的放矢。

第五，利用线上管理工具实现跨境团队多地无缝协作，实时跟踪整合计划的制定和执行进度和评估效果。

第六，需要持续培养和提高公司内部的并购管理和整合能力。不断总结以往并购整合的经验教训，制定出一套适合公司情况的流程和管理方法。

在整合过程中，经过对400多家公司高管进行调研，於平发现与人的因素相关的管理"软实力"是并购整合成功的头等要素。而不同的国家、企业之间，管理体系和关键高管的管理风格都存在差异，找出差异并做好风险评估，将更有利于文化融合开展。若发现关键维度上文化差异小，则在整合时采取吸收方式；若发现差异大，则需要进行专业的文化融合，而不是采取常说的"各取所长"的简单模式。

最后，於平总结跨境并购整合管理要素：（1）需要有合理和清晰的跨境并购逻辑和战略；（2）根据并购战略而实施有针对性的商业环境、企业文化、人才和管理体系的尽调；（3）尽早制定整合计划，以预判和预防并购风险，而不是亡羊补牢；（4）利用当地专业资源，有效管理人才、组织和系统，从根本上提高并购能力和效果。

八、与谈环节

讲座进入与谈环节，与谈人中国和美国纽约州双执照律师、知名经济学家、美国中概股协会前理事长唐兆凡在总结以上各位主讲人主讲内容的基础上，对跨境融资并购的问题进行了精彩的补充。

第一，唐兆凡对国际并购流程进行了概念上的介绍。

第二，他指出并购的价值在于创造价值，并引用"Jack Welch 将 GE 带到世界五百强之首的案例"指出，其所依靠的正是并购，其中也包括杠杆并购等。

第三，唐兆凡强调并购成熟市场中存有几个值得注意的雷区，其中包括环境问题、劳工问题、IP 问题等，这些都是需要在前期尽调过程当中予以重点关注的内容。

第四，唐兆凡对于监管问题进行了重点探讨。他指出，美国外资投资委员会（CFIUS）关于国家安全的认定，法院是不会进行挑战的。随后进行分析如下：美国是案例法体系，抖音（TikTok）一开始以总统令的方式禁止，法院挑战成功的可能性很大。若总统令是 exact order，通过司法将很容易对其进行挑战，即总统令与任何一个联邦法律相违背都可以被推翻，违反宪法而被推翻则毫无疑问。但 CFIUS 以国家安全的名义的决定，法院则一般不会推翻，其中就涉及国际并购。之后，唐兆凡引申出 OFAC（美国财政部海外资产控制办公室）问题的监管基本上都与国家安全相关，是对资产的事前认定和事后查封，这都很难被挑战。随后，唐兆凡对目前热议的美国将禁止微信的使用这一问题进行讨论，并指出微信案件中的重点在于能否证明案件涉及种族平等和平等对待的问题。

第五，唐兆凡对国内并购的税收管理进行介绍。其中涉及《关于加强非居民企业股权转让所得企业所得税管理的通知》（国税函〔2009〕698号，以下简称698号文）、《关于非居民企业间接转让财产企业所得税若干问题的公告》（国家税务总局公告2015年第7号，以下简称7号公告）以及《国家税务总局关于非居民企业所得税源泉扣缴有关问题的公告》（国家税务总局公告2017年第37号，以下简称37号文）。他指出虽然698号文被废止，但698号文的方法论被保留下来。而现在37号文方法论很"吓人"，税务问题处理的基本原则是以股权方式保持，而不是以个人收入的方式保持。中国在税务认定上，无论企业是否进行利润分红都将进行税务处理。同时也指出，《国家外汇管理局关于境内居民通过特殊目的公司境外投融资及返程投资外汇管理有关问题的通知》（汇发〔2014〕37号文）对境外上市公司融资部分进行了规制。

第六，唐兆凡对Opinion进行了介绍，实际是对对方的尽调给出的法律建议书，这是给客户的建议。但是如果作为自己方的并购律师，要为自己方出一个Legal Opinion给对方，这相当于是隐性担保。所以并购中若己方不做Legal Opinion，对方是不会进行并购的，并购会承担被诉讼的风险。

第七，唐兆凡对VIE结构进行重点介绍。1992年中国联通曾尝试在美国上市，但中国国务院没有批准。后来GAP美国通用会计总则里面的准则提出了可以合并报表的两个特点，一个是实际控制，另一个是实质上所有者利益。《萨班斯法案》中也规定必须核定报表，于是出现了VIE结构。现在中国大陆（内地）企业到境外上市，80%是VIE结构。但明确香港交易所与美国存在差异，香港交易所规定若在国务院外商特征目录里属于鼓励类和允许类企业，则不能应用VIE结构。同时唐兆凡指出，改良VIE结构部分他本人是一直参与其中的，并向我们介绍了自身的心得体会。最后，他对与会嘉宾的分享表示衷心的感谢。

第二十三期　中美证券集体诉讼、特别代表人公益诉讼理论制度与实务高端论坛

2020年9月20日18：30，由中国法学会证券法学研究会副会长、浙江大学互联网金融研究院副院长、浙江大学光华法学院李有星教授主持的"中国法学会证券法学研究会瑞幸咖啡案例研究（第二十三期）：中美证券集体诉讼、特别代表人公益诉讼理论制度与实务高端论坛"在胜数直播"小鹅通"上顺利召开。

本次论坛分为三个部分，分别是嘉宾致辞、主讲、与谈与评议。致辞嘉宾有：北京金诚同达（杭州）律师事务所高级合伙人王进、全国律师协会金融专业委员会主任沈田丰、投服中心维权部总监鲁小木。主讲嘉宾有：上海财经大学法学院助理教授樊健，香港中文大学法学院教授黄辉，新加坡管理大学副院长张巍，中伦文德律师事务所律师、美国加州执业律师连捷，原证监会上海专员办处长、国浩（上海）律师事务所资深顾问黄江东，北京朗诚律师事务所主任、高级合伙人律师武峰，上海上正恒泰律师事务所首席合伙人程晓鸣，北京金诚同达律师事务所高级合伙人、国际法学博士金赛波，华东政法大学国际金融法律学院副教授肖宇，上海对外经贸大学副教授汪其昌，同济大学法学院教授朱国华。与谈与评议嘉宾为：中国法学会证券法学研究会会长、最高人民法院研究室副主任郭锋，清华大学法学院教授、博导汤欣，北京大学法学院党委书记、教授、博导郭雳，华东政法大学原副校长、锦天诚律师事务所主任顾功耘。

本次论坛共有六千多人参与直播和互动，获得了良好的反响。本次活动由中国法学会证券法学研究会、浙江省法学会金融法学研究会、浙江大学互联网金融研究院、浙江省前景大数据金融风险防控研究中心、浙江互联网金融联合会、杭州胜数研创等支持完成。

会议伊始，主持人李有星教授对支持本次论坛的领导和嘉宾表达真诚的谢意，隆重介绍了本次与会的嘉宾，并交代了本次议题的研究背景。研究背景主要有四个方面：（1）新证券法设立特别代表人的"明示退出、默示参加"机制，形成集体诉讼。具体

规定在第九十五条；（2）最高人民法院出台了《证券纠纷代表人诉讼规定》，使集体诉讼制度落地，使其可操作化。李教授提出该规定遵循依法合规与机制创新相协调、诉讼效率与权利保障相平衡、实体审查与正当程序相结合的原则，全文共计42条，分4个部分重点规范了普通代表人诉讼和特别代表人诉讼程序，细化了两类代表人诉讼的程序规定，准确回应了代表人诉讼中的实践难题，充分发挥投资者保护机构和证券登记结算机构的职能作用；（3）中国证监会颁布《关于做好投资者保护机构参加证券纠纷特别代表人诉讼相关工作的通知》；（4）投服中心发布《中证中小投资者服务中心特别代表人诉讼业务规则（试行）》，该业务规则共6章31条，明确了参加诉讼的投保机构和投资者的权利义务，对特别代表人诉讼案件选定、投资者特别授权获取、代为登记及参与诉讼活动等进行了规定，并特别涉及了回避、保密、费用、档案管理制度等。

李教授对该业务规则进行了较为具体的介绍，认为其具有七点意义。一是明晰了投服中心参加特别代表人诉讼的程序。二是明确了投服中心参加特别代表人诉讼的公益属性原则。三是规定了投服中心参与特别代表人诉讼案件的范围和标准。四是明确了投服中心作为诉讼代表人的权限。投资者默示参加权利登记即视为赋予代表人特别授权，不同意的可向人民法院声明退出。五是明确了诉讼代表人如何履行通知义务。六是规定了投资者可退出特别代表人诉讼的阶段。在一审判决前，赋予投资者"两次退出"的选择权，实现了诉讼效率与保护投资者合法权益的平衡。七是强化决策科学性及监督管理。

在上述研究背景的基础上，李教授进而提出了五个问题来引发听众的思考：1.证券集体诉讼与特别代表人诉讼有何异同？ 2.特别代表人诉讼与公益诉讼的关系如何？ 3.证券公益诉讼是否可以直接启动？ 4.普通代表人与特别代表人诉讼的关系如何？在转换过程中，律师主体有何考虑？ 5.对我国集体诉讼制度有哪些完善建议？

一、嘉宾致辞

第一位致辞的嘉宾是北京金诚同达（杭州）律师事务所高级合伙人王进。首先，王进律师感谢了中国法学会证券法学研究会和主持人李有星教授的盛情邀请，北京金诚同达（杭州）律师事务所有幸作为协办单位参与了本次高端论坛。2020年，北京金诚同达（杭州）律师事务所律师作为杭州中院受理的国内首例证券虚假陈述责任纠纷代表人诉讼一案的代理人，参加了该案诉讼活动。该案在开庭前，最高人民法院出台了《审理债券纠纷案件座谈会纪要》和《证券纠纷代表人诉讼规定》等司法解释，对案件审理工作起到很好的指导意义。在庭审过程中还是出现了很多新问题，例如适格原告诉讼主体确认、代表人的选定、发行人和中介机构的过错责任认定、原因力大小和责任分担的认定等。此外，杭州中院还引入了多元化解机制，将诉讼和调解相结合，将委托调解工作导入浙江省证券业协会、投保基金等平台形成纠纷化解合力。而上述多元化解机制的参与和运用，对于代表人诉讼的代理律师而言是一个重要课题。最后，王进律师代表北京金诚同达（杭州）律师事务所预祝本次高端论坛圆满成功。

第二位致辞嘉宾是全国律协金融专业委员会主任沈田丰律师。沈田丰律师指出，这次证券法的修订有两个重要内容。第一，由核准制向注册制的转变，注册制成为常态。第二，证券代表人诉讼的完善。原告和被告律师应当从不同的出发点走向一个共同目标——证券法的正确实施。未来，在证券法领域中，也会出现两类律师：为发行人发行证券提供服务的律师和服务于中小投资者的律师。前者主要完善信息披露，保障信息披露的真实、准确和完整；后者直接服务中小投资者，成为代表人诉讼的律师参与诉讼，也会从共益诉讼的角度参与诉讼。两类律师的最终目的都是保证证券市场的良性持续发展。在新证券法规定了证券纠纷代表人诉讼机制后，最高人民法院又及时发布了《证券纠纷代表人诉讼规定》，将促使诉讼代表人机制落到实处。沈田丰律师预计，未来律师的诉讼代表人业务将会有更好的发展。这次论坛，将从理论和实务角度进行讨论，厘清各方利益关系，使代表人诉讼机制更完善、更落到实处。最后，沈田丰律师预祝本次论坛圆满结束。

第三位致辞嘉宾是投服中心维权部总监鲁小木。第一，鲁小木总监总结了新证券法之前的诉讼实践与新证券法及科创板司法保障意见赋予的诉讼方式。在新证券法正式出台前，投服中心主要诉讼实践包括证券支持诉讼和股东诉讼两种方式。其一，支持诉讼。证券虚假陈述民事赔偿纠纷有明确的司法解释依据及丰富的诉讼实践，是投服中心主要的支持诉讼案件类型。其二，股东诉讼。新证券法专设"投资者保护"章节，对投资者司法救济进行了专门规定，依托公益机构投资者保护属性，特别赋予了投服中心开展特别代表人诉讼、支持诉讼、股东直接诉讼、股东代位诉讼的法定职能。最高法科创板司法保障意见明确提出，要有效保护投资者合法权益，建立健全与注册制相适应的证券民事诉讼制度，研究探索建立证券民事公益诉讼制度。

第二，鲁小木总监讨论了诉讼实践中发现的问题。一是支持诉讼示范引领作用未能充分发挥。首先，投保机构支持诉讼角色模糊，投服中心并非案件当事人，是否提起诉讼、诉讼费用交纳、被告选择等诉讼权利义务的处置需依照投资者意愿，一定程度上不利于投服中心充分发挥其公益性、示范性投保机构的角色作用。其次，"追首恶"共识尚不普遍，实践中，法院及原告投资者倾向于将上市公司列为被告，以便于送达、增加获赔的可能性，最终也多由上市公司支付相关赔偿金。另外，地方保护主义仍然存在，出于维护地方上市公司利益的考虑，部分地区法院在司法审判中未能坚决贯彻适用法律上一律平等的原则。最后，目前有众多社会律师也针对证券虚假陈述案件公开征集代理投资者，支持诉讼的效果不够突出。二是股东诉讼进展缓慢。股东代位诉讼因费用问题无法有序推进，股东代位诉讼的提起需交纳高额案件受理费等诉讼费用，如后续全面开展此类诉讼或诉讼金额较大，将使投保机构的经费支出产生较大压力。

第三，鲁小木总监提出了特别代表人诉讼及证券公益属性诉讼的推进设想。

一是制度的演变。在最高法司法解释出台前，上海金融法院、深圳中院等先后发布了代表人诉讼的相关规定，司法解释最终采纳了"递进式"的观点，投保机构需在已有普通代表人诉讼的情形下才能参加诉讼。

二是实际操作的难度。证监会《关于做好投资者保护机构参加证券纠纷特别代表人诉讼相关工作的通知》规定了特别代表人诉讼应综合考虑案件典型性、重大性、偿付能力、社会关注度等因素。投服中心《特别代表人诉讼业务规则（试行）》进一步明确了对于满足行政前置、具备典型重大性、社会影响恶劣、具有示范意义、被告具有一定偿付能力的案件，投服中心可以参加特别代表人诉讼，但实践中案件选取工作仍可能存在难度。

三是程序突破的探索。基于投资者利益保护原则，如特别代表人案件进入破产重整程序，投保机构应当代表投资者继续行使权利，但还需对案件管辖、投资者授权、和解等问题进行深入研究探讨。

四是调解的平衡与协调。在我国现行司法实践中，通过判决取得赔偿时投资者需要面临诉讼时间长、诉讼成本高、举证难度大等困难，而调解更有利于双方根据实际情况协调方案并解决纠纷，能免于诉讼的漫长拖延，兼顾被告的赔付能力与诉讼效率，使特别代表人诉讼实践可以有效地推进。最高法《关于证券纠纷代表人诉讼若干问题的规定》明确指出，人民法院应当充分发挥多元解纷机制的功能，按照自愿、合法原则，引导和鼓励当事人通过调解方式解决证券纠纷。特别代表人诉讼调解程序中，投保机构需做好有效的协调与平衡，方能充分发挥调解在化解矛盾方面的积极作用。

第四，鲁小木总监介绍了实践中解决上述问题所做的努力和探索。

一是积极推动特别代表人诉讼稳妥落地。建立完善特别代表人诉讼制度。与最高法及证监会密切沟通，参与司法解释及证监会规则的制定，就投保机构的地位、权限、特别授权事项、投保机构权利义务等反映实际需求。

二是推动建立"示范判决＋损失核定＋诉调对接"证券诉讼新模式。目前，多地法院已开始与投服中心沟通协作，按照新模式审理虚假陈述民事赔偿案件，以进一步提高结案效率，降低投资者维权成本。

三是与审判机关、检察机关共同探索研究推动公益诉讼落地。

四是加快推进股东代位诉讼研究。在开展证券支持诉讼预研过程中，投服中心关注可提起代位诉讼的案件情形，通过公开发声督促上市公司董事会、监事会履行职责，维护投资者合法权益。

五是进一步拓宽诉讼案件类型。除了扎实推进虚假陈述类支持诉讼案件，投服中心还积极拓展支持诉讼案件新类型，探索对市场操作案件和内幕交易案件发起支持诉讼的可行性。

六是市场板块的思考。新证券法将新三板市场一并纳入证券交易场所，在新三板公司因虚假陈述等被行政处罚的情况下，投保机构应采取支持受损投资者提起诉讼等方式，帮助新三板投资者维权，还是立足于服务"中小投资者"，是值得进一步思考的问题。

二、主讲部分

（一）机构投资者参与证券集体诉讼：美国的经验与借鉴

讲座第一位主讲嘉宾是上海财经大学法学院助理教授樊健，樊健老师以"机构投资者参与证券集体诉讼：美国的经验与借鉴"为题，从代表人在证券集体诉讼中的重要作用；机构投资者适合担任诉讼代理人的理论分析；美国的首席原告制度；实证效果与问题所在；我国关于代表人资格规定、问题及建议五个方面与大家展开分享。

第一部分，樊健老师指出了代表人在证券集体诉讼中的重要作用。根据《最高人民法院关于证券纠纷代表人诉讼若干问题的规定》第七条第二款规定，代表人的诉讼权限包括代表原告参加开庭审理，变更、放弃诉讼请求或者承认对方当事人的诉讼请求，与被告达成调解协议，提起或者放弃上诉，申请执行，委托书诉讼代理人等。从中可以看出代表人在整个证券集体诉讼当中起到关键性作用，是否能够实现司法解释的立法目的来维护投资者权益，减少诉讼成本，主要看诉讼代理人能否切实履行他的职责。

第二部分，樊健老师对机构投资者适合担任诉讼代理人进行理论分析。第一，机构投资者一般损失金额巨大，有动力进行索赔；第二，机构投资者专业性强，有助于监督律师达成可能对原告来说比较有利的调解协议；第三，机构投资者是证券市场的重复博弈者，会顾及声誉，不会在单个案件中去跟律师勾兑。

第三部分，樊键老师介绍了美国首席原告制度。通常情况下，美国由一家机构投资者担任首席原告，在实践当中由养老金担任首席原告的情形比较多见。一般情况下，首席原告在诉讼中所有的费用都是由所有的原告共同承担的，类似公益费用，由所有原告共同承担，在特殊情况下首席原告会有激励性的报酬。

第四部分，樊健老师谈到了目前美国首席原告制度的实证效果及其问题所在。总的来说，美国首席原告制度是比较成功的，最明显的是和解金有明显的提高。但是也存在比较多的问题，例如：养老金作为首席原告比较多，但养老金有时候不一定为了所有原告和投资者的利益，可能有政治性的考虑，比如会起诉一些影响比较大的案件提高他的知名度等，存在非经济利益的考虑。

第五部分，樊健老师针对我国代表人资格规定提出问题所在及改进建议。根据《证券纠纷代表人诉讼规定》第十二条规定，代表人应该符合下列条件：一是自愿担任代表人；二是拥有相当比例的份额；三是本人或者其委托诉讼代表人具有一定的诉讼能力和经验。从我们国家的规定来看，机构投资者是最符合要求的，但从之前司法实践来看，我们国家机构投资者提出虚假陈述案件是非常少见的，而且基本上法院都判决机构投资者败诉。

分析其原因，从实体层面来讲，机构投资者不直接适用欺诈市场理论，当机构投资要证明其因为相信被告的虚假陈述才去投资可能会对机构投资者产生负担。从法律层面来看是一个欺诈市场理论适用问题，一是消极资格认定的模糊性，例如上市公司的保荐人是否属于消极要件；二是复数代表人是否必需；三是代表人所付出的时间、精力等没有在法规的层面予以明确的补偿，在实践当中，在双方调解协议中是否增加对机构投资者或者代表人的补偿有待检验。

针对以上问题，樊健老师提出以下初步建议：一是机构投资者提交初步的投资报告，机构投资者只要提交初步的投资报告证明投资这个公司基于什么理由，证明其可以适用欺诈市场理论；二是结合审判实践可以确定一些消极资格要件，比如保荐机构和承销机构等可能会被认为不适格；三是可以推举一位诉讼代表人，有利于权限统一，便于监督，减少费用；四是规定合理的花费可以作为公益费用，由全体投资者负担。

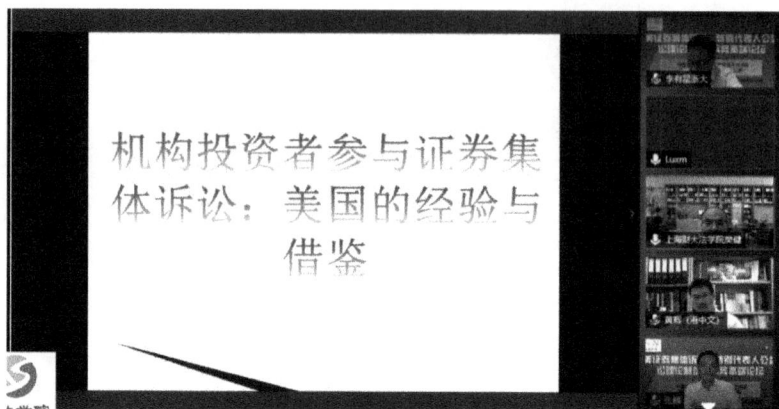

（二）中国式证券集团诉讼的得与失：海外经验的视角

讲座第二位主讲嘉宾是香港中文大学黄辉教授，以"中国式证券集团诉讼的得与失：海外经验的视角"为题，从引言、得益、缺失、展望与建议四个方面与大家展开分享。

第一部分，黄辉教授简要地谈了特别代表人诉讼的相关情况。特别代表人诉讼是依据《证券法》第九十五条第三款规定提起的诉讼，投资者保护机构受五十名以上投资人委托，可以作为代表人参加诉讼，并为经证券登记结算机构确认的权利人依据前款规定向人民法院登记，但投资者明确表示不愿意参加该诉讼的除外。2020年7月31日《最高人民法院关于证券纠纷代表人诉讼若干问题的规定》和投服中心《特别代表人诉讼业务规则》对特别代表人诉讼制度进一步规定。

第二部分，黄辉教授谈到了特别代表人诉讼的得益。在改革前，中国证券民事诉讼的核心问题是什么？我国虚假陈述的民事诉讼有一个前置程序，即必须先有证监会行政处罚或者刑事处罚之后才可以提起，很多人对此有过批评，认为前置程序过度限制了提起诉讼的范围，但根据黄辉教授的实证研究，在满足前置程序的可诉案件之中，最后提起诉讼的比例只有25%左右，也就是说有高达75%的案件没有被提起。在这些最终提起的案件中，胜诉率很高，赔偿率达到80%左右，但在美国只有10%的赔偿率。

为什么在我国胜诉率很高的情况下还有很多案子没有被提起？一种理论假设是，案件提起动力不足，由于证券民事诉讼具有小额多数的特征，小投资者自己提起案件可能得不偿失，因此没有动力诉讼，这种诉讼在理论上也称之为负值诉讼，但是，现实中我国已经有很多律师在从事证券民事诉讼，他们通过风险代理收费的方式承担了诉讼费用和风险，这样解决了诉讼动力不足的问题，这种律师驱动的诉讼机制与美国类似，因此，案件提起动力不足的理论假设不成立，案件提起率低下的真正原因是，法院出于维稳和地方保护主义等原因，对于证券民事诉讼不太支持，甚至设置障碍，包括受案、审理和执行等各个阶段，从而导致投资者无法或不愿提起诉讼。

特别代表人诉讼有效解决了上述问题，具体而言，第一，与普通投资者相比，投服中心有特殊背景，对于地方保护主义有一定的制约性；第二，最高法司法解释规定，特别代表人诉讼案件由证券交易所所在的中级人民法院审理，实际上就是上海金融法院和深圳中院，这两个法院业务能力比较强，地方保护问题都比较小。

第三部分，黄辉教授谈到了特别代表人诉讼的缺失。从法经济学看，不管何种集体诉讼形式，其关键问题都在于代理成本，美国采取律师驱动的集体诉讼，其关键在于律师的代理成本问题，即律师作为代理人与投资者作为被代理人之间可能存在利益偏离，而特别代表人诉讼是投服中心驱动的集体诉讼，也同样存在代理成本问题。那么，与律师的代理成本相比，投服中心的代理成本是大还是小？如何降低这种代理成本？投服中心驱动的诉讼对于律师驱动的诉讼有何影响？这些问题都有待进一步思考。

第四部分，黄辉教授谈了自己的展望和建议。特别代表人诉讼是具有中国特色的重大创新，但还有很多尚未回答的问题，需要不断完善，重点在于执行。建议投服中心要关注市场机制解决有难度的案件，为律师驱动的诉讼机制保留一定空间，相互补充促进，形成良性互动。具体而言，投服中心应该充分发挥自己的背景和资源优势，要打硬仗和啃硬骨头，对于那些胜诉率高、社会影响大的案件，根据黄辉教授的实证研究，律师都有积极性去提起诉讼，解决效果也不错，但还有高达75%的可诉案件由于法院的地方保护问题以及这些案件本身的困难复杂或诉讼标的额小等，律师无法或不愿提起，这就需要投服中心的介入，增加诉讼供给，弥补市场机制的不足，而不是替代已有的市场机制，与之争利，从而可能导致其萎缩和退出。当然，这也需要对投服中心的绩效评估机制进行合理设计，不应简单地看其提起的案件数量、大小、胜诉率和索赔金额等，而是看其在多大程度上弥补了律师驱动的诉讼机制的不足，让本来无法通过市场机制获得赔偿的投资者最终获得赔偿。

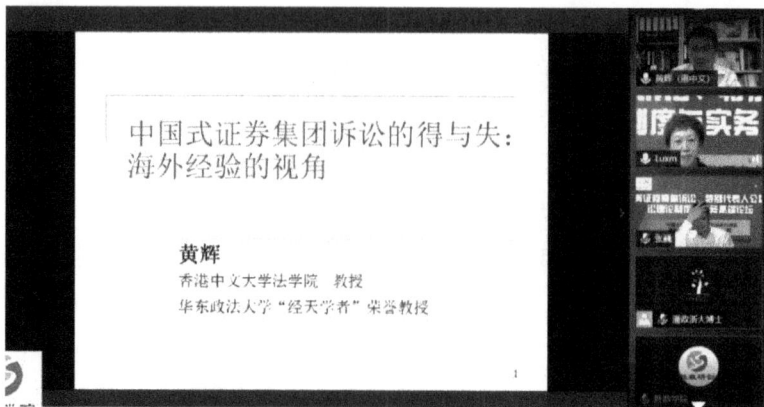

（三）美式证券集团诉讼的内在矛盾与破解之道

新加坡管理大学副院长张巍以"美式证券集团诉讼的内在矛盾与破解之道"为主题与大家展开分享。美式证券集团诉讼并非成功的模式，其存在以下几个问题：第一，小公司无人诉、专诉大公司，起诉、举证、和解或者庭审等诉讼过程涉及的成本往往相对固定，不会随案件可能带来的赔偿金额大小而出现明显变化。其中一个重要原因是公司、证券诉讼适用的法律和程序并不会因为潜在赔偿数额的大小而不同。这样，面对大体相当的诉讼成本，原告及其律师选择起诉的往往都是有可能获得较高赔偿的案件。在成本收益的理性计算之下，原告及其律师明显会倾向于起诉大公司，而不对小公司提起诉讼；第二，存在滥诉普遍的现象，在美国式的集体诉讼机制下，实际上股东本身对诉讼并不会负担多少成本，因此也不会过多期待从诉讼中获得收益。从被告方面，一旦被诉，如果认真应对就可能要支出大量的诉讼成本，因此，原被告双方往往有强烈的和解意愿。整个集体诉讼的过程在很大程度上行被简化成了原告律师选择起诉，被告方接到诉状后迅速和解，从而出现了大量的"无谓诉讼"。第三，原告律师的机会主义行为，美国的股东集体诉讼中，原告律师得到的收益在于律师费，在和解中律师费的金额通常与股东取得的赔偿无关，而是作为一项独立支出由被告支付给原告律师，因此，原告律师在案件代理过程中常常懈怠，其付出多少努力的标准限于自身能获得多少额外律师费，而不在于这种努力能带给原告多少额外赔偿。

张巍教授指出，美式股东集团诉讼的根本矛盾在于，要依靠私人提供公益品，就不可能不让私人谋利。阻断滥诉的同时也会削弱乃至阻断善诉，"又要马儿跑，又要马儿不吃草"往往办不到，避免滥诉的手段有禁止公司为董事、经理报销、禁止保险等方式，这些方式可能遏制滥诉，但也会遏制善诉。此外，要依靠去中心化的信息搜集机制遏制欺诈，就难以避免"私人检察官"造成的无谓成本，削弱和解意愿的同时，也将削弱信息发掘的能力。美式股东集团诉讼的其他矛盾包括：第一，和解规则矛盾，法院对和解审查越严，和解越成为诉讼，法院负担越重（或者不可能胜任），增加善诉成本；法院审查越松，和解越容易，滥诉越多。第二，实体规则矛盾：证券欺诈实体法条件越严，打击欺诈越难；实体法条件越松，滥诉越容易。第三，经理人激励矛盾：个人责任越重（不许报销、保险），屈从滥诉意愿越小，但任职意愿也小（或者报酬增加，但这会激起民愤），有损上市公司经营；个人责任越轻，越容易附和滥诉。特别代表人诉讼存在的问题有：第一，诉讼应当由谁来发动，普通律师和法院普遍无动力；第二，何时开始评估，可以开拓"投服中心先行评估择案，再发动起诉"的模式；第三，集团诉讼究竟算是行政处罚的延伸，还是独立的震慑力量，如果跟着行政处罚走，制度意义将会非常有限。

最后，张巍教授提出了几点建议，包括从"存公去私""去中心化"的角度去破解根本矛盾，从健全奖励制度、引进专业分析人才、完善业绩考评指标、保障经费来源等方面来促进投服中心的发展。

（四）美国集团诉讼

中伦文德律师事务所律师连捷以自己在美国处理集体诉讼的亲身体会与大家展开分享。集体诉讼制度在美国往往是由最著名的大型律所和最有资历的律师来承办，中美两国的公益诉讼内涵不一样，在中国的公益诉讼是强调无偿性，而美国恰恰相反，公益是指陪审团有权因该案件代表的是公共利益而判处更高的赔偿罚金。对于有违法行为但尚未造成足够严重的后果的案件，很多律所都不愿意去办理，这在一定程度上会纵容违法行为。美国的集体诉讼只有特别代表诉讼一种形式，美国特有的惩罚性赔偿制度对违法行为起到了巨大的震慑作用。在中美两国的不同司法体制下，让一般民间律师通过一般的民事诉讼来代表民间集体会存在一定的差异，律师的调查权的差异的大小会导致不同的诉讼难度，美国的证据开示制度使得律师有强大的调查取证权，因此民间律师和专业的机构在技术操作难度上大体是相似的。美国集体诉讼案件的调解需经过法官的评估，需要由法官认为的善意和解的动因才能生效。

（五）证券代表人诉讼的完善建议

原证监会上海专员办处长、国浩（上海）律师事务所资深顾问黄江东从理论出发，为证券代表人诉讼提出自己的建议。

黄江东指出，证券代表人诉讼存在市场主导和行政主导两种类型，前者是以律师驱动，形成一个去中心化的信息收集机制，而后者是以投保机构发起，有浓重的行政主义色彩，我国新证券法规定决定了证券代表人诉讼属于后者，投服中心虽是采用公司制，但仍属于证监会监管下的单位，经费等各方面受其约束，必然涉及案件选择的问题。而这伴随而来的是遭受多方质疑，无论采用什么标准选择案件，必然会有人质疑其不公平性。对于上市公司而言，满足行政处罚和行政裁决、刑事裁判等前置条件的上市主体有很多，但为什么偏偏选择其中几个，而不是其他？对于投资者而言，可能部分投资者亦属于违法行为的受害者，为什么帮助其提起集体诉讼？面对这些不公平性的质疑，这些上市主体和投资者应该通过何种途径提供获得救济？这些问题都值得探讨。不可否认的是，以投保机构驱动的证券代表人诉讼的提起范围和影响相对可控。

在案件选择的程序方面，应该广泛吸纳证券市场的参与主体。对此，黄江东提出以下两点，其一，投服中心对案件选择需要预判预演；其二，建立对重大案件的评估机制，应作为一项必经程序，这样可以充分吸纳投服中心的工作人员、外部的专家学者、公益律师以及一些投资机构代表等，使得案件选择最终的结果更具有公信力。

（六）证券集团诉讼三大问题

北京朗诚律师事务所主任、高级合伙人武峰以提问题的方式对证券集团诉讼的相关知识提出了他的真知灼见。

第一个问题：如果少数投资人不同意投保机构的和解、调解方案，投保机构应该如何处理？是继续代表还是撤出诉讼？武峰主任指出，就目前最高法和证监会的相关文件，并没有对该问题作出相应解释，但就从特别代表人制度的设计初衷在于便利广大中小投资者维权来看，投保机构可以考虑撤出诉讼。而不同意和解、调解方案的投资者将从特别代表人诉讼转变为普通代表人诉讼，此时投保机构委派或聘请的公益律师是否还能继续为这些投资者代理？这些都是值得探讨的问题。此外，对于和解或者调解方案持不同意见的投资者之间如何分担诉讼费用和律师代理费用？这些都有待相关细则予以进一步明确。对此，武峰主任认为，从法理层面出发，应该尊重持反对意见的投资者，选择委托代理人是他们的一项基本诉讼权利。至于诉讼费用或者代理费用，可以考虑依照每个投资人主张诉讼请求的比例来进行分担。

第二个问题：《证券法》赋予投保机构的证券纠纷调解与特别代表人诉讼这两项职能是否存在利益冲突？武峰主任指出，依照《证券法》第九十三条和第九十四条规定，投资者如果与发行人、证券公司等发生纠纷，双方都可以向投保机构申请调解，那么存在一种极端情况，即某一上市公司向投保机构申请调解，但调解未果，此后投保机构又依据法定赋予的权利将该委托人（上市公司）作为被告提起特别代表人诉讼。对此，武峰主任认为，目前两个投保机构（投服中心和保护基金）应该界定各自的职能范围，这样可以尽量避免以上极端情况造成的利益冲突问题。

第三个问题：关于适用先例裁定的上诉权问题。2020年7月31日最高法发布的《关于证券纠纷代表人诉讼若干问题的规定》第二十九条规定："合权利人范围但未参加登记的投资者提起诉讼，且主张的事实和理由与代表人诉讼生效判决、裁定所认定的案件基本事实和法律适用相同的，人民法院审查具体诉讼请求后，裁定适用已经生效的判决、裁定。"这无疑是让很多没有参加登记但后续单独提起诉讼的投资者搭上便车，实现高效维权。但是，如果没有参加登记但后续单独提起诉讼的投资者不服该生效判决，是否可以上诉？这个问题也值得后续深入探讨。

（七）市场操作有关的实践和法律问题

上海上正恒泰律师事务所首席合伙人程晓鸣为我们讲述了有关证券操作的实践和法律问题。

程律师指出《关于证券纠纷代表人诉讼若干问题的规定》的第一条明确将操纵市场的民事赔偿纳入其中，但是我们反观在实践中这样的案例非常少，主要有几个原因：第一，市场操纵市场行为在其行为情节和种类复杂性方面确实有本身的特点。第二，至今为止最高人民法院尚未出台关于操纵市场的司法解释，因此很多律师投入成熟市场——虚假陈述的市场，而很少有人问津操纵市场的民事赔偿诉讼。第三，有关操纵市场的民事赔偿包括因果关系，侵害和赔偿的因果关系理论研究很有限，新证券法对操纵市场行为在规定上有了变化，在操纵市场类型上比原证券法增加了四种：①不以成交为目的、频繁大量申报或者撤销申报；②蛊惑交易操纵，就是利用虚假信息或不确定的重大信息诱导投资者进行交易；③对证券发行人公开作出评价预测或者投资建议并进行反性交易；④跨市场的交易，利用其他市场的活动操纵证券市场。

最近随着创业板注册制改革，在相关案例中存在系统操纵的可能，可以预见未来操纵市场行为受到证监会处罚甚至被刑事处罚的案例会越来越多，但民事赔偿的进展远不能让人满意。程律师列举了其所参与的恒康医疗市场操纵案件——利用市值管理的名义进行操纵，利用信息优势然后拉高股票进行减持的案例，这个案例进步之处在于：第一，通过诉讼，成都中院及四川省高院都认可了在管辖方面此类案件属于投资者人数众多、影响较大的案件，由中级人民法院管辖。第二，这个案件的诉讼由法院确定了虚假陈述案件有一个前置程序，法院也认可中国证监会通过行政处罚对操纵市场行为的主观上和客观上的认定。而且更重要的是在操纵市场行为认定中很重要的事实是操纵市场起始时间和结束时间，这个时间确立对哪些投资者具有获赔资格是很重要的。第三，法院也认可操纵市场的行为与投资者的损失之间的因果关系，只要投资者所投资的是与操纵行为直接关联的证券，在操纵情节实施前买入证券，并且在操纵行为结束之后应卖出该证券或者继续持有该证券产生亏损应该获得赔偿。但是在没有现成的司法解释之前，成都中院在处理上述案件最终判决方面没有完成认可原告的诉讼请求，这个也可以理解为出于一种稳妥的策略。

对此，程律师有不同观点：证券操纵市场行为的主要侵害方式是行为人利用资金、持股、信息等优势操纵证券交易价格，使得股票交易价格严重偏离该股票的真实价值或者真实价格。由于操纵行为的存在致使股价在操纵时间异常，投资人在此期间交易的股票价格与其未被操纵状态下的真实价格之间的差值为投资者的损失。这是与虚假陈述的重大区别，虚假陈述中投资者的损失是投资者在虚假陈述期间买入的股票以其最初卖出的股票或基准日价格之间的价差，在市场操纵情况下，投资者损失是投资者买入该股票或者卖出该股票的价格与该股票未受到市场操纵情况下的真实价格之间的价差，这个差额才是损失。因此这决定了在操纵市场的情况下，判断投资者是否具备损失以及投资者的损失大小的计算方式等方面与虚假陈述有重大区别。基于此，成都中院简单套用虚假陈述的计算方法显然不妥。

两者的区别具体表现为：第一，在操纵市场的案例中，投资人在操纵开始到结束，买入或者卖出股票的损失有资格获得赔偿，因为在此期间他买入还是卖出的价格都受到市场操纵的影响，在虚假陈述情况下，在揭露之前卖出就没有资格获得赔偿。第二，假设一个投资者在市场操纵期间买入股票，一直持有到操纵行为结束日、介入日或者基准日，操纵行为已经对股票不发生作用的日期之后一直持有，按照虚假陈述的情况应该由他买入与基准日之间的价格差来计算其是否有损失，而在市场操纵情况下只应该单边从买入上市股票的时候因操纵行为垫高了股票的价格而多付出的价值来计算他的损失，因此有重大差异。程律师呼吁理论界和司法实践界应该积极推进这方面的研究和司法实践，争取推动最高人民法院早日推出关于市场操纵的司法解释。此外，在研究中发现很多市场操纵行为利用信息优势或者虚假的信息来进行，在发生市场操纵和虚假陈述竞合的情况下，行政机关以什么标准来处罚以及投资者以何种方式计算损失或者依据哪方面法律索赔，这些都值得研究。

（八）跨境证券发行和交易虚假陈述损害赔偿仲裁案中若干程序和实体问题

北京金诚同达律师事务所高级合伙人、国际法学博士金赛波首先指出《关于证券纠纷代表人诉讼若干问题的规定》第三条中法院应当发挥的多元纠纷解决机制中包含了调解，却没有提及仲裁。但是，1958年《纽约公约》在全球范围内得到承认和执行后，即使在印度也是对中国国际贸易委员会的仲裁裁决予以承认和执行，在实践中，中国仲裁在世界范围内的执行力度远好于司法判决，也就能理解在实践中跨境的证券交易或者股票发行的当事人倾向选择仲裁。境外的诉讼和仲裁都比较贵，现存的调解就成了主要渠道，在《证券纠纷代表人诉讼若干问题的规定》中的第十八条至第二十一条对于调解作出了详细的说明。实际上，境内的仲裁优势明显：第一是用中文进行开庭，第二是仲裁员、仲裁庭律师收费比较合理，第三是境内仲裁机构处理起来比较高效、专业，而且相当公正。而如果最终选择在境内仲裁也有两个路径：第一是事先选择仲裁，第二是事后达成协议选择仲裁。

针对程序上的问题，金律师提出了一些针对性的思考方向：（1）上市公司证券交易虚假陈述纠纷案件的"可仲裁性"；（2）当事人是否需要特别约定侵权问题提交仲裁；（3）境外仲裁成本高，是否可以转而约定境内仲裁；（4）该约定是否与证券上市和交易地的法律冲突；（5）国际私法上涉及虚假陈述的管辖权规则；（6）司法解释在当事人约定适用中国法时适用问题，是否仅仅适用于 A 股，是否不适用于 H 股的交易；（7）《证券法》第二条的适用范围是否是境内交易和境外交易或是跨境交易。

此外，鉴于股票发行地和交易地的区别，又会涉及一系列程序问题：第一方面是发行地和交易地不同的问题。例如在中国香港联交所的发行，又或者在中国香港联交所的交易。第二方面是交易地与受害者跨区域分布的问题。比如交易地在中国，受害人在外国或境外的情形；又或者交易地在境外，但是受害人在境内的情形。第三方面是行为认定时的准据法适用问题。具体包括认定虚假陈述行为、侵权行为和侵权结果发生地的准据法适用；又或者虚假陈述行为揭露日所确定的准据法适用时应该采用交易地还是损害结果发生地。第四方面是损失计算问题，如何确定计算方法和计算标准。第五方面是其他因素的影响，包括因果关系的确定、商业风险的排除，还有大盘因素的确定及对损失的影响和扣除。针对诉讼和仲裁涉及具体种类的问题：（1）诉讼是属于集体诉讼、公益诉讼，还是代表人诉讼；（2）仲裁是属于境内受害人参加境外仲裁，还是境外受害人仲裁。(3)事先约定仲裁是否就能化解诉讼带来的这些适用抉择。此外，程序问题还包括法院判决和仲裁裁决的承认和执行问题。

对于实体的问题主要是：一是认定是否构成虚假陈述行为；二是虚假陈述行为揭露日确定；三是损失计算问题，如何确定计算方法和计算标准；四是其他因素的影响，包括因果关系的确定、商业风险的排除、大盘因素的确定及对损失的影响和扣除。

（九）证券集团诉讼和解与调解探讨

华东政法大学国际金融法律学院副教授肖宇认为前述嘉宾基于证券诉讼理念、定位及实务操作这两个角度进行讨论，很受启发：第一，投保机构提起的诉讼中，投保机构和律师市场之间的关系值得关注。第二，证券诉讼的行政前置程序的必要性。第三，从实务操作的角度来看，制度创新在落地过程中很不容易，有很多意想不到的问题，但以大家的智慧会找到解决方案。

肖宇探讨的主题是"和解和调解在我国特别代表人诉讼中的运用"。在美国的诉讼中，和解制度已广泛应用，肖宇通过实证研究发现在美国诉讼中和解率达到 80% 以上，而投资者的获偿却低至 3% 以下，为什么和解制度在美国集团诉讼中被广泛应用，而最后的结果却如此不理想？首先，需要肯定的是集团诉讼对美国证券市场的贡献，它对美国证券市场繁荣的贡献是值得肯定的。其次，除了赔付率不高，实践中的追首恶的效果也并不好，美国上市公司的大多数高管都是有责任保险，68% 的和解金由保险公司赔付，30% 多由被告公司赔付，由个人支付的不到 1%，真正板子打到个人身上比较轻，威慑作用有限。和解制度带来这样的效果，主要有以下几点原因：（1）原告律师和被告律师的利益趋同。美国集团诉讼的原告律师的胜诉酬金制度，胜诉之前所有的费用都由原告律师垫付，前期程序涉及的工作量巨大，对原告律师而言，拿到钱是最重要的，拿多少处于次要地位，因此投资者的利益可能不是原告律师考虑的重要问题；（2）对被告公司而言，想要急于摆脱诉讼，也愿意接受和解结案，这样也助长了原告律师的滥诉；（3）和解缺乏监督。美国意识到这些问题后作了一系列的改革，如提起诉讼的审查，和解必须法院监督以及实行二次退出制度。以上是美国在和解中存在的问题，肖宇认为对美国实践的研究有利于我国制度的构建。

肖宇提出了以下几点。

第一，特别代表人的公益性会将投资人利益的最大化放在首位。对我国而言，原告律师利益驱动的问题相对来说不太会出现。因为我国的机构是公益机构，除了收取必要的诉讼费用、成本费用，不考虑营利问题，是把投资者利益最大化放在首位的。

第二，调解的适用空间。按照现行制度设计，对于特别代表人诉讼，投保机构有选择权，可以选择有赔付能力的案件进行诉讼，有人认为不需要选择赔付能力有限的调解案件。但问题是这样的案件数量是有限的，肖宇和学生做过一个实证研究，以2019年证监会的行政处罚为例，证监会的30多起行政处罚案件中，80%的案件罚的是上市公司，而对保荐机构及中介机构的处罚则较少。这种情况下，虚假陈述的上市公司赔付能力有限。这类案例的数量多，投服中心可以不选择，但硬骨头不啃，公益机构的集团诉讼的效果和意义就会打折扣，所以调解有它的适用空间所在。

第三，调解中的民主问题。因为调解涉及所有投资人的利益，所以投资者的意见需要通过一定方式去听取和采纳，让投资者参与进来，肖宇总结了三种方式：（1）可以和50名投资者充分沟通，因为特别代表人诉讼是要受到50名投资者的委托。他们需要和投服中心建立实质联系，通过这种联系在调解中听取他们的意见。同时因为调解是对实体权利的处置，涉及所有投资者的权利，所以在选取投资者的时候需要考量选取的标准。这50人选取的时候可以设定一定比例的中小投资者和一定比例的机构投资者。有较强的专业能力和谈判能力，机构投资者可以协助投保中心更好、更有效、更科学地达成调解方案。当然，不同类型的投资者可能诉求是不一样的，因此也要规定中小投资者的最低比例；（2）赋予投资者参与听证会的权利和二次退出的权利；（3）调解过程中调解金额的确定。对比美国的制度，美国调解金额的大小可能取决于原告律师和被告公司的洽谈，以被告的赔付意愿为出发点。而我国的调解应以被告的赔付能力为出发点，再按照标准计算出投资者的实际损失后，根据被告的赔付能力，尽可能地多赔偿投资者，这也是中美赔偿额的重要区别。

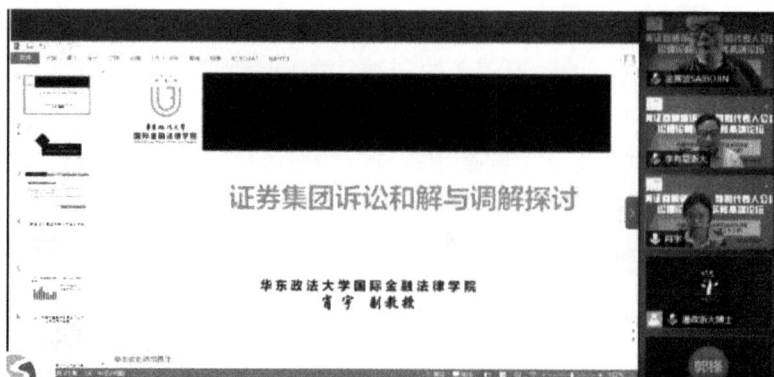

（十）《证券法》第九十五条的法理及其在代表人公益诉讼中的司法规制

讲座的第十位分享嘉宾是上海对外经贸大学副教授汪其昌，汪教授以"《证券法》第九十五条的法理及其在代表人公益诉讼中的司法规制"为题，从衡平法与信托法的法理角度进行了简明扼要的分享。

汪教授提到《证券法》第九十五条就法理层面来说主要有两层，第一层是金融学法理，由于交易决策是根据信息决定的，交易的是预期未来现金上的权利和义务，正因为根据信息决策，这就决定了具有专业优势的一方应当负有衡平法上的义务，我们国家的公司法和证券法都忽略了这由第一层导致的第二层的衡平法/信托法法理。在第二层法理中，上市公司及其中介服务机构与投资者存在信义法律关系，代表诉讼机构（我国的代表机构主要有两个，一个是投保基金公司，第二个是投服中心）与投资者也适用衡平法中的信义法律/信托法律关系。信托法是衡平法运用最成功的领域，我们可以在衡平法与国内的信托法之间画等号，我们已经有信托法了。

随后汪教授提出了几个观点：第一，关于取消证券诉讼的前置性条件，包括行政处罚和刑事裁判，汪教授认为应该鼓励对虚假陈述操纵市场等禁止性交易行为提起诉讼，这样才能使证券市场更好地发展，因为虚假陈述、误导性重述、财务造假等是我国证券市场的顽疾。第二，罚金或者赔偿资金应该与相关责任人直接挂钩而不是停留在公司层面，也就是赔偿金应该由相关责任人出才能触及根本。第三，无论是诉讼、仲裁、调解和和解都要依据衡平法法理、信托法理进行。第四，投保机构是受托人，股民是受益人，避免公益代表执行不尽责。第五，我们应该取消涨跌板限制，充分发挥市场机制的定价作用。同时对基金资管产品的索赔，应该取消罚款收归国库的做法，而改为直接归属投资者。第六，公益诉讼的撤诉和和解都必须得到法院批准，在履行通知和听证程序后，法院只有在认定撤诉是出于自愿或者和解，有公平、合理且充分的理由时才能批准。第七，允许处在审判一线的法庭和法官在审判中运用基本的法理对法律文本中没有规定的事项进行裁判，并在裁判中发现和创造规则。第八，修改《信托法》，信托法律制度不应当只拘束信托公司，《信托法》作为一种治理手段应该是整个金融法的核心和灵魂。

（十一）证券诉讼制度与律师实务

讲座的第十一位分享嘉宾是来自同济大学法学院的教授朱国华，他以"行业协会、检察机关在证券集体公益诉讼中的互动关系"为题，就中美两国在证券集体公益诉讼文化模式上的差异和证券集体公益诉讼生态体系的构建两个问题作了翔实而富有见地的分享。

朱教授先是从宏观角度谈了中美两国在公益诉讼文化模式上的差异，他提到之前来自美国的分享嘉宾连捷律师的分享内容，美国在构思公益诉讼文化的时候，构思出了一个有收益的事，而中国构思出了一个赔钱的事。这从宏观来讲取决于这两个国家和社会的基本关系模式，美国是一种强国家、强社会、强非营利组织的模式。而中国是一个强国家、某种意义上是弱社会的模式，因为一直强调集中力量办大事，时间长了之后几乎对社会的方方面面都形成了一种习惯性的忽略。从社科法学的角度要考虑国家和社会的变化，对证券公益诉讼现在总结出来的教条要有一些思考，这些思考一定意义上会改变我们的法教育学，多大程度上改变，在程序上、实体上还是整个制度的顶层设计上改变，这正好给我们一些启迪。

朱教授提出，战略机遇期和矛盾多发期孕育着法治生存的良期，从今天的主题来说孕育着证券的公益诉讼的法治生成的良机，包括行业协会和检察院、行业协会和投服中心、投服中心和检察院，还有行业协会检察院以及投服中心、投资者保护基金等跟律师行业之间的关系，律师行业从业人员已经达到50多万人，再过十年估计可以达到七八十万人，或者20年以后上百万人都有可能，这一群体可以成为我们证券公益诉讼乃至整个法治建设强有力的动力。

随后朱教授就以下几个关键点发表了自己的看法。

第一，证券集体公益诉讼其实面临困境。

第二，行业协会有非常强大的公共利益的职能，这个观点在20多年前就提出了，但没有被学术界所注意，也没有被学术界采纳，所以现在很多地方政府的决策、立法、执法和司法都忽略了这一点，没有从行业协会巨大的资源库吸收信息、吸收专家、吸收资源，所以问题堆积成山，这跟我们主体思维不健全很有关系。

第三，行业协会有其独立优势，参与证券公益诉讼也是可以设计的，在资本市场，行业协会发挥作用的呼声也越来越高，他们的作为也越来越有空间，也做出一些业绩。

第四，我们经常提检察院和投服中心乃至律师业里面的律师个体参与证券公益诉讼。

第五，就主体的互动关系进行思考会发现发展困境主要有三点。一是公益诉讼司法解释，尤其是特别代表人诉讼的两个司法解释出台以后，结合科创板对投资者保护的要求，各界反应都十分迅速，但朱教授觉得这个制度的设计很成问题。二是证券集体公益诉讼的法律依据不是很完善，因为现在只有司法解释的法律依据和并不直接的《民事诉讼法》第五十四条、第五十五条和《证券法》第九十五条，实际上不完善。三是我们现在面临的诉讼潮，法院需要决断的案件堆积如山，这类案件的繁简分流只是在司法领域进行，解决不了问题，不在多元化的诉讼解决机制、不在检察院和仲裁多元调解，以及不跟行业协会历史上富有强大纠纷解决功能的社会组织资源结合起来，困境就难以解决。

最后，朱教授提出应当由行业协会、检察院、各个律师事务所以及相关机构共同组成一个证券公益诉讼的生态体系，并特别强调了投服中心在这一体系中作为研发平台、培训平台、公益诉讼的服务平台等角色发挥的作用。同时强调了可以多偏向于维护国家所代表的公共利益。行业协会则可以更多代表我们所讲的社会公共利益。这样一个生态体系中的各主体之间都存在着相应的互动关系。一是国家司法和社会司法的关系问题，要突出对这个司法关系的研究。二是行业协会与检察机关的互动问题。凡是社会能做的、市场能做的，国家机理应当殿后。三是行业协会在公益诉讼多元化的纠纷解决机制中，不管是斡旋、调解还是仲裁都具有非常重要的独特作用。四是要深入研究行业协会的调解制度、仲裁制度，以及研究在正常公益诉讼中独特的优势及社会组织独特的作用，要充分研究在这个生态体系中行业协会、检察机关、投服中心之间的职权配置，以及这种调解、仲裁优势发挥的能力范围，尤其要研究资本市场近十几家行业协会在调解、仲裁和相应纠纷解决的顶层设计和基本的制度设计。

三、与谈与评议部分

中国证券法学会研究会会长郭锋教授对于会议中各位嘉宾研讨的问题提出了几点看法，结合立法与实践为本次会议作出评议。

首先，郭锋教授强调要充分认识证券集体诉讼的积极意义。其一，本次证券法修订和司法解释中有很多具有中国特色的创新制度，比如将普通代表人集体诉讼和以投保机构等作为代表的特别代表人诉讼制度作了有机的衔接。其二，强调多元化解，充分发挥和解与调解，特别是调解的作用。其三，重视把律师类私人保护机构、机构投资者保护机构和投服中心等有效结合起来。我国的集体诉讼制度本质上源于民事诉讼法中的代表人诉讼制度。与美国相比，我国的资本市场环境和上市公司发展水平以及投资者保护还处于起步阶段。在研究集体诉讼制度时，除了关注美国，应该更多按照中国特有的司法制度和诉讼制度来研究证券集体诉讼，才能提出更多有针对性的问题。

其次，郭锋教授指出证券公益诉讼的提法不妥当。证券投资者是以利益驱动做的投资活动，证券法领域没有公益诉讼的提法。这与环境保护、食品药品领域纯粹保护人民群众基本生命财产安全的集体诉讼是完全不一样的。投资者保护机构也是保护部分投资者的。

接着，郭锋教授对前置程序和初步证据问题作了总结。最高法司法解释在证券集体诉讼相关规定中正式取消了虚假陈述案件中设置的前置程序，用初步证据概念替代。初步证据使用了《民诉法》司法解释中的概念，但是保留了前置程序的文件，包括行政处罚决定、刑事裁判文书等。事实上设置了一些门槛，对于举证能力要求很高，专业的投保机构可以聘请会计师事务所进行审计，个人和律师都做不到。前置程序本身不符合诉权的保障，利用初步证据代替是进步，但诉讼的门槛可能并没有放低。

最后，郭锋教授梳理了普通代表人和特别代表人集体诉讼的衔接矛盾问题。特别代表人诉讼制度可能会导致普通代表人诉讼制度名存实亡。但是从另一个角度看，也许会形成两个诉讼代理主体的竞争。如果投保机构服务不到位，甚至受到利益集体和政府部门的影响，在保护过程中无条件主张调解和解，损害原告利益，那么原告有可能退出转而加入普通代表人诉讼。这样就会形成律师等私人机构和投保机构的良性竞争，在这种竞争中可能对投资者有利，具体如何发展还有待观察。

清华大学法学院教授汤欣和大家分享交流了自己的一些体会，并介绍了自己的部分研究。他认为在美国证券市场目前的执法机制当中，从美国证监会的公平基金制度和证券集团诉讼的数字对比来看，公平基金制度的分配没有证券集团诉讼重要。证券集团诉讼虽然问题很多，但到今天为止，美国仍然以证券集团诉讼为最主要的利器，未来中国法律实践的发展方向有待在实践中探索，但在证券投资者诉讼方面，他认为会呈现出百花齐放的形式，即单独诉讼、共同诉讼、普通的和特殊的代表人诉讼、示范判决，以及诉讼外的调解、仲裁等 ADR 方式。他认为促成或者制约诉讼，尤其是证券诉讼的提起包括以下因素：一是实体法的规范；二是程序法规定；三是调查举证的便利程度；四是法院方面的态度；五是司法制度，而国内证券市场在以上各方面的新变化预示着投资者诉讼有可能进入更为积极的阶段。最后，汤教授就司法解释的若干亮点和值得商榷的地方发表了看法。

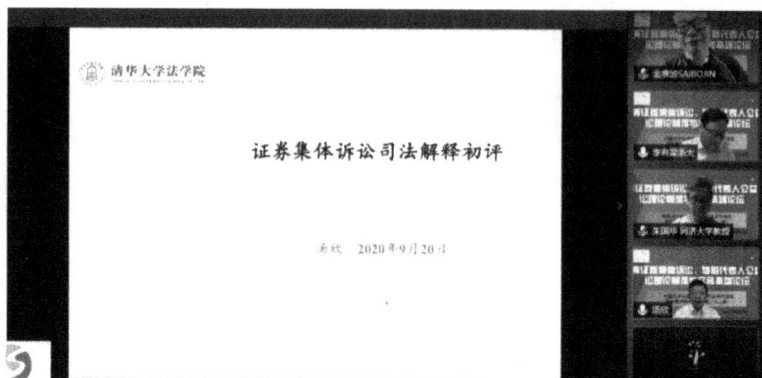

北京大学法学院教授郭雳老师对各位嘉宾的精彩演讲作了简要点评，并着重针对投服中心参与特别代表人诉讼的案件选取问题发表了看法和建议。郭教授对试行规则提及的四个阶段中的初步筛选、预研报告、专家报告等前三个阶段进行了重点讨论，提出三点建议。第一个建议是在选案中，对于案件典型重大、社会影响恶劣、具有示范效应这项标准，可重点考虑案件是否涉及重大公共利益，这有助于降低门槛，扩大可选案件范围。第二个建议是针对预研报告环节，一是将替代救济途径作为选案考虑因素，二是将案件胜诉概率作为选案考虑因素。第三个建议是专家评估环节的程序价值和功能定位有待实践检验，可以参考中国台湾地区的做法，从程序便利的角度出发，考虑将专家评估这个环节设为可选项，而非必备程序。

本次讲座第三位与谈人为华东政法大学原副校长、锦天城律师事务所主任顾功耘。顾主任主要从诉讼代表人制度中投资人的权益保护和涉及的上市公司责任承担的角度出发，从三个方面进行分析，包括可行性研究价值、内部分配责任的细化、中介机构承担的责任。以下为具体内容。

第一方面，顾功耘对诉讼代表人制度中投资人的权益保护和涉及的上市公司责任承担进行了可行性研究。当前的资本市场情形错综复杂，很多公司在募集资金的过程中出现这样那样的问题，其根本原因在于事先可行性研究深度不够。这种情况下投资者往往会遭受损失，反过来找公司申报过程中包括整个上市过程中究竟出现什么问题时可能会有很多很复杂的因素，这样的问题需要我们去很好地研究，尽管这种募集资金的行为对投资者来讲没有达到投资者的预期，这个时候尤其法院或者说解决这些争议的机构如何平衡这个公司跟社会各个方面之间的利益显得至关重要。

第二方面，顾功耘认为公司承担责任的时候内部如何调配尚需详细规定。公司即使承担一定的责任，而这种责任在其内部进行分配，如何进行分配，在我们国家，从现有的研究成果来看研究得很少，诸如公司内部负责人：独立董事、总经理、财务负责人等，这些人在投资者的集体诉讼制度中，究竟承担什么责任，这个问题也很值得研究。

第三方面，顾功耘阐述了相关的中介公司应当承担何种责任。当前证券法中对于中介机构的责任有一定的规定，但是还不够完善，例如，虚假陈述中中介如需承担责任，范围在何处？再例如，中介其实是尽心尽力、恪尽职守的，又当如何评价其责任？《证券法》此时只是规定连带责任，关于中介的责任需要细化研究。

第二十四期　中美证券内幕交易、利用非公开信息交易的构成与抗辩

2020 年 9 月 27 日 18：30，由中国法学会证券法学研究会副会长、浙江大学互联网金融研究院副院长、浙江大学光华法学院李有星教授主持的"中国法学会证券法学研究会瑞幸咖啡案例研究（第二十四期）：中美证券内幕交易、利用非公开信息交易的构成与抗辩"在胜数直播"小鹅通"上顺利召开。本次讲座的主讲嘉宾为中山大学法学院副教授蔡伟博士，安徽大学法学院副院长朱庆教授，原中国证监会上海专员办处长、国浩律师事务所资深顾问黄江东，北京地平线（深圳）律师事务所高级律师徐瑶，与谈嘉宾为南京大学法学院教授曾洋。本次论坛共有四千多人参与直播和互动，获得了良好的反响。本次活动由中国法学会证券法学研究会、浙江省法学会金融法学研究会、浙江大学互联网金融研究院、浙江省前景大数据金融风险防控研究中心、浙江互联网金融联合会、杭州胜数研创等支持完成。

会议伊始，李有星教授隆重介绍了本次出席分享的嘉宾。关于本次选题的背景，李有星教授从以下四个方面展开阐述。

第一，内幕交易和利用非公开信息交易等制度的适用主体宽泛。证券领域是依赖信息的领域，因此《证券法》强调对信息披露的监管，其中规定有禁止内幕交易和非公开信息交易的信息制度。对此，李有星教授指出，知情人的范围相当广，任何人都有可能成为触犯这两项制度的主体，并承担民事、行政和刑事等法律责任，必须特别予以重视。

第二，仅凭内幕交易规定难以规制现实中的大量内幕交易行为。虽然《证券法》第九十二条作了严格规定，几乎将任何可能引起股价波动的信息都纳入为内幕信息，并要求知悉该信息的行为人杜绝买卖与该信息相关联的股票，如若违反，将承担较重的民事责任和刑事责任。但是，李有星教授指出，在现实中内幕交易和利用非公开信息交易是常见的、获利最丰厚的手段。往往看到，利好消息出来前股价大涨，利好消息出台就是股

价下跌。重要的政策、规则出台前，相关股票异动，出台后股票再一次异动。如果仔细深究，不难发现这些现象背后都有很大可能涉及内幕交易和利用非公开信息交易。

第三，数字化信息监测技术帮助证券市场监管。在现代互联网、大数据等信息监管技术下，投资行为数据化、投资者财富数据化，数据真实反映内幕交易行为的相关内容，认定具有科学性，所以行为人不能存有侥幸心理。

第四，接触型内幕交易具有推定性质，在实务中争议较大，需要慎重，与此相关联的国内首起内幕交易案被法院撤销，这也能在一定程度上说明问题，一旦某个环节出现纰漏，就会最终导致案件被否定。

总体来说，内幕交易因涉及内幕知情人、内幕信息、接触、异常交易、高度吻合等多种因素，导致案情复杂，利用非公开信息交易的复杂程度亦有过之而无不及，再加上内幕交易与非公开信息交易本身性质就决定其容易侵害到广大投资人的合法权益，危害民生福祉，所以，在实践中仍有大量的问题值得深入研究。

一、中美证券内幕交易、利用非公开信息交易的构成与抗辩

讲座的第一部分，由中山大学法学院副教授蔡伟以"中美证券内幕交易、利用非公开信息交易的构成与抗辩"为主题与大家展开分享。蔡伟教授的分享从六个角度展开。

第一，内幕信息的构成。对于内幕信息的构成，立法体例中主要采取概括加列举的方式加以界定。《证券法》第五十二条规定，证券交易活动中，涉及发行人的经营、财务或者对该发行人证券的市场价格有重大影响的尚未公开的信息，为内幕信息。本法第八十条第二款、第八十一条第二款所列重大事件属于内幕信息。

第二，内幕交易规制的主体。《证券法》第五十条规定，禁止证券交易内幕信息的知情人和非法获取内幕信息的人利用内幕信息从事证券交易活动，其主要类型包括发行人及其相关人员、由于所任公司职务或者因与公司业务往来可以获取公司有关内幕信息的人员、并购重组或者重大资产交易中获悉内幕信息的人员、因法定职责或工作关系可以获取内幕信息的人员，此外，由于立法的不周延性，法律还规定了兜底性条款，即内幕人员还包括国务院证券监督管理机构规定的可以获取内幕信息的其他人员。要更深入地了解内幕交易规制的主体，还需关注最高法的会议纪要，如最高人民法院《关于审理证券行政处罚案件证据若干问题的座谈会纪要》《最高人民法院、最高人民检察院关于办理内幕交易、泄露内幕信息刑事案件具体应用法律若干问题的解释》中都有相应的规定。

第三，新证券法主要的变化体现在扩大了内幕信息的范围，扩大了内幕信息知情人的范围，加重了内幕交易的法律责任，提高了违法成本。罚款从违法所得的1倍至5倍提高到1倍至10倍；对于没有违法所得或违法所得不足50万元的，罚款金额提高到50万元至500万元（原为3万元至60万元）；对于单位从事内幕交易的，直接负责的主管人员和其他直接责任人员的罚款金额从3万元至30万元提高到了20万元至200万元。

第四，内幕信息的判断标准。内幕信息的判断标准主要采取"重大性＋非公开性"的标准，我国对内幕信息的规定是"对该发行人证券的市场价格有重大影响的尚未公开的信息"。但此种规定存在着一定的争议，比如内幕信息与"影响证券市场价格"并非具有必然的因果关系。在国际上，重大性标准的认定采取"影响投资者决策"和"影响证券的市场价格"的标准，采用"影响投资者决策"认定标准的国家有韩国、日本、新加坡和澳大利亚等。

最后，蔡伟教授列举了美国内幕交易的判例和法案，并介绍美国内幕交易的理论基础，这些理论基础包括以下几种。

第一，信义义务理论，SEC的通俗定义是非法内幕交易通常是指违反信托义务或其他信任和信心关系，根据有关证券的重要、非公开的信息买卖证券。内幕交易违规还可能包括"泄露"此类信息、利用"泄露"信息进行的证券交易以及盗用此类信息的证券交易。

第二，信息盗用理论，其核心认定要件仍然是内幕交易人对于信义义务的违反，但与传统信义义务理论不同的是，信义义务的对象不再局限于发行方的股东，而是扩展到内幕信息的来源。

第三，信息平等理论，信息平等理论主张公开消息否则禁止买卖的原则，拥有内幕消息的人，在买卖有价证券之前，必须将内幕消息公开，如果不愿意公开内幕消息，就不能买卖证券。

第四，古典内幕交易理论。确定的古典内幕交易理论将内幕交易监管主体明确为三种类型：公司内部人，包括公司董事、经理、高级管理人员和控股股东等，其基于职务或身份而对公司股东负有信托义务；临时内部人，包括证券承销商、经纪商、律师和会计师等专业人士，因为工作关系而得以合法地接触和获取公司内幕信息，从而对公司股东负有信托义务；消息受领人，即因他人泄露而间接获得内幕信息的人，其并不当然负有信托义务，也并不当然地被禁止从事交易，其义务和责任取决于消息传递人的义务和行为。

二、关于内部人的优势交易：一种值得关注的灰色内幕交易

安徽大学法学院副院长朱庆教授以"关于内部人的优势交易：一种值得关注的灰色内幕交易"为题进行了演讲。他首先从基本概念说起，对内幕交易（insider trading）的中英文意涵和类型化等问题进行了介绍。对翻译为"内幕交易"还是"内部人交易"的问题、传统划分和应然划分、非公平交易的子类型谈了看法。比如，就内部人从事的本公司股票的交易行为到底应当如何进行类型的划分，从现行《证券法》的角度来讲，应当遵从合法、非法的思路。《证券法》在第五十五条以及相关的条文中专门规定了内幕交易的构成，第四十四条同时规定了短线交易，产生公司内短线交易的归入权。所以在我国的语境之下，短线交易也是非法的交易，内幕人所从事的非短线交易和非内幕交易都是合法的交易，这是《证券法》以及目前法学界对于 inside trading 类型化的主流的划分方法。

朱庆教授重点对灰色内幕交易的实证数据分析进行了介绍。通过列举和分析利好的并购数据模型、利空的利润大幅下降的模型和回购的数据模型，分别对不同情况下的内部人交易情况进行了数据分析和图表展示，并分别进行了分析。最后提出内部人交易的动机的利己性、获取超额收益，及委托代理理论、信息优势效应等机理。

最后，朱庆教授对灰色内幕交易规制模式提出了自己的法律思考，提出了短线交易归入权是一个半成品制度和优势交易"超额利润归入权"的新型规制思路，即灰色的内幕交易是基于内部人特定的优势地位而进行的一种优势交易的表现，而这种优势交易用传统的内幕交易的法则无法解决，用短线交易的归入权也无法解决，只能利用超额利润的归入权作为解决方案。

三、内幕交易、利用非公开信息交易的法律构成与抗辩

讲座的第三位主讲人是国浩律师事务所资深顾问黄江东律师。黄律师分享的主题为内幕交易、利用非公开信息交易的法律构成与抗辩。

第一部分为内幕交易的法律构成与抗辩。

第一，涉及内幕交易的法律法规分为 4 个层次，第一层次为最高立法机关制定的基本法律：《证券法》《刑法》；第二层次是《最高人民法院、最高人民检察院关于办理内幕交易、泄露内幕信息刑事案件具体应用法律若干问题的解释》（法释〔2012〕6 号）。虽然座谈会纪要不能作为法律的渊源，但纪要不是法律胜似法律，

很多案件的处理思路都来源于此；第三层次是中国证监会发布的规章，如《上市公司信息披露管理办法》；第四层次包括《最高人民法院印发〈关于审理证券行政处罚案件证据若干问题的座谈会纪要〉的通知》、《最高人民检察院、公安部关于公安机关管辖的刑事案件立案追诉标准的规定（二）》（公通字〔2010〕23 号）、证监会《内幕交易违法行为认定指引》、《取证规范》等其他规范性文件。

第二，内幕信息的界定。内幕信息核心有三个要点：一是重大性，即有关信息达到了足以影响投资者决策与市场交易价格的程度；二是相关性，信息与上市证券或者其衍生品的发行、交易相关联，与期货交易相关；三是非公开性。有关信息尚未按照法定或者规定的方式公开，不为一般投资者所知悉。关于内幕信息的若干争议有：（1）何为"重大性"？往往是从事后判断，合规管理应当"从严"，不可侥幸，以免承担法律风险。重大性不等于确定性，确定性是信息披露义务产生的标准，但不是内幕信息形成的标准；（2）是否一定要是公司的信息？理论上必须是公司的信息，但也有特例，如光大的 816 事件；（3）信息是否要兑现？不一定。内幕信息没有兑现，这不影响构成内幕信息；（4）如果内幕信息中途发生变化了，是否影响了内幕交易的认定？无论在行政处罚还是刑事判决中都已经明确：如果中间发生了变化，不影响内幕交易认定。

内幕交易的主体有内幕知情人或非法获取内幕信息的人。知情人指因职务、职责、商业关系直接接触、掌握内幕信息的人。新证券法第五十一条在原证券法第七十四条的基础上，扩大了内幕信息知情人的范围，将发行人、业务往来方、收购重组方等明确为内幕信息知情人，未来上市公司本身亦有可能构成内幕交易。一切知道内幕信息的内部人或者外部人都可能成为内幕信息知情人。所以内幕交易的主体不是一个特殊主体。非法获取内幕信息的人有三种手段：（1）通过非法手段，如盗取、窃取、刺探、骗取等方式；（2）基于特定身份获取，如上市公司董监高的近亲属；（3）基于联络接触，和知情人在敏感期通过电话、见面等联络接触的方式来获取。后两种采用推定的模式来认定，即利用间接证据来定案。

关于相关交易行为明显异常，司法解释从时间吻合、交易背离、利益关联三个方面列举了七条加兜底条款来认定，我们归纳为三个方面七个维度：开销户与内幕信息形成变化是否吻合，资金进出与内幕信息形成变化是否吻合，买入、卖出与内幕信息形成变化是否吻合，买入、卖出与获悉内幕信息时间是否一致，交易是否明显与平时交易习惯不同，交易是否与公司基本面明显背离，资金是否与知情人员或者非法获取人员有关联或者利害关系。关于敏感期，指内幕信息自形成至公开的期间。但从形成到公开不容易判断。司法解释规定，影响内幕信息形成的动议、筹划、决策或者执行人员，其动议、筹划、决策或者执行初始时间，应当认定为内幕信息的形成之时。该规定貌似清晰，但执行中仍然有很多受到质疑的地方。因为动议、筹划、决策、执行不是一个概念，在具体的案例中到底是以哪一个点作为形成时间仍然有争议。

内幕交易构成的主观方面应当是故意，行为人存在利用内幕信息从事内幕交易的故意，不要求具有利用内幕信息"获利"的目的。主观要件仅存在于刑事责任认定，行政处罚一般不要求证明行为人主观故意。关于追责标准和立案标准。刑事追责标准是获利15万元，交易金额50万元。如果特别严重的，以5倍计。监管部门的立案标准交易金额10万元，获利1万元，总体来看，入罪门槛过低，实践中当大量符合数量标准的案件无法移送时，客观上存在选择性择法，裁量权过大。

内幕交易认定处罚的三种主要模式总结如下：（1）法定知情人＋交易，这个原则认定为内幕交易；（2）法定知情人的近亲属或关系密切者＋交易基本吻合＋无合理解释；（3）与知情人联系、接触＋交易高度吻合＋无合理解释。

关于内幕交易免责及抗辩事由有这几个方面：（1）持有或者通过协议、其他安排与他人共同持有上市公司百分之五以上股份的自然人、法人或者其他组织收购该上市公司股份的；（2）相关信息不构成内幕信息，不符合内幕信息的三个要件；（3）交易未发生在敏感期里；（4）行为人没有接触联络过内幕信息知情人；（5）行为人的交易行为不构成"基本吻合""高度吻合""明显异常"；（6）行政调查程序违法（重大、明显的）等。

第二部分是关于利用非公开信息交易的法律构成与抗辩。新证券法第五十四条增加了"老鼠仓"规定。相比刑法的相关条款，法律规制主体所属的组织范围扩大了，增加了"证券登记结算机构、证券服务机构"，规定了"老鼠仓"的民事责任。2019年6月28日，最高法、最高检联合发布《关于办理利用未公开信息交易刑事案件适用法律若干问题的解释》，对利用未公开信息交易罪在实践中的七大认定难点作出了解释，包括：明确了"内幕信息以外的其他未公开的信息"的范围；明确了"违反规定"的范围；明确了"明示、暗示他人从事相关交易活动"的审查、认定标准；提高了追诉标准；明确了"情节特别严重"；不再沿用交易数额标准作为定罪方式；没有违法所得也可能构成犯罪。

第一，"利用因职务便利获取内部信息以外的其他信息"，如何判断认定利用？这是实务最具争议的问题，法律没有明文规定，实践中结合以下因素综合认定：可疑账户交易趋同度；可疑账户名义所有人与可疑人员的关联性、联络情况；可疑账户资金来源及去向；可疑账户交易地点、IP/MAC、委托手机号码；可疑账户交易时间与可疑人员行踪的一致性；相关当事人陈述、口供；其他相关因素。

第二，未公开信息的定义。司法解释规定了三类信息为"未公开的信息"：（1）证券、期货的投资决策、交易执行信息；（2）证券持仓数量及变化、资金数量及变化、交易动向信息；（3）其他可能影响证券、期货交易活动的信息。第三项兜底条款，应该包括：（1）

证券监督管理部门认定的未公开信息；（2）可能对证券交易价格发生重大影响的政策或者决定，比如证券监管领域既有的部门规章乃至法律法规的修订草案，也可以成为预判行政监管部门认定意见的渠道，因此应当列为未公开信息的范围。

第三，《刑法》第一百八十条第四款"违反规定"如何理解？司法解释第三条将"违反规定"的外延予以明确，是指违反法律、行政法规、部门规章、全国性行业规范有关证券、期货未公开信息保护的规定，以及行为人所在的金融机构有关信息保密、禁止交易、禁止利益输送等规定。

第四，趋同时间段的范围，成文法未作规定，实践中公认的做法是同步或者稍晚于交易情况。如，北京高院刑事裁定书（2016）京刑终字 61 号：在案证券交易所市场监察部门、法律部门出具的协查结果等证据能够证明，证券业内对"同期"的理解不等于"同日"，从交易时间上看，同步或稍晚于交易情形均属于"同期"的范畴。

第五，追诉标准。与 2010 年的规定相比，追诉标准明显提高。

第六，关于私募"老鼠仓"的处罚问题。2017 年前对于私募机构盛行"老鼠仓"的都是按照私募管理的执行办法处罚。最高处罚是 3 万元，2017 年后监管部门政策上出现转向，对私募"老鼠仓"也是按照《基金法》的规定处罚，按照违法所得的 1 到 5 倍进行罚款。通过几个典型案例可以看出对私募"老鼠仓"罚款金额比例很大。但私募基金和公募基金存在比较大的区别，无论是投资者的范围、适当性管理、资金对比的程度还是利益冲突的程度等方面，私募和公募都存在比较大的区别，如果都按《基金法》处罚可能会存在一些争议。

第七，"老鼠仓"的构成——主体要件。主体是特殊主体：证券交易场所、证券公司、证券登记结算机构、证券服务机构和其他金融机构的从业人员、有关监管部门或者行业协会的工作人员。特殊主体享有某种信息优势，负有特殊的信义义务，如果违背了信义义务，还利用信息来牟利，那就构成了"老鼠仓"犯罪。上述主体以外的其他人是否有可能构成犯罪？如基金经理的好朋友和基金经理基于某种联络，有这种行为，是否会构成犯罪？这种情况下应当认定为共同犯罪。

第八，利用未公开信息交易罪主观上只能是故意，不要求具有盈利或者避免损失的目的，只要是实施了客观的行为，就认定是"老鼠仓"犯罪。

第九，客观要件，指违反规定，利用因职务便利获取的内幕信息以外的未公开信息从事（包括明示、暗示他人从事）与该信息相关的股票、期货交易的行为；或者明示、暗示他人交易。

最后，利用未公开信息交易犯罪免责抗辩事由包括：不是特定主体；涉案信息不属于"未公开信息"；没有"违反规定"；没有利用职务便利；交易趋同度不高；刑事上未达到追诉标准（"违法所得一百万""二年内三次以上""明示、暗示三人以上"）调查程序违法（重大且明显）。

四、传递型内幕交易的认定及抗辩

讲座的第四部分由北京地平线（深圳）律师事务所高级律师徐瑶以"传递型内幕交易的认定及抗辩"为题展开精彩的分享，内容主要包括传递型内幕交易认定的依据，以苏嘉鸿内幕交易案为例进行的案例分析以及徐律师在办理内幕交易相关案件实务上的经验与思考。

首先，徐律师通过分析《证券法》第五十条与第五十三条的规定明确了内幕交易可分为两大类型，一是传统的内幕信息知情人利用这种优势从事了相关证券交易获利的行为，二是非法获取内幕信息的人利用这种信息从事了相关证券交易的行为，后一种情况是这次分享重点讨论的。而后一种情况的非法获取内幕信息的人也分为两类，一类是主动获取内幕信息的，表现为通过窃取、刺探等非法手段获取。还有一种是没有明确的、直接的证据能够证明他们主动或是被动地得到了内幕信息，但在内幕信息敏感期和内幕信息知情人存在联络和接触，并且在内幕信息敏感期从事了相关的证券交易。

最高人民法院《关于审理证券行政处罚案件证据若干问题的座谈会纪要》（下简称《座谈会纪要》）中详细罗列了传递型内幕交易的四种情形，其中重点应关注两类。一是与内幕信息知情人有密切联系的人员，比如配偶、父母、子女或者其他有密切关联的人，在认定构成内幕交易时，证明标准是要求证券交易活动与该内幕信息基本吻合。二是除了以上有密切联系的人员，其他人员在内幕信息敏感期，与内幕信息知情人或者知晓内幕信息的人员存在联络接触，对于这类人员的内幕交易行为，证明标准要提高到证券交易活动与内幕信息高度吻合的程度。另外，传统的内幕人交易认定存在的争议比较少，主要的争议是在传递型内幕交易的认定上，主要是因为对于监管机构来说很难证明所谓传递环节，大多数情况下，不管是通信还是见面，认定信息的传递是非常难的，除非有很明显的痕迹，比如手机微信记录或是邮件往来。但一般来讲，不法行为人的反侦查能力也很强，所以信息传递环节一直是证券执法中大的难题。

在这方面，其他国家采取的多是推定的方式，需要证明以下四个方面的内容：一是存在相关的联络接触。二是证券交易与内幕信息的形成、发展过程是基本吻合的状态，当然吻合具体到什么样的程度，取决于不法行为人和传递者即内幕信息知情人的关系如何，如果是日常发生的关联非常多、非常紧密又频繁的所谓的具有亲密关系的亲子、配偶，那只要达到基本吻合的状态就可以了。对于这些人以外的其他人员要达到一个高度吻合的标准。三是相关交易明显异常，所谓的异常，如黄老师所说，没有一个非常明确的法律规定，其实是个案通过一些外部的证据，从行为解释交易是否异常，比如资金链突然放大，或者从平时的交易习惯来讲，是分散持仓，但因为想要利用内幕信息获利，可能仓位突然变成了重仓某一只所拥有内幕信息的股票，这些都会构成明显的异常。四是没有正当理由。

随后，徐律师详细分析了苏嘉鸿内幕交易案，苏嘉鸿在内幕信息公开前与内幕信息知情人员殷卫国联络、接触，其交易时点与威华股份筹划注入 IT 资产与收购铜矿事项的进展情况高度吻合，且上述三账户在此之前从未交易过该股，相关交易行为明显异常，苏嘉鸿没有提供充分、有说服力的理由排除其涉案交易行为系利用内幕信息。综上，证监会认定，苏嘉鸿的行为构成内幕交易。

而人民法院判决认为一是基础事实认定部分缺失，处于事实不清、证据不足的状态。具体来说调查人员虽然强调殷卫国是处在一种失联的状态，确实没有办法联系上，但法院认定调查人员并没有能够穷尽所有的调查手段，这部分的事实是缺失的。因此调查人员并没有尽到全面客观公正的法定调查义务。二是如果认定相关交易行为明显异常，基于苏嘉鸿和殷卫国之间并不属于亲密的关系，要推定适用联络接触以及交易存在异常，必须在证券交易行为与内幕信息吻合的问题上达到高度吻合的标准，因此法院认定证监会没有达到这个标准。

《座谈会纪要》以及相关司法解释中列出了高度吻合的证明标准，包括下列内容，一是账户，比如开户的时间点、销户的时间点、开户是否为了这笔交易、交易过后进行销户。第二是资金变化，比如之前是分散持仓，突然把资金集中在持有一只股票上，或者突然有大笔的资金注入，包括这笔资金的来源是自有资金还是外部的杠杆资金，如果是杠杆资金更能够证明通过内幕交易去获利的想法，从而推断主观上有利用内幕信息进行交易的故意。三是交易时点，这是最关键的点，很多案件中都通过交易时点推断切合程度，比如之前完全没有从事过标的证券的买卖，但在内幕信息形成公开之前的敏感期内从事了相关交易，而且又和相关的内幕信息知情人存在一定的联络接触，这时候当事人解释这事情仅仅是巧合，或者是基于自己的投资判断，或者是基于市场行情基本面分析，或者交易的理论分析，这些抗辩会显得苍白。

最后，徐律师就办理内幕交易相关案件实务上的经验与思考做了八点分享。一是关于内幕信息形成时点的提前化，司法解释的原则是把内幕信息从动议决策筹划执行的初始点，最早可以提到动议。二是内幕信息知情人范围的扩大化，新证券法的修改把很多中介机构比如会计师事务所、律师事务所因为工作职责能获取内幕信息的人员都认定成内幕信息知情人。三是证人证言作为案件定性的主要证据来源不太妥当。内幕交易案件确实存在一些特殊性，要去截取一些其他的比如书证、物证都很难，都是以证人证言为主。但证人对过去比较久远的事实记不清，答非所问或者回答的不是当时发生的事实，但会被证监会处罚委引用作为最终案件应用的依据，而且是在没有其他的证据去佐证或者是辅证的情况下。四是孤证定案的问题，存在选择性截取一些有助于认定违法事实的证据的情况。五是推定案件中存在间接证据定案的情况，因此通过法律给充足的依据，或者在证据链条上做得更加完善，实为必要。六是关于抗辩理由。关于内幕交易行为，证监会内部的认定指引与"两高"司法解释都有罗列一些抗辩的理由，但失于宽泛，被采纳的寥寥无几。七是当前证明适用标准没有统一的状态，比如高度吻合、基本吻合，需要进一步细化。八是行政责任和刑事责任衔接的问题，存在优化司法资源利用的空间。

五、与谈部分

曾洋教授指出本次证券法修订较前几稿的建议、审阅稿已经完善许多，总体表现为语言较为精炼，许多条文内容进行了调整。但就本次讲座讨论的"内幕交易和利用未公开信息交易问题"而言，《证券法》当中依旧留有不足。

（一）关于主体问题

曾洋教授指出证券市场发展到今天，每个人都可能成为内幕交易的主体。他之前也曾在论文内容中论证内幕交易主体是一般主体，而不是特殊主体。他指出，inside trading 本身来源于内部人交易，有人将其翻译成内幕人，而内部人和内幕人是两回事。内部人是在公司里任职或者和上市公司任职有关的业务行为密切联系。但内幕人不一样，内幕人是可能已经知道内幕信息的人。随后，曾洋教授对于内幕人为什么是一般主体进行分析，只要知悉了内幕信息就是知情人。这就涉及《证券法》第五十条的辨析，禁止证券交易内幕信息的知情人和非法获取内幕信息的人利用内幕信息从事证券交易活动。曾洋教授质疑，非法获取内幕信息的人不是知情人吗？他指出，这样的立法用语有利有弊，但也不能说完全不妥。知情人事实上是我们想对应以前的 insider。非法获取人是从另外一个角度切入的。非法获取可能有很多方式，还有合法获取。知情人之外是否有合法获取？所以从《证券法》第五十条来看，立法用语角度不严谨。

（二）关于内幕信息的认定标准

内幕信息认定有一些标准，现在规则上应用的标准是价格标准，其中也包括了一部分实体标准，即涉及经营财务的。后来补充"或者对该发行人证券市场价格有重大影响"，采用的是价格标准，该标准存有很大争议。他指出，在理论上对内幕信息认定有三个标准：（1）价格标准；（2）投资者判断标准；（3）价值标准。

曾洋教授个人倾向于用价值标准来界定证券交易活动中的内幕信息，并指明以下原因。

第一，投资者判断标准是最难的标准。进行买入或者是卖出的投资者是名义上的投资者，但最终是执法者或者是司法者代替投资者进行判断，这是很虚的标准。而且投资者必须进行界定，一般会称为理性投资者，那什么是理性投资者？曾洋教授指出这一系列的问题在理论层面上没有办法得到良好解决，所以无法从实际上解决问题。因而投资者判断标准难以应用。

第二，关于价格标准。价格标准主要源于美国。曾洋教授提及，我们过于关注市场的价格波动。从资本市场长期发展或者股票市场发展来说，不管是监管者、投资者还是发行人，都不应该过度关注股票交易价格的变动。在法律层面，我们应该给予内幕信息较为清晰的界定。它的标准在于，若信息影响或者可能影响公司的实体经营，公司的价值会发生变化。若将这一标准作为界定标准或作为主要的标准，将更有利于内幕信息的认定。曾洋教授对这一问题的讨论进行扩充。资本市场是信息化的市场，从 1929 年之后美国资本市场陷入萧条，1933 年法案出台，建立基本的立法哲学——"完全公开主义"。建立完全公开主义旨在给予监管者、市场参与者依托一定的信息进行投资决策抑或监管。这些信息以强制信息披露制度进行保障，这些信息都是公司的实体信息。是否存有特定的、仅与价格相关而与公司价值无关的信息？在内幕交易范畴里规范，还是在其他规则规范，这一问题也是值得讨论的。

（三）关于非公开信息

《刑法》第一百八十条对于利用非公开信息罪进行了界定，和内幕交易进行区分。此次证券法的修订也对禁止利用非公开信息进行了特别规定，但其中仍然存在很多问题。随后，曾洋教授也提及和信息有关的《证券法》的规范体系，叫作利用信息优势操纵市场。另外，还有证券市场里的虚假故意捏造的信息的处理。这一系列的信息在完全公开处理之下必须经过细致的研究。

（四）优势交易是否会产生超额利润以及超额利润的规格的界定

曾洋教授对于优势交易是否会产生超额利润以及超额利润的规格的界定发表了自己的看法。他指出，作为上市公司的董监高，在 20 世纪 60 年代在美国法的研究中，曾经有一段时间一部分人认为董监高进行一点点内幕交易是可以被容忍的。事实上，这种容忍是出于对董监高为公司做出贡献的一种表彰。后来这一看法被主流的证券立法界和理论界否定。关键是在 20 世纪美国非常有名的，在地位上和罗斯教授基本并驾齐驱的 Henry Mane 教授为内幕交易辩护。这些人是否形成优势交易？形成了怎么样的优势交易？是否形成了优势交易就一定是超额收益，还是如果不用优势交易就是亏损？这是很有趣的话题，可以研究。曾洋教授对话题进行了延伸：基金管理公司的"老鼠仓"行为，是否构成优势交易？或者所谓的利用未公开信息，包括基金管理公司、证券公司等机构，是否构成优势交易？

他提出，实践过程当中是否存有被允许的"老鼠仓"？奖励公司员工式的"老鼠仓"，以合同的方式界定。这不是内幕交易的优势交易，这是未公开信息之下的优势交易。证券公司和自营部的老总以及自营部的一部分员工，以员工经理的模式签订合同，指明公司自营的股份，在某一个特定的时间段员工可以买，也可以限制交易额，但也有人指出这样的行为违反法律的直接规定。如若这样的协议被认为是合理的，则将会推动法律的修改。允许的"老鼠仓"和常规的不允许的"老鼠仓"的状态区分值得研讨。

（五）知悉过程中的认定和利用过程中的认定

关于知悉过程中的认定和利用过程中的认定，曾洋教授指出，很多学者、监管层或者是执法机构、司法机关的同志们以为可以精确地控制市场，或者似乎认为这是一个可以精确控制的市场。但其实这个市场里有很多的东西是模糊的，是灰色地带。若过于执着地控制每一个点，最后可能适得其反。在信息传递型的内幕交易里，如何做到高度吻合？如何只能达到基本吻合？一个判例出来就有可能被利用，现在比较强调同案同判，同样的行为在这个案子中不能认定的在其他案子中也很难被认定。不仅是内幕交易，资本市场存有的很多违法甚至犯罪的行为，我们不能将其定位为可以精确控制的市场，我们必须宽容一系列的行为。在不同的历史阶段可能有不同的做法，即便是社会治理也是如此。一些特定类型的犯罪严刑峻法，不是每个历史阶段都那么做。资本市场尤其如此，如果一定要作一些比较，曾洋教授认为在资本市场整个历史发展过程中，最难以解决的是操纵市场。但内幕交易总体来说，从管制、监管到查处，甚至移送，用更严重的法律规则处理，其间具有特定的规律。

曾洋教授提及他曾论证的内幕交易民事责任的因果关系——以内幕交易人从事内幕交易获利的一半作为赔偿，引发了争议。他指出得出这一结论，除基于严谨的理论推导之外，贯彻的基本思路是这不是一个可以精确控制的市场。美国法以及SEC强调要形成完整的证据链，以至于证明有犯罪不容易。他强调民事责任或行政处罚中，在证据采纳证明标准上略显宽松。但不能因为可以宽松一点而无限度地宽松，也就是说，在特定情况下不能被纳入违法或犯罪的维度也不应强求。另外，所有的间接证据和推定证据以及推定证明之间存有一些区别。在一些事实推定过程当中，除了可能会导出间接证据，推定词本身有推理的思维过程，并不完全等同于某一个证据。

　　讲座结尾，李有星教授提出了三个问题与各位嘉宾讨论。第一个问题是策略问题，真正的内幕产生于策略阶段，公司战略委员会或许早已了解，业绩并非短期的，因此信息优势具有绝对性，这如何解决？第二个问题是一般主体，合法获得内幕信息的人是否满足主题要求？是否可以依据偶然所得信息进行交易？第三个问题是执法问题，其一是行政和刑事裁量标准不一，以及不同部门法的适用标准等，这涉及如何解决其中的矛盾。各位嘉宾都发表了自己的看法，讲座在讨论中圆满结束。

第二十五期 中美公司双层股权制度理论与实践

2020 年 10 月 11 日 18：30，由中国法学会证券法学研究会副会长、浙江大学互联网金融研究院副院长、浙江大学光华法学院李有星教授主持的"中国法学会证券法学研究会瑞幸咖啡案例研究（第二十五期）：中美公司双层股权制度理论与实践"在胜数直播"小鹅通"上顺利召开。本次讲座的主讲嘉宾为浙江理工大学法学院副教授金幼芳，全国中小企业股份转让系统有限责任公司（新三板）经理白芸，全国中小企业股份转让系统有限责任公司（新三板）高级经理常铮，天风证券股份有限公司董事会秘书诸培宁，与谈嘉宾为华东政法大学国际金融法律学院副院长、副教授梁爽。本次论坛共有六千多人参与直播和互动，获得了良好的反响。本次活动由中国法学会证券法学研究会、浙江省法学会金融法学研究会、浙江大学互联网金融研究院、浙江省前景大数据金融风险防控研究中心、浙江互联网金融联合会、杭州胜数创研等支持完成。

会议伊始，李有星教授隆重介绍了本次出席分享的嘉宾。关于本次选题的背景，李有星教授从以下几个方面展开阐述。

传统公司法强调"资本多数决"，强调货币作用、同股同权、股东分红权、表决权不分离；而对于现代高科技与创新型企业，货币资本、人力资本、技术资本和管理资本同等重要，并通过双层或多层的股权结构设计，解决融资过程中股权稀释的问题，将控制权牢牢掌握。

实践中，瑞幸咖啡、阿里巴巴、京东在美国上市都采用了 A、B 双层股权结构。瑞幸咖啡 AB 股的表决权比例为 1：10，创始人钱治亚持股 16.8%，投票权为 19.35%。阿里巴巴的股权比较分散，马云持股比例仅在 7% 左右，却能控制住企业。京东在上市前夕，将股票区分为 A 股和 B 股，刘强东所持有的 23.1% 的股权被指定为 B 股，每股含 20 个投票权，最终掌握 51.2% 的投票权，因此刘强东在股东大会上对重大议案有绝对发言权。

综上所述，AB 股模式的制度围绕控制权展开，通过同股不同权的设置，可以解决公司创始人在融资过程中股份被稀释的问题，使其拥有公司的控制权。

为适应新时代要求，我国新三板、科创板和创业板均认可公司的双层股权结构，在美国上市的公司可以实行同股不同权。我国《公司法》中对于股份有限公司依然实行同股同权的基本制度，但有限责任公司的章程中可以对于不同类别的股份作不同规定。我国也在逐渐改变现状，未来将会不断调整公司法律制度。

最后，李有星教授提出几点疑问，供各位专家探讨分析：同股不同权制度，尤其是表决权的不平等，是否会造成新问题？中小股东权利保护的基础和平衡点在何处？如何进行制度设计，才能规避实践中的问题？

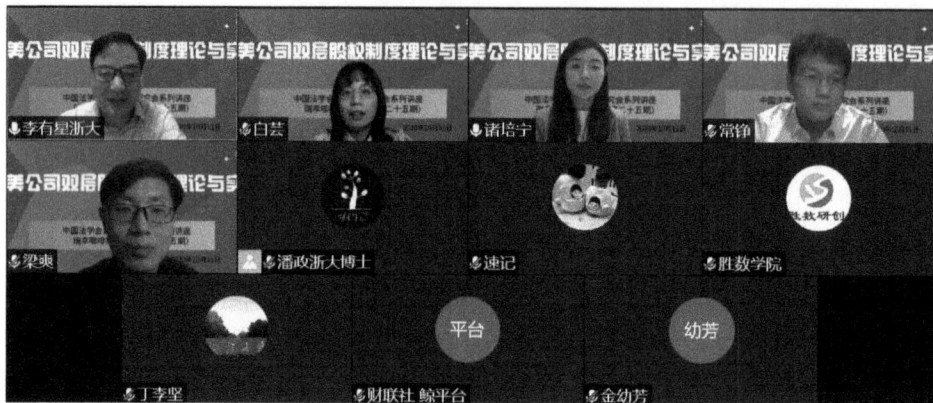

一、中小股东保护视角下的双重股权制度探讨

讲座的第一位发言人是浙江理工大学法学院副教授金幼芳博士，其主要从中美双层股权结构的理论与实践、中小股东保护视角下的双层股权制度以及双重股权结构下的中小股东权益保护路径完善三个部分展开论述。

首先，金幼芳博士简要介绍了双重股权制度的背景。2019 年 6 月，独立于主板市场的科创板正式开板，科创板主要服务于符合国家战略、突破关键核心技术、市场认可度高的科技创新企业。这些企业的高成长特征很大程度上依赖于创始人的梦想与远见，因此"集权型"治理结构被这类科技企业广泛偏好。大量标杆性民营企业因双重股权结构安排无法在国内上市转而在海外上市，造成国家资产利益流失，我国证券市场开始转变对双重股权结构的态度，并在科创板允许双重股权结构公司上市。新上市规则于 4 月 30 日生效，正式接纳相关上市申请。《公司法》第一百三十一条以及 2019 年 1 月 28 日证监会依据国务院的要求出台的《关于在上海证券交易所设立科创板并试点注册制的实施意见》，证监会发布的《科创板首次公开发行股票注册管理办法（试行）》《科创板上市公司持续监管办法（试行）》，上海证券交易所发布的《上海证券交易所科创板股票发行上市审核规则》《上海证券交易所科创板股票上市规则》等规范性文件构成了对于同股不同权的制度性安排。接着，金幼芳博士提到了特别表决权制度的四点设置要求、特别表决权股份的八点特别要求以及特别表决权股份的交易限制、转让、转换等。

第一部分主要阐述中美双层股权结构的理论与实践。理论层面上，相较于传统的一股一票原则，双重股票结构将表决权进行了差异化处理，将股权符合表决权与经济性权利的资源优化配置，进而实现标准契约向差别契约转换。双重股权结构相对来说与股东的利益诉求异质化的演进趋势相契合，实现资本中心向核心管理层中心的跃迁。实质上，双层股权结构突破了传统公司代理理论股东同质化的逻辑假定，推翻了股份平等与股权关系一元化的结论，以无差别的资本多数决作为股份内部权利配置的唯一标准。双重股权结构对公司投资者的经济收益权与事实治理权进行了巧妙的分割，建立起不同股东间利益交换机制满足风险资本和创业者的不同偏好，为科创公司创始人提供了特质愿景追求自由。

实践演进方面，双重股权结构最早起源于 1898 年美国国际营业公司发行的无投票权和优先股，到 1925 年道奇兄弟公司等企业发行了无表决权普通股，引发学者的广泛抨击。20 世纪 80 年代后敌意收购的盛行，为了抵御门口野蛮人的双重股权结构被更多公司采用。纵观全球主要的资本市场，越来越多的交易所出于提高国际竞争力的考虑，转变了对双重股权结构的消极态度，并开始调整上市规则以吸引双重股权公司的上市。但双重股权结构也造成投资者权益受侵害的可能性逐步上升，所以不同国家或区域根据本地的资本市场成熟度及投资者的专业化程度制定了各具特点的双重股权结构配套制度。

第二部分，双重股权结构博弈下的中小股东保护制度检视，金幼芳博士主要就三个问题展开论述。

第一，特别表决权自我约束制度的限制。在科创板上市规则中对特别表决权的限制从期限与适用范围角度来看，存在期限型日落条款缺失与一股一票表决事项范围狭隘的问题。从时间对双重股权结构公司收益的影响维度来看，双重股权结构公司在 IPO 初期较之同股同权公司会产生一个交易溢价。但公司经过一定时间的成熟发展之后，特别表决权股东人力资本不可替代性，随着知识的迭代，难以跟上时代的步伐而逐渐衰退。另外，一股一票表决规则能够在关系到全体股东利益重大问题上确保每一位股东享有与其持有股份相对应的投票权，从而增强中小股东的话语权，防范壁垒风险及掠夺风险。

第二，特别表决权下独立董事与监事监督职能的缺位。独立董事与监事会两个监管主体共同存在于同一个公司内部，缺乏细致的职能安排，容易导致内部监督机制产生冲突。另外，科创板上市规则并未明确选举监事时适用的一股一票表决规则，因此特别表决权股东仍可能凭借表决权的优势控制监事的人选，并且外部投资者普遍存在理性忽视，所以独立董事和监事的选任、续任、薪酬的决定往往会陷入追随创始人的集体行动困境。

第三，司法救济障碍。由于举证责任分配不合理、诉讼成本相对比较高昂、缺乏相应的补偿规定等，证券代表人诉讼往往被学者称为"负值诉讼"。由于诉讼人代表程序的特殊性，股东不仅要缴纳案件受理费用、律师费用、公告费用等，还要进行权利人登记，高昂的时间及金钱的成本投入会造成维权成本和收益的不匹配，会挫伤中小股东启动诉讼救济渠道的积极性。

第三部分，双重股权结构下的中小股东权益保护路径完善。

第一，改进特别表决权约束机制的短板现象。对双重股权结构制度设定合理的存续期限显得尤为重要，而合理的存续期限存在争议。可以借鉴印度治理经验，要求双重股权结构公司在上市后的第5年，股东大会讨论该公司是否转化为同股同权结构，特别表决权股东没有针对该议案的投票权，该议案由中小股东单独行使表决权。另外合理设置同股同权表决事项的范围。当表决事项与特别表决权股东的商业判断能力无关的时候，该事项不应该适用特别表决权。

第二，强化特别表决权制约监督主体职能。科创板规则可从投票的选举层面割裂监督主体与特别表决权股东的直接牵连，在董事会的内部设置一定数量由中小股东选举产生的独立董事席位。其次是优化激励约束的机制。可以尝试从反向否决的角度改变独立董事选举连任的规则。即适用少数否决的规则，给予中小股东否决权，从而保护忠实勤勉的独立董事免予被特别表决权股东利用资本多数决来解聘。

第三，双重股权结构下的诉讼规则再造。移除诉讼程序的启动障碍，主要通过降低适格原告的标准、重构举证责任规则及合理降低诉讼成本。现在新证券法中有"默示加入，明示退出"的方式确定了中国版的集体诉讼原告的范围，降低原告股东参与的诉讼成本，促进凝聚力不强、维权意愿不强的中小股东来维权。为了更好地发挥中国版的集体诉讼制度的优势，可以相应地变通这类诉讼案件受理费用缴纳的规则，允许原告股东先不预缴案件受理费，败诉或者部分败诉都可以申请减交或者免交诉讼费用。

二、差异化表决权结构下的"创始人—投资者天平"

全国中小企业股份转让系统有限责任公司经理白芸以"差异化表决权结构下的'创始人—投资者天平'"为题，就双重股权制度的理论与实践的问题作了深入浅出、提纲挈领的演讲。

首先，白芸经理介绍了差异化表决权结构的优点与问题。差异化表决权结构能够在公司大量融资的同时,维持创始人对公司控制权的稳定,它具有不可替代的制度优势:其一,有助于解决公司持续融资与维护控制权稳定之间的矛盾。其二,有助于维持公司发展"航向",减少敌意收购的侵扰。其三,与其他变相实现创始人控制的制度相比,更有利于形成一个稳定的股权结构。但其问题集中在规避监管和代理成本两方面:一是规避控制权市场监督的角度,创始股东权责不一致,降低了控制权市场的威慑作用。二是差异化表决权结构下创始股东持有较少的股权却得以决定公司的重大事项,这种收益权和表决权的不对等使其有更高的激励谋求控制权带来的私人利益,因此可能会产生公司对创始股东的利益输送问题。上述所列的两个问题,并非差异化表决权制度所独有的问题,但是差异化表决权结构的优势是其他的制度不能替代的。所以我们不需要因噎废食,而是应该选择合适的筹码来保护中小投资者的利益。

其次,白芸经理总结了差异化表决权结构下公司发展的周期规律。采用差异化表决权结构的公司通常具有持续性、大规模的融资需求,创始人团队对公司的掌控对公司的长期发展具有重要意义。满足以上特点的公司,一般是高速发展的科技创新企业。在公司发展初期,差异化表决权结构会带来纯粹的制度红利:总体来看,差异化表决权结构公司比单层股权结构公司估值更高,年度回报率更好;MSCI发布的报告显示,拥有差异化表决权结构的公司的年度总回报率表现优于市场平均水平;差异化表决权结构对于处于上升期的朝阳企业尤其有效。IPO后6—9年,差异化表决权结构公司的估值优势正在逐渐消失,即差异化表决权结构带给公司业绩的正面效果(例如由创始人的独特的商业眼光或者领导力所带来的优势)会随着时间的延续而逐渐衰退。

接着,白芸经理介绍了"创始人—投资者保护天平"的基础理论——公司发展的周期平衡。在公司发展初期,差异化表决权结构会带来纯粹的制度红利,IPO后6—9年,差异化表决权结构公司的估值优势正在逐渐消失。随着公司运营时间的延续,"制度红利"不断消退,有必要采取措施保护中小投资者的"筹码",实现"创始人—投资者"的周期平衡。在公司发展之初,无须对创始股东进行过多的限制,充分发挥差异化表决权结构的制度红利将公司做大做强,是对中小投资者最好的保护。IPO后6—9年其制度红利不断衰减的问题,白芸经理认为应该选择合适的投资者保护制度,充分地发挥结构的优势,而尽可能地规避不足。

最后,白芸经理讨论了"创始人—投资者保护天平"下的平衡筹码。其一,结构设置时的平衡筹码。纽交所、纳斯达克和联交所要求公司须在IPO之前完成差异化表决权结构的安排;东京交易所和港交所限制特别表决权股份的表决权倍数不超过10倍;港交所和新加坡交易所限制行业和公司规模,提出创新产业公司和预期市值的要求。其二,公司运营中的平衡筹码。就上市公司采用差异化表决权结构的必要性予以披露;在发行材料和持续披露材料中对双层股权结构安排、特殊法律风险的予以特殊披露;

对超级表决权股东的身份进行穿透式监管。其三,特别表决权行使时的平衡筹码。东京交易所、港交所、新加坡交易所要求重大事项恢复"一股一权"表决;日落条款的约定与应用,日落条款是指在发生在特定事件或者经过特定期限,公司的差异化表决权结构整体失效,转化为单一股权结构。一般日落条款分为以下三种:持股比例日落条款、固定期限日落条款、特定事件触发型日落条款。

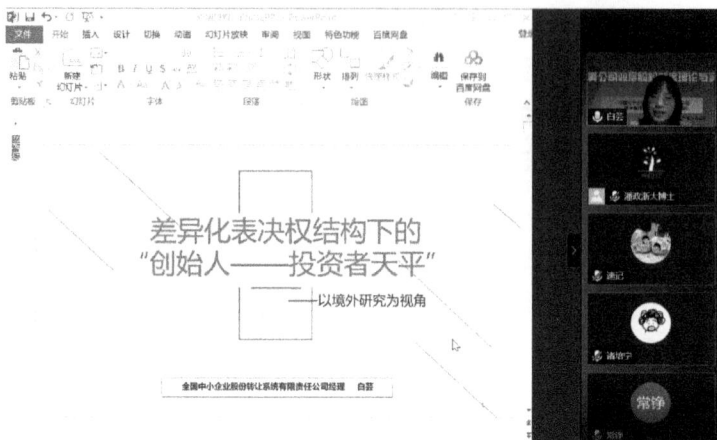

三、境内表决权差异安排的制度与实践

全国股转公司法律事务部高级经理常铮以"境内表决权差异安排的制度与实践"为主题展开讨论,对证券市场表决权差异安排这一制度的设计与实施情况进行介绍,并与科创板、创业板进行制度对比。常铮指出,本次境内表决权差异安排的讨论不涉及红筹企业发行存托凭证(CDR)的情形:虽然设有表决权差异安排的红筹企业可以通过在发行存托凭证并实现在境内上市,但是由于红筹企业公司治理适用的是境外注册地公司法,境内只是接受其存托凭证的挂牌,并不涉及境内的制度实践。

本次讨论以制度基础、制度设计逻辑、制度内容及主要实践案例四个部分进行论述。

(一)制度基础

常铮将制度基础分为两部分:一是制度依据,二是现实需求。

首先,常铮对制度依据进行分析。《公司法》第一百三十一条规定,国务院可对公司发行本法规定以外的其他种类的股份另行作出规定。其中存有两点问题,首先,其他种类的股份应该怎么理解?其他种类的股份,典型是优先股。这是因为优先股在会计处理上为固定收益型,与债券处理相似;而特别表决权股份除表决权存有差异外,在会计处理等方面和普通股份没有任何差异,所以是否能将特别表决权股理解为《公司法》所理解的"其他种类的股份",存在争议。所幸科创板指导意见规定:"依照《公司法》第一百三十一条规定,允许科技创新企业发行具有特别表决权的类别股份",

已经将特别表决权股明确为一类股份，使得争议自然消除。

第二个问题是对于《公司法》第十三条中公司"发行"如何理解？这属于核心争论点。有观点认为公司发行即为公司发行新股，因此公司设置表决权差异结构股份的来源就是所发行的新股，即认为，公司需直接发行特别表决权股，才能设置表决权差异结构。

常铮指出，以这样的方式理解将会存在以下几个问题：（1）以现实来看，如果把老股转换为特别表决权股更符合股东利益，表决权差异安排本就是通过放大现有股份这个表决权比例，以实现创始团队公司控制权的稳定的结构。让大股东再认购一笔新的股份，支付对价，将与制度落实本身相背离。（2）监管问题。发行特别表决权股与发行普通股份，虽然都是发行股份，但是定价机制和管理逻辑与一般股份不同，监管方难以判断发行价格是否公允，给监管带来了困难。（3）国际实践。纵观世界各国，没有哪家公司是通过新发行特别表决权股设置表决权差异安排的。特别表决权的股份来源也不存在新股，都是在 IPO 时，或 IPO 之前在某一个转换日进行转换的。以京东为例，京东就是在 IPO 时把原来刘强东所持有的 A 类股份以一定比例转换成 B 类，从而实现特别表决权股份的转换。（4）法律理解。《公司法》说的公司发行，可以被理解为设置特殊表决权的股份是由公司前期发行得来的，即公司的特别表决权股只能是老股转换的，而不能是新发行的。这个从实践上看，我们的理解跟沪深交易所是一致的，只能转换而不是发行新股。

随后，常铮对现实需求进行分析。2018 年调研显示，5% 的新三板公司融资已经影响其控制权，30% 的企业愿意尝试表决权差异安排。其中有 50% 的公司已经通过一致性安排、表决权委托或者有限合伙等方式来实现控制权稳定。但以有限合伙的方式为例，它的实际控制人通过设立一个有限合伙，自己担任 GP，发行 LP，发行有限合伙的份额给投资人。这个方式也可以实现层层嵌套，从而实现控制。但是由于 GP、LP 发行的是有限合伙的份额，没有表决权也没有股东权利，以纯合同性质实现控制，存有较大风险。另外，从美国中概股设置表决权差异安排的公司体量来看，公司都具备体量较大、行业新、模式新的特点。为什么只允许这样的企业设立表决权差异安排？对于设立表决权差异安排的公司是否存有体量要求？

常铮指出，表决权差异安排天生有利于大股东，而不利于小股东。由于体量大、市值高的公司，业绩和流动性相对比较好，中小股东存在一个用脚投票的空间，不会被挤压在原公司。另外，科技创新企业预计业绩也比较优，长期走高，可以对冲表决权差异安排带来的负面影响。在制度设计中，尤其是对于准入门槛的设计，总体遵循的就是这个思路。通过严控门槛，寻找出好公司来控制风险，对冲风险影响，保护投资者。

（二）制度设计逻辑

常铮指出，表决权差异安排最终目的是平衡公司持续融资和创始人维护控制权稳定的需求。它的底层逻辑是创始人团队对公司的了解更深入，对于未来长期发展航向更加了解，若控制权受到外来财务投资者的影响，公司的经营战略就会为了短期盈利而短视，不利于公司的长期发展。基于这些底层逻辑，表决权差异安排在制度设计上考虑三个方面。

1. 严格准入

严格准入包括两个方面：一是适用公司。从理论逻辑上来讲，通过公司的优质对冲大股东的滥用风险。公司优质，意味其受市场认可，投资者就可以自由地进入和退出。正因如此，在公司的评价指标上要以市值为主，来体现市场的认可。二是股份持有主体，即特别表决权股东的适用对象。他指出，应当让特别表决权股东和公司进行深入绑定。因为若持有特别表决权的股东可以实现持股和控制权的分离，那其就可以用较小的持股来维持较高的控制权，在某种程度上可以被视为一种控制权杠杆。若对特别表决权股东的身份跟持股限额缺乏要求，将可能存在持股人不担任公司职务，也不直接持有公司股份的情况。例如通过设立持股的实体的方式进行，持股人与公司的发展情况、股价涨跌无关，也不会承担董事的勤勉义务。在这种情形下，《证券法》要求的 5% 以上持股的股东和董监高的短线交易规则也无法进行约束：若持股不到 5%，也不担任董监高，将难以对短线交易进行规范。所以在制度设计上，需要将持股股东与公司进行深度绑定，一般分为两个方面，首先要有特定身份，为董事且是自然人。其次，设置最低的持股门槛，使得股东的利益不能与公司完全脱离。

2. 性质特定

指的是特别表决权的股份性质，它只针对股东大会的特定决议事项。这包含两层意思：首先，特别表决权是一种表决权，只能在股东大会上行使。特别表决权差异安排只与表决权相关，不能无限延展，如股东临时股东大会提议召集权和提案权就不受影响，仍按股份计算。其次，股东大会的特定决议事项。特定决议事项规定应与公司的经营决策相关。若事项与公司经营决策无关，持有特别表决权的大股东仍可无限行使特别表决权将会造成权利滥用，因而需要对相关事项进行限制。

3. 全程限制

限制的内容包括特别表决权的形成、行使和丧失。由于大股东可能会滥用权利，所以要全程严格限制。

随后，常铮对新三板实施表决权差异安排与沪深交易所实施的差异以及新三板进行介绍。新三板是《证券法》规定的、国务院批准的、其他全国性证券交易场所，是我国多层次资本市场的重要组成部分。其发展历程如表 25-1 所示。

表25-1　新三板发展历程

年份	发展历程
2006	在中关村等几个高新园区开始试点，允许高新企业在新三板挂牌
2013	国发〔2013〕49号，新三板扩容，所有符合条件的创新型、创业型、成长型中小企业，都可以在新三板挂牌，并公开交易。股东人数超过200人的公司由证监会核准，不超过200人公司由新三板自律审核后在新三板市场挂牌，挂牌之后应当遵守公司相关治理要求和信息披露要求
2019	新三板再次进行改革，引入向不特定对象公开发行的制度和精选层管理制度。符合条件的公司，可以向不特定合格投资者公开发行，并进入精选层。采用连续竞价交易方式，比照上市公司管理

新三板市场的主要特点是公众公司的公众性参差不齐。这就导致新三板在差异化表决权结构制度中与其他市场存有差异。传统的表决权差异安排制度设计，允许公司设置表决权差异安排的时点相对明确——在IPO时或者IPO前，将创始团队持有的某类股份，可能是优先股或其他股份，转化为特别表决权股。他认为，之所以是这个时点，存有两点原因。第一，特别表决权这个制度有利于大股东，但是损害公众股东。因此公众股东有权自行决定是否接受这个制度，是否接受公司的这个状态。因而较好的时点就是在公司未上市前，将制度设置好，由公众股东自行决定是否加入公司。第二，IPO伴随着股份的承销和配售，是公司市场价值的一个检验。在IPO之前将架构设置好，让市场投资机构对公司的未来投资价值进行检验。

但是由于新三板存在不少有设置表决权差异安排需求的挂牌公司，并且这些公司可能已经通过公开交易获得了一些公众股东，因此新三板的表决权差异制度设计，就需要作额外考虑。

首先，为了避免公众股东利益受损，在制度设计时设置了比较严格的股东大会决议程序。除了要求2/3通过，还要求成为特别表决权股东的股东回避表决，并且要求在股东大会决议时，同时通过异议股东的回购方案。与此同时，还要求异议股东的回购方案应当在限期内履行完毕。通过这一系列的严格程序跟利益保护机制，防止公众股东的利益受损。其次，因为很多在三板已挂牌的公司没有进行IPO，它们设置差异表决权结构能否得到市场认可难以判断。所以为了选出优质的公司，制度设计时设置了多种市值指标和财务指标，尽可能地反映其市场认可情况。

（三）具体制度

具体制度可以分为三个部分：准入、行使的限制以及特别的治理要求。

1. 准入方面

包括行业要求、财务要求与持有人资格要求。

（1）行业要求。科创板指导意见中已进行明确规定。《公司法》第一百三十一条指出，国务院可以就发行类别股进行规定。科创板指导意见相当于另行规定。科创板指导意见对于表决权差异安排主体进行明确，因而这一指导意见，相当于对我国相关的证券市场统一的适用要求。创业板和科创板没有对其增加额外要求，比如科创板符合科创属性，本来一般的公司上科创板也要遵守创业属性的认定要求，即 3 个定量条件和 5 个定性条件。创业板也是要符合成长创新创业的范围，并且不得属于行业负面清单。它们没有对表决权差异安排是否还要有别的行业要求作更多的限制。新三板额外增加一个标准，即要符合战略性新兴产业标准。

（2）财务要求。在财务要求方面，科创板和创业板是基本一致的，都是市值 100 亿元，创业板要求不得是亏损企业。第二条标准，市值 50 亿元＋营业收入 5 亿元。创业板净利润为正，营业收入为 5 亿元。由于新三板的自身特点，有很多存量挂牌公司，需额外增加一些指标来筛选出或者判断出公司的优质性，所以在传统的市值和营业收入的指标外还额外考虑了净利润、ROE、现金流、研发投入等。

（3）持有人资格要求。科创板跟创业板规定一致，董事或者董事持股主体，持股应当在 10% 以上，并且具有重大贡献。新三板相对更加严格，不允许董事持股主体作为特别表决权股东，这主要是两个考虑：一个是让特别表决权股东和公司绑定直接持股；二是避免持股主体内部股份变动导致公司控制权的不确定。

2. 运行制度

包括特别股管理，恢复一股一权表决的情形，还有日落条款的情形。这三个制度层面，新三板与科创板、创业板的规定类似，尤其是特别股管理都是要求不得新发特别表决权股份，不得提高特别表决权比例，不得交易特别表决权股份，并且特别表决权股份所对应的表决权和普通股份所对应的表决权的比例不得超过 10 倍，特别表决权股东持有的表决权比例不超过 90%。

科创板和创业板对于交易方面的规定有三个概念：交易、转让和转换，常铮认为应当作以下理解。

第一，特别表决权股不得在二级市场交易。可以转让是指线下协议转让，即通过协议、经过交易所确认，由中国结算直接办理的转让。转让是指股份转让，转换则是股份性质的转换。

第二，恢复一股一权表决的情形。这个情形是指在股东大会的某些事项上，应当采用同股同权的方式来进行。科创板跟创业板规定基本类似，创业板较科创板增加了聘请监事。新三板增加报酬事项以及终止股票在全国股转系统挂牌事项。

第三，日落条款。在某些情形下，特别表决权股东因为身份丧失或者其他情形而导致特别表决权要转换成普通股份，或者因为某些情形，导致公司的表决权差异安排直接丧失。对于日落条款的规定，科创板与创业板一致。新三板增加了两项，表决权差异安排的实施期限届满或者失效，规则制定时也考虑是否安排一个实施期限，但评估出一个比较符合实际情况的日期较为困难，最终还是采用了尊重公司自治的写法，尊重市场自治。

另一项是第六项实际控制人发生变更。控制权变更在新三板市场的监管体系中，包括两种情形：一种是第一大股东发生变化，也是控制权变更。第二种是实际控制人发生变更，比较明确地指实际控制人发生变更。实际控制人发生变更，也是有明确指向的。控制的定义，在上市公司收购办法和新三板的信息披露规则中都有明确的列举。包括以下四项：（1）股东控股达50%；（2）股东支配表决权达到30%；（3）股东支配表决权可以决定董事会半数以上成员的选任；（4）股东持有表决权足以对股东大会的决议产生影响。在表决权差异安排的公司里，控股达到50%才符合日落条款第六项的情形，即实际控制人发生变更。因为后三项都跟表决权直接相关，都是属于特别表决权的支配范畴内，持有更多的股份也不会让表决权更多，外部股东很难通过后三项来实现控制人变更。所以如果外部人想达到实际控制人发生变更的效果，只有持股50%。

常铮对于外部人想取消挂牌公司设有表决权差异安排的路径进行介绍。第一种路径，收购公众持股达到50%，表决权差异安排自动丧失。第二种路径，通过召开临时股东大会或在年度股东大会提出修改公司章程。根据规定要进行同股同权的表决，如果外部人在同股同权的情况下，争取到2/3的表决权，就可以修改公司章程，相当于结构丧失。这里也存有争议，若外部人可以简单地通过召开股东大会争取到2/3的表决权从而修改公司章程来废除表决机制，结构的稳定性是否存疑，这涉及如何平衡这一问题。

有些人提出疑问：临时股东大会中原有的特别表决权股东是否还要参与表决？如果原有特别表决权股东不参加表决，就可能会出现来参与表决的都是公众股东的情形。从理论上来讲，丧失特别表决权结构会使公司的股价得到提升，公众股东可能会希望特别表决权丧失。特别表决权股东自己不参加会议就可以决定让表决权结构丧失，也是一种不公平。所以条文中允许特别表决权股东参与，但是要同股同权。既要通过表决权差异安排架构来维持创始团队的控制力，又不能让它无限制地永远没有竞争者；结构既要稳定，又不能太稳定。

3. 公司治理和信息披露要求

所有设置表决权差异安排的公司公告中都要标明这一架构的存在，在行情中也要增加特别标识"w"来提示投资者。另外，例如在股东大会决议中，都要由中小股东单独计票，年度股东大会要接受投资者质询，等等。

（四）主要的实践案例

自 2019 年科创板实施以来，优刻得是我国境内第一家实施表决权差异安排的公司。它的方案是三个共同实际控制人，共同的持股统一变化为特别表决权股份，比例是 1∶5。三人总计持股是 23%，对应的表决权是 60%。其通过一致行动协议来保证他们是一个表决权团体。但一致行动人协议实质是一个合同，理论上是可以解除的。解除之后关系如何处理，是否会导致公司的争斗，是否会导致公司治理的困难，还需要后续观察。

另外，新三板伯朗特公司目前已经披露了表决权差异化的方案，但还未实施完成。它的方案是营造实际控制人，持有表决权是 32.3%，想通过这个安排让表决权差异安排使得控制的表决权达到 78.7%，是 1∶10 的方案。它在审查中可能要考虑一个问题，表决权设置之后，可以控制的表决权比例接近 80%。由于在制度设置时，要求给公众股东最少预留 10% 的表决权空间，特别表决权最高 90%，所以伯朗特是符合要求的。另外，公司预期在未来不能新发特别表决权股份，也不能提高特别表决权股份的比例，所以其表决权的比例是不断稀释的，从这个角度来说持表决权近 80% 似乎也不是问题。但是关于最高的表决权比例怎么设置以及公众股东的最低表决权比例怎么安排，后续还需要市场检验获得结论。

四、双层股权制度中的利益冲突问题与平衡机制的思考

讲座第四位嘉宾天风证券股份有限公司董事长秘书诸培宁以"双层股权制度中的利益冲突问题与平衡机制的思考"为题，从双层股权制度的理论基础，双层股权结构

的理论质疑与正当性回归，双层股权结构的制度功能，双层股权制度中利益冲突之表征、根源与实质，我国相关制度现状，双层股权制度中利益平衡机制的制度框架提炼，我国双层股权制度利益平衡机制的建构路径七个方面与大家展开交流。

第一部分，诸培宁介绍了双层股权制度的理论基础。双层股权结构是相对于一股一权来说的，一股一权主要遵循剩余利益与投票权重的对应分配原则，公司盈余分配和公司剩余财产分配是一一对应的关系，这有利于体现治理民主、股份平等的理念，实现股东剩余利益和投票权重的实际对应，同时降低代理成本。实践证明，一股一权可能无法满足处于各个历史阶段的所有公司的诉求。双层股权结构由此应运而生，双层股权最突出的特点是把股东的表决权和剩余的索取权进行分离。双层股权是根据股东异质化的偏好，在股东收益权不变的基础之上对投票权进行非比例性的分配，对股东来说满足了不同股东异质性的偏好，同时有效地避免了因为集体行动与股东的理性冷漠而产生一些负面的影响，对公司而言降低了投票权、资源的配比的成本，同时也为公司控制权行使提供了集中而且高效的途径。

第二部分，诸培宁谈到了对双层股权结构的理论质疑与正当性回归。第一，关于理论质疑，双层股权结构是对资本民主的背离，相同类别的股东应该享有相同性质的股东权利。然而双层股权结构打破了潜在的最主要的理论基础，导致了现金流权和控制权的比例配置失调，可能也会导致传统的公司治理结构的功能性的失灵。第二，关于双层股权结构存在的内在风险，可能产生对公司监督效率降低的风险，同时也可能增加损害中小股东利益的风险。第三，分析了双层股权结构存在的必要性。双层股权结构在正当性方面是基于公司契约理论的合理的内涵，而双层股权作为公司内部的股权安排和投票机制，是公司自治的一个范畴，是应对契约不完备性的补充。也就是说，当公司的表决机制与股权安排无法满足公司发展的现实需求时，公司可以依据不完全契约理论根据自身的现实情况重新选择，或者创造性地安排更具适应性的一种机制与结构。所以，可以从公司治理范式的角度更好地理解双层股权结构产生的动因。第四，新经济企业或者高成长性企业有需要采取双层股权结构的冲动，背后的成因和公司治理范式的变革存在着比较大的关系。在当下公司治理范式之变当中也引发了双层股权结构立足之地的问题。

第三部分，诸培宁谈到了差异化股权结构的制度功能。第一，股权稀释风险与控制权保持要求的矛盾在双层股权架构制度过程中得到了钢丝上的平衡。第二，在创新创业公共政策导向下，人力资本价值锁定起到了比较突出的锁定价值的功能。第三，由于表决权的行使，公司的创始人股东可以通过掌握较少的公司股份数量而得以防范敌意的收购和在重要的表决事项上具有低股数高表决的可能性。第四，双层股权结构最初设立也是为了弘扬企业家精神，肯定人力资本价值，有利于提升资本市场投资行为的活跃度，促进金融市场发展。

第四部分，诸培宁指出双层股权制度中利益冲突的表征、根源与实质。第一，利益冲突表征分为内部性利益冲突和外部性利益冲突。内部性利益冲突主要表现为：一是股东间经济性权利与参与性权利的比例性失衡；二是高表决权股东与低表决权股东之间的利益冲撞；三是一股独大、控制权市场异化与控制权私利膨胀方面，股权分散化的趋势之下会使得一股独大的模式被二次放大，控股权市场也面临多维度的秩序失衡与约束性效应的失效。外部性利益冲突主要表现为：一是交易所在商业利益与公共利益之间对双层股权契约的取舍；二是双层股权在公司并购中的利益冲突；三是双层股权在公司融资中的利益冲突；四是双层股权在竞争中的利益冲突。第二，所有的外部性的表征归结于制度的根源主要来自两个方面，一方面是股东间的信义义务的缺失，另一方面是代理成本的放大。第三，诸博士指出，归总到法律的本质，双层股权结构中的利益冲突是以公司控制权争夺为核心的权利冲突和能力的分化。

第五部分，诸培宁谈到了目前我国相关制度的现状。在立法层面，在我国《公司法》中与双层股权有关联性的条款主要反映在第四十二条、第一百零三条、第一百二十六条、第一百三十一条。我国《公司法》并没有明文规定允许设置双层股权安排，由于我国资本市场一般奉行"法无明文规定即禁止"，双层股权结构在我国实践过程中确实合法性依据上存在一定的推导的问题，虽然后期又颁布了很多补丁的条款。统观整体的法律法规建设体系架构，目前规定的体系呈现出以下四个方面不足：一是体系内的规则效力位阶整体偏低；二是规则分散在各个主体，不同层级的规范性文件仍然有待于集中成篇；三是《公司法》《证券法》等上位法在科创板和双层股权安排方面的相对空白，目前可能存在下位法与上位法相冲突的情况；四是目前的规则仅针对设置特别表决权公司的章程必要内容以及双层股权设置等主要矛盾和重要方面，仍然需要注重现行规则没有涉及的监管、立法及司法空白的一些查漏补缺。

第六部分，诸培宁提炼了双层股权制度中利益平衡机制的制度框架。对于双层股权利益平衡机制的法理探求，最终还应回归于实体制度的框架提炼，以具体制度的运行剖析及机理透视，掌握其形与神的实质内核。落脚于具体制度框架，统筹融合为双层股权利益平衡机制的全新调适机器。双层股权利益平衡机制主体囊括：一是公众投资者知情权保护；二是控制权滥用防控；三是事后矫正平衡救济；四是内外自律监管约束；五是晚近发展条款。

第七部分，诸培宁谈到我国双层股权利益平衡机制的构建路径。首先，在《公司法》的顶层设计上，建议将《公司法》第一百零三条第一款修改为："股东出席股东大会会议，所持每一相同种类股份有相同表决权。但是，公司持有的本公司股份没有表决权。"同时，应当将《公司法》第一百三十一条修改为："国务院可以对公司发行本法规定以外的其他种类的股份，另行作出规定。发行本法规定以外其他种类股份的公司，应当建立类别股表决制度，具体规定由国务院制定。公司章程应当对种类股的股权内容等相关事项，进行明确记载和公示。"如此修改，能够确保在一股一权规则不动摇的基础上，以更为开放、包容的制度理念迎接公司股权结构的变革。其次，在具体制度安排上，《公司法》和《证券法》对双层股权利益平衡机制的规定不太可能事无巨细、面面俱到，往往强制性规范和赋权性规范相结合，甚至借助于交易所规则与司法裁判规则来完成"最后一公里"的法律任务。因此，在《公司法》与《证券法》的法律设计之余，有必要在部门规章、交易所规则等层面上进行拾遗补阙，作出具体的制度安排，包括强制对信息披露作精细安排，对使用范围（行业、股东资格与持股比例）作细化要求，股东间信义义务引入与特别表决权行使补录规范，建设以日落条款的构建为中心的激励与约束机制。

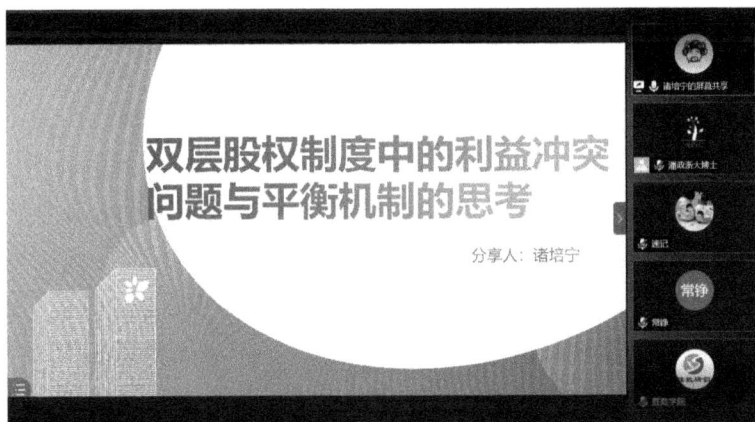

五、与谈环节

本次讲座的与谈嘉宾是华东政法大学国际金融法学院副院长梁爽。梁爽副院长与大家分享了修订《公司法》所应秉持的理念与自己对双层股权结构问题的研究经验、心得等。

首先，梁爽副院长幽默地提示大家回忆大学课堂里学习《公司法》时学到的"股份"原理，但一股一权的原理还不是源头。在公司理论发展的历史长河中，公司治理理论在政治理论基础之上，公司治理不可避免受到政治理论的影响，比如股东民主、人头民主。所以一人一票是最早的模型，股东每人都有平等的投票权，这种原始的股东平等原则在大陆法国家早期和中世纪欧洲是比较普遍的规则。一直到19世纪末，一股一权首先被特拉华州确立为公司投票的默认规则，后来被其他州所效仿。此后股份的基本概念就是同股同权，股份就是将股份公司的资本均等分割，在均等分割的股份上附着完全同等的权利，一股一权，这样就能够让投资者安心投资，有效增加公司资本的流动性和股份的流通性，也就能让股份公司更好地融资。

同时，在美国，投票权规则也被看作是公司治理的一项私人合同，所以在1898年出现了双层股权结构，international silver 公司将双层股权分为优先股和普通股。而 1898 年到 1926 年，再到 1985 年，整个美国证券交易所、美国证券领域对双层股权的态度是摇摆不定的，想认可但又无法推广，一直到后来敌对收购的浪潮出现，双层股权结构（在反收购方面）的优势比较突出，因为它能够保证公司高管、创始股东的投票权，超级投票权能防止公司被收购。到 1985 年，美国 4886 家上市公司中有 170 家上市公司采纳了双层股权结构。1987 年 SEC 颁布了 Rule19c-4，允许上市公司 IPO 阶段发行不同表决权股，但后来这项规则又被哥伦比亚特区上诉法院撤销了。

从《公司法》的语境下看，双层股权结构或者是类别股有其合理性。重要的理论基础包括公司契约论以及股东异质化理论，通俗地来说，股东异质化就是指股东和股东之间有差异，比如股东分为控制股东和被控制股东，小股东的利益经常受到侵害，而不同股东的投资偏好也不一样，经济利益偏好也不一样，所以说股东是异质化的。差异表决权有理论基础，但是值得强调的是，双层股权结构和类别股制度是不同的，比如日本《公司法》第一百零八条当中规定类别股，这和双层股权结构不是一回事，因为双层股权结构其制度要解决的问题是创始人、公司上市阶段董监高的话语权问题。而类别股的范围更大，类别股可能不允许超级投票权，比如日本，日本《公司法》第一百零八条第一款第三项明确规定，表决权差异可以存在，但差异只能存在于普通投票权股和无投票权股，而不认可超级投票权。德国对超级投票权也是禁止的。

但无论是日本的制度还是美国的双层股权结构，抑或是在新三板、创业板、科创板试点的双层股权结构，梁爽副院长认为事实上没有一种制度是完美的。《公司法》也需要适应新时代的发展，为我国经济向高质量发展阶段迈进做出新的独特的贡献。《公司法》的研究者和实践者处在资本市场第一线，《公司法》不是特别法，它具有经济政策的一面。每当国家进行经济体制改革时，《公司法》都会扮演特殊的角色，《公司法》未来必将正式成为双层股权结构立法的重要法律基础和政策基础。但是，双层股权结构入《公司法》亦不能出现过分的不均衡。众所周知，双层股权结构具有其风险性，其面临着内部人控制、控制权滥用、代理成本等问题，当然，这些也都是公司治理中长期存在的老问题，要解决并不容易，所以双层股权结构在我们国家依然是比较受限制的。

首先，从《公司法》的大框架看，即便有了双层股权结构，但一股一权依然是原则，且永远是《公司法》中的重要原理，同时，双层股权结构的适用是有限的，现阶段，只能在新三板、创业板、科创板内试点，而且对于采用双层股权结构的公司也有比较多的条件限制。此外，我们也必须认识到，在国企混合所有制改革过程当中，也可以用到双层股权结构。因为一方面要降低国企的持股比例，同时也要落实确保交手的国有资本对国有企业落实公共政策的制度需求，所以双层股权结构在国企改革当中有适用的空间。那么对于《公司法》修改的具体路径，其实可以将《公司法》第一百零三条修改为："股东出席股东大会，所持每一种类股份有相同的表决权。"这也是《公司法》原则当中的股东平等原则的延伸。从学理上看，股东平等原则有三个层次：人头平等、数量平等、种类平等，依次递进。

其次，双层股权结构的倍数问题。超级投票权比普通投票权人的投票权倍数的限制，《上海证券交易所科创板股票上市规则》4.5.4明确规定是10倍。从理论上来讲，倍数差异越大，控制人的控制地位会更加稳固。但实践研究发现，双层股权结构的表决权差异越大，融资成本越大。这很好解释，因为控制权股东的控制权越大，投资者就越不敢提供融资，融资成本就越大。所以我们也要相信市场会对自己的双层股权结构究竟安排多少倍数有一个理性选择。可以把这种倍数的限制交给软法，即交给上市规则。另外，《公司法》也有一种探讨：除了倍数限制，特别表决权股东的合计持股比例是否要作出限制？法国有法律规定，特权股所占比例不得超过公司注册资本的1/4。但是究竟是在《公司法》中进行明确规定，还是通过软法的方式去规范是值得探讨的。此外，《上海证券交易所科创板股票上市规则》4.5.9规定了若干项日落条款，但缺少了固定期限日落条款。"事件触发型日落条款"的实际功能可能有限，但是，我们或许也不能用《公司法》的强制性规范去规范固定期限，这是因为，《公司法》没有能力为公司选择最佳利益、无法为公司股东选择最佳利益。股东最佳利益能否得到足够保障，由股东自己选择为佳。所以我们或许可以参考，在《公司法》中作出一个选入或是选出型的安排，作出指引性的规范，让公司章程来设置固定期限以及延期、续期规则。

最后，梁爽副院长谈到除了证券诉讼，我们还亟须完善股东代表诉讼制度，同时应当建立一个透明的、快捷的退市机制等一系列制度建议。

在讲座结尾，李有星教授对各位嘉宾的发言表示了感谢，并提出三方面的总结。第一，虽然目前针对双重股权结构实践先于制度而行，存在许多挑战，尤其是监管面临的挑战，但是时代的发展不会停滞，需要不断前进。第二，针对双层股权结构，尤其是差异表决权问题，可以看出制度红利，也能看出许多负面因素，如信息披露问题、内部人控制问题、监督问题等。第三，针对双层股权结构和差异表决权的大方向，大家的认知比较一致。因此，推动《公司法》的立法完善是一个共识。但是，对于其中具体的立法问题还有讨论余地。

最后，李有星教授提出了一个问题：若大家换位思考，站在企业角度，在何种情况下应该选择双重股权结构，在何种情况下不应该选择双重股权结构？梁爽教授认为，企业对于成本的敏锐度很高，因此，需要金融和法律模型去测算成本。诸培宁提出，要关注企业家是否有选择股权结构的底气：第一，对于经营状况的底气。第二，对于战略先进性的底气。第三，对于市场价值认定的底气。常铮从两个视角来考虑问题：第一，从单个公司的视角考虑。例如衡量股权折价的代价能否接受。第二，从企业类型考虑。中小企业对于双重股权结构设置的意愿更强；大企业的意愿则较弱，更希望采取其他手段保证控制，且大企业的股权折价更明显，对于双重股权结构设置便更为审慎。白芸指出，需要达到"我能得到什么"和"我能付出什么"的平衡。金幼芳教授也指出，企业需要考虑得与失，在需求与成本之间作出选择。

第二十六期　中美证券市场操纵的制度、认定与抗辩

2020 年 10 月 18 日 18：30，由中国法学会证券法学研究会副会长、浙江大学互联网金融研究院副院长、浙江大学光华法学院李有星教授主持的"中国法学会证券法学研究会瑞幸咖啡案例研究（第二十六期）：中美证券市场操纵的制度、认定与抗辩"在胜数直播"小鹅通"上顺利召开。本次讲座的主讲嘉宾为兰州大学法学院副教授白牧蓉、北京市竞天公诚律师事务所合伙人刘思远、同济大学法学院副教授刘春彦、中央财经大学法学院副教授缪因知、上海上正恒泰律师事务所首席合伙人程晓鸣，与谈嘉宾为西南政法大学教授、中国法学会证券法学研究会副会长侯东德。本次论坛共有四千多人参与直播和互动，获得了良好的反响。本次活动由中国法学会证券法学研究会、浙江省法学会金融法学研究会、浙江大学互联网金融研究院、浙江省前景大数据金融风险防控研究中心、浙江互联网金融联合会、杭州胜数研创等支持完成。

会议伊始，主持人李有星教授隆重介绍了本次与会的六位嘉宾，并就本次议题交代了研究背景。

第一，2020 年 10 月 9 日，国务院发布了《关于进一步提高上市公司质量的意见》。该意见指出应当加大执法力度，严格落实《证券法》等法律规定，加大对欺诈发行、信息披露违法、操纵市场、内幕交易等违法违规行为的处罚力度；完善违法违规行为认定规则，办理上市公司违法违规案件时注意区分上市公司责任、股东责任与董事、监事、高级管理人员等个人责任；对涉案证券公司、证券服务机构等中介机构及从业人员一并查处，情节严重、性质恶劣的，依法采取暂停、撤销、吊销业务或从业资格等措施。

第二，2020 年 10 月 12 日，在刑法修正案（十一）草案二次审议中，全国人大常委会法工委发言人指出本次审议稿进一步完善了金融犯罪的规定，对《刑法》有关洗钱、操纵证券、期货市场、单位集资诈骗等规定进行了修改补充。

第三，《证券法》第五十五条对于证券操纵进行了明确规定，条文涉及八个有关操纵市场方面的内容，而且明确规定操纵市场给投资者造成损失的，应当依法承担赔偿责任。但在实践当中，证券操纵导致投资者损失的民事赔偿案件目前还没有发生，这个领域仍有大量问题值得研究，包括利用内幕信息操纵、内幕交易和市场操纵之间的关系等。此外，根据《证券法》第一百九十二条规定，操纵证券市场一旦成立以后，要责令依法处理其非法持有的证券，没收违法所得，并处以违法所得一倍以上十倍以下的罚款；没有违法所得或者违法所得不足一百万元的，处以一百万元以上一千万元以下的罚款。同时操纵证券市场还可能触犯《刑法》，根据《刑法》第一百八十二条规定，情节严重的，处五年以下有期徒刑或者拘役；情节特别严重的，处五年以上十年以下有期徒刑。

一、证券市场操纵行为的认定与边界

讲座的第一位发言人是兰州大学法学院副教授白牧蓉。白牧蓉教授的发言围绕证券市场操纵行为的认定与边界进行，从四个层面展开。

（一）证券市场操纵行为的基本原理

白牧蓉教授指出，证券市场操纵行为的定义经历了一些演变。从我国的制度沿革来看，1998年证券法强调"获取不正当利益或转嫁风险"；2005年证券法删除该规定，并加入民事赔偿责任；2019年《证券法》增加了"影响或者意图影响"证券交易价格或者证券交易量的规定，并增加虚假申报、信息诱导、预测建议与反向交易、跨市场操纵等操纵方式。《刑法》的变革也随着证券法的修订而变化。2006年《刑法》也删除了1999年《刑法》中"获取不正当利益或转嫁风险"；2019年6月27日"两高"《关于办理操纵证券、期货市场刑事案件适用法律若干问题的解释》明确了蛊惑交易、抢帽子、重大事件、利用信息优势、虚假申报操纵、跨市场操纵等六种方式。此外，2007年《证券市场操纵行为认定指引（试行）》还强调了"不正当手段"，并明确操纵结果"影响证券交易价格或证券交易量"及"扰乱证券市场秩序"。

从上述制度沿革可以看出几点趋势。

第一，立法者对于行为内涵认识的深入。从1998年到2005年证券法条文的变化可以看出，立法者对于操纵市场的认识不断加深，例如"获取不正当利益或转嫁风险"的删除，因为其无法涵盖一些证券操纵行为，例如公司内部人把握信息披露的内容和时点来实施操纵。而我国2005年证券法加入了"影响或者意图影响"的规定，可以授权监管机构进行相应判断。

第二，民事责任的明确。白牧蓉教授提到了2005年证券法的新增内容，即民事赔偿责任的加入。

第三,行为形式界定的明晰。白牧蓉教授指出,目前,可以大致分类为真实交易型、虚假交易型、信息型的操纵等,乃是监管实践的影响结果。

白牧蓉教授认为,市场操纵行为利用了不太成熟市场的两个特点:信息不对称和非理性的投资者群体。前者会造成消费者损失,后者会引发低买高卖、羊群行为等结果。而我们规制市场操纵行为的理由如下:为了市场有效性、投资者保护以及公平价值。总而言之,我们希望实现一个有效的市场,并希望实现投资主体、投资机会、投资结构的公平。

(二)证券市场操纵行为的认定

白牧蓉教授简单阐述了几种市场操纵的行为模式,2019年《证券法》规定,禁止"任何人"以下列手段影响或者意图影响证券交易价格或交易量:联合或连续交易型操纵,即单独或者通过合谋,集中资金优势、持股优势或者利用信息优势联合或者连续买卖;约定交易型操纵,即与他人串通,以事先约定的时间、价格和方式相互进行证券交易;洗售型操纵,即在自己实际控制的账户之间进行证券交易;虚假申报操纵,即不以成交为目的,频繁或者大量申报并撤销申报;蛊惑交易操纵,即利用虚假或者不确定的重大信息,诱导投资者进行证券交易;抢先交易操纵,即对证券、发行人公开作出评价、预测或者投资建议,并进行反向证券交易;跨市场操纵,即利用在其他相关市场的活动操纵证券市场;以及其他行为。

白牧蓉教授作了中美比较研究,指出美国1934年《证券交易法》对市场操纵行为的主要规定有:虚伪交易型操纵;真实交易型操纵;散布虚假信息操纵;安定操作中的违法操纵。此外,美国还规定了一些特殊情形,例如高频交易导致的证券价格变化、转板的套利、高估值上市和做空等操纵行为。

接着,白牧蓉教授通过十个案例分析(见表26-1)指出我国监管层对操纵市场行为的认定,核心在于"主观意图"和"行为模式"的判断。实践中,监管领域和司法领域的认定存在差异,后者除了主观意图、行为模式的考量,还需要对被侵害法益和造成的后果进行判断。白牧蓉教授重点提到了监管和司法层面的衔接和协调。在监管层面,操纵市场行为主要侵害了市场秩序;在司法领域,操纵市场行为侵犯了投资者权益、刑事上的法益，因此二者在认定中需要有层级。

表26-1　案例分析

案情简介	认定理由	认定结果
案例一：吕某控制14个证券账户，陈某控制"叶某昌"账户，两人利用各自账户大量交易3只股票，抬高股价并反向卖出获利	（1）两人合谋操纵，承认交易目的是拉升价格。（2）两人具有资金优势，依据是交易数据和日成交占比。（3）交易行为对股价造成影响	合谋连续交易操纵；自我交易操纵
案例二：赵某、楼某、朱某共控制112个证券账户，采取在控制的账户间连续交易、盘中拉抬、利用信息优势等形式，操纵涉案股票价格、交易量	（1）行为客观符合操纵市场标准。（2）当事人作为涉案股票公司实际控制人，利用信息优势连续交易。（3）基于当事人对信息披露时点的控制、异于正常交易的行为认定其操纵市场的意图	合谋连续交易操纵；自我交易操纵；其他手段操纵（特定时间的价格或价值操纵）
案例三：吴某控制账户组，先后集中资金优势，连续买卖5只股票，并实施自我交易、对倒交易，拉抬股份并反向卖出	（1）操作手法异于正常交易行为。（2）频繁采用各类操作手法，据此认定操纵意图。（3）行为对涉案股票价格产生影响	合谋连续交易操纵；自我交易操纵
案例四：郑某初持涉案股票零股，后通过盘中拉抬、虚假申报操纵涉案股票价格，并对多只股票采用相同手段获利	（1）多种异常交易方式证明操纵意图。（2）涨跌停板时频繁报单撤单，属于不当行为。（3）实际不当获得数额巨大	其他手段操纵（虚假申报操纵）
案例五：奔腾集团实际控制人张某某及其配偶，通过公司配合发布虚假收购信息等方式误导投资者，短期内多次高价收购涉案股票	（1）行为人有明显信息优势并发布不实信息。（2）行为人所控账户关系密切，异常交易证明操纵意图。（3）实际不当获利数额巨大	合谋连续操纵；利用虚假信息误导投资者
案例六：恒康医疗控股股东、实际控制人阙某，蝶彩资产及谢某合谋借"市值管理"之名行操纵市场之实，投资者杨某借助中小投服的支持诉讼方式提起民事赔偿诉讼	（1）合谋通过"市值管理"拉升股价，从而高价减持涉案股票。（2）披露收购"市值管理"的"利好"信息，影响投资者决策。（3）抬升股价，高价减持	合谋操纵；其他手段操纵
案例七：林某持有大量涉案股票，由于股票跌停，遂与项某达成协议，出资1100万元由项某购买涉案股票打开跌停板，林某要求项某返还保证金而产生诉讼	（1）两人合谋，具有操纵故意。（2）集中资金优势实施操纵市场行为。（3）当事人行为导致市场交易价格变化	合谋交易操纵行为；两人协议无效

案情简介	认定理由	认定结果
案例八：北京大观以投资建议形式取得涉案账户的投资决策权，连续交易涉案股票，并在收盘前三分钟内以大幅高于市场价连续申报买入以及拉高股价后反向卖出，不服监管机构行政处罚而产生诉讼	（1）主观具有操纵故意。（2）客观行为构成连续买卖。（3）行为后果是影响了证券交易价格或证券交易量	连续交易操纵；其他手段操纵（特定时间的价格或价格操纵）
案例九：北八道公司控制301个账户的账户组，集中资金优势和持股优势连续买卖、自我交易涉案股票，不服行政处罚产生诉讼	（1）实际控制账户组，有交易行为。（2）在一定期间内以大额成交量频繁交易，拉抬估价意图明显。（3）行为导致涉案股价上涨109%，实际影响交易价格	连续交易操纵；自我交易操纵
案例十：吴某在任投资管理顾问期间，使用他人证券账户建仓，再利用公司名义在电视节目推荐相关股票，价格上涨后抛售获利	（1）违背从业禁止规定，买卖相关证券。（2）通过投资建议等方式抬升股价。（3）利用他人身份证开立账户交易，非法获利数额巨大	抢帽子操纵；情节严重（定罪）

（三）证券市场操纵行为的边界

白牧蓉教授提到了美国的安定操作，即为了公共利益和市场有益而进行的市场操作行为，那么，该行为和法律上需要规制的操纵有何区别？白牧蓉教授从四种行为入手实施分析。

1. 做市商与操纵市场

证券市场上具备相应资金实力、市场信誉并取得做市商经营资格的证券公司，不断向公众投资者报出某些特定证券的买卖价格，双向报价并在该价位上接受投资者的买卖要求，以其自有资金和证券与投资者交易的行为，本质在于储存买卖证券行为。做市商制度最主要的意义在于增强市场流动性，但随后发现，一些做市商采用虚假信息引诱、虚假报价交易、合谋等行为抬升股价，甚至成为自营商。白牧蓉教授认为，对于做市商的监管，重点在于反欺诈，例如信息披露制度，此外还需要引入竞争机制。

2. "绿鞋"机制与操纵市场

"绿鞋"机制的超额配售选择权制度可以使得企业在发行上市时稳定价格，让市场供需关系趋于正常。于是，若供不应求，主承销商可以在一定范围和时间内，进行超额发行；若供过于求，主承销商可以从二级市场买入证券来抬升股价。这便是一种安定操作。那么，如何把控"绿鞋"机制？新三板的规定是，在企业采用"绿鞋"机制的情况下，若新股价格下跌，承销商从二级市场购入股票价格与首发价格之间的价差收益归全国股转公司设立的风险基金所有，从而降低承销商在新股发行定价中操纵价格的动机。而美国的规定主要在三个方面：价格的控制、信息披露的控制、时间的控制。

3. 上市公司股份回购与操纵市场

白牧蓉教授认为《公司法》第一百四十二条对于护盘式回购的规定，扩大了上市公司对于股份回购的权利。沪深交易所的应对方式是限制回购价格、时间和股东减持。沪深交易所 2019 年 1 月明确指出上市公司"为维护公司价值和股东权益所必需"而回购股份必须满足公司股价低于实际价值或股价持续降低的条件。白牧蓉教授指出，规制的关键在于公开二字，即信息披露。根据实证研究，较高的回购比例对提振投资者信心效果明显，可见放开股份回购限制对于资本市场的短时期稳定和股价提升确有实效。

4. 其他救市手段与操纵市场，即中性操纵市场

例如 2015 年 6 月至 7 月上旬"股灾"期间，证监会指挥中国证券金融股份有限公司为主力的国内 21 家券商组成救市团队进入证券市场展开维稳行动。参与救市的券商中有一部分被证监会立案调查，多家券商因违法违规问题被处罚，相关负责人因涉嫌违法行为被采取刑事强制措施。综上可知，我们如何认定市场操纵的合法性和边界，依然是一道思考题。

（四）认定路径与制度方案，即我们如何更好地认定操纵市场

白牧蓉教授提出了七点认识路径：（1）对于不正当的市场操纵行为，需要在法律中或部门规章中予以明确，排除其合法性；（2）对于"合法操纵"行为，例如做市商、"绿鞋"、安全港的股份回购等，需要予以放开与规制；（3）建立执法与司法的分层认定标准。执法保护市场秩序，司法保护投资者权益，因此，价值导向需要分层；（4）对于信息型操纵作限缩解释，尤其是对于 2019 年《证券法》第五十五条中"任何人"进行限缩解释；（5）对市场定价机制的完善，例如证券商报价的上下限机制、做市商机制等，都需要完善；（6）受信人行为的严格限制，例如上市公司内部人的行为限制，以及忠实义务和勤勉义务的区分；（7）中介机构的培养与责任。例如需要培养合格做市商，以及完善竞争机制和法律责任。

二、从恒康医疗案看通过信息披露操纵证券市场行为的认定标准

本次讲座的第二位演讲嘉宾是北京市竞天公诚律师事务所合伙人刘思远。刘律师从恒康医疗案出发，分析了通过信息披露操纵证券市场行为的认定标准。

（一）信息控制型操纵的基本要素

信息控制型操纵规定在《最高人民法院、最高人民检察院关于办理操纵证券、期货市场刑事案件适用法律若干问题的解释》第一条第四款。刘律师对信息控制型操纵基本要素进行了梳理：第一，操纵行为。客观上有操纵行为，包括控制重大信息生成进度、控制信息披露的内容、控制信息披露的时点、节奏。第二，主观故意。行为人存在主观故意，希望通过操纵手段，误导投资者作出投资决策，跟风交易，进而达到影响价量的后果。第三，影响价量。通常是在操纵时段内将个股与大盘、行业板块指数涨跌幅进行对比从而得出是否存在操纵后果的结论。第四，获利。拉抬然后高位减持获利，或通过不披露利空信息来保持股价的高位，达到维护股价稳定的效果，以及中介机构、市值管理机构在中间获取服务费用，这都是获利的主观目的。

（二）客观行为认定标准

证监会认定恒康医疗控股股东与某私募基金蝶彩资产合谋，利用上市公司控股股东及实际控制人具有的信息优势，控制恒康医疗密集发布利好信息，人为操纵信息披露的内容和时点，未及时、真实、准确、完整披露对恒康医疗不利的信息，夸大恒康医疗研发能力，选择时点披露恒康医疗已有的重大利好信息，借"市值管理"名义，行操纵股价之实。

具体是三项客观的违法行为。

一是未完整、准确披露收购三家医院对价情况。中国证监会认定，案涉期间，恒康医疗发布收购蓬溪医院、资阳医院和德阳医院三家医院的公告。收购过程中除签订收购合同外，恒康医疗董事会秘书郭某曾通过电子邮件发送给本人《补偿协议》，协议显示恒康医疗关联方需向刘某均（收购项目介绍人）支付3000万元补偿款，但恒康医疗未披露《补偿协议》及补偿款的支付条件和金额等情况，表面上降低了收购成本，增强了投资者对收购事项收益的预期，对恒康医疗股价产生积极影响。但事实上，行政诉讼中法院认为证监会该项认定错误，《补偿协议》并未签订。所以3000万元补偿款根本没有达到信息披露标准。

二是未真实、准确披露"DYW101"项目研发情况。证监会认定案涉期间恒康医疗公告称其全资子公司上海独一味生物科技有限公司（以下简称上海独一味）和美国Apexigen公司等协作研发完成了"DYW101"项目第一阶段研究。经查，"DYW101"项目实际由四川恒康发展有限责任公司子公司上海津曼特生物科技有限公司进行。上海独一味不具备产品研发的条件和能力，其仅为名义参与方。该公告夸大了上海独一味的研发能力，误导投资者，有利于提升"恒康医疗"股价。但事实上，上海独一味与外方签订许可和商业化协议，获得了知识产权许可，然后出资委托关联公司上海津曼特研发，研发完成后的知识产权仍然归属于上海独一味，符合知识产权法上的合作发明的概念。

三是未及时披露独一味牙膏研发进展情况。证监会认定案涉期间恒康医疗发布公告称独一味牙膏于日前研制完毕。经查，该研发工作两年前就已完成，获得相关注册商标，并提出相关发明专利申请。该公告发布时间与实际研发时间差异较大，选择时点披露相关研发进展，增加重大利好信息披露密度，影响投资者收益预期，从而提升恒康医疗股价。但事实上，两年前申请的专利，直到该公告发布前三个月才获批，此外公告发布前三周才完成标准化法规定下的质量检测，两天前才完成首批货物生产并通过客户验收，当事人据此确定研发成功。这是全案所有客观的违法行为，由此可见证监会对于信息控制这一事项的认定掌握的标准比较宽泛。刘律师认为，对于控制信息披露行为的认定，应当确立违法性标准，即该行为已经构成信息披露违法违规行为时，方能认定为属于信息控制型操纵中的控制信息披露行为。对于控制信息生成进度行为，则不能采取违法性标准，应当本着行政执法不干预商业运行的原则进行判断。

（三）主观故意认定标准

恒康医疗案中，中国证监会通过双方达成的《研究顾问协议》证明行为人存在将股价抬升至 20 元股以上的目标和利益诉求，同时《市值管理备忘录》也反映出当事人存在通过"加强信息披露""加快战略转型"来实现这一操纵目标的主观状态。中国证监会系在确定行为人有在 20 元 / 股以上减持的目标，听取过"加强信息披露"的建议，并可能在隐蔽环境下干预了信息披露工作，认定其存在通过控制信息披露操纵市场的主观动机。刘律师认为，信息控制型操纵中主观故意的证明标准包括：第一，确实存在资金需求；第二，只证明资金需求是不够的，要深入实质内核——存在通过控制信息披露的不正当手段实现操纵价量的主观故意；第三，如果不是自己亲自实施的，那么就要进一步看是否存在行为人之间的意思联络以实现控制信息披露。

（四）因果关系认定标准

恒康医疗案中，中国证监会以同期中小板综指和同期深证医药行业指数进行对比，考察恒康医疗个股股价偏离情况，最终以涨跌幅数据予以体现。在中国证监会处罚的其他案件中，或单独以大盘指数为对比依据，或同时以大盘指数及行业指数为对比依据，最终通过涨跌幅数据或振幅数据考察被操纵股票股价的偏离情况，以判断操纵市场行为的危害后果。刘律师认为，在考虑操纵的危害后果时，首先，应当以最相关指数作出基础对比，同时考虑其他影响因素，综合判断操纵行为对股价的影响程度。其次，在价量分析上考虑停牌期间补涨补跌的影响、违法程度、媒体舆论误导所导致的股价偏离程度。

（五）严格执行信息控制型操纵认定标准的意义

第一，避免重主观、轻客观的情况，向资本市场传递明确的违法界限，推动资本市场形成有效的行为预期。第二，遵循过罚相当原则，避免因微小的信息披露瑕疵被苛以过重处罚。第三，客观公正、科学合理认定违法所得，避免对当事人利益的侵害。第四，尽可能平衡，兼顾严厉查处违法违规与保护企业家合法权益，最大限度维护市场秩序、发挥市场价值。

三、欧盟市场操纵行为认定的立法实践与经验

讲座的第三部分，由同济大学法学院副教授刘春彦以"欧盟市场操纵行为认定的立法实践与经验"为题进行，主要从五个部分展开论述。

（一）欧盟反市场操纵制度的立法演变

刘春彦教授主要就两个问题展开论述。

第一，反市场操纵制度的早期立法及困境。早在 1977 年 8 月，欧共体理事会就在《〈欧洲证券交易行为准则指令〉的理事会建议》中对市场操纵提出了原则性监管要求。20 世纪 80 年代末，欧共体开始建立反市场滥用制度，制定了反内幕交易的 1989 年《内幕交易监管协调指令》（*Insider Dealing Directive*，IDD），但未制定反市场操纵的指令。这一时期欧共体成员国主要依据国内法对市场操纵进行监管。1999 年欧盟发布《金融服务行动计划》（FSAP），提出了包括"完善反市场滥用欧盟立法"在内的 42 项议案，强调有必要制定一项反市场操纵的指令。在立法过程中，欧盟认为制定反内幕交易指令和反市场操纵指令在维护市场完整性和增强投资者信心方面具有一致性，因此需要对这两种行为实行统一的监管以避免可能出现的混乱和监管漏洞。2003 年 1 月，欧盟发布《反市场滥用指令》（*Market Abuse Directive*，MAD），取代 IDD 成为市场滥用的综合监管指令，将市场操纵纳入市场滥用的范畴，并将其与内幕交易进行统一监管。随后欧盟委员会颁布了一系列关于 MAD 的实施细则。以 MAD 为框架的反市场操纵制度，为欧盟有效打击市场操纵发挥了重要作用，但是随着市场的发展、交易场所的变化和技术的变化，MAD 面临着困境和挑战。

第二，反市场操纵制度的最新立法及特点。2008 年全球金融危机重挫了欧盟金融市场一体化进程，进一步暴露出欧盟在金融监管方面存在的缺陷，但也为更深层次的改革提供了契机。在 2009 年 2 月《德拉罗西埃报告》与同年 9 月 G20 匹兹堡峰会要求强化金融监管的背景下，在经济和社会委员会（EESC）等机构意见的基础上，2014 年 4 月 16 日欧洲议会与欧盟理事会表决通过了《反市场滥用条例》（*Market Abuse Directive*，MAD）（第一级立法），全面发展了包括市场操纵在内的反市场滥用制度。

MAR 于 2014 年 7 月 2 日正式生效，并于 2016 年 7 月 3 日起适用于所有成员国。其中关于市场操纵行为的认定规则经修订后分为框架性规定和配套实施细则两个层次：前者为 MAR 关于市场操纵行为认定的一般规定；后者为欧盟委员会 2016 年先后受权颁布的《关于市场操纵行为征兆等补充条例》《回购计划与稳定措施实施条例》，以及《公认市场惯例实施条例》对前者的细化规定。

（二）欧盟认定市场操纵行为的核心规则：类型化定义

欧盟以一般性描述的方式对不同类别的市场操纵行为进行概括性定义，并在后款列举若干示例对概括性定义进行补充说明，形成了独具特色的市场操纵行为类型化定义。根据 MAR 第 12 条的规定，可将市场操纵行为划分为四种类型。

第一，交易型市场操纵行为，指发出或可能发出关于金融产品供需或价格的虚假或误导性信号、使或可能使一种或多种金融产品的价格处于异常或人为水平的交易、下单或其他行为。该类操纵行为表现为操纵者通过交易行为人为扭曲金融产品供需或价格状况，具体又可细分为虚假或误导性交易与价格凝固两种形态。

第二，策略型市场操纵行为，指使用虚假手段或任何其他欺骗形式或诡计进行交易、下单或进行任何其他行为，且影响或可能影响一种或多种金融产品的价格，如抢帽子交易、做多或做空型操作。

第三，散布虚假信息型市场操纵行为，指在明知或应知信息是虚假或误导性的情况下，通过包括互联网在内的媒体或以任何其他方式散布信息的行为（包括散布谣言），且该信息发出或可能发出关于金融产品供需或价格的虚假或误导性信号、使或可能使一种或多种金融产品的价格处于异常或人为的水平。另外，欧盟文件特别提到了职业记者，考虑到记者的职业属性且为避免干扰新闻自由，MAR 赋予了记者一定特权：记者以专业身份正常披露和传播信息，即便信息可能是虚假或误导性的，也不认定为构成散布虚假信息型操纵行为，但存在两种例外情形：一是记者或与其密切相关的人直接或间接地从所涉信息的披露或传播中获得优势或利益；二是所涉信息的披露或传播将误导市场上关于金融产品的供需或价格。

第四，基准利率型市场操纵行为，指当传输信息或提供输入数据的行为人明知或应知涉及基准利率的信息或输入数据是虚假或误导性的，传输与基准利率有关的虚假或误导性信息、提供与基准利率有关的虚假或误导性的输入数据或任何其他操纵基准利率计算的行为。这类新型市场操纵行为在 LIBOR 操纵丑闻曝光后为世人所知悉。欧盟于 2012 年 7 月以"草案修正案"的形式将基准利率型市场操纵行为的规定增补进 MAR 草案并获得通过，据此成为首个将基准利率型市场操纵行为纳入法律规制的司法管辖区。操纵基准利率的三种形式，一是传输虚假或误导性信息操纵基准利率本身；二是提供与基准利率有关的虚假或误导性输入数据操纵基准的数据源；三是任何其他操纵基准利率的计算过程。

（三）欧盟认定市场操纵行为的辅助规则：操纵行为征兆及实例

类型化定义是识别认定市场操纵行为的核心规则或标准，但其构成要素的宽泛概念不利于执法机关的准确理解与具体运用。为便于监管机构和市场参与者把握定义内涵，在实践中更好地判别交易或下单是否构成市场操纵行为，欧盟引入了一系列辅助认定标准：一是操纵行为征兆，是异于正常交易行为的操纵行为迹象或表征，能够暗示可能存在的市场操纵行为。二是实例，是征兆的具体化，表现为实践中典型的操纵手段或情形。三是附加征兆，与征兆并无本质区别，仅仅在其所对应实例的情景下加以考虑。刘春彦教授强调，符合征兆或者实例并不意味着就构成了市场操纵，欧盟仅是为市场参与者、监管者判断某个行为是否符合市场操纵提供了一个指引。即对应这个指引，一旦出现征兆或者类似实例的情况，市场参与者要尤其谨慎，监管者可以通过对于征兆和实例的参照，判断是否有进一步的行为可能构成市场操纵，这是欧盟对于征兆和实例立法真正的用意。

（四）欧盟认定市场操纵行为的例外规则：安全港规则与豁免条款

MAR 明确了反市场操纵行为的两种例外情况。一种是针对回购计划和稳定措施设立的安全港规则，即在满足法定条件的情况下，上市公司在回购计划中交易自身股票的行为和证券承销商稳定证券价格的行为将不被视为市场操纵行为：第一，回购计划的安全港，包括回购目标、信息披露的透明度要求、交易条件、限制消费条件。第二，稳定措施的安全港，包括应在稳定期内进行、应履行充分披露与报告义务、应满足价格条件、应在特定条件下实施辅助稳定。另一种是针对特定交易行为设置的豁免条款，即当某一特定交易行为仅因符合交易型市场操纵行为的构成要件而被认定为市场操纵行为时，行为人能够根据豁免条款对该行为提出合法抗辩。公认的市场惯例应考虑的七项因素是：行为的透明度水平、市场力量运行保障与供需力量相互作用、对市场流动性与效率的影响、对市场正常运行的影响、相关市场完整性风险、对市场惯例的调查结果、市场结构特征（包括交易的金融工具类型与市场参与者类型）。

（五）欧盟认定市场操纵行为的立法经验

一是体系化的市场操纵行为认定规则；二是包容性的市场操纵行为定义；三是精细化的市场操纵行为认定辅助标准；四是客观化的市场操纵行为认定模式。

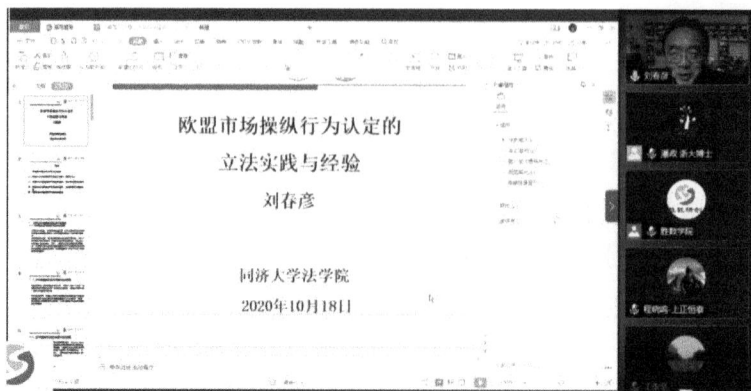

四、证券市场操纵制度中的民事责任

讲座第四部分由中央财经大学法学院副教授缪因知以"证券市场操纵制度中民事责任"为题，从操纵民事责任中推定双重因果关系的正当性疑难与技术性疑难、操纵民事责任上限认定的疑难、操纵投资者损失认定的疑难、主要法域并未实行激进的操纵市场民事责任立法四个方面与大家展开分享，最后缪因知就操纵民事责任的功能有限性进行了反思。

第一部分，缪因知教授介绍了在操纵民事责任中推定双重因果关系的正当性疑难与技术性疑难。缪因知指出在因果关系方面，证券侵权责任遵循的是《证券法》基本的条件，具体来说需要在技术上证明一个双重因果关系。第一个是交易因果关系或者叫事实因果关系，现在的操纵市场的民事责任其实是在效仿虚假陈述的民事责任，基于一种信赖而产生因果关系，但是这忽略了损失因果关系，言外之意这是交易因果关系不等于损失因果关系的自动证明。第二个是定性的关系，其实操纵市场民事责任是不具有正当性的，缪因知教授举例进行了说明。

第二部分，缪因知教授讲解了操纵民事责任上限认定的疑难。其实主要国家的证券侵权民事责任一般都是有上限的，即存在一个推定的最大损失和实际较小的损失值。缪因知教授指出，虽然在我国，虚假陈述赔偿责任制度没有上限，但是关于操纵市场赔偿的上限在何处、比例是多少都是模糊不清的，亟待解决。

第三部分，缪因知教授谈及操纵投资者损失认定的疑难。缪因知教授强调不管如何，投资者的损失是不能忽视的，因此要细化投资者损失的类型。与虚假陈述、内幕交易相比，认定操纵市场所带来的损失是极其难的，因为操纵市场一般会持续一个时期，它并非一次性的行为，本身的组合方式也是千奇百怪，无处不透露着复杂两个字。缪因知教授也指出，关于操纵市场的民事责任并非疲于界定与规划，恰恰相反，对其思考越细致，越能够发现该制度无法实行。

第四部分，缪因知教授对照其他国家关于操纵市场民事责任的立法。中国目前可称为重要的国家，有一个比较健全的金融法自不待言。但是纵观世界强国如美国、日本、韩国等都没有对操纵市场民事责任进行明确的规定，在缪因知教授看来，这并非偶然，而是一个正常的现象，因为全世界都一样。

最后，缪因知教授对操纵民事责任的功能有限性进行了反思。理论上讲投资者损害让操纵市场的公司给予赔偿是正常的，但是可能没有想象中那么容易，疑难点多、正当性不足、制度操作太复杂都是限制原因。所以并不建议操纵市场民事责任轻易推进，其实很多学者也说了，内幕交易也好，虚假陈述、操纵市场也好，更多损害的是整个市场的公平，并不是特别针对某个个体，我们现在公法执法力度较大，没必要把这个任务交给民事法庭，以至于事情复杂化。缪因知教授认为我们的最终目的都是使市场更加健康、更加和谐，这也足够了。

五、审理因证券市场操纵引发的民事案件司法解释要点建议

本次讲座的第五位主讲人是上海上正恒泰律师事务所首席合伙人程晓鸣博士。程晓鸣博士以"审理因证券市场操纵引发的民事案件司法解释要点建议"为题，主要从五个方面进行了演讲。

第一，程晓鸣博士对一般规定进行了介绍，包括案件类型界定和诉讼时效起算时间两个方面。关于案件类型界定，是指证券市场投资人以被行政机关认定的操纵市场主体违反法律规定，进行操纵证券市场行为致使其遭受损失为由，而向人民法院提起的民事诉讼案件。关于诉讼时效问题，主要是两方面，一个是行政处罚，一个是被法院认定为市场操纵刑事判决的生效之日。

第二，程晓鸣博士对受理和管辖提出了建议，包括前置程序、被告范围、级别管辖和地域管辖等方面。关于被告范围的规定，他建议不作列举规定。关于地域管辖方面的规定，他建议："以被告所在地有管辖权的中级人民法院管辖。"不再以上市公司所在地作为管辖依据。

第三，程晓鸣博士对诉讼方式进行了分析，他认为应该根据《最高人民法院关于证券纠纷代表人诉讼若干问题的规定》，除单独诉讼、共同诉讼之外，增加代表人诉讼的方式。同时，还应根据普通代表人诉讼和特别代表人诉讼的差异，分别规定两种代表人诉讼的程序。

第四，程晓鸣博士对操纵市场及因果关系的认定进行了介绍和分析，关于操纵市场行为类型，新证券法跟原来的证券法相比，增加了四种市场操纵的方式，包括连续交易、联合交易、虚假通报等。但是2007年证监会的《证券市场操纵行为认定指引（试行）》还多了两点，因此现在这个指引远远落后于新证券法的规定，需要进行相应的修订。关于操纵市场的基准口，他认为操纵市场的基准日由两种情况确定，一个是操纵市场

行为结束日后换手率达到 100% 之日，一个是揭露日之后换手率达到 100% 之日。关于操纵市场行为与损害结果存在因果关系的情形有：投资人所投资的是与操纵市场直接关联的证券，因买入或卖出该证券的价格偏离真实价格；在操纵市场行为实施日之前买入，在基准日之前卖出；在实施日之后买入，在基准日前卖出的；在实施日之后买入，在基准日后卖出或继续持有的。

关于操纵市场与损害结果不存在因果关系的情形：一是在操纵市场行为实施日前买入并卖出的；二是在操纵市场实施日前买入，在基准日之后卖出或继续持有的；三是在基准日之后买入的证券，此后卖出或继续持有；四是明知该证券存在操纵市场行为，仍然买入或卖出的；五是恶意投资，参与操纵市场的。

最后是对损失认定的不同观点，他的主要观点是证券操纵市场违法行为的主要侵害方式是行为人利用资金优势、持股优势或者信息优势等操纵证券交易价格，使得股票的交易价格严重偏离该股票的真实价值或真实价格。操纵市场行为的存在，致使股价在操纵期间异常，投资人在此期间交易的股票价格与股票未被操纵状态下的"真实价格"之间的差值带来的亏损，即为损失。

他认为应该引入起始价格的概念，通过起始价格计算真实价格。关于如何计算损失，一种是参照虚假陈述的方法，在操纵市场行为实施日之前买入，在基准日之前卖出的，计算其投资差额损失；在实施日之后买入，在基准日前卖出的，计算其投资差额损失；在实施日之后买入，在基准日后卖出或继续持有的，计算买入价与基准价之间损失。还有一种是根据真实价格计算损失。但他认为市场操纵的情况下，不能简单套用，情况和类型都较多，尤其是在市场操纵和虚假陈述并合的情况下，将会非常复杂。

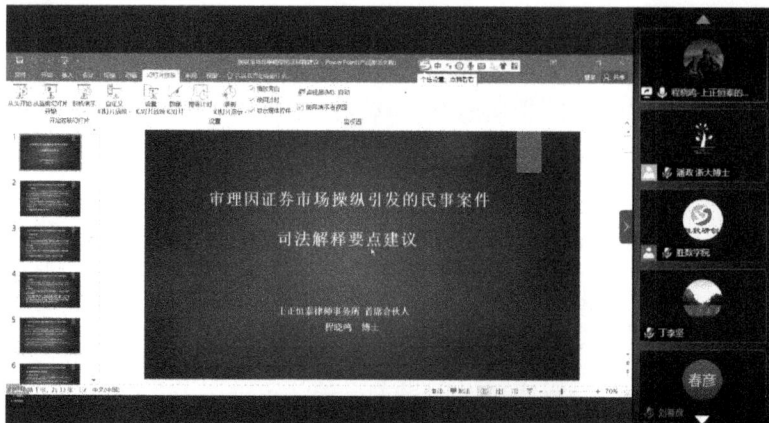

六、与谈环节

作为本次讲座的与谈嘉宾，西南政法大学教授、中国法学会证券法学研究会副会长侯东德首先对李有星教授这些年在金融法和证券法领域所做的贡献表示了最高的崇拜和敬意。随后，侯教授表达了对这次讲座的三点心得体会。

第一个体会：探讨内容的细致。缪因知教授非常具体地谈到了市场操纵受到损失以及后续计算包括模型如何计算等问题，最后得出需要公法对市场操纵进行规范的结论。侯教授对这种观点表示赞同，因为市场操纵无法通过私法和《证券法》、民事责任实现有效约束，还得公法来规范。

第二个体会：明确边界问题。白牧蓉教授的演讲内容主要是市场操纵行为的认定，包括标准、行为表现和边界等，侯教授深受启发，认为《证券法》本身就处在市场经济最前沿，要想保证合理合规发展，必须明确边界问题。同时，信息型操纵是指通过制造、发布、传播或直接利用信息，影响证券市场交易价格和交易量，扰乱市场秩序。具体而言，包括对相关证券进行公开评价、预测或提供投资建议，发布利好消息，利用信息优势，控制信息披露节奏等多种方式。侯教授认为如何规范这种行为是一个难点，并对白牧蓉教授提出的信息操纵要有一个认定标准的看法表示认同。

第三个体会：理论与实践结合。讲座嘉宾既有《证券法》方面的资深律师，也有学界专家，各方面人才云集，反映了理论出自实践和理论指导实践。

侯教授最后总结了三个观点。

第一，操纵市场和市场经济资源配置之间的关系。市场操纵行为需要规范，首先要分清市场经济和操纵经济。证券交易一定要讲市场经济，操纵还是不操纵要看整个过程是为了获取额外的操纵利益还是为了市场的活跃，以此来判断是否构成操纵。如果是为了市场的活跃，为了中国证券市场的发展，那就不叫操纵市场。操纵市场一定有一个主观意图，以获取私利为目的。

第二，未来的市场操纵会更加复杂、更加隐蔽、更加智能化。操纵市场就是经济优势、资源优势和信息优势之间的关系。目前来讲，操纵市场更多的方式是信息操纵，这也是最难把握的一点。拿资金、股票连续打压已经成为过去式，信息操纵已经成为一个新常态。

第三，现在最前沿、最尖端的一个理论问题就是抗辩。基本上来说，连续买入、连续卖出的行为表现形式就是操纵，证监会定性之后实际上是无从抗辩的。但是今天晚上经过探讨，提出了目的论，即定性须基于连续买入、连续卖出行为的目的来判断。如果不是为了获益，而是为了资本市场的发展就不是操纵。

讲座结尾，李有星教授首先对本次讲座进行了三点总结：第一，我国对于证券市场操纵法律制度的研究在不断进步，同时也有一些对前瞻性问题的思考，这是值得肯定的。第二，证券市场的操纵是一种互动性的前进，市场经济当中各方主体的博弈是随着条件的变化而不断变化的。第三，虽然《证券法》规定了民事赔偿，但在实践中没有一起证券操纵案件最后真正做出赔偿，因此，证券操纵民事赔偿作为一个难点问题需要进一步研究思考。最后，李有星教授提出一个问题，站在上市公司的角度讲，应该如何避免陷入被市场操纵的指控以及大规模的集体诉讼。

参与讲座的嘉宾进行了相应的回应，侯东德教授指出，如何让上市公司股价上涨而不被认为是操纵市场，只要把实业做好，利润增加，为国家做出相应的贡献，那么股价上涨就是正常的。白牧蓉教授指出，上市公司首先要提升实际价值，而不是把市值管理、股份回购当成主业，因为市值无法通过财务操作来完全管理，真正的市值在健康的市场当中应当由于它本身的实力而得到体现，而不是通过简单的财务管理，财务管理仅仅是一个短期行为。刘思远律师则指出，目前国内越来越多的 A 股上市公司的合规理念已经逐渐从争议端向合规端发展，将隐患消灭在萌芽状态。合规和效益永远是一个对立的概念，因此，应当强调上市公司提高合规意识，遵循合规审慎性原则，牺牲掉一些效益去保障合规，防范风险。刘春彦教授提出两个观点，一是从独立董事的角度来讲，要跟董秘保持切身、及时的沟通。很多董秘都是职业经理人，比董事长更加了解公司；二是中国证监会应当在上市公司有市场操纵苗头时做好提醒工作。缪因知教授指出，上市公司本质上代表先进生产力，证监会应该积极沟通，有时候为上市公司维护一下权益，也符合公平正义的要求。

第二十七期　中美证券内幕交易民事赔偿制度理论与司法实践

2020 年 10 月 25 日 18：30，由中国法学会证券法学研究会副会长、浙江大学互联网金融研究院副院长、浙江大学光华法学院李有星教授主持的"中国法学会证券法学研究会瑞幸咖啡案例研究（第二十七期）：中美证券内幕交易民事赔偿制度理论与司法实践"在胜数直播"小鹅通"上顺利召开。本次讲座的主讲嘉宾为乐清市监察委干部林秀、北京市中伦文德律师事务所合伙人连捷、北京市金杜律师事务所合伙人刘凌云、北京市地平线（深圳）律师事务所律师徐瑶、上海金融法院法官符望。与谈嘉宾为原中国证监会上海专员办处长、国浩律师事务所资深顾问黄江东，同济大学法学院副教授刘春彦。

本次论坛共有四千多人参与直播和互动，获得了良好的反响。本次活动由中国法学会证券法学研究会、浙江省法学会金融法学研究会、浙江大学互联网金融研究院、浙江省前景大数据金融风险防控研究中心、浙江互联网金融联合会、杭州胜数研创等支持完成。

会议伊始，主持人李有星教授隆重介绍了本次与会的七位嘉宾，并就本次议题交代了研究背景。首先，上一期主要研究了内幕交易成立要件及抗辩理由，特别是对接触型内幕交易是否成立的问题进行探讨。这一期主要是对民事赔偿问题进行系统的研究。第二，《证券法》第五十三条第三款是对内幕交易民事赔偿实体性的规定，内幕交易行为给投资者造成损失的，应当依法承担赔偿责任。在程序性规定方面，《证券法》第九十五条对投资者提起虚假陈述等证券民事诉讼提供了一个可操作的便利化程序，包括新增的特别代表人诉讼，也就是中国式的集体诉讼制度。但是，目前为止，真正在这个领域通过司法裁判最后得到民事赔偿的法院判决数量是有限的，法院关于证券内幕交易民事赔偿的审理还处于探索中。第三，证券内幕交易的主要难点在于因果关系的认定、赔偿额计算、正常价值的确定、市场风险损失的确定等问题，这些问题需要一个可操作性的司法解释。

一、内幕交易民事责任研究

讲座的第一位发言人是乐清市监察委干部林秀。林秀的主题是内幕交易民事责任研究，以《证券法》修订草案第一次审议稿第九十二条规定为视角，围绕四块内容展开。

（一）我国内幕交易民事赔偿的实践与理论

林秀指出，在 2007 年 5 月之前，我国尚未出现一起内幕交易民事赔偿案件。此后，陆续出现了陈宁丰诉陈建良内幕交易赔偿案（2007 年）、陈祖灵诉潘深海内幕交易赔偿案（2009 年）、吴屹峰李岩诉黄光裕内幕交易赔偿案（2011 年），但均以原告撤诉或败诉告终。2014 年光大内幕交易案是一个转折点，系我国第一起内幕交易民事赔偿胜诉案例。法院分析了内幕交易立法目的和内幕交易特点，还援引了最高法的规定，推定了内幕交易的因果关系，最后还计算了投资者损失，属于实践先行的典型案例。

接着，林秀介绍了内幕交易民事责任的相关立法。2005 年证券法第七十六条第二款第一次提出，内幕交易行为给投资人造成损失的，行为人应当依法承担赔偿责任。2005 年证券法第一次涉足内幕交易民事责任领域，从立法上肯定了民事责任。2015 年证券法修订草案第九十二条规定，内幕交易行为人应当对内幕交易期间从事相反证券交易的投资者，就其证券买入和卖出价格与内幕信息公开后十个交易日平均价格之间的价差损失，在内幕交易违法所得三倍限额内承担赔偿责任。但是该条最终没有出台。直到 2019 年《证券法》第五十三条规定，内幕交易行为给投资者造成损失的，应当依法承担赔偿责任。林秀将这样的变化理解为"激进"过后的保守回归。

（二）内幕交易民事责任的价值与定位

林秀认为该要素确定了司法解释、法条构建的大方向——回应了广大投资者的盼望，但是也让人嗅出了过度保护的意味。林秀援引了赵旭东教授的观点，任何法律制度和规则的设定都映射着立法者寻求的价值目标。法律责任制度通过对当事人行为违法性的评价、对责任要素的把握和具体责任的裁量，彰显了立法者在某一法域的立法价值取向和司法政策导向。因此，我们在设置内幕交易民事责任时也应该审视其立法价值。由于《证券法》第一条规定，为了规范证券发行和交易行为，保护投资者的合法权益，维护社会经济秩序和社会公共利益，促进社会主义市场经济的发展，制定本法。林秀认为，反内幕交易也需要遵循上述目的。

接着，林秀通过刑事、行政和民事责任比较来界定内幕交易民事责任的目的和价值。刑事责任往往采取罚金与自由刑等方式以剥夺行为人再犯的条件，重在惩罚和预防；行政责任通过行政罚款、禁止令、没收非法所得、市场禁入等多种方式制止不法行为，被认为是最直接、最有效、最经济的制裁手段；民事责任填补损害，维护公众信心；通过诉讼剥夺违法所得，遏制和预防内幕交易再次发生。刑事和行政责任系直接保护证券市场手段，能间接保护投资者权益，而民事手段直接保护投资者权益。例如，民事手段具有填补损害的特殊功能，且能够调动被害人的积极性，对内幕交易人起到监管作用。而美国 SEC 认为私人诉讼是辅助执法的利器，但林秀认为，监管的作用比较有限，因为被害人的积极性系事后被调动，而事后监管则意义不大。

我国《证券法》修订草案第九十二条规定，内幕交易行为人应当对内幕交易期间从事相反证券交易的投资者，就其证券买入和卖出价格与内幕信息公开后十个交易日平均价格之间的价差损失，在内幕交易违法所得三倍限额内承担赔偿责任。《证券法》修订草案推定了因果关系，投资者只需要证明两个要件就可以获赔——在内幕交易期间原告与内幕交易人的反向操作和投资者遭受损失。基于该规定，被告的责任极大，林秀认为存在责刑不适应的情况，证券市场本身便存在风险，被告不应该承担市场风险。此外，过分倾斜保护原告，会导致价值失衡。

（三）内幕交易民事责任因果关系

林秀以美国的案件为例，阐述美国如何证明因果关系。Affiliated Ute Citizens V.United States 案主要涉及疏忽披露责任，信赖关系的积极证据不是要求损害赔偿的必要条件。法官认为，只要证明未披露的事实具有"重大性"，即一个理性投资者在作投资决策时可能会认为这些事实是很重要的。披露的义务以及对重大事实的隐瞒即满足事实因果关系的必要因素。Basic Inc.v.Levinson 案诞生了著名市场欺诈理论，即假定证券市场的价格受所有投资公众可获知的公开信息影响。信息披露义务人如对信息的披露不真实、披露误导性信息、信息披露不完整，或者在交易时未披露信息，从而影响了证券市场价格的真实性，则构成对证券市场上从事交易的所有其他投资者的间接欺诈。林秀由此指出内幕交易和虚假陈述的几个区别：（1）内幕交易人往往不具备信息披露的义务。（2）内幕交易行为并不必然对证券价格产生影响。

接着，林秀援引了美国《1934年证券交易法》第20A条，任何于违法买卖证券发生的同时，（违法行为是出售证券时）购买或（违法行为是购买证券时）出售了同类证券的人，可在有管辖权的法院提起诉讼，对此拥有重要的且未公开的信息进行购买或者出售证券而违反本法及其下的规则、规章的任何人，应承担赔偿责任。林秀认为，该立法是基于法律适用的技术考量，而非严密的逻辑推导。我国也采用了因果关系推定，但是并未从实际上解决理论难题。也有学者提出"公平交易权"理论，即内幕交易侵犯了"公平交易权"，而非"信息知情权"，基于两点原因：（1）内幕交易行为与投资者损失之间满足"若无，则不"规则，且内幕交易行为会影响投资者的交易决策。（2）内幕交易带来的是绝对风险，不是正常的市场风险。林秀认为，该理论使得因果关系正当化。

（四）内幕交易民事责任损害赔偿计算和限度问题

首先，林秀进行了法条对比（见表27-1）。

表27-1　法条对比

法条	内容	赔偿上限
《1934年证券交易法》第20A（b）	同时为反向交易者可以请求赔偿其实际交易股价与内幕信息公开后一段合理时间内的股价之间的差额，但是赔偿总额不得超过内幕交易者非法所得	内幕交易者的非法所得
《1934年证券交易法》第21D（e）	在原告根据本法提起的，以某证券的市价为标准寻求损害赔偿的私人民事诉讼中，原告所得的损害赔偿不得超过其买入价或卖出价和自改正误导性陈述或遗漏的信息公开后90天内该证券的平均价之间的差额	买入价（卖出价）与90日平均价之差
	在原告根据本法提起的，以某证券的市价为标准寻求损害赔偿的私人民事诉讼中，如果原告在第一款所规定的90天期限届满之前将买入的股票抛出或再买入股票，则其所得的损害赔偿不得超过其买入价或卖出价和自更正误导性陈述或遗漏的信息公开后至其将买入的股票抛出或再买入股票期间该证券的平均价之间的差额	买入价（卖出价）与股票抛出（再买入）期间内的平均价之差
《1934年证券交易法》第28（a）	任何人根据本章的规定，通过一起或数起诉讼对同一行为所得的损害赔偿总额，不得超过其实际遭受的损失额	原告的实际损失额

美国司法实践中，确定原告的实际损失主要有以下几种计算方法：（1）净损差额赔偿法，原告实际交易时的市价减去该标的物的实际价值，是普通法中确定侵权损害赔偿大小的传统方法；（2）净损差额修正法，用内幕信息发布后一段"合理时间"内所达到的平均值作为基准；（3）毛损利益法，适用范围比较受限，仅适用于原告与被告之间存在契约关系；（4）吐出非法利益法，明确了内幕交易人的责任范围，排除了那些与内幕交易同向交易人的对手的损失额，也一定程度上遏制了内幕信息的泄露和内幕交易。

我国《证券法》修订草案第九十二条规定，内幕交易行为人……就其证券买入和卖出价格与内幕信息公开后十个交易日平均价格之间的价差损失，在内幕交易违法所得三倍限额内承担赔偿责任。林秀针对该条提出了三点不足之处：（1）该条直接采用了净损差额修正法，但是只用一种计算方法限制了法官的自由裁量，应当采用灵活多变的计算方法；（2）该条直接将后续期间定在十日，林秀认为基准日不宜直接规定，可以区分不同情况和市场风险因素的介入来确定基准日；（3）该条未规定提前卖出或买入股票的情况。

最后，林秀简要讨论了民事赔偿的上限问题。中国《证券法》第九十二条设置了三倍违法所得的赔偿上限。美国的三倍民事赔偿罚款并非内幕交易民事赔偿诉讼的上限，上限仍然是违法所得。

综上，林秀认为以违法所得作为赔偿上限比较合适，基于四个理由：（1）对内幕交易行为人的惩罚并非民事责任诉讼寻求的目标；（2）因果关系已经由法律推定，将原本不可能获赔的原告纳入了原告的范围，再让被告负担由此产生的损失有失公允；（3）投资者在证券市场投资本身就伴随着风险，这部分风险投资者理应自行承担；（4）实施惩罚性赔偿最终可能会殃及投资者的利益。

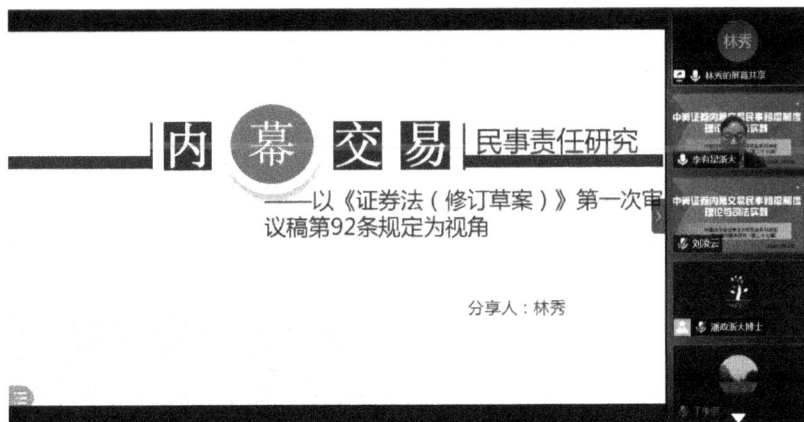

二、美国联邦证券法——内幕交易

讲座的第二位主讲人是北京市中伦文德律师事务所合伙人、美国执业律师连捷。他从实践角度为我们系统讲述了美国证券法中的内幕交易规则。

首先，连捷律师介绍了美国联邦证券法对内幕交易的定义问题。作为成熟的资本主义国家，美国在内幕交易定义的领域仍然存在非常激烈的争论。内幕交易规则在美国一般分为两种：一种专门针对公司高管，其中对高管的定义历经了历史变迁，最开始其定义到具体某一职位，但随后发现很多公司通过改名字进行规避，于是将定义扩大化——有决策权的公司管理人员都被纳入高管的范围之中。有决策权的管理人员使用未公开的信息进行交易即构成公司高管内幕交易。公司高管如果进行内幕交易，在证明责任上，不需要证明内幕交易造成了原告损失，因为美国立法精神认为高管就是不应该利用内幕信息进行交易。另一种是针对公开市场主体的规则。其不仅涉及公司高管，还涉及公司内部职员或其朋友。这种情况下内幕交易的判定范围十分宽泛，也给了证监会非常广泛的权力，任何举证都是一个支持过程，而非严格逻辑上的证明过程。美国人对股市的概念看得非常重，认为股市关系到整个社会基础制度的稳定性。资本主义就是社会金钱的分配，股市是其核心。因此，任何人直接和间接，用任何方式欺诈或者隐瞒与买卖股票有关的行为都被纳入该种内幕交易之中。

其次，连捷律师详细介绍了美国内幕交易的细分类型。一种是面对面的形式，内部人将消息泄露给证券市场上的买家或卖家。这种方式的因果关系比较容易界定。另一种是占美国证券诉讼最大多数的公开市场的形式，即任何利用内幕交易在公开股票市场进行买卖股票的行为。SEC 在 1961 年将内幕交易要保护的利益进行扩充，即要保护任何没有内部消息人的利益，包括公司内部从未知晓公司内部消息的这部分人的利益。内幕交易也有边界，但是这个边界也很模糊。一是有义务向对方透露知道的内部消息；二是获得内部消息必须是不正当的行为。SEC 在此判定过程中有很大的自由裁量权，通过巨额奖金鼓励公司内部人进行举报，而这种举报行为并不算内幕交易。

在因果关系方面，美国人采取节约经济成本的司法方式，如果觉得这个社会监管的责任很大，同时举证又非常困难，就会默认存在因果关系，或者将举证责任倒置，由被告举证证明确实不存在利用内幕消息的交易。常见的方式有：（1）证明在获得内部信息之前已经和第三方签订了法律上有效的合同，就是这个时间要买卖这一笔股票；（2）和第三方之间存在一个交易指令，并且已经接到该指令；（3）存在一系列的投资计划或资产管理计划。此外，连捷律师还讨论了董事、高管、10% 以上的股东的具体范围和名义损失认定方式。

最后，连捷律师介绍了美国对内幕交易的追责。美国国会授权 SEC 相当宽泛的权力：第一，SEC 有刑事指控权，相当于检察院的权限；第二，SEC 可以罚款，额度达到三倍以上，美国国会将之称为民事罚款以终结重复罚款方面的争论。第三方民事赔偿在包括劳工法等领域适用，此领域本由政府部门监管，但由于工作量庞杂，只得授权第三方进行立法。以集体诉讼为例，将律师费加到民事集体诉讼的诉由作为可以追求的民事赔偿，通过这种方法增加被告方的法律重视程度，因为巨额的律师费赔偿会产生威慑的作用。

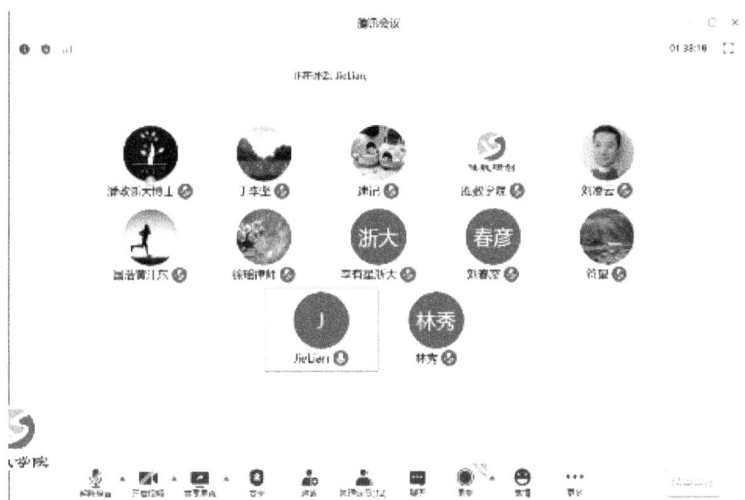

三、关于证券内幕交易民事赔偿的若干问题

讲座的第三位主讲人是北京市金杜律师事务所合伙人刘凌云律师。刘律师主要从辩方的角度，以"关于证券内幕交易民事赔偿的若干问题"为主题与大家展开分享。

（一）证券内幕交易民事赔偿案件数量不多的原因

数据显示，证监会处罚的内幕交易案与信息披露违法案数量相差不多，而民事赔偿案数量却与其差距悬殊，原因在于：第一，内幕交易行为具有"私隐"性，不像信息披露行为具有公开性，也不像市场操纵行为具有造成交易量和交易价格异常的要件特征。相对而言，内幕交易行为给投资者造成的"恶"感较低，从"乌龙指"案件可以看出投资者对于内幕交易行为有一定的容忍度，追究侵权责任的意愿不强。这是主要原因。第二，内幕交易的主体赔偿能力通常较弱，不像信息披露违法的主体如上市公司偿债能力较强。投资者胜诉后获得赔偿数额不多，因此索赔意愿不强。这个现象也存在于市场操纵违法中。这是次要原因。第三，内幕交易民事赔偿规则尚不完善，尽管《证券法》中有原则性的规定，但尚未出台明确的司法解释和索赔规则。这是更次要的原因。

（二）证券内幕交易民事责任承担与否的主要因素在于监管机关的行政处罚

由于证券内幕交易行为具有隐私性特征，受害人往往没有能力发现内幕交易，而交易所和证监会具有技术、信息和专业优势，可以发现和查处内幕交易行为，基于这种特点，没有行政处罚往往就没有民事诉讼。《证券法》第五十三条第三款规定，内幕交易行为给投资者造成损失的，应当依法承担赔偿责任。意味着行政处罚对民事赔偿具有主要的决定作用。

同时，在行政处罚过程中要注意解决好相关问题。

第一，"乌龙指"自救与内幕交易认定的价值冲突问题。随着新《证券法》的实施，这个问题已经得到解决。《证券法》第一百一十一条至第一百一十三条规定，因不可抗力、重大技术故障和重大人为差错等突发性事件而影响证券交易正常进行，证券交易所可以采取技术性停牌、临时停市措施。因此，导致证券交易结果出现重大异常，按交易结果进行交收将对证券交易正常秩序和市场公平造成重大影响的，证券交易所按照业务规则可以采取取消交易、通知证券登记结算机构暂缓交收等措施。证券交易出现重大异常波动的，证券交易所可以按照业务规则采取限制交易、强制停牌等处置措施；严重影响证券市场稳定的，证券交易所可以按照业务规则采取临时停市等处置措施并公告。证券交易所对其依照本条规定采取措施造成的损失，不承担民事赔偿责任，但存在重大过错的除外。

第二，内幕信息的界定问题，在"乌龙指"案件中，证监会基于兜底条款，事后认定该信息属于内幕信息。当时《证券法》兜底条款规定的是"国务院证券管理机构认定的对证券交易价格有显著影响的其他重要信息"。使用"认定"一词，意味着可以事后进行认定。新证券法修改为"国务院证券监督管理机构规定的其他事项"，意味着认定某一事项为内幕信息，应当事前作出相应的规定，而不是事后认定。

第三，行政处罚和刑事追责的证据标准问题。"两高"司法解释对非法获取内幕信息的人员的推定："非法获取证券、期货交易内幕信息的人员"包括：……（三）在内幕信息敏感期内，与内幕信息知情人员联络、接触，从事或者明示、暗示他人从事，或者泄露内幕信息导致他人从事与该内幕信息有关的证券、期货交易，相关交易行为明显异常，且无正当理由或者正当信息来源的。这种推定规则与公法上"无罪推定"的法律原则相背离，也不符合国际惯例。

第四，行政处罚的主观过错问题。基金公司因其专业性会进行大量调研工作，过程中必然会接触上市公司高级管理人员，很多情况下基金公司没有内幕信息交易的主观过错，但由于其联络行为，交易行为恰巧落在信息敏感期内且与信息的发生和公开相吻合，就会被认为构成内幕交易。在行政处罚中应当明确界定行政处罚的主观过错问题，否则行政处罚一经作出，民事责任往往在所难免。

第五，内幕信息和未公开信息的区别问题。"两高"《关于办理利用未公开信息交易刑事案件适用法律若干问题的解释》界定了未公开信息，主要是和交易有关的交易信息。交易信息的重要特征是当事人不需要披露，可以一直处于未公开的状态，而内幕信息按照《证券法》规定是应当披露的重大事件，这是两者的主要区别。《期货交易管理条例》第八十一条第十一项将期货交易所会员、客户的资金和交易动向这一交易信息界定为内幕信息，刘律师认为这一规定混淆了内幕信息和未公开信息。

（三）行政违法是否必然意味着民事侵权

上海金融法院在全国首例证券群体纠纷示范判决中表示："在行政处罚前置程序下，虽然信息披露违法违规行为已受到行政处罚，但行政责任与民事责任构成要件不同，审查标准也存在差异，因此，被行政处罚的行为并非必然构成民事侵权。证券虚假陈述行为是否构成民事侵权仍应根据最高法《关于审理证券市场因虚假陈述引发民事赔偿案件的若干规定》，并结合侵权责任构成要件依法进行审查。"

刘律师认为，内幕交易具有隐私性，其交易行为与投资者损害的原因力弱于信息披露违法，这种审判规则和标准同样可以贯彻于内幕交易审判中。根据《证券法》第五十三条关于内幕交易民事赔偿责任的规定，内幕交易行为属于一般侵权。在行政处罚的前提下，已经存在违法行为，还应进一步审查是否具有过错、因果关系以及损失的金额以确定侵权行为的成立。关于过错问题，行政违法的过错和民事侵权的过错有所区别，民事侵权责任中的过错是指行为人对行为可能造成投资者损失的主观心理状态，而行政违法中的过错是指行为人对行为可能违反行政监管的规则、破坏行政管理秩序的主观心理状态。所以法院应当对被告是否具有民事侵权当中的主观过错作出独立的审查判断，而不能直接以已经受到行政处罚而认定具有民事侵权的过错。

（四）民事侵权的因果关系和损失认定问题

最高法《关于审理证券市场因审理虚假陈述引发的民事赔偿案件的若干规定》采用"拟制＋例外排除"界定因果关系：投资人在虚假陈述实施日及以后，至揭露日或者更正日之前买入该证券，在揭露日或更正日之后、基准日之前卖出该证券或在基准日之后继续持有该证券，因虚假陈述行为造成损失的，认定因果关系成立。投资人在上述期间以外的交易损失，以及因系统性风险等市场因素造成的损失、反向交易等，予以扣除。值得借鉴推广的司法实践是上海金融法院在证券虚假陈述民事责任纠纷示范案例中，委托上海交通大学金融研究院，采取多因子模型法，扣除因系统风险和非系统风险等因素所导致的投资差额损失，界定了原因力和最终的损失。

四、内幕交易民事赔偿的司法实践

讲座的第四位主讲人是北京市地平线（深圳）律师事务所律师徐瑶。徐律师围绕内幕交易民事赔偿的司法实践，从以下三个主要方面进行探讨。

（一）光大"乌龙指"案概述

徐律师首先介绍了内幕交易的典型案件——光大证券"乌龙指"案，并大致介绍案件的主要情况：2013 年 8 月 16 日 11 时 5 分，光大证券在进行交易型开放式指数基金（以下简称 ETF）申赎套利交易时发生程序错误，随后光大证券利用此内幕信息实施证券、期货的做空交易。最终，光大证券股份有限公司以及徐浩明、杨赤忠等 5 名责任人受到了证监会的行政处罚。同时，徐律师也较为详细地梳理了相关的行政处罚决定书（见表 27-2）。

表27-2　相关的行政处罚决定书

要素	具体情况
内幕信息	光大证券在进行 ETF 套利交易时，因程序错误，其所使用的策略交易系统以234亿元的巨量资金申购180ETF成分股，实际成交72.7亿元
内幕信息知情人	光大证券
内幕信息敏感期	2013年8月16日11时5分（产生）—当日14时22分（公开）
光大证券知悉内幕信息的时间	不晚于2013年8月16日11时40分（同日不晚于11时40分，徐浩明召集杨赤忠、沈诗光和杨剑波开会，达成通过做空股指期货、卖出ETF对冲风险的意见，并让杨剑波负责实施）
内幕交易	光大证券2013年8月16日下午将所持股票转换为180ETF和50ETF并卖出、2013年8月16日下午卖出股指期货空头合约IF1309、IF1312共计6240张

（二）内幕交易民事赔偿系列案件

在这一部分中，徐瑶律师首先介绍了证监会作出行政处罚决定前后市场上的内幕交易民事赔偿案件，从实务角度出发对内幕交易民事赔偿实践进行了探讨。徐瑶律师指出，在光大"乌龙指"案之前，诉至法院的内幕交易民事赔偿案件仅有三起且均没有获得胜诉，包括陈宁丰诉新疆天山水泥公司原副总经理陈建良内幕交易民事赔偿案、陈祖灵诉潘海深内幕交易民事赔偿纠纷案，以及李某、吴某诉黄光裕内幕交易民事赔偿案。这几起案件由于原告撤诉或者因果关系认定方面存在问题而最终未能胜诉。同时，徐律师也分享了她在中国裁判文书网上对于与内幕交易责任纠纷相关判决书的检索结果，指出目前只能检索到29篇法律文书，且全部和光大证券相关。

随后，徐律师以光大"乌龙指"案后续引发的秦帅章等人诉光大证券案为切入点，详细分析了案件的进程，从内幕交易（侵权行为）认定、行为与损失间的因果关系及投资者损失认定三个方面就内幕交易民事赔偿进行分析和探讨。

在内幕交易（侵权行为）的认定方面，徐律师指出，法院在此案件中对于内幕交易的认定主要基于以下几个事实：一是已有行政处罚已经认定构成内幕交易；二是杨剑波行政诉讼败诉；三是实施交易所依据的相关信息具有重大性且未公开（非主动披露、媒体报道），同时徐律师也指出对于重大性的认定在当时是存在很大争议的；四是光大证券存在主观过错，徐律师认为，"乌龙指"事件发生后，相关的高层和负责人未进行及时的披露，反而下午一开盘时就进行了反向对冲，这实际上构成了一种主观过错。

在行为与损失间的因果关系认定上，徐律师认为这是秦帅章等人诉光大证券案中一个非常关键的问题。在细致地分析了上海市第二中级人民法院对于该案件的判决书后，徐律师指出，法院在此案件中对于因果关系的论证主要基于以下几个方面。首先，证券民事诉讼中的因果关系不同于传统民事诉讼中的因果关系，前者的行为人与受损者非一一对应并且属于多因一果，且不应由投资者承担因果关系证明责任；其次，在法律法规没有明确规定之时推定适用《最高人民法院关于审理证券市场因虚假陈述引发的民事赔偿案件的若干规定》；此外，根据"有效市场假说"理论，推定因果关系适用于本案；最后，肯定了投资者的T+0交易策略，但明确了只有反向交易的损失才与行为具备因果关系。

基于上述分析，徐律师对实践中内幕交易与投资者损失的因果关系认定进行了概括：在内幕信息具有价格敏感性的情况下，在内幕交易行为人实施内幕交易行为期间，如果投资者从事了与内幕交易行为主要交易方向相反的证券交易行为，而且投资者买卖的是与内幕信息直接关联的证券、证券衍生产品或期货合约，最终遭受损失，则应认定内幕交易与投资者损失具有因果关系。在此基础上，徐律师指出本案中的两名原告（张慧臣和傅培君）被驳回诉讼请求的主要原因在于，张慧臣的主要交易方向与内幕交易行为人的交易方向相同，而傅培君的交易品种与光大证券公司内幕交易所涉品种并无价格关联性。

在投资者交易损失的认定（计算）上，徐律师再次分析了光大证券由于程序错误导致的"乌龙指"交易，以及"乌龙指"事件发生后实施的内幕交易两个行为之间的区别，认同法院将受损失的投资者定义为在该特定时段买入180ETF、50ETF、IF1309、IF1312的投资者。

随后，徐瑶律师指出，投资者损失认定的关键首先是基准价格的确定，本案中一审法院根据光大证券公司内幕交易事件的性质以及不同交易品种在规则上的区别，以内幕信息公开后的三个交易日（含当日）相关交易品种价格对相关信息的反映结束后的价格为基准价格，徐律师指出，本案中将三个交易日作为内幕信息公开后的合理时间具有很强的"先进性"；其次是损失计算方式，本案中法院裁定将所有反向交易（无论开仓或者平仓）价格减去基准价格形成的差额乘以交易的具体数量作为投资者的损失额；此外，在投资者交易损失的计算上还采用了同向交易冲抵扣除的方法，且税费损失不予支持。

徐律师就光大证券"乌龙指"案提出了自己的一些见解和思考。徐律师指出，秦帅章等人诉光大证券案的审理过程在一定程度上受当时投资者保护大环境的影响，就判决本身而言也有很多比较先进、合理、大胆的尝试，但同时徐律师对于判决中推定因果关系成立以及参照虚假陈述司法解释的法律依据的充分性提出了自己的疑问。其次，徐律师认为《证券法》修订草案第九十二条未能落地的原因就在于两大争议点，一是"内幕交易期间从事相反证券的投资者"这个概念过于宽泛，二是基准价格如果统一以十个交易日的平均价格认定，缺乏足够的灵活性。此外，徐律师基于手段和目的的竞合分析了本案中光大证券的行为为何不构成虚假陈述，并从主观意图角度探讨该案件不构成操纵市场的原因。

（三）证券代表诉讼体制下的新机遇

徐律师向我们介绍了新证券法第九十五条规范的证券代表人诉讼制度，即投资者提起虚假陈述等证券民事赔偿诉讼时，诉讼标的是同一种类，且当事人一方人数众多的，可以依法推选代表人进行诉讼。徐律师认为，证券代表人诉讼制度以集团诉讼、"明示退出、默示加入"为主要特点，是我国证券民事赔偿诉讼实践中的一个重大突破。此外，徐律师细致地介绍了与证券代表诉讼体制相关的最高法司法解释及类司法解释文件，部门及地方（北、上、深、宁）出台的相关配套规范性、司法文件以及投服中心出台的实施细则，并简要介绍了证券代表诉讼的相关程序。

最后，徐律师基于证券代表诉讼制度，认为证券诉讼民事赔偿案件的未来趋势将由一案一立、分别审理逐渐演变为立案＋公告＋登记＝一个判决普遍适用于多个登记的投资人情形，同时未登记投资人后提起诉讼将适用先前判决、裁定，此举将大大提高此类案件的诉讼效率。此外，徐律师也提到了上海金融法院的示范性判决制度，认为代表人诉讼和示范性判决相辅相成，铺开了我国未来证券诉讼民事赔偿案件的新局面。

五、中美内幕交易司法实践与思考

讲座的第五位主讲人，上海市金融法院法官符望以"中美内幕交易司法实践与思考"为主题展开讨论。由于光大证券案件的处理涉及法律规则的创设，因而需要借鉴国外已有的立法经验。符法官指出美国法律是我们目光首先投向的地方，美国法律从早期的理论戒绝交易，发展成为信义义务。例如印刷工人利用所掌握的目标公司拟被收购信息购买目标公司股票，由于印刷工人对公司并无信义义务，因而美国最高法院认定偷偷知晓者并不构成内幕交易主体。从 1997 年 O'Hagan 案引申出律师事务所合伙人对其他合伙人相关业务中涉及的内幕信息有保密义务，美国最高法院认定被告无须对原始消息来源有信义义务，只需对直接信息来源负有信义义务。也就是说 A 律师听到 B 律师的消息的时候，是不能使用这样的信息的。而后符法官对消息传递责任理论进行介绍。通过 1983 年 Dirks v.SEC 的案件引申出美国最高法院标准——泄露者是否从内幕交易人处得到个人利益。

以 2014 年 United States v.Newman 案为例，泄露者与交易获利者处于链条两端，没有实质性经济利益的输送时不构成内幕交易。但 2016 年 Salman v.United States 一案中由于泄密者与交易获利者为家庭成员关系，美国最高法院终审认定为有罪，认定帮助家庭成员就是帮助自己获利。符法官指出，与美国法律注重身份关系有所不同，欧盟与中国对于是否构成内幕交易着眼于对市场总体的影响。欧盟 2003 年发布指令，把所有的内幕交易市场统统叫市场滥用行为，对任何人都适用，只要知道内幕信息就不能进行交易，不一定要亲戚关系或是朋友关系。

符法官对于内幕交易认定的相关调查手段进行介绍，比如监听、要求申报等手段，监控股票账号、身份证号等。在内幕交易监控上，会将上市公司披露的重大信息、内幕信息、知情人数据等资料与各类账户的交易记录进行关联比较，一旦信息发布前股票交易异常，触及监察系统内幕交易分析模块报警指标阈值，监察系统将自动报警，为监控人员及时提供发现涉嫌内幕交易行为的线索。除此之外，还有 SEC 对吹哨人奖励制度，专门成立一笔基金给吹哨人，利用这种制度狠狠打击了内幕交易。

不同的内幕交易有不同的处罚措施，民事、行政或刑事诉讼对于证明标准的要求不同。刑事诉讼需排除合理怀疑，民事诉讼标准只有 50% 的优势证明标准。行政诉讼为明显优势证明标准。

光大证券因为早上发生了错误，为了补救，下午就做卖出 ETF 和卖空股指期货 1309 和 1312 的行为。影响的人数众多，但是最终实际起诉的人并不多。符法官指出在这样的内幕交易当中会有一些不同的考量因素，如若是侵权行为，就需要用侵权的要件，从而考虑是不是存在内幕交易行为。民事诉讼相对简单很多，不需要去证明内幕交易。若内幕交易没有前置，让股民自己去证明几乎是不可能的。所以有过证监会处罚就好很多，等于国家投入资源保护投资者。因为这个案子当中还有一些行政诉讼，由于行政诉讼的结果尚未确定，导致民事诉讼无法推进。

行为人是否有正当理由相信已经公开。当时 21 世纪发布公告，称此次事件为"乌龙指"，同时又报道光大的董秘说"乌龙指"事件子虚乌有。因为这并非官方的披露，并且公告主体不是指定媒体，因而很难认定整个信息已经公开。内幕交易行为人具有主观过错，光大证券认为己方已与监管部门有过沟通，且披露及时。《策略投资部业务管理制度》要求作出对冲行为，故不存在主观过错。投资者认为，监管部门作出处罚决定即表明态度，内部制度所要求的对冲行为亦不能违法，另外，内部文件的真实性、制定日期无法判断。符法官指出，制度要求是客观存在的，在量小对市场影响不大的情况下其实是可行的，但是量大到对整个市场都有影响，这样对冲是不是合理合法，那肯定是会受到一些挑战的。

投资者的经济损失与行为人的内幕交易存在因果关系。因果关系分为两种，一种是交易的因果关系，一种是损失的因果关系。交易的因果关系不一定存在，但是损失的因果关系，因为它影响了价格，可能会被认为与损失是有因果关系的。

首先光大是非典型性内幕交易，由于光大是跨市场的，其中可能涉及股票市场、股指期货市场，又涉及复杂成分股转成 ETF 股卖出等。有些投资者由于市场受影响，自己跟风投资而要求索赔，其间的因果关系较难区分。

其次是时间，由于"乌龙指"事件是早上发生的，很多投资者就跟风进去，光大下午才做的对冲的交易，到 14 点 22 分正式发出消息，哪些交易存有因果关系难以进行区分，同向交易、短线交易和高频交易也难以区分。短线交易，股指期货的投资者可能 1 分钟或者 5 分钟就不停地交易，无时无刻不停地买卖其实是自主交易；高频交易，为程序化交易，其中的交易逻辑早已通过软件预设好。对于此类交易，光大的事件是否对其产生影响也是有争议的。光大证券认为，错单行为已经有媒体及时进行报道，投资者应当知悉。根据指数平稳下跌的表现，光大证券下午的对冲交易行为对于市场影响不大，且内幕交易行为成交量小，交易量平均。因而仅有内幕交易期间的同品种反向交易具有因果关系。投资者则认为，媒体报道不能视为公开披露，交易模式与因果关系并无关系，因而受影响的投资者均可进行索赔。

首先，对于因果关系的认定，国外采取推定因果的方式。由于规则的设置旨在惩罚内幕交易行为人。美国法律中界定"同时交易者"这一概念，但对于实践中如何进行认定与操作仍不明确。其次，证券品种的因果关系。由于衍生品、正股和个股期权价格密切相关，包括市场上的可转债等，都会与股票的价格密切相关。美国很多案例中认定债券、特别可转债都是可以进行索赔的，认为存有一些因果关系。符法官指出，由于光大案件中涉及品种多样，因而更具复杂性。除了认定一些个股和期权，还要考虑品种之间的差异，例如是否会对 50ETF 的成分股和 50ETF 产生影响。根据成交量进行计算发现 50ETF 交易量的市场占比就非常大，180ETF 占比就相对少一点，而股指期货两个合约的交易量与市场整体交易量相比则极小，因而得出结论，占比较小的时候，股指期货很难直接影响整个沪深 300 指数的成分股的价格，所以股指期货只是针对股指期货 1309 和 1312 合约的投资者进行了赔偿，对于购买沪深 300 成分股的投资者的索赔就没有得到支持。

内幕交易行为给投资者造成了经济损失。符法官认为 3 倍的封顶赔偿是必要的，如果没有封顶，要是认定当天只要是反向交易都索赔的，内幕交易行为人可能就会受到过重的处罚。

六、与谈环节

本次讲座的第一位与谈人是国浩律师事务所资深顾问黄江东律师。黄律师首先总结了各位演讲嘉宾的观点，并提出了自己的几点思考。

第一，内幕交易的因果关系。内幕交易的因果关系是一个推定的、拟制的因果关系，因为很多内幕交易的行为是非常隐蔽的，投资者无从得知，很难判断是否是受内幕交易行为的影响才导致交易的发生。法律之所以规定拟制的因果关系是出于立法目的、立法价值取向的考量，即为了惩罚内幕交易行为。

第二，内幕交易的民事赔偿是填补性的还是惩罚性的？一般法学理论上民事赔偿是填补性的，有损失发生才要求赔偿，但内幕交易的民事赔偿与填补性理论有很大的冲突，内幕交易的民事赔偿并不是按照原告的损失多少来确定。无论是美国规定的没有损失也可以要求赔偿，还是《证券法》一审草案规定的 3 倍上限的赔偿额度，都是兼具填补性与惩罚性的规定，既体现了惩罚性又兼顾了利益关系，符合过罚相当的原则。

第三，内幕交易的规制思路。内幕交易的民事赔偿表面上体现为民事手段，本质上具有惩罚性。内幕交易行为的刑事处罚相当严厉，入罪标准低，所得 15 万元、交易金额 50 万元，满足任意一项就达到入罪标准，并且交易所的监控很严密，执法机关执行很严格。如果严格适用，可能绝大多数的内幕交易案件当事人都要被追究刑事责任，这种入罪标准是否符合罪责刑相适应原则是值得推敲的。是否有必要通过民事赔偿的手段再对其进行规制呢？黄律师认为大多数案例的违法行为人都为个人，个人并无足够的赔偿能力。对内幕交易的民事赔偿可能不是经济的、合理的规制方案。我们对内幕交易在内的其他的证券违法行为需要有多元化的治理方案，民事赔偿非必需。

本次讲座的第二位与谈人是来自同济大学法学院的副教授刘春彦，刘教授向大家分享了对这次讲座的自身体会。

首先是美国上市公司的高管从事内幕交易和非上市公司的高管从事内幕交易应该予以区别对待。刘教授认为上市公司的高管从事内幕交易至少违反了信义义务，即使没有获利，即使其他交易者没有损失，高管也要承担赔偿责任。

其次是对删除《证券法》修订草案第一次审议稿第九十二条的解读。刘教授注意到，当一个人主观上恶性地从事内幕交易时，很可能很多人跟风进行同向交易但并不构成内幕交易，所以投资者的损失并不完全来自从事内幕交易的人，可能还有来自与内幕交易者同向交易的人。由此，符法官提到确定赔偿上限的问题，但是即使这样，起诉的先后对 3 倍数额的影响也是一个问题。先起诉的投资者分到赔偿金额，后起诉可能已没有赔偿款可拿、后起诉的案件可能不是同一法院等，这些问题加上其他原因最终导致第九十二条未出台。谈到民事侵权案件证券市场中中介机构包括律师事务所和会计师事务所的责任，按照证监会 2019 年公告 2 号关于科创板提到特别注意义务和一般注意义务，刘教授认为民事侵权赔偿中的过错和行政违法中的过错是不一样的，由于刘律师已经对这个问题进行了深入的阐述，便不赘述。最高人民法院 2003 年 1 月 9 日出台的《关于审理证券市场因虚假陈述引发的民事赔偿案件的若干规定》采纳了因果关系推定原则。因为证券市场显然不是一对一的交易，侵权人和受害人也未必像传统的侵权理论建立的因果关系如交通事故和医疗侵权那么简单，所以只能采取推定的因果关系。

最后，刘教授简单总结了三个内容，并对李有星教授组织瑞幸咖啡系列活动所提供的良好学习机会表示感谢。第一就是因果关系的成立，成立上的因果关系和损害结果的因果关系，也是美国侵权法的重要内容；第二就是损害的数额；第三就是受害人的确定。很多受害人在媒体报道之后才发觉自己是受害人，从侵权法的角度来说媒体的报道是介入因素，对法院审理案件有很大的影响。

讲座结尾，李有星教授对本次讲座进行了总结：本次讲座各位嘉宾围绕光大"乌龙指"事件，从投资者保护、原告、被告、法官、证监会等不同角度展开讨论，意义重大。最后，李有星教授提出一个问题，在内幕交易民事赔偿的集体诉讼中，投服中心可以发挥怎样的作用？

刘春彦教授认为，中国的资本市场的发展伴随着证券市场大量的违法和侵权行为，但随着法制的不断完善，一定可以解决证券市场的民事赔偿的问题，尽量减少损害投资者合法权益的行为。同时，也要建立利益平衡机制，不能过分保护投资者。

黄江东博士提出，投服中心在内幕交易民事赔偿中，不会发挥太多的作用。主要原因在于投服中心选的案子要求重大、疑难、典型，且赔偿机构要求有赔偿能力。实践中，证券市场上绝大多数的内幕交易案子不典型、不重大且被处罚人没有足够的经济赔偿能力。

徐瑶律师指出，主动发起的可能性会很小，万一再有像光大证券这样有实力的上市公司的内幕交易，还是有发起的可能性和必要性，一旦发起，投服中心第一是可以向中证调取数据，但是调取数据的范围需要明确，是在当日上午的交易时段还是下午的交易时段，还是内幕交易发生的一个小时之内、半个小时之内，或者锁定在同时。第二是在损失的认定上投服中心可以有所作为，一方面，对于基准价格的确定，到底取多少个交易日的平均价格作为基准价格，投服中心是有这个专业能力的；另一方面是对于损失的精准计算，精准计算投资者到底有多少损失是基于行为人的内幕交易行为本身造成的。林秀指出，投服中心功能的施展依赖于司法解释的出台，划定好投资者范围以及设定合理的基准日。

符望法官指出，首先要有司法解释的出台，明确投服中心的职责分工；其次，目前虚假陈述的数据获取及计算工作很多都是委托投服中心免费完成的，在未来没有前置程序的情况下，如何在证监会没有处罚的情况下获得赔偿，投服中心将发挥重大作用。

第二十八期　场外证券配资最新理论制度和司法实践

2020 年 11 月 8 日 18：30，由中国法学会证券法学研究会副会长、浙江大学互联网金融研究院副院长、浙江大学光华法学院李有星教授主持的"中国法学会证券法学研究会瑞幸咖啡案例研究（第二十八期）：'场外证券配资最新理论制度和司法实践'"在胜数直播"小鹅通"上顺利召开。本次讲座的主讲嘉宾为兰州大学法学院教授、光大证券股份有限公司董事总经理陈岚，浙江五联律师事务所高级合伙人、浙江省金融法学研究会副会长沈宇锋，上海协力律师事务所资深顾问江翔宇，北京盈科（杭州）律师事务所律师倪灿，杭州师范大学副教授、浙江省金融法学研究会副秘书长王立，杭州市人民检察院第三部副主任张海峰。与谈嘉宾为：中央财经大学法学院教授、中国法学会证券法学研究会副会长（秘书长）邢会强，兰州大学法学院院长、中国商业法研究会会长、中国法学会证券法学研究会副会长甘培忠。

本次论坛共有六千多人参与直播和互动，获得了良好的反响。本次活动由中国法学会证券法学研究会、浙江省法学会金融法学研究会、浙江大学互联网金融研究院、浙江省前景大数据金融风险防控研究中心、浙江互联网金融联合会、杭州胜数研创等支持完成。

会议伊始，主持人李有星教授隆重介绍了本次与会的八位嘉宾，就本次议题交代了研究背景。

第一，场外证券配资在客观上分为内配资和外配资，证券公司的配资是场内配资，而就场外配资而言，是民间借贷融资在证券领域的体现。但无论是场外配资的何种形式，都是在网络数字化中运行。

第二，为了防止证券场外配资的问题，《证券法》作出了一系列规定，最为核心的条款有第四十五条、第五十八条、第一百零七条及第一百二十条。其中第四十五条主要规定了交易的程序化，目的在于保障系统的安全和正常交易秩序；第五十八条的核心抓住了出借证券账户或借用他人的证券账户从事证券交易的问题，大量的配资核心是在控制账号；第一百零七条主要讲的是证券公司如何开户、如何监督使用账户的问题；第一百二十条主要是讲除证券公司外，任何单位和个人不得从事证券承销、证券保荐特别是证券融资融券业务。同时为了配合上述几条规定的实施、明确法律责任，《证券法》第一百九十条规定了程序化交易处罚，第一百九十五条规定了出借账号的处罚，第二百零二条明确了违反规定提供证券融资融券服务的处罚。除此之外，《全国法院民商事审判工作会议纪要》也专门对场外配资问题进行了补充，认为凡场外配资合同一律认定无效。这样的矛盾规定给场外证券配资合同效力认定带来了极大的阻碍。

第三，如果场外证券配资合同认定无效，那么相关责任如何分配就成为实践中头等难事。目前，有一定数量的场外证券配资合同无效案件积压在法院多时，法官对于判决无从下手。

一、从券商视角谈谈场外配资的法律问题

（一）场外配资的前世今生

兰州大学法学院教授、光大证券股份有限公司董事总经理陈岚作为讲座的第一位主讲人，从场外配资的前世今生开始讲。场外配资实质上是民间借钱炒股，单纯的自然人间借贷一般不被纳入监管，可一旦有金融中介参与就会成为监管对象。1997年银行资金被禁止直接进入股市，三方监管方式进行的融资便成为场外配资的重要形态。所谓三方监管，是指由证券公司或其分支机构为委托理财合同当事人提供监管服务的业务。券商作为交易平台，根据授权提供告知等增值服务，如市值变化、平仓线提醒、按照合同约定取款以及协助平仓等。然而，陈岚指出，随着私募资金的活跃，庄家现象盛行，三方监管一度成为庄家操纵股市的一个通道。而且券商在参与三方监管时并

未成为真正独立的第三方，在融资方的中间利益以及资金方的撤资威胁的双重夹击下，券商营业部一般会承担连带担保责任，除了少数营业部的资金担保外，很多营业部会把融资方的筹码质押在营业部，一旦庄家出现问题，相关股票就遭遇穿仓。由于三方监管这项业务风险与收益的严重不对称，券商往往受害最深。

2004年10月证监会召开"京西会议"，对风险证券公司最终发展到当下情况的缘由进行了深入研判，充分意识到三方监管已经成为某些庄家金融犯罪的工具，决定将证券公司这一所谓"盈利项目"全盘叫停。基于审判实务问题的深入调研和有关的法律法规、司法解释的规定，在2004年，最高人民法院出台了《关于审理金融市场上委托理财合同纠纷案件的若干规定》。

场外配资是2015年股市异常波动的原因之一，其中伞形信托是主要模式。所谓伞形信托，即在一个主信托账号下，通过分组交易系统设置若干个独立的子信托，每个子信托便是一个小型结构化信托。最典型的例子是伞形分仓利器恒生HOMS系统。该系统是恒生开发的一款全托管模式金融投资平台，有两个主要功能。一是可以将一个证券账户下的资金分配成若干独立的小单元进行单独的交易和核算，也就是业内所说的伞形分仓功能。二是这套系统部署在云端，不占用用户的本地硬件资源，用户只需要在网上签约进行账户托管。

陈岚指出，这个系统存有重大风险，表现为以下四个方面：第一，分仓账户的任意开立，使得投资者交易账户虚拟化、投资者碎片化，账户阅后即焚化，这将使得监管机构对投资者交易的追踪和恶意交易行为的监管体系失效，内部交易、操纵等行为的可追踪性大大降低；第二，券商的核心功能可以在体系外通过技术组合方式实现，券商将沦落为交易通道；第三，民间配资公司在实现券商功能后却不受任何监管。配资公司直接与客户进行资金的往来折算，金融机构不能也不会介入这个环节，那么我们在券商体系内建立的客户保证金的三方存管制度也就断了，将导致民间配资公司有机会挪用客户保证金，与十多年前因此而倒闭的持牌券商如出一辙；第四，如果整个体系崩溃，信托公司无法控制配资公司跟客户间的交易，也无法控制配资公司跟客户签合同，更无法控制配资公司挪用客户资金，风险不得而知。

伞形信托最初是为解决信托之间账户匮乏的问题而产生的业务模式。信托的母账户是真实存在的，但并不参与实际的操作，每个子信托实行单独的投资操作，这样就成功规避了信托证券账户开户的限制，这是伞形信托结构设计的初衷。在这种模式下，一般是银行等主体的理财基金认购优先级的，个人投资者或配资公司则是参与劣后级的，操作股票账目交易，这个产品的管理人享有强制平仓权。在这种模式下，杠杆的比例被放大了多倍。伞形信托下，交易单元由信托公司所划分并单独记账，证券公司接受的是信托公司的交易指令，不是信托计划委托人的指令，对于信托公司划分交易单元行为，证券公司是无法进行有效控制的。

证监会在 2003 年叫停三方监管是基于证券公司血的教训，目的在于保护券商健康发展，2015 年叫停伞形信托和场外系统接入，更是为了保护投资者利益，以免不符合条件的投资者进行高杠杆之后，无法承担与之相适应的高风险，最终也是为了防止引发系统性风险。

（二）立法、司法对场外配资行为违法定性的影响

事实上，2015 年股市异常波动期间，各金融监管部门之间的认识是不一致的，证券监管部门认为伞形信托和 HOMS 系统结合的虚拟账户的设置，实质上影响了证券账户的开立和管理制度，违反了证券账户的实名制。各家信托发行的私募产品原本受到银监会的监管，而资金投入到二级市场后则涉及证监会，监管的难度较大。银监部门与银行信托主张包括伞形信托在内的结构化信托产品都已在监管部门备案，合法合规，将不同的账户分给劣后级客户使用是正常的金融业务。由于监管的思路并不完全一致，涉及信托产品缺陷，监管部门未必能够第一时间介入调查，获取信托计划背后出资人等核心信息，为相关案件留下了监管真空和取证盲点，急需立法、司法的介入。

原证券法第一百二十五条第（七）项的"其他证券业务"，因无具体规定，股票配资是否认定为非法证券活动，证券管理机构与银信管理机构意见不一，司法部门持谨慎态度。因股票配资引发的民事诉讼，原先以民间借贷纠纷适用有关法律，最高法和中国证监会牵头召开了 15 个高级人民法院和 2 个中级人民法院有关审判人员参加的司法解释的起草工作研讨会，明确司法解释以委托理财合同纠纷案件这一上位概念作为三方理财案件的总称，在这一上位概念之下，根据具体案件所包含的法律关系，对这类纠纷作更进一步的类型化划分和处理，便于审判人员正确适用法律。

针对 2015 年股灾发生后的场外配资纠纷，关于场外配资案件如何审理的成文法院文件，最为人所熟知的是深圳市中级人民法院通过的《关于审理场外股票融资合同纠纷案件的裁判指引》，这个指引对场外配资合同进行了界定，对于配资合同的特征以及外在表现形式都作了更为明确的表述。同时特别指出配资活动的主体涵盖了自然人、法人等其他组织，而且对于配资系统是否承担法律责任也作出了规定。指引第十一条规定：配资软件的提供者仅提供系统分仓模式服务，融资方请求其赔偿损失或承担赔偿责任的，人民法院不予支持。该指引认为场外配资合同是无效的，并对无效后的责任承担问题也作出了细致规定。然而，这一地方性裁判指引没有被普遍适用，实务中多数仍以借贷合同关系作为裁判依据。

《九民纪要》和新证券法出台后，场外配资行为定性就发生了变化，在新证券法通过之前，最高法的《九民纪要》对场外配资行为进行了全面否定，给了资本市场监

管部门打击规避监管行为的法律支持。《九民纪要》第八十六条关于场外配资合同效力、第八十七条关于合同无效的责任承担规定明确直接地、一刀切地打破了各地司法实践不一致的历史。《九民纪要》明确融资融券作为证券市场的主要交易方式和证券金融机构的核心业务，属国家特许经营的业务，未经批准，任何单位和个人不得非法从事。

事实上在《九民纪要》之前，2019年6月20日，最高人民法院发布的《关于为设立科创板并试点注册制改革提供司法保障的若干意见》第十二条规定："股票配资属于国家特许经营的金融业务。互联网配资平台、民间配资公司等法人机构未取得特许经营许可的，其与投资者签订的股票配资合同无效。"所以最高法将场外配资在民事合同效力上认定为无效合同，终结了各地法院对场外配资案件裁判不一致的情况，规范法官自由裁量权的问题。新修订的《证券法》第一百二十条明确，证券融资融券业务属于证券公司业务，一锤定音，2020年3月1日以后场外配资在法律上就再没有立足之地。

（三）几个困惑的问题

从券商角度理解，陈岚认为，对场外配资合同的否定是为了维护金融市场透明度和稳定性，如果不加强监管，不仅会导致资本市场规模和信用交易市场规模的盲目扩张，也盲目冲击资本市场的交易秩序，新证券法和《九民纪要》均是对券商特许专营业务的保护，法院不再按民间借贷法律关系审理此类案件，配资方也无法向用资人约定利息和费用，这样将在一定程度上遏制这种民间资金的运作方式。但在实务中，仍有一些问题尚未解决。

第一，自然人与自然人之间签订《借款协议》或者《资金使用协议》，约定了借用资金的规模、保证金、利息等条款，但并不伴随出借证券账户的行为，这种类型的民间炒股合作究竟是不是场外配资？《九民纪要》的第八十六条最后一段话提到"任何组织和个人"，是否能够包括这种情形？一刀切是不是就不再考虑资金来源呢？

第二，信托公司结构化产品、有限合伙类私募证券投资基金、融资类的权益互换、场外期权这些带有融资性质的金融产品和金融衍生工具的效力问题，这些带有融资性质的金融产品是否构成场外配资？最高法民二庭证在编著的《九民纪要理解与适用》中提出，对于具有股票配资功能的结构化信托和伞形信托合同应当认定为场外配资合同，在信托公司未取得融资融券特许经营许可的情况下，应当认定合同无效。但是结构化的金融产品不只有结构化的信托，还包括有限合伙私募证券投资基金、融资类的权益互换、场外期权，这些产品在资本新规中有些是得到承认的，如何判断金融机构这些业务的定性，也给金融工作带来一些新的挑战。

第三，配资方损失分担问题。结合《九民纪要》第八十七条最高法关于场外配资业务的描述，陈岚认为其基于配资方是主要过错方的判断，然而配资方无权向用资人主张约定利息和费用，也无权分享收益，但是《九民纪要的理解与适用》指出，约定利息虽不能主张，但是支持配资方要求用资人支付法定利息。除此之外，对于资金占用的损失，《九民纪要》没有明确规定，只是规定了用资人投资损失分担的情形，没有对配资方损失的情形直接规定，法院需要进一步研究和关注。

第四，配资合同产生收益的归属问题。《九民纪要》采纳的是一种绝对无效的观点，也就是将配资合同视为普通的无效合同，不再考虑其特殊性其法律后果明显对配资人是特别不利的，不仅不能分配收益，而且有过错的话还要承担风险，但是问题在于如果配资合同产生收益的话，这种收益归属在哪里？按照《九民纪要》的规定，配资方因场外配资合同的约定请求分享用资人因使用配资所产生收益的，人民法院不予支持。实践中，在使用配资系统情况下，所有的资金和证券都是在配资人的控制下，不需要向用资人请求分配收入。基于法理上的理解，任何人都不得因非法行为获利，用资人应当也不能够向配资人请求分配收益，这样才符合无效的逻辑，那么这个收益怎么处理？

第五，场外配资入罪门槛以及立案标准问题。新证券法和《九民纪要》的实施使场外配资行为适用《刑法》第二百二十五条，认定非法经营罪是不是就毫无争议？司法机关将场外配资认定为证券类的非法经营犯罪行为，是否需要明确立案标准？

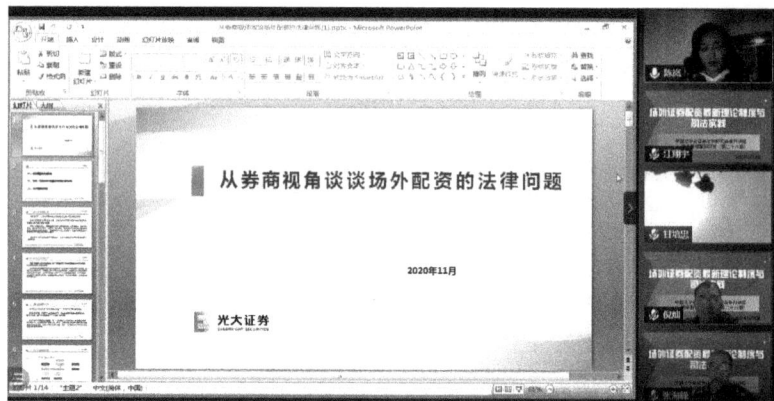

二、场外配资交易效力法律分析

浙江五联律师事务所的律师沈宇锋围绕"场外配资交易效力法律分析"问题与大家展开深入讨论，主要分为几个部分。

（一）场外配资交易无效的法律规制和裁判逻辑问题

沈律师指出，《九民纪要》在第六章第二节的前言当中认为场外配资业务是属于国家特许经营的金融业务，未经依法批准，任何单位和个人不得非法从事配资业务。

这实际上很明确地把场外配资业务定性为非法金融业务，按照合同效力的认定来讲，相当于一个违反法律行政法规的效力性、强制性规定的业务。

对于第八十六条的场外配资合同效力问题，具体可分为三层含义。第一，主体是P2P公司或者私募类配资公司；第二，交易工具主要是利用互联网信息技术搭建起的游离于监管体系之外的融资业务平台；第三，交易方式就是利用二级分仓将其自有资金或者以较低成本融入的资金出借给用资人，把资金融出方、资金融入方及券商三方连接起来，赚取利息收入。而这三层含义实质上相当于通过交易主体、交易工具、交易方式明确了场外配资业务的定义，同时通过第二层含义可以判断此种行为是违法的，其原因一方面是规避监管，另一方面是扰乱市场。对于第三层含义的定性，依据未修订的证券法第一百四十二条、《合同法》司法解释（一）的第十条，可以认定其属于特许经营，不取得相应经营资质，对应的经营行为无效。

此外，新证券法第一百二十条，沈律师作出了三层解读，第一，其应该是属于效力性、强制性规范。第二，"从事证券融资业务"应该是具有经营性的。第三，该规定与《九民纪要》第八十六条整个裁判的理念是一脉相承的，将裁判理念变成了一个比较明确的法律规定。

新证券法第五十八条其实是一个证券实名制的要求，沈律师具体作出了五点解读。第一，应当认定为效力性、强制性规定。第二，对于"出借"或者"借用"账户还是共同管理账户，即出资人和借款人其实是对账户进行共同管理，理解上会存在争议。第三，"从事证券交易"，出借人因风控需要使用借款人证券账户实施强平是否属于"从事证券交易"，实际上还存在较大争议。第四，间接使用他人账户从事证券交易。应当采用穿透式审查、穿透式监管的原则，认定交易意思的表示是用资主体、借款人，而在这种情况下，对于能否认定这个条款无效，又是一个争议点。第五，如果是违规出借及借用证券账户无效，无效的后果不应当及于民间借贷法律关系。

之后，沈律师侧重讲解了场外配资无效的裁判逻辑。在新证券法实施以后，从事场外配资的经营活动，加上没有取得金融牌照、两融资质，根据《证券法》第一百二十条，应当认定为其违反效力性、强制性规定，合同无效。对于出借自己的证券账户或者借用他人的证券账户从事证券交易，根据《证券法》第五十八条应当认定为其违反效力性、强制性规定，合同无效。对于民间借贷行为是否有效，仍然存在争议。

此外，沈律师还用结构图的方式梳理了其中的法律关系。具体来看，配资人跟用资人有两层关系，一个是借用账户关系，一个是让与担保关系。配资人对于证券账户有一个风控强平的权利，用资人有操作交易权。用资人提供保证金，配资人提供配资款，然后再由用资人通过证券账户在二级市场进行买卖证券的操作，最后形成一个证券标的。这个过程实际上形成了三种法律关系。首先是民间借贷法律关系，根据新《证券法》的第一百二十条以及民间借贷司法解释第十四条规定来判断民间借贷效力。第二层就是违反第五十八条，对应的后果是账户借用关系及让与担保关系的无效，那么它对应的后果也是无效的。但这个无效是否及于民间借贷关系，沈律师认为是存疑的，因为这当中并没有一个必然联系。第三层是借用账户后的交易行为有效。

（二）结构化资管效力分析

首先，结构化资管业务和场外配资业务的异同，相同点是都带有杠杆，都有对应的融入方所提供的保证金，加上配资方所提供的资金，同时资金都用于投资证券，大部分是买股票，在公开市场进行证券投资，并且无论是结构化资本还是场外配资都属于场外融资，场内融资只有两融业务。不同点一是法律关系不同，资管业务按照资管新规以及《九民纪要》的规定属于营业信托关系，场外配资则是民间借贷让与担保。二是金融业务性质不同，结构化资管业务属于金融持牌业务，场外配资业务则被视为非法金融业务。三是法律效力不同，结构化资管原则上还是有效的，但是场外配资业务原则上是无效的。

其次，资管新规对结构化资管业务的具体要求。一是封闭式私募产品可以进行份额分级，公募产品和开放式私募产品不得进行份额分级。二是份额分级当中优先级是包括了中间级，也就是在算杠杆比例的时候是要把优先级跟中间级加在一起算整个杠杆的比例，劣后级作为分母，中间级加优先级作为分子。三是严控分级杠杆比例，固定收益类 3 倍杠杆，权益类产品最高不超过 1 倍杠杆，商品及金融衍生品类、混合类 2 倍杠杆。四是受托人必须自主管理，不得转委托给劣后级投资者。五是不得对优先级投资者提供保本保收益安排。

对于结构化资管业务模式，沈律师强调这个模式当中应该由受托人、管理人进行交易，而不能由劣后人通过给受托人下指令进行证券交易，否则属于变相的场外配资业务，有可能会存在无效的风险。对于结构化资管效力分析主要有两种情形，情形一是受托人、管理人将账户交给劣后级委托人操作，变成了一个通道业务，因为违反了《证券法》第五十八条效力性强制性规定，合同无效。这个背后也存在资管机构在变相从事场外配资的业务，因为不具有股票配资的资质而导致无效的情形。情形二是杠杆比率不符合资管新规要求，属于违反部门规章，根据《九民纪要》第三十一条，涉及违背公序良俗、公共秩序的，合同应确认为无效。

（三）线下民间配资效力分析

线下民间配资与线上场外配资的相同点在于，都是民间借贷法律关系加之让与担保法律关系的混合，都存在杠杆比率，资金都用于投资证券，都属于场外融资。不同点在于，第一是经营性特征不同，线上场外配资一定是带有经营性的，但是线下的民间配资存在非经营性可能。第二是证券账户不同，线下的民间配资大部分都是用的出借人账户，或者出借人指定的第三方账户，线上的大部分都是二级分仓虚拟子账户。第三是风控技术不同，线上的是自动强平，线下的是手动强平。第四是资金来源不同，线下配资大部分都是自有资金，线上配资除了自有资金还有低成本融入资金。第五是法律效力不同，线下民间配资并不能按照《九民纪要》的第八十六条一概而论，如果是线下、非经营性的民间配资行为，这个时候需要具体情况具体分析，但是线上的场外配资行为就是原则无效。

之后，沈律师对线下配资的民间效力作了进一步说明，具体来看，《民法典》第六百八十条第一款规定，禁止高利放贷，如果利率过高会因违反效力性强制性规定，导致合同无效。民间借贷司法解释第十四条规定，套取金融机构贷款转贷的无效，非自有资金放贷无效、转贷无效，直接放贷无效。

对于线下民间配资效力分析主要分为几个方面，情形一，如果是一个偶发、互助、非经营性的，从法律本质上来讲应该是有效的。情形二，如果从事的是经营性线下民间配资业务，从两个路径去看都有可能导致无效，从民间借贷的角度看构成的就是职业放贷，根据民间借贷司法解释第十四条，合同是无效的。从场外配资的经营性角度来看，因违反了《证券法》的第一百二十条效力性强制性规定，同样无效。情形三，配资人将其账户出借给用资人，由用资人进行操作，这就涉及违反《证券法》第五十八条账户出借的规定，对于出借行为跟让与担保行为认定无效，但是否及于民间借贷关系有争议。如果及于，则对应的民间借贷关系也是无效的，如果不及于，则民间借贷法律关系有效。情形四，用资人以自有账户操作，配资人有强制平仓权，在此存在争议，如果违反了新证券法第五十八条，则出借账户行为是无效的，民间借贷行为应认定为有效。如果没有违反，则应认定为合同是有效的。

三、场外配资认定的法律与实践分析

讲座的第三部分，由上海市协力律师事务所资深顾问、法学博士江翔宇围绕"场外配资认定的法律与实践分析"与大家展开讨论，江律师的分享分为三个部分。

（一）场外配资的认定需谨慎

狭义的场外配资指民间非金融机构（如 P2P 平台或线下资金提供商）提供资金给股民炒股的行为或交易安排。广义的场外配资则泛指证券公司融资融券业务之外的借钱炒股现象，包括通过信托公司、基金子公司、P2P 平台或线下民间资金来实现借钱炒股目的的各种交易结构。包括证券公司股票收益互换、伞形与结构化信托、各类资产管理计划、分级基金、P2P 配资及民间配资以及大股东及高管杠杆式持有上市公司股票。《九民纪要》对场外配资也进行了相关的规定，第八十六条最终稿对场外配资业务在主体、方式等方面均进行了限缩界定，即专门列举场外配资的主要表现形式是 2015 年股灾中较为常见的一些 P2P 公司或者私募类配资公司利用互联网信息技术，搭建起游离于监管体系之外的融资业务平台，将资金融出方、资金融入方即用资人和券商营业部三方连接起来，配资公司利用计算机软件系统的二级分仓功能将其自有资金或者以较低成本融入的资金出借给用资人，赚取利息收入的行为。这在一定程度上说明了最高法对场外配资形式的认定持谨慎态度。

《九民纪要》发布后最新的判决也直接依据上述定义，对于银行通过结构化信托计划投向目标股票并享受固定收益的模式是否属于场外配资，给出了否定意见。江翔宇律师指出，不能简单认为存在证券公司融资融券业务之外的融资行为都视为场外配资行为而无效，这种认识可能将金融业务作了简单化处理。在金融市场，除了融资融券业务，具有融资功能的金融业务和金融产品很多，例如场内的期货、期权、股票质押式回购、约定购回、分级基金等，场外的结构化资管产品、场外期权、收益互换。这些投资产品或者金融服务都有为客户或投资者提供融资服务，并经过金融监管部门审批。目前，对于场外配资的认定以及法律后果在司法实践中是有一定争议的。

（二）2015 年股灾中场外配资的基本情况和特征

2015 年场外配资主要有三种模式。

第一，信托模式。信托模式下，配资来源主要是银行的理财资金。银监会规定，理财资金不得投资于境内二级市场公开交易的股票或与其相关的证券投资基金。不过，风险承受能力较强的高资产净值客户、私人银行客户、机构客户的理财产品不受限制。由于符合这种例外客户的条件比较严苛，因此银行普遍采用伞形信托模式变相降低该标准限制，向有炒股需求的人配资。

第二，借贷模式。在借贷模式下，由配资方向炒股者提供资金、收取利息，炒股者以保证金和股票向配资方提供担保。根据配资方式的不同，借贷模式中存在以下两种形式：一是由民间借贷机构或个人直接向炒股者提供资金，即民间借贷机构或个人自身作为出借人和担保权人，没有居间方。二是由 P2P 平台作为中介方，利用互联网平台撮合市场资金与炒股者的对接，平台提供配资的资讯，并负责管理配资炒股的过程。

第三，收益互换等其他模式，所谓权益收益互换业务，广义上亦被视为股票收益权互换，通常指券商与客户场外约定就所持有的股票、利率等资产收益进行交换的业务。股票收益互换属于券商柜台产品，当前投资者和证券公司之间的股票收益互换有三种模式：固定利率和股票收益的互换、股票收益和固定利率的互换、股票收益和股票收益的互换。

（三）几点思考与小结

对于有杠杆属性的融资是否就是场外配资的问题，江律师认为，金融业务本身就具有一定的杠杆性。例如场外期权、收益互换及结构化的资管产品以及资管计划份额或其受益权转让及回购等都具有一定的杠杆作用，金融机构提供给客户的融资手段从来都不仅仅只有证券公司的融资融券，也不一定体现为借款合同。对于股票以外的标的之融资是否应被认定为场外配资的问题，无论2015"股灾"元凶还是《九民纪要》，都是在指股票，而且是二级市场的股票，而非一级市场或者一级半市场。原因在于一般而言，只有投资二级市场股票才可能对股票市场造成冲击，因此这一点不应作放大解释。实践中大量的私募基金都有结构化安排，即带有杠杆性，但是投资的是股权或者非公开发行的定增，后者特定历史时期被监管所认可或鼓励，并有限售期限制，对股市并不会形成冲击，这些情况和2015"股灾"或者《九民纪要》所要打击的情况完全不同。

对于金融机构带有融资性的业务是否应被认定为场外配资的问题，金融机构基于其金融牌照从事的正常带有融资性的业务与利用配资交易系统场外配资是有明显差异的。金融机构往往持有多种业务牌照，通过牌照的组合实现为客户融资的目的是正常的，这些产品和业务可能具有融资性，例如结构化资管产品的劣后级对优先级资金的撬动。而且金融业务的复杂性决定了关键是要从适当性义务角度防止非合格投资者进入相关业务领域，如果是专业投资者之间的金融交易或投资行为，或者专业投资者和金融机构之间的交易或投资行为，即使具有杠杆融资性，也不代表就必然非法和无效，例如场外金融衍生品。再如资管新规对金融机构结构化产品的要求虽然收紧了杠杆比率，但是并未禁止杠杆的存在。因此，我们要尊重金融市场本身的杠杆性特征，不能将带有融资性的金融产品和服务与场外配资挂钩，避免误伤所有带有杠杆融资特点的金融产品和服务，实现监管与司法的衔接。

四、配资合同无效后的司法判例分析

本次讲座的第四位主讲人是北京盈科律师事务所的律师倪灿。倪律师从实务角度出发，就场外配资合同无效后的司法判例作了细致的分享。倪律师紧紧围绕配资中的三个重要争议点，同时结合八个实践中典型的司法判例展开讲述，生动、直观地介绍了实践中有关问题是如何处理的。

（一）已付利息是否返还

倪律师分享的第一个场外配资问题的争议点是已付利息是否返还。倪律师指出，这个问题是当前整个行业中最为纠结和关注的点，相关诉讼的起因主要包括以下几种情形：（1）配资穿仓，资方起诉盘方返还借款本金，盘方要求已付利息抵扣穿仓损失；（2）资方不返还盈利、保证金，盘方起诉资方，同时要求返还利息；（3）已经合作完毕，裁判规则发生变化导致盘方起诉要求确认合同无效（分多个案子，先确认无效，再要求返还）。此外，倪律师还介绍了另外一种特殊情形，即在前三种情形下，双方已经就欠款签署结算或还款协议。

随后，倪律师分享了新证券法施行以后，与配资问题相关的司法案例数量的统计结果（见表28-1）。

表28-1 与配资问题相关的司法案例数量统计 单位：个

资方返还已付利息（抵扣本金损失）	无须返还利息			
	合同有效，是民间借贷	结构化信托产品，差额补足有效	合同无效，但需按结算（还款）协议履行	合同无效，法院不支持返还
29	6	4	2	3

在上述统计结果的基础上，倪律师又细致地介绍了三个具体实践中的司法判例。

第一个案例是吴某某（资方）与金某（盘方）之间的借贷纠纷。倪律师仔细分析了金华市中级人民法院的判决结果，指出该案件不符合场外配资的实质特征（既没有建立分仓交易平台，也不存在规避金融监管部门监管的问题，从个体合同看，并不足以影响市场波动，也不足以构成危害社会公共利益之情形），在性质上属于民间借贷，因此盘方应按结算单全面履行义务。

随后，倪律师又分享了广州中院审理的张某某（盘方）、潘某某（资方）合同纠纷案，以及杭州市滨江法院审理的潘某某（盘方）与王某（资方）合同纠纷案。倪律师指出，这两个案例中相关的配资合同均是无效的。前一个案例中，法院认为，尽管配资合同无效，但双方签署的后续还款协议是双方当事人真实的意思表示，并不违反法律法规的强制性规定，应当予以确认；此前已付利息不再处理，盘方按银行利率支付资金占用利息。而在后一个案例中，滨江法院不支持潘某某（盘方）根据配资合同无效退回已付利息和保证金的主张。倪律师认为，杭州滨江法院作出这一判决可能是基于《九民纪要》第三十二条中关于合同不成立、无效或者被撤销的法律后果的有关规定，即不能使不诚信当事人因合同不成立、无效或者被撤销而获益。

（二）投资亏损如何承担

倪律师分享的第二个争议点是配资活动中投资亏损如何承担的问题。在这个问题上，倪律师介绍了两种主要情形：（1）配资穿仓，资方起诉盘方要求返还本金；（2）配资亏损，盘方起诉资方要求就投资亏损承担赔偿。随后，倪律师从投资亏损承担这一角度出发，对前述 60 个与配资相关的司法案例重新进行了统计，相关结果如表 28-2 所示。

表28-2　从投资亏损承担出发对与配资相关的司法案例的统计　　　　单位：个

案例统计		
穿仓损失由盘方承担	穿仓损失由双方分担	资方因劝诱赔偿盘方损失
56	4	0

倪律师指出，因为《九民纪要》中对于投资亏损承担这一问题作了较为清晰的规定，因此相关司法判决还是非常明确的。接着，倪律师介绍了《九民纪要》中相关的裁判规则：一般情况下盘方自行承担亏损，资方损失由盘方承担，除非资方改密导致盘方无法及时平仓，或资方存在招揽、劝诱行为。

随后，倪律师聚焦于穿仓损失由双方分担这一情形，介绍了两个相关案例，包括福州中院审理的林某某（盘方）、吴某某（资方）合同纠纷案，无锡市滨湖区法院审理的潘某某（资方）与李某某（盘方）委托理财合同纠纷案。倪律师指出，前一个案例中，法院认为盘方对于股票投资亏损存在主要过错，而资方违规出借股票账户亦存在过错，因此资方、盘方亏损比例三七分；后一个案例中，法院认为资方与盘方之间的委托理财合同本质上属于非法场外融资，资方由于未能审慎了解股票风险、盲目追求高收益，未及时止损，也具有一定过错，因此判决资方承担 23% 的亏损。

在介绍了相关案例后，倪律师也谈了自己对于资方劝诱这一行为的理解。倪律师认为，如果资方存在打电话、发传单等主动行为，同时采用高杠杆的配资方式，且投资人缺乏投资经验，则应当可以构成劝诱的标准。

（三）居间人及账户所有人的赔偿责任

倪律师分享的第三个争议点是居间人及账户所有人是否应当承担赔偿责任。针对这个问题，倪律师将其细化为四个主要的争议焦点：（1）配资穿仓，资方直接起诉盘方，盘方主张合同是和中介签署，资方并非合同相对方（反之，盘方直接起诉实际资方，抗辩理由一致）；（2）居间方是否承担连带赔偿责任；（3）账户所有人出借证券账户，是否承担赔偿责任；（4）合同无效，保证人是否承担保证责任。倪律师指出，当前的大多数判例中，保证人承担了 1/3 左右的保证责任。

随后倪律师分享了三个相关案例。其中，浙江省高院审理的潘某（盘方）、郑某（资方）、叶某（居间人）委托合同纠纷案中，盘方潘某起诉真资方郑某，要求返还保证金及利息，法院最终以潘某和郑某不存在配资关系予以驳回。

在江西高院审理的徐某（真资方）、胡某（居间人）、吕某（盘方）合同纠纷案中，真资方徐某起诉了相关的居间人胡某和盘方吕某。江西高院认为，案涉合同主体为真资方和盘方，居间人系受托人，判决盘方返还真资方出借本金，同时居间人作为代理人在应当知道代理事项违法的情况下实施代理行为，应当承担连带责任。

倪律师分享的最后一个案例是温岭法院审理的庄某（盘方）与李某（资方）等合同纠纷案。本案中，由于资方李某擅自更改了出借给盘方庄某的六个证券账户的密码，导致庄某无法操盘，后者起诉了李某及所有账户户主。温岭法院认为该配资合同无效，李某返还所有保证金及盈利款，且证券账户所有人就账户内保证金承担还款责任。倪律师认为，该判例的出现对于配资业务有着较大的影响，且随着类似判例的增多，相关业务的风险也会加大。

最后，倪律师指出，除了分享的这三个主要争议点外，还有许多其他的争议焦点，比如通过私募渠道进行配资，以及对于不收取利息只收后端分成等行为的认定等。

五、统筹监管视角下的场外配资：美国 U 规则介绍与启示

讲座的第五位主讲人，杭州师范大学副教授、浙江省金融法学研究会副秘书长王立以"统筹监管视角下的场外配资：美国 U 规则介绍与启示"为题为我们带来了精彩演讲。

王立博士从美国股票融资的监管规则讲起，认为美国该规则与我国场外配资在监管对象上非常相似。王立指出，在历史上中美都出现过较大的股灾，对比中国 2015 年股灾与美国 1929 年股灾可以发现，这两次股灾中都有大规模的场外资金进入股市，而资金性质同样都是杠杆债权融资。而在 2016 年的宝万之争中，也是使用了杠杆收购和一些场外配资的工具。

本质上来说，场外配资连接了场外信贷市场与场内证券市场，是用杠杆债券融资做了股票投资，风险核心在于融资的高杠杆。王立博士结合当下的一些热点事件及监管定调，指出当前中国金融监管的基调在于去杠杆，而场外配资降杠杆问题则是其中非常重要的一块。我国采用的监管方法是禁止场外配资，也即监管上取缔、司法上宣告无效。相较而言，美国对场外配资的监管并未采取"一刀切"，美国并没有禁止场外配资，而是对其施加杠杆率控制，并作信息披露要求。

（一）美国股票融资监管规则的演进

王立博士指出股票融资包括场内融资和场外融资，美国在 1929 年股灾时注意到了此事，并制定了《1933 年证券法》以及《1934 年证券交易法》。《1934 年证券交易法》第七条建立了场内融资监管规则——T 规则。随后基于资金的流动性，美联储又制定了银行资金流入股市的业务规则，并对杠杆率作了限制，这便是 1936 年确立的 U 规则。多年后，美国又发生 1962 年的股市大崩盘，研究表明其动荡根源为券商、银行以外的商业组织、个人等提供的股票融资，美联储基于此又制定了 G 规则。基于此，几乎所有资金来源都被纳入了相应的监管系统中，而美国的股灾也大大减少。后 G 规则并入 U 规则。

（二）中美场外配资监管方式差异

王立博士指出我国对场外配资的监管属于"准入监管"，而美国对场外配资实行的是"行为监管"。在我国，如某项证券发行交易行为有一定危害性，相关监管部门便会"一刀切"禁止从事该类行为，剥夺其合法性；而美国并未全盘否认场外配资的合法性，而是在保证监控场外配资的系统性风险的同时，继续留给市场参与者一定的自主交易空间。

同时，他指出中国市场的场外杠杆监管难度较场内监管更大，因为场内融资融券账户的交易信息更加容易收集与掌握，而场外融资的信息则显得混乱与一片空白。美国为了解决场外融资信息掌握困难的问题，对场外的借款人和出借人提出了信息披露义务要求，这与我国《证券法》不同，我国《证券法》中的信息披露义务主体是场内的上市公司及相关主体，不包括场外的金融机构、普通商业机构及个人。

（三）中美场外配资界定的比较

随后，王立博士介绍了美国 U 规则的适用要件（即场外配资的构成要件），如表28-3 所示。

表28-3　美国U规则的适用要件

适用要件	说明
场外出借人	需要界定"场外"
贷款/提供融资	包括出借人自己提供融资（extending credit），也包括出借人安排融资。 提供融资是一个比贷款更宽泛的概念。 一种比较特殊的提供融资的方式是出借与借款人之间的联营（joint venture）。 通常的联营关系意味着各方共享利润、共担损失，或者根据资本投入比例分享利润、分担损失。但是，如果合营各方投入的资本与其各自分享利润或者分担损失的份额完全不成比例，该操作就可能涉及合营的一方向另一方提供融资

续 表

适用要件	说明
以购买或持有保证金股票为借款目的	U规则将场外配资交易中提供的股票融资称为"目的贷款"（purpose credit）。目的贷款包括直接（immediate）目的、附带（incidental）目的或者最终（ultimate）目的是购买或者持有保证金股票的任何贷款。 保证金股票具有两层含义： 作为借款目的的指向，即借款人借款是为了购买或者持有保证金股票； 贷款由股票来担保，因此股票构成了"保证金"。 具体包括上市交易的股票、可转债、认股权证以及偏股型的共同基金的份额
以保证金股票直接或间接担保	U规则只适用于由保证金股票直接或间接担保的贷款，并不延伸到出借人的其他放贷行为，如无担保贷款或者以不动产、债券等作为担保的贷款等。因为后几类贷款不存在强制平仓对证券市场的冲击问题。 "直接担保"指出借人设定法律上可执行的担保权利（如质押）； "间接担保"则泛指贷款合同中限制借款人对其保证金股票的处置来保障出借人利益的各种安排
豁免	1.小规模交易豁免：偶尔或者小规模出借贷款人 2.特定金融机构交易豁免 3.雇员激励计划的部分豁免

相较而言，我国司法实践对场外配资的概念边界有些模糊。理论上，王立博士认为我国借贷金融市场可以作一个四宫格划分，一是正规金融机构、银行房贷等金融借款合同；二是券商场内配资即融资融券合同；三是场外借贷即民间借贷，如果职业放贷反复多次构成职业放贷人，借款合同属无效，而偶尔、小规模的民间放贷则属合法；四是职业场外配资，其经营性的场外配资行为无效，但与民间借贷同理，偶尔、小规模的配资应属合法。《九民纪要》的场外配资界定规则不应作扩大解释，而是应当区分经营性场外配资与非经营性场外配资。

（四）美国场外配资监管的主要制度内容

美国 U 规则下，股票融资监管主要有两方面的监控制度。

1. 贷款额度控制 / 贷款率控制

王立博士指出，美联储可以根据市场状况调整担保物的最大贷款价值。最大贷款价值（%）=1− 保证金要求（%）。同时基于目前的 U 规则，保证金股票的最大贷款价值为市值的 50%，非保证金股票、其他担保物为善意贷款价值，看涨期权、看跌期权或者组合不能作为贷款担保物。而对于单一贷款规则，除了银团贷款不需要与其他不相关的贷款合并外，某一出借人提供给一个客户的所有目的的贷款均被视为单一贷款，并且在决定贷款是否符合 U 规则时应考虑此类贷款的所有担保物。

2. 场外配资信息披露

场外信息披露义务主体是借款人和出借人。首先，U 规则要求借款人在借款时声明借款用途是否为股票交易，并要求出借人由对借款人声明承担审查义务。后者遵循"善意行事"（action in good faith）标准，通过判例法逐步明确了审查义务的边界。我国作为大陆法国家，可能难以借鉴这种操作，有诸多立法和司法上的模糊之处。其次，借款人还须对整体股票融资情况进行信息披露。对于美国来说，一个季度内提供的贷款，等于或超过 20 万美元或者一个季度内任何时间未偿还贷款余额等于或超过 50 万美元的，需填写美联储表格 FR G-1。

此外，王立博士还介绍了美国场外配资法律规制的行政责任、刑事责任与民事诉讼情况，与中国相关制度作了比较。

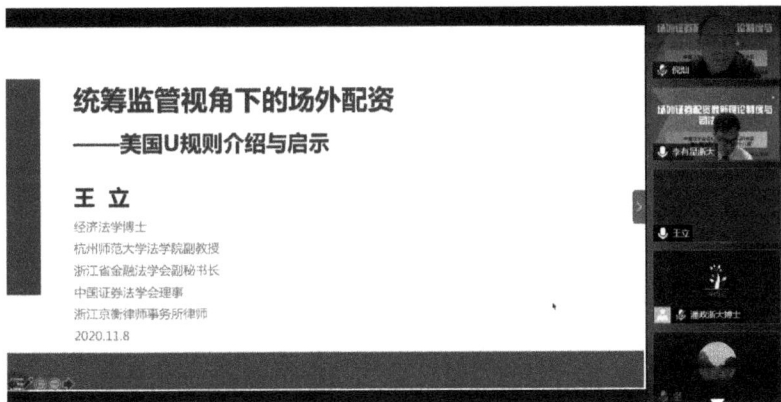

六、从刑事司法的角度谈场外配资的问题

讲座的第六位分享嘉宾是来自杭州市人民检察院第三部的副主任张海峰检察官。张检察官主要站在刑事司法的角度从两个方面来谈论场外配资的问题，一是监管层及"两高"对场外配资的态度方面，二是打击场外配资涉及的非法经营犯罪方面。

就监管层及"两高"对场外配资的态度来说，目前对场外配资的刑事司法路径是从《刑法》第二百二十五条非法经营罪进行打击的，非法经营罪将非法的证券行为纳入第二百二十五条第三项，1999 年《刑法修正案》列入。2008 年在打击非法证券活动的通知里，其中第二条的三、四两项从实体和程序两个方面对于一些非法证券行为可能涉嫌犯罪的，要由证监会（行政主管机关）把一些线索移送给公安司法机关来处理，在程序上明确要求由行政主管机关对这些违法行为进行认定，但是没有涉及具体的配资行为。

真正的配资行为、场外配资问题于 2015 年股灾以后出现。随后《最高人民法院关于为设立科创板并试点注册制改革提供司法保障的若干意见》第十二条在界定配资问题的时候用了"未取得特殊经营许可"的表述，把场外配资的行为认定为未经许可的非法经营证券活动，对于场外配资行为纳入刑事司法的入罪途径，这个意见是非常重要的。之后《九民纪要》对特许经营场外配资作为一种证券业务活动进行了非常明确的界定。从此刑事司法实践中逐渐形成了一种共识，即场外配资行为是一种非法的、未经许可的证券经营业务。因此，从最高法保障科创板上市的司法保障意见开始，对于场外配资的打击是越来越严厉的。

第二个方面，张检察官提到打击场外配资最主要是作非法经营罪处理。最初的场外配资案件主要是一些虚假盘实施诈骗的行为，但在最初如何认定该行为，公安机关存在争议。认定为非法经营罪也是有争议的。但现在证监会开始或者说已经对场外配资案件移送公安机关查处，慢慢形成了这样一个对于场外配资案件作非法经营罪处理的共识。同时，现已明确司法机关对于这些证券违法行为的定性需要行政机关事先给出意见。在案件的具体处理上，张检察官个人认为，实质上如果没有造成大的投诉举报或者行为损失，并且公司能够清盘，并顺利地平稳处理的，不倾向于追究平台的责任，一些个人账户出借的配资行为就更不建议进行刑事追究。

同时张检察官也提出了一些问题供大家思考，一是经营数额认定的问题。是应当以配资的金额来认定还是以证券交易的数额认定，他认为不应该以交易额来定。二是平台责任的问题。涉及非法经营证券业务的同时也可能涉嫌非法吸收公共存款，需要在这两个罪名之间作一个选择。三是关于量刑问题。四是案件处理过程中的细节问题。五是帮助犯，包括为平台提供资金和提供软件支持的主体是否构成犯罪的问题。

七、与谈环节

中央财经大学法学院教授邢会强老师就各位嘉宾提到的配资问题进行了点评与总结。他认为配资业务是两融业务发展的产物，是与两融业务相伴而生的，两融业务培育了投资者的杠杆意识，配资业务填补了两融业务的市场空白。配资业务有风险，但是也有其积极作用，引入了更多的资金进入股市，也有助于繁荣股市，有助于支持实体经济，有其存在的合理性和必然性。配资业务是非正规金融，在"互联网＋"的背景下，我们对它的态度应该是疏而不是堵，不是法律来强行改变社会，而是社会改变法律。

随后邢教授从三个方面谈了自己的看法。

第一个方面是场外配资违反了什么。第一，场外配资违反了账户实名制。第二，违反了经纪业务的专营性。第三，违反了民间金融目前的监管政策。由于这些行为违反便把它简单禁止，这种禁止实际上暴露了我国证券监管能力的不足。但实际上这个问题的风险与社会危害性是否足够大，需要深入思考，而不是现在这种粗暴的做法。所以下一步要提高监管能力，那就要提高我们监管的合法性、合理性、正当性。

第二个方面是经纪业务的独断性、专营性。凡是专营就要考虑这种垄断、许可背后的根基，是否有必要把金融业务、证券业务、经纪业务专营化。国外大多不是以准入监管为主要手段，而是以行为监管为主要手段。前端放开，简政放权，充分释放市场的活力。但我国的金融监管一直依赖于准入监管、牌照监管。这有一定的好处，但是弊端可能就是束缚了市场，捆住了市场的手脚，不利于市场进一步地深入、深化发展，不利于金融深化，所以证券经纪的专营性也值得大家进一步思考。

第三个方面是民间金融。民间金融是野火烧不尽，春风吹又生。如今或许消除了风险，但实际上风险还是存在着。问题出现之后，我们给出的答案是把问题疏通。美国就是疏的一种思路，还有信息方面的行为监管，不再是机构监管或者准入监管，我国采取的监管不是行为监管，而是机构监管、准入监管，所以从学术的角度去考虑，现在做法的妥当性值得再推敲。

最后邢教授得出结论：现在已经是大数据和"互联网＋"数字经济的时代，不要想再回到过去，法律难以改变社会，就让社会来改变法律，让法律适应社会，这才是一个比较好的出路。

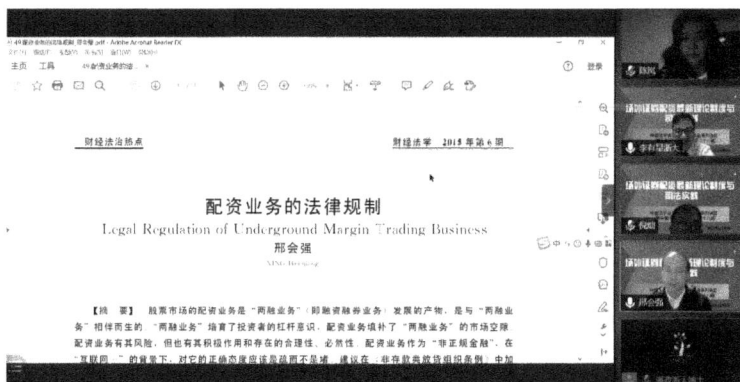

讲座的第二位与谈嘉宾是兰州大学法学院院长、中国商业法研究会会长、中国法学会证券法学研究会副会长甘培忠，甘院长以"场外配资行为的效力"为中心，在总结评价几位分享嘉宾的交流内容后，简明扼要地与大家分享了自己的见解。

甘院长先是高度评价了陈岚对场外配资概念系统性的讲解，包括证券公司、配资人、借款人等业务活动的方方面面和证券监管部门进行了一系列的博弈的过程。同时甘院长认可陈岚的观点，即所有场外配资一律无效，这也是由《九民纪要》确定下来的。

甘院长随后提出，整个市场经济发展过程中有这样一个倾向，随着合同法的修订，在民法学界的强力主导下，社会上普遍接受的一个观点就是法律和行政法规规定无效的可以无效，但是其他政府部门或者地方性法规等都不能干涉交易性质是有效还是无效，这就造成了一个重大的漏洞。因为金融活动里涉及国家的金融安全问题及制度配套问题，同时金融活动的特点决定了不可能在所有的新现象出现以后都由国务院来制定法规，客观上必定将跟不上市场情况的变化。因此，甘院长认为凡是金融监管部门、银保监会、证监会、人民银行，这些机构发布的一些规定必须在人民法院判决案件时得到准确的执行，不能因为是一个部门法规、部门规章就不认定所涉交易的效力问题。这方面必须支持监管部门对效力问题的判断。

接下来，甘院长从沈宇锋律师所讲的各种类型的案件中提到的效力性规定和管理性规定延伸，谈到了自己对于这两个概念的认识。甘院长认为这个说法是民法学界给学术界制造的一个难题。在利用法律和法规来定性合同有效还是无效，并排斥国务院有关部门规定的时候，相关方作出了"强制性规定"和"管理性规定"的区分。比如说《公司法》第十六条解释就叫管理性规定。甘院长认为这是不妥当的，不能把一个"不得怎么怎么样的东西"解释成为管理性规定，管理性规定就是"可以这样，也可以那样"，效力性规定就是可以认定它是无效的。否则管理性规定这一概念就容易变成否定某些法律效力的时候就提出来的一个非常具有投机性的概念。

甘院长同时提到了沈律师说的在认定场外配资的效力时具体问题要具体分析，这个问题要特别小心。应当认为如果是经营性的、规模化的、向不特定的人发行的，包括某种特定类型的，哪怕是证券形式的东西，或者是衍生的产品，可以肯定交易行为是无效的。但如果是一对一的、偶发性的、持续性的，还没有适格的主体就不能认定交易是无效的。

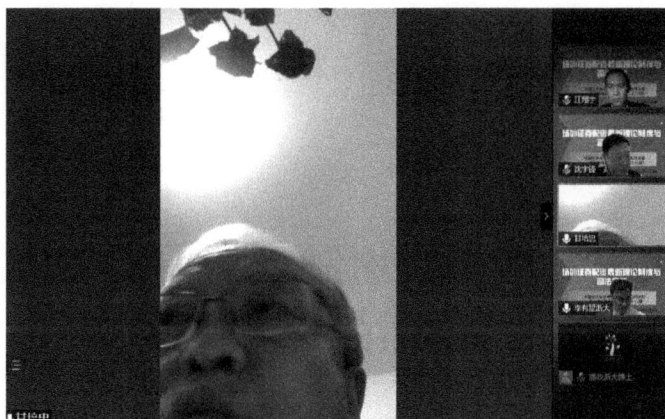

　　讲座的最后，李有星教授对本次讲座进行了简短的总结，认为证券场外配资有利有弊，能够激活、活跃市场，扩大金融市场，但难以管控，容易使得资金进出失控。对策在于做好杠杆率管理、配资资格管理以及信息披露。紧接着，各位主讲人根据各自的理解对场外配资进行了展望，并提出了改进方案。陈岚根据目前的情形，再次强调需要加强监管。沈宇锋律师认为应当根据需求进行精细化管理，并不能一味地"一刀切"管理。江翔宇律师认为场外配资被简单认定为无效是对金融市场简单化的处理，是不可取的，要尊重市场本身。倪灿律师认为刑法打击不能过于严厉，不能全部由刑事处罚了结。王立认为我国与美国的国情不同，需要结合我国实际金融市场情况逐步探索。张海峰检察官认为需要加强行政监管，不能动辄刑事处罚。刑会强教授借用易会满主席"第一是敬畏市场，第二是敬畏市场，第三还是敬畏市场"的话表达了自己的观点。

第二十九期 中外注册制下的 IPO 制度、上市暂停与上市重启制度研究

2020 年 11 月 22 日 18：30，由中国法学会证券法学研究会副会长、浙江大学互联网金融研究院副院长、浙江大学光华法学院李有星教授主持的"中国法学会证券法学研究会瑞幸咖啡案例研究（第二十九期）：中外注册制下的 IPO 制度、上市暂停与上市重启制度研究"在胜数直播"小鹅通"上顺利召开。本次讲座的主讲嘉宾为同济大学法学院副教授刘春彦，北京大学法学院副教授陈若英，浙江大学光华法学院经济法博士生侯凌霄，中央财经大学法学院副教授杜晶，华东政法大学教授陈岱松，国浩（上海）律师事务所高级合伙人宣伟华，北京市金杜律师事务所高级合伙人、浙江省法学会金融法学研究会常务会长姜丛华，中国人民大学法学院教授、中国法学会商法学研究会副会长叶林。

本次论坛共有近六千人参与直播和互动，获得了良好的反响。本次活动由中国法学会证券法学研究会、浙江省法学会金融法学研究会、浙江大学互联网金融研究院、浙江省前景大数据金融风险防控研究中心、浙江互联网金融联合会、杭州胜数研创等支持完成。

讲座伊始，李有星教授隆重介绍了本次讲座的嘉宾并对其表示热烈欢迎。接着，李教授介绍了本次讲座的选题背景。选择本次讲座主题最直接的原因是蚂蚁科技集团股份有限公司（以下简称蚂蚁集团）IPO 暂缓上市，这次事件也引起了我们对《证券法》的进一步思考。蚂蚁集团原定 11 月 5 日上市，11 月 3 日上海证券交易所发布了暂缓上市的公告，原因是两大事件的发生：第一是蚂蚁集团的高管被约谈，第二是银保监会发布了《网络小额贷款业务管理暂行办法（征求意见稿）》。监管环境的变化对蚂蚁集团产生了较大的影响，上海交易所根据《科创板首次公开发行股票注册管理办法（试行）》第二十六条和《上海证券交易所股票发行上市审核规则》第六十条规定，特别

是征询保荐机构的意见以后，决定对蚂蚁集团暂缓上市，蚂蚁集团也接受了这一规则。总体来讲，对蚂蚁集团实施暂缓上市无疑是正确的，也是保护投资者的一种考量。

本次讲座主题的关键词，一是注册制下的 IPO，二是暂缓制度。暂缓制度主要规定在证监会、交易所出台的文件中，《证券法》未对这一制度作出规定，暂缓上市后的重启制度所遵循的程序目前也没有明确规定。从制度研究角度切入，就会引发这样几个问题：第一，《证券法》中为何没有暂缓上市的规定？第二，注册制下的 IPO 暂缓的性质是什么？暂缓的条件是什么？第三，IPO 暂缓的法律效果是什么？第四，暂缓的重启制度如何规定？第五，注册制存在的重大制度缺陷是什么？蚂蚁集团是我国互联网、现代信息技术应用前沿的企业，发展、服务、监管好蚂蚁集团，对我们国家都是至关重要的，如何借助资本市场重启也就变成了一个很重要的话题。所以我们通过本次讲座研究探讨，集思广益，完善制度，希望《证券法》能够对这一制度做出回应，也使得《证券法》更完美。

一、蚂蚁集团上市过程中的风险提示

讲座的第一部分，同济大学法学院副教授刘春彦主要从时间线的角度梳理蚂蚁集团上市过程中的风险提示。

（一）交易所审核和证监会注册

1. 交易所

上海证券交易所科创板股票上市委员会 2020 年第 77 次审议会议于 2020 年 9 月 18 日上午召开，同意蚂蚁集团发行上市（首发）。

11 月 3 日，上海证券交易所发布的《关于暂缓蚂蚁科技集团股份有限公司科创板上市的决定》文件表述为："你公司原申请于 2020 年 11 月 5 日在上海证券交易所（以下简称本所）科创板上市。近日，发生你公司实际控制人及董事长、总经理被有关部门联合进行监管约谈，你公司也报告所处的金融科技监管环境发生变化等重大事项。该重大事项可能导致你公司不符合发行上市条件或者信息披露要求。""根据《科创板首次公开发行股票注册管理办法（试行）》第二十六条和《上海证券交易所科创板股票发行上市审核规则》第六十条规定，并征询保荐机构的意见，本所决定你公司暂缓上市。你公司及保荐人应当依照规定作出公告，说明重大事项相关情况及你公司将暂缓上市。本所将与你公司及保荐人保持沟通。"

2020 年 11 月 5 日，上海证券交易所就蚂蚁集团暂缓发行答记者问。问：今晚蚂蚁集团发布公告称，将暂缓公司发行并向投资者进行退款，请问上交所对此有何评价？答：11 月 5 日，蚂蚁集团及其联席主承销商联合公告，决定暂缓发行拟在科创板上市交易的股票。这是发行人及主承销商根据实际情况作出的决定。上交所尊重并支持该决定，将与有关方面一起协助做好退还认购资金等工作。在蚂蚁集团上市前发生的金融监管部门监管约谈，及近期金融科技监管环境发生变化，可能对蚂蚁集团业务结构和盈利模式产生重大影响等情形下，上述决定的作出是对市场和投资者负责任的做法。11 月 3 日，上交所已作出暂缓蚂蚁集团上市的决定，本次发行暂缓后，上交所将依法依规审慎处理蚂蚁集团后续股票发行和上市事宜。

2. 证监会

2020 年 10 月 16 日，证监会发布《关于核准蚂蚁科技集团股份有限公司发行境外上市外资股及境内未上市股份到境外上市的批复》，批复自核准发行之日起 12 个月内有效。

（二）蚂蚁集团上市具体进程

2020 年 10 月 22 日，蚂蚁集团发布《蚂蚁集团首次公开发行股份并在科创板上市招股说明书》及附录（一）（二）（三），其中上市招股说明书中关于重大事项提示部分内容：第一，公司拟在境内进行本次 A 股发行，同时在中国香港申请同步发行 H 股。第二，公司与阿里巴巴集团的关系。第三，金融服务行业及其他相关行业监管变化的风险。随后刘春彦副教授展示部分风险提示内容，并指出在这个文件中，蚂蚁集团并没有意识到可能面临 11 月 2 日监管环境的重大变化。

2020 年 10 月 22 日，中国国际金融股份有限公司出具《关于蚂蚁科技集团股份有限公司首次公开发行股票并在科创板上市的发行保荐书》，根据保荐书第三部分"本机构对本次证券发行推荐意见"内容，保荐机构其实也没有意识到重大监管环境的变化。刘春彦副教授认为，保荐意见书中用的词，如"发行人的经营模式、采购模式及采购价格、销售模式及销售价格、主要客户及供应商的构成"没有针对性，对保荐机构是否对蚂蚁集团的经营模式作过深入的分析、是否对发行人主要的风险进行独立判断存在疑问。

10 月 26 日，蚂蚁集团发布《蚂蚁集团首次公开发行股份并在科创板上市网上路演报告》。

10 月 27 日，北京市海问律师事务所发布《蚂蚁集团首次公开发行股份并在科创板上市之战略投资者专项核查法律意见书》，同一天，联席主承销商发布《蚂蚁集团首次公开发行股份并在科创板上市之战略投资者专项核查法律意见书》，共计战略投资者 29 家。

10 月 27 日，联席主承销商发布《蚂蚁集团首次公开发行股份并在科创板上市投资风险特别公告》。刘春彦副教授指出，在文件的特别提示中发行人仍没有意识到自己面临的风险。

10 月 27 日，蚂蚁集团发布《蚂蚁科技集团股份有限公司关于 H 股全球发售的公告》。

10 月 27 日，蚂蚁集团发布《蚂蚁科技集团股份有限公司首次公开发行股票并在科创板上市发行公告》。对中止发行情况作了提示。

10 月 30 日，蚂蚁集团发布《蚂蚁科技集团股份有限公司首次公开发行股票并在科创板上市网上发行机构情况及中签率公告》，共有 7462 名机构投资者申购成功。

11 月 2 日，蚂蚁集团发布《蚂蚁科技集团股份有限公司首次公开发行股票并在科创板上市网下初步配售结果及网上中签结果公告》。

11 月 3 日，联席保荐机构和联席主承销商发布《蚂蚁科技集团股份有限公司首次公开发行股票并在科创板上市暂缓上市公告》。

11 月 5 日，联席保荐机构和联席主承销商发布《蚂蚁科技集团股份有限公司首次公开发行股票并在科创板上市暂缓发行的公告》。报告指出：发行人及联席主承销商将于 2020 年 11 月 6 日启动退款程序，前述资金于 2020 年 11 月 9 日退回。投资者认购的股份将于 2020 年 11 月 6 日注销。刘春彦副教授认为本次发行上市实际上中止，只是为减少对市场的冲击才采取了暂缓上市的说法。

最后，刘春彦副教授提出两方面的问题：第一，在蚂蚁集团股票发行、审核注册过程中，发行人、联席保荐机构、主承销商、律师事务所、会计师事务所、上海证券交易所及中国证监会等主体应当汲取哪些经验以推动中国证券市场注册制？第二，如果蚂蚁集团和保荐人不提出暂缓上市，交易所和证监会应采取怎样的措施？如果监管机构包括交易所要求暂缓上市，对蚂蚁集团可以提供哪些救济机会？这些问题值得进一步思考。

二、暂缓上市的国际概览及其对我国制度建构的启示

第二位主讲嘉宾是北京大学法学院副教授陈若英。陈若英老师的讲座主要介绍蚂蚁集团暂缓上市的国际概览，指出其在国外主要证券市场都是常态，而随着股票上市注册制在我国的推进，上市暂缓也可能会成为我国的新常态，需思考国外市场操作和规则对我国制度构建的启示。

（一）概览和差异

陈若英老师认为 A 股是"被暂缓"，作出决定的主体是交易所，而不是蚂蚁集团本身，H 股暂缓上市则是蚂蚁集团的自主决定。在联交所 H 股，蚂蚁集团对于 H 股无法上市的可能性是有言在先的，并就退款等事项在招股说明书中作出了安排。陈若英老师还分析了 H 股和 A 股的主要差异。第一，若上市暂缓，H 股新股申购款在资金冻结期间产生的活期利息并不会被退还给新股申购投资者，而由暂缓上市的公司保留。而 A 股明确了该等利息悉数退还给投资者。第二，在中国香港，H 股新股投资者通常会从证券公司融资申购，因此需要支付给证券公司的借款利息，不因上市暂缓而退给投资者。A 股市场中可能也会出现类似的问题。

（二）中国香港和境外市场常态

陈若英老师指出，境外市场上，企业在上市前主动撤回或被交易所拒绝上市是一种常态。陈若英老师整理了港交所官网的数据，指出，2020 年主板已经有 6 家企业在上市前自愿撤回，在 2014—2019 年共有 38 家申请企业上市前自愿撤回。根据美国的实证研究统计，暂缓上市现象非常普遍。例如，2000 年纽交所的撤回数量甚至超过了当年申请上市的数量。1984—1993 年，纽交所共 3540 家企业申请暂缓上市。在 1985—2000 年，将近 1/5 的上市申请被自愿撤回。在西欧五国，2001—2015 年，共有

296 例暂缓申请。

（三）影响申请企业自愿撤回决定的因素

陈若英老师根据其对美国和欧洲的实证研究，提出了申请企业自愿撤回上市申请与这些因素有关：第一，风投和私募基金的决定举足轻重。第二，自愿撤回经常与负面新闻有关，例如，新的法律或监管、执行规则变化会影响企业上市。第三，董事会主席和首席执行官由同一人兼任的公司自愿撤回申请的概率更高。第四，拟募资规模越大，撤回概率越高。第五，与行业竞争者的融资竞争度有关。若融资竞争强度小，融资渠道少，市场选择不大，则退出的概率降低；若融资竞争度弱，撤销后有广阔的融资空间，则退出概率高。陈老师指出，随着我国民营企业融资难问题的逐步缓解，直接融资和间接融资市场的进一步开放和优化，企业之间的融资竞争度整体上可能会下降，从而可能出现更多的企业自愿撤回上市申请的情况，值得关注，需要做好制度上的应对。

（四）暂缓上市的后续影响

陈若英老师在这一部分提出了暂缓上市可能带来的后续影响，以及这对投资者意味着什么。

申请企业暂缓上市后的出路为两条：第一，企业再次申请上市。在中国香港，自愿撤回上市申请的企业面临六个月提交期限的限制，同时还需更新审计报告、更新披露。第二，企业不再上市，包括向私募投资机构融资、出售给上市公司（私募基金投资者希望退出，努力促成）和破产清算。

陈若英老师援引实证研究的文献报告，在美国的暂缓上市的企业中，只有约 13% 的企业日后成功上市，还有 11% 的暂缓上市企业破产清算，投资者必然要遭受损失；由于这一比例远高于上市公司破产清算的比例，可见暂缓上市对于企业和投资者的影响之深远。此外，美国有超过 40% 暂缓上市的企业后来被出售给上市公司，还有超过 30% 的企业日后依赖私募投资。陈若英老师分析指出，后两类之所以占比很高，与撤回上市申请企业在申请过程中完善了企业的经营管理、风险控制和公司治理结构等事实有关。在此过程中充分的信息披露，降低了企业作为投资目标和收购目标的交易成本，提高了交易成功的概率，收购价格和投资价格也会趋于理性。这都说明，申请上市的过程本身能够给企业和企业投资者带来实际的益处，企业暂缓上市并不会消解这些益处。此外，陈若英老师还援引了另一组数据，显示了重新启动上市的企业，发行价格都发生了不同程度的打折，对同行竞争者的股价产生了压低的效应。同时，基石投资者和其他私募投资者的声誉也对重新上市的决定有显著的影响。最后，有 75% 的重新上市企业等于更换了牵头承销商，这在一定程度上印证了刘老师刚才发言中所强调的承销商在上市过程中的责任和作用。

（五）启示

这一部分，陈若英老师分析了我国注册制之下如何面对暂缓上市日益常态化的现象。

第一，由于该现象在未来会更加普遍，并在很大程度上依赖于企业自己的决定和选择，由此给投资者和市场带来不确定性，而分散存在的公众投资者难以与之谈判博弈，监管的重要性便凸显出来。第二，监管时应当尊重合同自由，特别是因为有大量的暂缓上市企业最终放弃上市，会继续依赖私募投资运营。因此，需要尽量为市场主体之间的理性谈判和博弈留足空间，但是不能有欺诈、重大的隐瞒和误导；因此，对于风险披露的监管也需要重视。第三，暂缓的后续问题，如果未来我国市场与国外市场的状况趋同，无论是对于重新申请上市还是被上市公司收购，监管机构都需要做好应对准备。第四，与暂缓上市相关的其他法律关系和救济。此次的个案，让我们意识到除了关注新股申购投资者与暂缓上市企业之间的法律关系外，还有一些与之相关但并不直接包含暂缓上市企业在内的法律关系，会对整个市场的稳定和法律制度都造成极大的影响，需要得到重视。由于投资者结构和监管环境等方面与境外存在差异，这些法律关系和其中的投资者救济的方式都没有先例可循，需要我们关注，并通过完善相关的监管和法律制度予以应对。此次的个案呈现出了新基金和基金投资者这组法律关系。

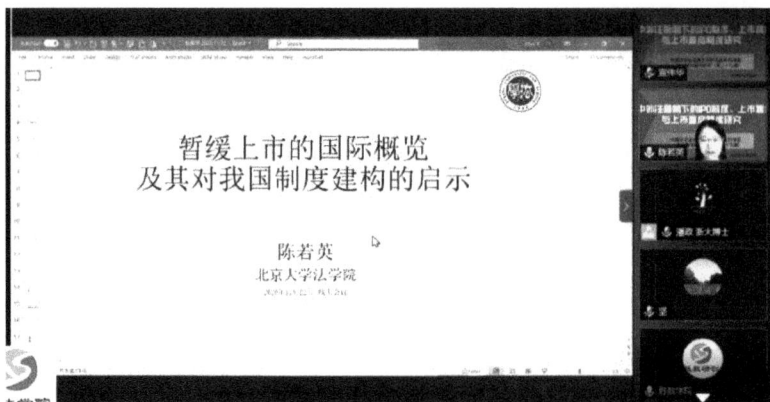

三、注册制下暂缓上市中澳对比分析

第三位嘉宾是浙江大学光华法学院博士生侯凌霄，以"注册制下暂缓上市中澳对比分析"为题与大家展开分享。

（一）蚂蚁集团发行上市整个事件的脉络

2020 年 7 月 20 日，蚂蚁集团宣布计划在科创板和港交所同步上市；10 月 21 日，证监会同意蚂蚁集团科创板 IPO 注册；11 月 3 日，上交所决定蚂蚁集团暂缓上市；11 月 5 日，蚂蚁集团发布公告，将暂缓上市并向投资者进行退款。上交所作出决定主要依据《科创板首次公开发行股票注册管理办法（试行）》第二十六条和《上海证券交易所科创板股票发行上市审核规则》第六十条等规定。

（二）科创板发行上市的基本流程

首先，股东大会要进行决议，接下来要向交易所报送材料，交易所有 6 个月审核期限，可以决定是否允许其发行上市，如果说不同意，发行人可以在 6 个月之后再行申请；如果同意，交易所就会将相关材料报送给证监会注册，证监会在 20 个工作日内决定是否同意注册，如果不同意注册，发行人在 6 个月之后可以再行申请。

（三）暂停发行、暂缓发行、暂缓上市的适用情形

第一，暂停发行的适用情形包括核准制下，IPO 核准后发行前发生重大事项；注册制下，IPO 注册后发行前发生重大事项；证券发行承销涉嫌违法违规或者存在异常情形这三种情况，主要案例有 2006 年南岭民爆案、2014 年晶方科技案。

第二，暂缓发行的适用情形包括核准制下，IPO 核准后发行前或股票发行/非公开前发生重大事项；注册制下，IPO 注册后发行前发生重大事项；拟定发行价对应市盈率高于同业上市公司二级市场平均市盈率三种情形，主要案例有 2004 年凤竹纺织案，2014 年石英股份案，2015 年安记食品、万里石等 28 家公司暂缓发行案。

第三，暂缓上市的适用情形包括注册制下，注册后、发行前发生重大事项；证监会、交易所有权要求暂缓上市的两种情形，主要案例有 2010 年胜景山河案、2010 年新大新材案。侯凌霄指出，暂缓上市在注册制进行之前，官方文件是没有这个说法的，在注册制实施之后，证监会发布的《科创板首次公开发行股票注册管理办法（试行）》提到注册后、上市前如果有重大情形的话，证监会可以要求暂缓或者暂停发行、上市。上交所在科创板的审核规则中也相应说明，如果有这种情况，上交所有权暂缓上市。

（四）澳大利亚股票发行与上市制度

第一，澳大利亚的股票发行制度主要规定在《公司法》6D 融资章中。关于发行程序主要集中在第五节，S717 条是第五节的第一条，主要介绍了发行程序的流程，包括准备信息披露文件，将这些信息披露文件提交给证监会注册，将证券发行出去，如果提交的信息披露文件是有问题的或者有新情况发生如何应对，将所有投资者的申购费

放在一个信托中，证券最终发行六个部分。值得注意的是，英文的 offer 和 issue 是不一样的，offer 主要是发行人邀请投资者购买证券；issue 主要是讲后端，发行人接受投资者的申报，把证券分配出去。

第二，侯凌霄指出，澳大利亚证券投资委员会（以下简称 ASIC）的注册审查重点一个是发行人需要对自己的文件真实性各方面负责，所以 ASIC 主要是进行事后审查而不是事前审查；二是 ASIC 审查信息披露文件是否符合《公司法》的要求，是否达到了信息披露的标准，是否披露了从所有投资者角度看来是重要的信息，而不是这个公司究竟是好是坏、盈利能力如何。如果 ASIC 认为存在一些问题，可能会采取发布停止令；要求提交补充性或者替代性文件；可能会延长 7 天，最多不能超过 14 天曝光期等措施。

第三，侯凌霄简要介绍了澳交所（以下称 ASX）上市的流程，主要是从发行人角度给出一些建议，包括认真考虑是否需要上市，聘请相应的团队，跟 ASX 进行沟通，准备招股说明书，向 ASIC 进行提交注册、offer 开始、发行完成、提交上市等流程。值得注意的是，跟 ASX 的沟通跟中国不一样，中国的发行上市是需要交给交易所进行一个审核，交易所决定是否向下一步走，跟 ASX 的交流只是建议性的，把一些基本的问题解决，以免后续产生无用功。

最后，侯凌霄进行了总结。澳大利亚的规则是很明确的，违反了这些规则有什么后果也非常确定，发行人需要对自己的一切行为负责，ASIC 和 ASX 是各司其职，ASIC 只负责审查发行人文件是否符合《公司法》中有关信息披露的要求，有没有披露一切投资者看来的重要的信息，如果有投资者看来是显著不利的信息或者存在新情况，发行人需要披露新的文件或者返还资金，至于是否跟 ASX 沟通、是否符合交易所要求，ASIC 一概不管。ASX 也不会强制发行人在发行前要跟自己沟通，也不会在发行前对文件进行审核，如果发行后不符合 ASX 的标准，发行完毕三个月之后没有完成上市，需要返还资金给投资者。

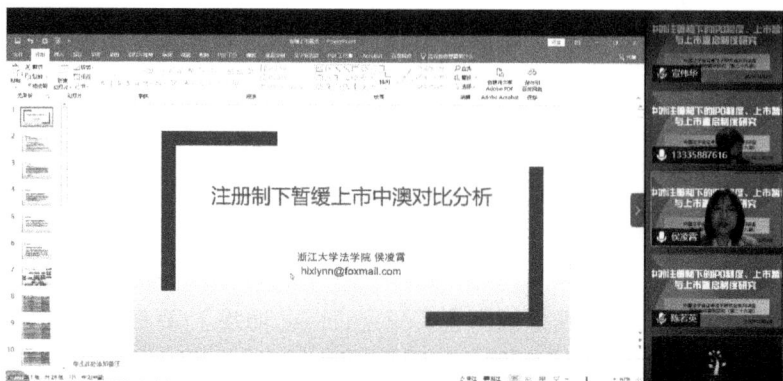

四、蚂蚁集团暂缓 A 股发行上市的证券法解读

第三位嘉宾是中央财经大学法学院副教授杜晶，向大家作了蚂蚁集团暂缓 A 股发行上市的证券法解读。

（一）暂缓发行上市的概念、法律基础及法律后果

暂缓发行上市的法律基础就是在《科创板首次公开发行股票注册管理办法（试行）》第二十七条提到暂缓或者暂停发行、上市。《证券法》意义上的发行是一个过程性的行为，是多环节、多行为、多主体，不是一蹴而就的。中止发行主要适用于询价和配售的阶段，如果出现了法定障碍，先中止相关阶段或者步骤的进程，障碍消除之后，只要还在核准有效期或者注册有效期，都可以重新进行相关的步骤，可能是重新询价，甚至可能是重新公布招股说明书，当然如果已经过了核准或者注册的有效期，显然是应该重新获得核准或者注册的。

暂缓发行从目前来看，就是因为信息披露或者其他重大事由暂时停止发行进程，但是对注册有效期并不产生任何的暂停或中断的效力。完善了信息披露事项，或者说其他重大事由已经更改了，这时候还是可以在核准或者注册的有效期内继续进行发行程序。实务当中，暂缓也好，中止也好，在公告中二者是会混淆使用的。无论是发行人还是承销商，甚至是交易所及监管机构，对于这一块没有区分得特别清楚，所以在法律后果方面也没有实质的不同。无论是暂缓还是中止，针对的都是发行程序本身，而发行程序是由各个不同阶段构成的，所以哪一块暂停了，是可以重新开始的，对政策的有效期是不产生任何影响的，二者也不必然发生退还股款的法律后果。退还股款其实是属于发行人与主承销商自主的选择。

（二）蚂蚁集团暂缓首发上市背后的金融监管逻辑

在蚂蚁集团 11 月 3 日的暂缓上市公司公告里就说到金融监管科技环境发生了变化，相关事项可能会使得发行人不符合相关发行上市条件或者信息披露的要求。在金融监管逻辑方面，杜老师探讨了三个问题。

第一，蚂蚁集团到底是一个科技集团还是金融集团，抑或金融控股公司。蚂蚁集团在进行自我界定的时候说是一家科技公司，但是在进行财报解释的时候，境内作为非常重要营业收入来源的是子公司天弘基金、国泰保险、蚂蚁商城、蚂蚁小微等持有牌照的金融企业。蚂蚁集团公开认为自己是科技公司，这个定性显然并不是特别适当的。根据《金融控股公司监督管理办法》中金融控股公司的界定，一是要控股或实际控制两个或两个以上不同类型的金融机构，这一点蚂蚁科技是显然满足的。二是要自身仅开展股权投资管理，不直接从事商业性经营活动，这一点还需要财务会计方面的

专业人士解读。如果蚂蚁集团符合我们金融控股公司这样一个监督管理办法界定的话，那么就要受制于功能性监管了，央行要对其的设立、变更、中止以及业务范围进行监管，其他对口监管来进行功能性监管，以及财政部要负责相关财务制度并实施，要建立跨部门的联合监管机制。

第二，小额贷款公司到底是不是金融机构？杜老师认为金融机构的界定，一是要受金融监管机构统一监管；二是开展金融业务需要金融许可证，或者相关核准的业务许可。《中国银保监会办公厅关于加强小额贷款公司监督管理的通知》很明显地提出了两个监管思路：（1）新增的小额贷款公司如果要从事网络小贷，地方金融监管部门现在开始要暂停管理；（2）小额贷款公司贷款不得用于股票、金融衍生品等投资、房地产市场违规融资。《网络小额贷款业务管理暂行办法（征求意见稿）》则要求经营网络小额贷款业务的小额贷款公司通过银行借款、股东借款等非标准化融资形式融入的资金余额不得超过其净资产的 1 倍，通过发行债券、资产证券化产品等标准化债权类资产形式融入资金的余额不得超过其净资产的 4 倍。蚂蚁的招股意见书里对于这个问题并没有透露相关信息，看不出放大效应、盈利模式和净资产构成等。

第三，首发招股说明书（意向书）信息披露的法律意义和披露度。蚂蚁集团发行保荐书的主要风险里提到金融服务行为及相关行业监管如果出现风险，会对公司的前景和经营成果造成不利影响，这就是首发上市的初始信息披露。行业默认用的是一些隐晦的、谨慎的语言去进行风险提示，这种八股式的、套路式的风险提示很少进行真正意义上个性化、差异化的包括经营模式和盈利模式的分析。

（三）投资者保护问题

普通的投资者参与蚂蚁首发的途径有三种：一个是参与 A 股网上申购，一个是购买蚂蚁的锚定基金，还有一个就是购买 H 股。

1.A 股网上申购的退股问题

退股来源于《证券法》第三十三条的规定，这一条给的是发行人单方的解除权，并没有考虑认购人的意愿。目前暂缓的处理当中是没有完成过户登记的，如果没有完成过户登记就不是公司股东，不是公司股东便没有股东会决议基础。另外，如果不退股，会产生是否冻结股款、利息计算、是否重新询价等一系列问题。

2. 基金份额的退出问题

以某基金为例，指定每个工作日的次日更新基金份额的净值和累计净值，让剩下的投资者有一个要不要选择退出的信息，就是看一下其他人怎么做。此外，杜老师还简要分析了基金销售可能涉及基金管理人信义义务的履行瑕疵问题和易方达基金可能会产生《公开募集证券投资基金销售机构监督管理办法》第二十四条里的利益输送或利益交换问题。

最后，杜老师总结道，蚂蚁集团上市暂缓之后，完全可以重新进行发行程序，法律方面没有障碍。但是，蚂蚁集团能不能真正做到信息披露，以及信息披露到什么样的程度，这才是最关键的问题。

五、暂缓、中止上市的定位及科创板 IPO 制度

讲座的第五位嘉宾是来自华东政法大学的教授陈岱松。陈教授表示，前面几位主讲人的发言都非常透彻、精彩，便从两个方面谈谈自身的感想。

（一）对暂缓或者暂停发行、中止发行等作定位

陈教授结合四个案例对暂缓或者暂停发行、中止发行等作了一个定位。

第一个案例是 20 年前的通海高科案。通海高科 2000 年 7 月 3 日发行 1 亿股普通股，发行价 16.88 元 / 股，当时创造了中国资本市场的一个纪录——发行市盈率全面摊薄后还高达 61.83 倍。由于"接内部人士举报"，通海高科涉嫌在发行过程中违规，证监会暂停其股票上市并立案调查。2001 年 8 月，全国人大常委会副委员长成思危在《关于检查证券法实施情况的报告》中，明确将上市"假死"的通海高科定性为"欺诈发行上市"。据悉，通海高科还违背了证监会"问题查清前不得动用募股资金"的要求，募集资金一到账，大部分便被挪用。当时是由吉林省政府来处理这个事情，吉林省政府制定的清退方案中规定，凡是通海高科的社会公众股股东既可以依法要求返还现金，也可以按比例换购吉电公司的股票。按照当时的情况，核准制在 2001 年才开始实行，大部分人还是选择了换股。因为在 2005 年之前，严格意义上是在 2008 年完成股权分置改革之前，实际上还是有国家股、法人股跟社会公众股的区分，所以那些以 16.88 元认购的投资者包括个人投资者，他们都认为已经好不容易中签了，一旦发行的话肯定有很高的溢价。这是当时的环境，现在的环境慢慢在变化了。

第二个案例就是 2008 年的立立电子案。立立电子 2008 年的时候募资已经完成，但是涉嫌违规，2009 年 4 月，证监会撤销立立电子公开发行股票核准决定，也是首次作出发行撤销决定，立立电子后来再也没有上市过，通海高科事实上是被换股的形式，其本身也没有再上市。

第三个案例是 2010 年的胜景山河案。胜景山河案当时还是比较轰动的，因为深交所先是宣布暂缓，最后认定违规，实际上是取消了其上市资格，募集资金本息返还。虽然作为一个湖南的企业，但胜景山河在黄酒市场能够做到比江浙一带上市公司或者传统没上市比较知名的公司的销售量、销售价格高很多，后来查证其涉嫌销售造假、虚增销售收入等，导致该公司在原定挂牌上市前夜宣布申请暂缓上市，最终被撤销上市资格。

第四个案例是苏州恒久，现在已经上市。2010 年上市时因为信息披露跟事实不符被撤销，募集资金 4.16 亿元，均本息退还。2016 年，也就是在 6 年之后，在中小板审核再通过，募集额达到 2.3 亿元，只有上次上市募集资金的一半。

陈教授列举的这四个案例都是在发行完准备上市的时候被暂停，后面都有不同的处理情况。在当时，换股是比较特殊的，连退市都还比较不完善。立立电子和胜景山河没有再上市，苏州恒久变成恒久科技，从创业板换到中小板，募集资金基本减半，最终上市。陈教授认为，不管是暂缓发行还是暂缓上市，在未来的注册制下应该会比较普遍，至少不会像从 2000 年到现在，20 年里只有 4 家是已经发行，暂缓上市的情况。蚂蚁集团的暂缓上市，杜晶老师讲得非常详细，陈教授也谈了一些自己的理解。蚂蚁集团是金融公司还是科技公司不单单是这次研讨会需要讨论的，暂缓上市这个信息发布之后，整个市场、全民都在讨论。陈教授认为，并不是因为其言论导致蚂蚁集团相关人员被约谈，因为蚂蚁集团应该事先知道了监管环境马上要发生变化。蚂蚁集团的经营环境发生变化，估值也会跟着变化。暂缓上市是为了保护战略投资者和中签用户以高估值买入蚂蚁集团股票而遭遇破发损失，这是对投资者和市场负责任的做法。蚂蚁集团如此高的估值背后，除了众多的用户量外，还有放出去的大量来源于投资人的个人消费贷款及企业贷款。这样一来，企业上市后市场风险其实是很大的，这也是蚂蚁集团被暂缓上市的一个重要原因。

（二）科创板

陈教授从科创板的角度来谈论自身的感想。科创板是 2018 年 11 月 5 日诞生的，定位是面向世界科技前沿、面向经济主战场、面向国家重大需求，优先支持符合国家战略的关键核心技术、科技创新能力突出、主要依靠核心技术、市场认可度高的成长型企业。如果把蚂蚁集团定义为金融公司，在科创板上市可能还是有难度。不管是主板还是中小板，中小板其实跟主板没有区别，只是规模上的差异，而且上海证券交易所并不拒绝小型企业来上市，所以主板也有一些规模比较小的企业。但是科创板和创业板的定义是有其板块特殊性的，这个公司是不是符合这个板块的取向，这是对板块的区分，也是定义板块的需求。虽然说蚂蚁集团的上市目前来说是暂缓的，未来在什么时候重新上市未知，但是之前如果约定了锁定期，比如说是 18 个月那就是 18 个月，约定是 2 年那就是 2 年，这是合同的约束性，或者说是一种契约精神。

陈教授个人也非常赞同其他几位老师的观点，未来蚂蚁集团肯定还是要上市的，因为那么多的机构还要退出。对于重新上市，首先毫无疑问是重新定价，根据监管部门对其定位对定价进行重新询价。未来还可能对公司进行重新定性、重新申购，再发行，暂缓某种意义上减少了对市场的冲击和影响。

六、新证券法第二十四条解析

国浩（上海）律师事务所高级合伙人宣伟华以"新证券法第二十四条解析"为题进行了演讲，围绕着"注册、撤销、暂停、回购、购回"等关键词进行展开。从三大变化、IPO 注册后发现问题的处置、三个《首发管理办法》规定的"暂缓/暂停发行"以及各相关问题等四方面进行了演讲。

首先是三大变化。第一，核准制改为注册制。第二，控股股东和实际控制人的连带责任由原来的"过错责任"修改为"过错推定责任"。第三，新增第二款"责令购回制度"，主体为发行人或控股股东、实际控制人。

其次是 IPO 注册后发现问题的处置。证监会对发行人 IPO 已作出的证券发行注册决定，如果发现不符合法定条件或者法定程序后，新规分几个层面作出处置规定：第一，尚未发行的，应当予以撤销，停止发行。第二，已发行尚未上市的：首先是撤销发行注册决定，其次是发行人向股民还本付息。控股股东、实际控制人以及保荐人，应当与发行人承担过错推定的连带责任。第三，发行并已上市的，发行人在招股说明书等发行文件中隐瞒重要事实或者编造重大虚假内容，简单讲就是欺诈发行，证监会可以责令发行人回购证券，或者责令负有责任的控股股东、实际控制人买回证券。

然后是三个《首发管理办法》规定的"暂缓／暂停发行"。《首发管理办法》是主板／中小板的，到现在为止还没有修改。上交所的主板或者深交所的中小板，目前还没有修改为注册制，所以还是用的老的首发管理办法。科创板和创业板都已经有新的首发管理办法。其中主板市场在第三十七条至第三十九条进行了规定。发行申请核准后、股票发行结束前，发行人发生重大事项的，应当暂缓或者暂停发行。批文6个月有效期，过期失效，应重新上会、重新核准。否决的，6个月以后可重新申请。科创板市场的规定去年刚刚发布，在第二十一条至第二十八条进行了规定。证监会注册决定作出后、股票上市交易前，发现可能影响本次发行的重大事项的，中国证监会可以要求发行人暂缓或者暂停发行或上市；相关重大事项导致发行人不符合发行条件的，可以撤销注册。撤销注册后，股票尚未发行的，应当停止发行；已经发行尚未上市的，发行人应当还本付息。注册决定有效期为1年。否决的，6个月以后可重新申请。创业板市场在第二十四条至第二十七条也是类似的规定。

最后是对几个相关问题发表了看法。第一是暂缓／暂停的性质、后续。这个性质从法条上读，无论如何都是一个行政决定，但是如果上市公司自己暂停的话就不是了，目前大部分看到的暂停、暂缓，有些并不是证监会或者交易所的决定，而是自行的决策、拟上市公司的决策。第二是责令的性质、内容及实践。责令回购应当是证监会的一个行政决定，在这方面的实践还比较少，仍然需要在实践中进行完善和探索。第三是回购与购回／买回。在很多方面，目前证监会还没有细则，仍需其他制度予以补充。

国浩律师（上海）事务所资深合伙人，华东政法学院法学学士，日本国立神户大学法学修士，曾任上海市律师协会证券期货专业委员会副主任。上海国际贸易仲裁委员会仲裁员，上海仲裁委员会仲裁员，上海市优秀女律师。

曾在华东政法学院任教、日本神户大学访问教授、大成基金管理有限公司独立董事。

曾被CCTV·证券频道评为"五年风云人物"，在纪念中国证券市场20周年之际，被《新民晚报》评选为"中国股市20年20人"之一。

宣伟华擅长与公司法、证券法、基金法、期货法、保险法、信托法、银行法等相关之业务，是一位以资产管理和企业发行上市业务为主要业务方向的特长显著的专业性律师。

曾担任中国司法史上首例上市公司虚假陈述民事索赔共同诉讼案件——"大庆联谊证券民事赔偿案件"的首席律师。著有专著《虚假陈述民事赔偿与投资者权益保护》，并另行发表了数十万字的内容涉及证券、基金、公司法律问题的论文。

宣伟华　简介

国浩律师（上海）事务所
GRANDALL LAW FIRM(SHANGHAI)

七、从概念角度辨析发行与上市

讲座第六部分由北京金杜律师事务所高级合伙人、浙江省法学会金融法学研究会常务会长姜丛华从概念角度辨析发行与上市,以下为姜律师提出的几个问题,值得深思。

第一,发行和上市是两个不同的概念,股票发行是符合条件的发行人以筹资或实施股利分配为目的,按照法定的程序,向投资者发行。发行的注册制是一个行政行为,撤销注册导致的是合同解除,姜丛华律师就此对撤销之后过错方应当承担的责任、发行人与投资人的法律关系以及股票交付问题提出了自己的见解,并提出了就行政行为和民事行为将分别如何救济的问题。上市是指证券交易,公开发行的股票只能到依法设立的交易所或者国务院指定的其他场所进行交易。交易所同意上市、暂缓上市包括退市,都是证券交易过程中发生的行为,这些行为是否属于行政行为尚需讨论。

第二,批准注册之后,发行的整个行为以及发行过程是平等主体之间的一种法律行为,因此可以总结为:一个上市公司公开发行股票的行为,是民商事的平等主体之间的法律关系。即使交易所是监管机构,充当着监管者的角色。

第三,发行是否完成需要有明确的标准,以该标准来确定发行完成与否。

第四,上市首发管理办法中规定,暂停发行是指批准发行,已经启动发行程序但在过程中被叫停,而未启动发行程序则叫暂缓,这是暂停发行与暂缓发行的区别。

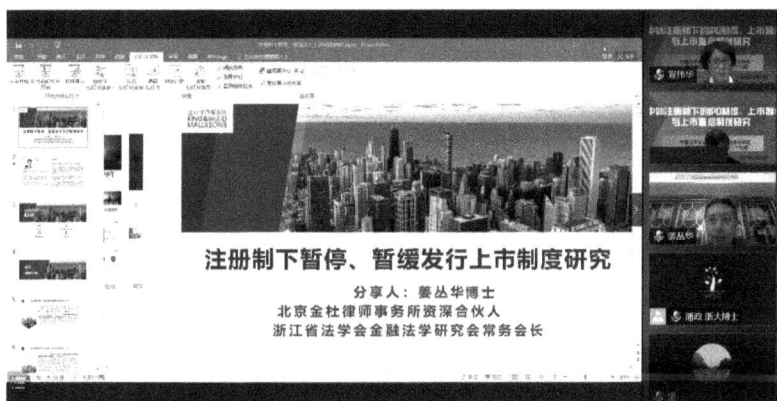

八、就蚂蚁集团暂缓上市的看法

中国人民大学法学院教授、中国法学会商法学研究会副会长叶林就各位与会嘉宾的分享谈了自己的几点看法。

首先,叶教授指出蚂蚁金服暂缓上市这一事件涉及证监会和银保监会的监管问题。两家监管部门同时约谈马云,表明这件事情非证监会职权范围内所能独自解决的问题。谈及蚂蚁集团的企业性质,叶教授对与会嘉宾的看法表示了赞同和肯定。叶教授认为,蚂蚁集团是属于金融公司还是科技公司，这一问题其实是存有争议的。叶教授提到，在证监会的审核系统里存在部门意见征集的环节；跨越证监会进入金融服务系统，其中一个非常重要的问题就在于如何协调与银保监会之间的关系。蚂蚁集团能否继续上市和发行，取决于科技金融监管框架以及公司本身对这件事情的应对。

随后，叶教授分享了自己对于暂缓上市这一概念的理解。叶教授指出，此次蚂蚁集团事件中出现了暂缓上市这一新的概念，其产生是有背景依据的。蚂蚁集团的发行是以上市为目的的，如果上市被暂缓了，本身就构成了一个特别重大的事件。交易所其实可以基于上市协议里的协议签订以后发生重大事项为依据重新签订协议，作为重新谈判上市的一个机会。交易所最后决定暂缓蚂蚁集团的上市，虽然没有指明其中的明确依据，但作为交易所和拟上市公司之间的一个安排，暂缓上市虽然有点打"擦边球"，但是并不显得很突兀。同时，叶教授也指出，交易所作出暂缓上市这一决定后，企业上市的不确定性会提高，其随后将面临诸多问题，如退款还是不退款等。

叶教授还分享了自己对于蚂蚁集团虚假陈述和信息披露不真实这一争议的看法。叶教授认为，对于企业虚假陈述或者信息披露不实，应当保持足够的谨慎。如果Fintech讲的是金融机构借助科技，那么金融机构可以借助各种各样的科技来从事自己的金融业；而科技企业从事金融则是另外一回事。高科技企业从事外部性非常强的金融业，且深度和广度很高，这种情况下其应当是属于一种特殊类别的企业。对于这种特殊营业或者经营活动本身的个性化的披露，叶教授认为值得细细摸索。同时叶教授也提到，蚂蚁集团暂缓上市这一事件提供了一个非常鲜活的例子，说明不管规则做到什么程度、写到什么样的深度，实践当中一定会层出不穷地出现各种各样的第一次。

最后，叶教授指出，蚂蚁集团暂缓上市这一事件体现出"两害相权取其轻"的逻辑。目前暂缓上市这一决定无论是对于市场、企业、监管机构还是交易所等，其损伤可能是相对而言最轻的。对于投资者而言，其至少可以收回本金，损失有限；对于企业而言，虽然面临较大压力，但其上市之路并未完全断绝；对交易所来说，其基于自身对注册制的理解创造的暂缓上市这一新概念，相对而言损伤也是最小的。叶教授认为，蚂蚁集团暂缓上市这一事件非但没有危及注册制的生命，反而体现了注册制在中国的发展和完善，它是基于中国资本市场的国别特点、行政权力的现实状况、企业自身的特点以及中国经济社会大变革下的环境而促成的。叶教授随后再次对与会嘉宾的观点表示了认同和肯定，指出要精细化地去梳理整个流程，让每一个流程当中所可能遇到的问题得到充分暴露。

在讲座的最后，谈及蚂蚁集团在完善信息披露、采取恰当应对并重新进行询价定价后能否实现在期限内上市这一问题，叶教授分享了自己的看法。叶教授指出，如果没有证据证明存在着发行条件和发行程序的违法，证监会是不可以也不会采用撤销手段的，至于当事人自己申请不发行，那是另外一回事。此外，蚂蚁集团发行、上市还会涉及不公平竞争问题，牵涉到商业银行以及采用相似模式营业的其他企业，其间市场博弈的成分比较多。最后，叶教授认为，蚂蚁集团以相同的批复文件再去做下一次的融资是不太现实的，一方面，既然已经开始退款，也就意味着这一次发行已经结束，再发行时，一定要经过新的登记。另一方面，重新申请发行时，需要考虑并服从整个金融监管框架，因此，相关盈利目标及披露重点等诸多事项可能都会发生变化。叶教授指出，虽然蚂蚁集团重新发行的可能性很高，但几乎不存在按照本次批复再发行上市的机会。

第三十期　中美证券信息披露欺诈的制度、认定标准、索赔抗辩与保险

2020 年 12 月 6 日 18：30，由中国法学会证券法学研究会副会长、浙江大学互联网金融研究院副院长、浙江大学光华法学院李有星教授主持的"中国法学会证券法学研究会瑞幸咖啡案例研究（第三十期）：中美证券信息披露欺诈的制度、认定标准、索赔抗辩与保险"在胜数直播"小鹅通"上顺利召开。本次讲座的主讲嘉宾为浙江大学光华法学院经济法博士生钱颢瑜，四川光沐东轩律师事务所律师、中国法学会证券法学研究会理事李君临，北京市地平线（深圳）律师事务所律师徐瑶，中国和美国纽约州双执照律师、美国中概股协会前理事长唐兆凡，通用再保险中国区非寿险合约负责人、CPCU 国际大使王民，与谈嘉宾为华东政法大学法学院副院长孙宏涛教授。

本次论坛共有三千多人参与直播和互动，获得了良好的反响。本次活动由中国法学会证券法学研究会、浙江省法学会金融法学研究会、浙江大学互联网金融研究院、浙江省前景大数据金融风险防控研究中心、浙江互联网金融联合会、杭州胜数研创等支持完成。

讲座伊始，李有星教授隆重介绍了本次讲座的嘉宾并对其表示热烈欢迎。随后，李教授围绕本次讲座主题介绍了蚂蚁集团上市事件的时间线，该影响互联网圈、证券资本领域的重大事件发生在 2020 年 10 月至 12 月这两个月期间——10 月 24 日，马云在金融外滩峰会上发表了有争议性的演讲；10 月 31 日，国务院金融稳定发展委员会专题会议召开；11 月 2 日，中国人民银行、中国银保监会、中国证监会、国家外汇管理局对蚂蚁集团实际控制人马云、董事长井贤栋、总裁胡晓明进行了监管约谈，银保监会发布《网络小额贷款业务管理暂行办法（征求意见稿）》；11 月 10 日，国家市场监督管理总局公布了《关于平台经济领域的反垄断指南（征求意见稿）》；11 月 3 日，上海证券交易所作出蚂蚁集团 IPO 股票暂缓上市的决定。

此次事件引发了信息披露问题的讨论，有专家质疑阿里巴巴存在欺诈披露，甚至可能被提起集团诉讼，所持理由主要是阿里巴巴拥有蚂蚁集团 33% 的股权却未向投资者披露影响投资者决策的重大不利事实或者对重要事项作出误导性陈述。也有其他人认为作为蚂蚁集团关联股东的阿里巴巴并没有在披露义务上失责，且政策与立法动态无法披露。最后，在前述事实和学者观点争议的基础上，李教授进而提出问题：集团诉讼对于阿里巴巴影响几何——对于蚂蚁集团暂缓上市这一突发消息，阿里巴巴是否需要承担披露失责的义务？一旦发生诉讼，在购买了董事责任险的情况下，高额董责险是否还会买单？本案中阿里巴巴是否必要进行和解？

一、关于证券虚假陈述揭露日的认定

第一位嘉宾是浙江大学光华法学院博士生钱颢瑜，以"关于证券虚假陈述揭露日的认定"为题，从中美虚假陈述的定义及表现形式、中美关于虚假陈述揭露日的认定标准、我国虚假陈述揭露日认定的完善性建议三个方面与大家展开分享。

（一）中美虚假陈述的定义及表现形式

钱颢瑜介绍了中美虚假陈述的定义及表现形式。中国关于虚假陈述的定义主要规定在《关于审理证券市场因虚假陈述引发的民事赔偿案件的若干规定》（以下简称《若干规定》）第十七条，证券市场虚假陈述，是指信息披露义务人违反证券法律规定，在证券发行或者交易过程中，对重大事件作出违背事实真相的虚假记载、误导性陈述，或者在披露信息时发生重大遗漏、不正当披露信息的行为。

美国《1934 年证券交易法》第 10 条（b）款和美国《1933 年证券法》第 17 条（a）款规定了：任何人利用洲际商业中的任何交通、通信工具或工具或者利用邮递直接或间接从事下述活动的，均属违法：（1）使用任何手段、计谋或诡计进行欺诈；（2）对一重要事实进行虚假陈述，或者在陈述中略去重要事实，而就陈述作成之当时情形看，该事实系使陈述不致误导所必须；（3）从事任何行为、业务，或商务活动，而对任何人构成欺诈或欺骗者。

（二）中国虚假陈述揭露日的认定标准

钱颢瑜谈到了中国虚假陈述揭露日的认定标准。

1. 虚假陈述揭露日规定

中国虚假陈述揭露日规定在《若干规定》第二十条："虚假陈述揭露日，是指虚假陈述在全国范围发行或者播放的报刊、电台、电视台等媒体上，首次被公开揭露之日。"可以看出认定虚假陈述揭露日有三个要件：揭露虚假陈述行为、首次公开、全国性媒体报道。

2. 虚假陈述判定的实质标准与形式标准

实质标准是指与证券监管机构官方处罚认定的虚假陈述内容基本一致的揭露行为，主要案例有钱季平、钱晓雯与上海创兴资源开发股份有限公司证券虚假陈述责任纠纷案；上海安硕信息技术股份有限公司与侯湘证券虚假陈述责任纠纷案；宋都基业投资股份有限公司与尹亚平证券虚假陈述责任纠纷案。法院主要结合以下几个方面进行考量。一是揭露的虚假陈述信息是否具有具体性、全面性、准确性；二是揭露后市场反应的剧烈程度，主要基于股价波动来判断；三是以自我更正结束虚假陈述行为，但并非所有的自我更正均已达到揭示的程度。

形式标准是指虽没有明确指明虚假陈述内容，没有全面、具体披露其虚假陈述的细节，但在形式上符合《若干规定》揭露日认定的法律特征，具有较强的警示性，足以影响投资者的投资决策的揭露行为。典型案例有秦忠泽与河北金牛化工股份有限公司证券虚假陈述责任纠纷案，张杰与汉王科技股份有限公司证券虚假陈述责任纠纷案。

3. 揭露后股价波动的剧烈性

各地法院在判断揭露行为是否对市场和投资者具备足够的警示强度时，是以揭露后股价波动的剧烈程度作为最主要的标志。如果该揭露行为后股价大幅下跌或者相对跌幅较大，即认定该揭露行为已经对市场和投资者产生了足够的警示强度。上海安硕信息技术股份有限公司案中，法院指出，不能仅将价格下跌作为确定揭露日的充分条件，应当综合考虑揭示行为的内容、方式、强度和市场反应等因素作出判断。此外，值得注意的是，引起股价上涨的揭露行为之日可以作为揭露日。例如上海大智慧股份有限公司与冯志雄证券虚假陈述责任纠纷案。

4. 关于揭露媒介——全国性媒体的界定

法院在判断媒体报道日是否能作为虚假陈述揭露日时，一般会综合考量报道媒体的广泛性、报道内容的可信度以及从市场的反应加以判断媒体报道揭露的警示程度。

例如北京无线天利移动信息技术股份有限公司与王燕证券虚假陈述责任纠纷案。

5. 关于是否存在多个揭露日的争议

主要有三方面考虑：一是如果之后的揭露行为只是对之前揭露信息的证实，那么，之后的揭露就不是一次新的揭露。例如吴成文与兴业证券股份有限公司证券虚假陈述责任纠纷案。二是如果存在多次、连续揭露的情况，之后的揭露是在之前揭露的内容基础上的进一步揭露。例如杨佳申与潍坊亚星化学股份有限公司证券虚假陈述责任纠纷案。三是就不同的虚假陈述行为分别作出披露，允许存在多个与之对应的揭露日。例如陈丽华等 23 名投资人与大庆联谊公司、申银证券公司虚假陈述侵权赔偿纠纷案。四是上市公司自我更正行为。若上市公司前后自我揭露信息包含不同的虚假陈述内容，从保护投资者利益角度看，设定第二个更正日可扩大投资者获赔范围，法院会认定一案有多个更正日。例如欣泰电气案。

（三）关于美国虚假陈述揭露日的认定标准

钱颢瑜谈到了关于美国虚假陈述揭露日的认定标准。

第一，损失因果关系是确定揭露日的重要基石。有关损失因果关系认定有两大对立的观点：一是以联邦高等法院（第九巡回法庭）支持"股价灌水推定说"。原告仅需证明"购买股票当日，股价波动是受虚假陈述行为的影响"，即完成了损失因果关系的举证。二是以 John C. Coffee 教授为代表的"严格标准说"，只有在虚假陈述被披露后，市场做出反应——股价下跌，投资者因此产生实际损失，才能认定损失与虚假陈述之间存在因果关系。Dura 案件中联邦最高法院采纳了"严格的损失因果关系"，主张股价灌水只是可能触发而非必然导致后来的经济损失。此外，法院要求原告证明虚假陈述所涉真相被揭露后，立即导致了股价下跌；股价下跌并不是由被告欺诈行为以外的其他无关因素引起，如经济形势变化、投资者预期变化、新的特定行业或公司特定事实等。

第二，更正披露的内容。一是披露的需是新信息。Find What Investor Group 案中明确更正披露可以在具体情况下得到证实，且必须向市场提供新的事实，也即需是首次公开披露的内容；二是更正披露需有一定的指向性，在 In re Williams 案中，法官主张，更正披露应在某种程度上向市场揭露案涉行为的欺诈性质，该披露不一定能够准确地反映早期的虚假陈述，但它必须至少与虚假陈述有关；三是揭露的真相应是令市场认为其很可能是真实的，且如果比较确定会引发股价灌水挤压，即具有一定程度的确定性。在 Find What Investor Group 案中法官明确，原告在证明证券欺诈案件中损失因果关系需要满足以下条件：（1）更正披露，即向公众公布的信息是向市场揭露之前因公司欺诈或掩盖的相关事实；（2）在更正披露发布后，股票价格随即下跌；（3）消除导致股价下跌的其他可能的解释，以便事实调查者可以作出推断。

第三，揭露形式。根据 Lapin 案，并没有要求更正披露的信息必须来自公司本身，只要有关真相以一定的方式被披露即可。

第四，市场知悉程度。Ray 案中，无论原告是否主张更正披露理论，其证据最终都必须证明市场在股价下跌前已知悉相关真相。Hunt 案指出虽然没有要求更正披露来自特定来源或采取特定形式，但该披露至少是足够公开以至于市场对涉嫌虚假陈述的真相揭露得以作出消极反应。

第五，关于多次揭露的问题，在 Lormand 案中，法官认为，原告不需要依赖单一的完整纠正披露，而是有可能通过一系列的部分披露表明事实逐渐泄漏到市场中，如果能证明这一系列的部分揭示的整体导致了股价下跌，则损失因果关系成立。综上，美国法院并未规定一个证券虚假陈述案件仅能存在一个更正披露日或可以存在多个更正披露日。

（四）对我国虚假陈述揭露日认定的完善性建议

钱颢瑜提出对我国虚假陈述揭露日认定的完善性建议。

第一，揭露的信息应具有指向性、相对确定性和一致性。具体而言，揭露之真相是大致指向先前虚假陈述即可；揭露的虚假陈述信息应当具有确定性；虚假陈述的揭露内容与最终证监会的行政处罚决定书中的虚假陈述事实相一致，只需要实质一致即可。

第二，揭露行为后的股价作为确定揭露日重要的因素而非唯一因素。股价走势不能作为判断揭露日的唯一指标。可以借鉴美国"严格损失因果关系"证明标准，可以将股价剧烈波动作为主要依据，同时要结合个案具体情况分析，要排除被告欺诈行为以外的其他无关因素对于股价波动的影响。

第三，揭露信息为市场和投资者广泛所知。《若干规定》对于虚假陈述的揭露要求在全国性媒体上进行发布，规定过于僵化。可以借鉴美国的做法，揭露日的认定与具体的揭露形式与途径无关，可以"虚假陈述为市场和投资者广泛所知"这一更为灵活的标准来取代。

第四，扩大虚假陈述信息揭露渠道，大力发展电子化信息披露。美国 SEC 设立了 EDGAR 系统，即电子化数据收集、分析及检索系统，并制定了《S-T 条例》和《EDGAR 手册》等，为系统的运行提供制度保障。

第五，结合揭露日"首次性"要求，根据个案具体情况判断揭露日数量。主要有以下几种情况：一是一个虚假陈述行为仅一个揭露日；二是当行为人实施多个陈述行为，对不同的虚假陈述行为分别作出披露或更正，允许存在多个与之对应的揭露日或更正日；三是如果某一部分揭示时间揭露了相关真相的某一部分具有重大性，那么只要符合这一条件的所有揭露时间点均应认定为揭露日／更正日。四是借鉴美国，当存在多次部分揭露，如果孤立地考量每一份揭示都不具有重大性，其对市场反应的影响微乎其微，无法单独构成一个揭露日，应将以上若干部分揭示事件合并作为一个整体来看，认定一个揭露日。

关于证券虚假陈述揭露日的认定

浙江大学光华法学院经济法学博士生 钱灏瑜

二、阿里巴巴新一轮集团诉讼四大争议点分析

讲座的第二部分，由四川光沐东轩律师事务所首席律师、中国法学会证券法学研究会理事李君临以"阿里巴巴新一轮集团诉讼四大争议点分析"为主题与大家展开分享。据媒体报道，因为蚂蚁集团上市被叫停，阿里巴巴美股部分投资者在美国法院起诉阿里信息披露违法，根据媒体报道的投资人起诉状内容，投资人起诉主要理由是：阿里巴巴拥有蚂蚁集团 33% 的股权，但是阿里巴巴没有向投资者披露重大不利事实，或者就该等事实作出了误导性陈述。李律师围绕以下四个问题展开分析。

第一个问题，蚂蚁集团是否在某些重要事项上不符合上市资格或披露要求。这个问题可以拆分为两个问题：（1）蚂蚁集团是否在某些重要事项上不符合上市资格或披露要求；（2）如果蚂蚁集团的确在某些重要事项上不符合上市资格或披露要求，阿里巴巴是否应当向投资者披露。就问题（1）而言，目前似乎不能得出明确答案。上交所只是称有重大事项可能导致蚂蚁集团不符合上市资格或披露要求，并未明确指出重大事项已经导致蚂蚁集团不符合上市资格或披露要求，因此投资者在这一问题上想得到法院支持，还需要进一步举证证明蚂蚁集团在哪些重大事项上已经确定不符合上市资格或披露要求。如果不能完成这一个前置证明义务，追究阿里巴巴违法信息披露责任就完全是无源之水、无本之木。

因问题（1）无法得出肯定答案，问题（2）看起来已经没有继续讨论的必要。无论中国证券法还是美国证券法，均规定重大事项发生时，上市公司应当立即披露。就中国证券法而言，第七十八条第二款规定，发行人信息披露不得有重大遗漏，《证券法》第八十条规定，发生可能对上市公司新三板挂牌公司股票交易价格产生较大影响的重大事件，投资者尚未得知时，公司应当立即将有关该重大事件的情况向证监会和交易所报送临时报告并予公告，说明事件的起因、目前的状态和可能产生的法律后果。就美国证券法而言，美国证券交易委员会 SEC 借鉴判例和学术成果，在其制定的规则对重大性及其标准作出了定义。根据该规则，凡一个理性投资者在决定是否购买或出售证券时认为是重要的那些信息，发行人均应当披露。

第二个问题，金融科技监管环境即将发生某些变化将影响蚂蚁集团的业务，阿里巴巴是否应当向投资者披露。就投资者这一指控能否得到法院支持，应当从两个层面分析。其一，阿里巴巴是否知道金融科技监管环境即将发生的某些变化将影响蚂蚁集团的业务；其二，蚂蚁集团的业务受到监管环境影响这件事是否可能对阿里巴巴股票价格产生较大影响，只有这两个问题均为肯定性答案时，阿里巴巴才负有信息披露义务。关于阿里巴巴是否知道金融科技监管环境即将发生的某些变化将影响蚂蚁集团的业务，投资者需要举证证明阿里巴巴知道金融科技监管环境即将发生变化，而且这种变化不利于蚂蚁集团业务开展。因为监管环境变化若有利于蚂蚁集团业务发展，在美国证券法属自愿披露而非强制披露的信息，在中国证券法律实务中也不是必须披露的内容。综合分析投资者在第二个问题上对阿里巴巴的指控，也难以得到法院支持。

第三个问题，蚂蚁集团的首次公开发行可能被暂停，阿里巴巴是否应向投资者专项披露这一风险。提起诉讼的投资者认为基于前面讲的第一个问题和第二个问题的存在，阿里巴巴应当预见到蚂蚁集团的首次公开发行申请可能被暂停，阿里巴巴应当提前对投资者作出风险提示，否则可能构成误导性信息披露。一方面，前面所讲的两个问题不一定能得到法院支持，另一方面，除非阿里巴巴在信息披露时曾承诺蚂蚁集团百分之百会公开发行并上市，否则蚂蚁集团的公开上市被依法暂停属于投资者应当预见到的投资风险。

第四个问题，阿里巴巴对公司业务、经营和前景的正面陈述是否具有误导性或缺乏合理依据。投资者认为基于前面三个问题的存在，阿里巴巴对公司业务、经营和前景的正面陈述具有误导性或缺乏合理依据。综合前述分析，投资者要想胜诉具有相当难度。

美国证券集团诉讼制度以震慑作用大、惩治范围广而闻名，美国证券集团诉讼普遍采取胜诉酬金制，优厚的胜诉酬金激励着专家、律师积极搜寻诉讼目标，从而催生了大量证券集团诉讼案件。就阿里巴巴这个案件而言，虽然投资者胜诉概率不大，但一旦进入司法程序，旷日持久的诉讼活动往往让上市公司不胜其烦，从而最终选择妥协、和解结案，这就是投资者仍然选择起诉的原因。虽然美国证券集团诉讼存在滥诉和投资者获赔不足等问题，但客观地说，美国证券集团诉讼制度对于震慑违法信息披露，打造透明规范证券市场，还是起到了相当大的作用。

相比之下，我国证券市场有一些虚假违法信息披露可以说是肆无忌惮，主要有以下两点原因，其一为侥幸心理作祟，其二为处罚力度太轻，因为侥幸心理，认为即使披露虚假信息也不一定会被发现，所以对法律规则充耳不闻；因为处罚力度很轻，既不伤筋也不动骨，所以敢于屡查屡犯。李律师指出，促进证券市场的规范发展、营商环境优化只能依靠法治这一条道路。

三、证券虚假陈述的认定——从蚂蚁集团招股书说起

北京市地平线（深圳）律师事务所律师徐瑶结合蚂蚁集团招股书对于阿里巴巴在美国诉讼能否成形以及蚂蚁集团本身是否构成证券虚假陈述进行分析。她围绕以下几点展开讨论：一是阿里巴巴是否要承担证券欺诈责任，二是蚂蚁集团是否构成不实披露，三是金融科技监管面临的新问题和挑战。

（一）阿里巴巴是否要承担证券欺诈责任

徐律师认为阿里巴巴在美集团诉讼大概率不能成功，并基于以下四点展开分析。

第一，《网络小额贷款业务管理暂行办法（征求意见稿）》（以下简称《暂行办法》）处于征求意见阶段，这种情况下发行人阿里巴巴与蚂蚁集团实控人一致，在征求意见稿发布之前是否已知晓相关法律法规正在起草？以及能不能具体到法律法规当中有什么对于他业务不利的内容？主要是不利的部分，对于美国的投资者来讲如何证明他是知晓的或将成为在美集团诉讼面临的最大问题。

第二，《暂行办法》是否属于强制信息披露范畴，信息分类有多种，这一种其实更像是一种软信息，且信息本身所包含的内容能否准确预测对发行人营收能力有什么样的实质影响也并不确定。

第三，披露义务主体是谁，阿里巴巴跟蚂蚁集团两者相互独立，如果蚂蚁集团能够上市，两家将作为独立的上市公司，具有关联关系。那么在蚂蚁集团作为信息披露义务主体的情况下，在网络小贷管理暂行办法对蚂蚁集团的业务产生不利的实质性影响时需要进行一些披露，但阿里巴巴则被认为没有披露义务。

第四，信息本身的区分。即便不是证券法上的披露义务主体，但是这个信息可能会对阿里巴巴业绩造成一定影响，因为其持有蚂蚁33%的股权。这个影响具体权重是多少、是否构成重大性影响，需要阿里巴巴及时披露，当然前提我们都推定其是知悉的。

（二）蚂蚁集团是否构成不实披露

徐律师基于业务模式转变、监管环境变化产生的实质影响以及重大事项及风险提示展开分析。

1. 业务模式转变

徐瑶律师从事实上，更多的是从招股说明书来看这个问题的本身，包括业务模式的梳理。第一，蚂蚁暂缓上市之后社会上有很多声音，最多的无非就是它是一家高利贷公司，比国家规定的金融机构4%—5%的贷款基准利率高出很多。第二，蚂蚁集团引导青年人过度消费，没有太大社会价值。第三，蚂蚁集团巨大的贷款规模背后，蕴藏着巨大的金融风险，是中国经济的不稳定性因素。

徐瑶律师指出，暂缓上市的业务根源，跟社会声音其实都没有太多关系，主要是花呗和借呗业务。蚂蚁集团招股书显示，2020年上半年，蚂蚁集团的微贷科技平台共促成信贷余额2.15万亿元，贡献收入285.86亿元，占营收的比例为39.41%，为第一大收入和利润来源，其中以花呗、借呗为代表的消费信贷余额总计1.73万亿元。所谓的贡献收入285.86亿元，收入来源就叫作技术服务费，进行一个导流。例如淘宝或者支付宝本身的客户群体进行消费贷款，包括后面的跟踪和催收一系列服务，所谓的技术服务费占比大概是1.3%，由此可见，这个规模本身是非常重要的，这个规模一旦缩减，或者一旦膨胀，对于整个蚂蚁集团的营收影响会非常大。可以看到的是2019年度微贷平台收入占总的营收比例是34.73%，到2020年数据攀升到39%，还处于稳步上升的状态。

徐瑶律师对于蚂蚁的原先业务模式进行分析："100亿元的自有资金—银行抵押贷款100亿元—200亿元可用资金—通过花呗、借呗放贷200亿元—200亿元贷款资产通过ABS的融资方式从金融市场再融资200亿元—再放贷—再ABS融资—……—在100亿元自有资本的基础上实现上万亿元消费贷款规模。"在2018年，央行包括相关的银保监会认为其中风险太大，杠杆太高，就出台规定，要求企业通过资产证券化产品等标准化债权类资产形式融入资金的余额不得超过其净资产的4倍，大大限制了其通过

ABS进行募资的规模。在2018年以后，据蚂蚁报表和深交所和上交所固收平台资料显示，这个规模急剧下降，截至2020年10月底，花呗、借呗ABS共获发行额度只有5170亿元，存续期规模只有1945亿元，占整体上万亿贷款规模的比例已经很小。

在央行出台规定之后，ABS的贷款规模缩减，蚂蚁集团又发展了第二种模式，即联合贷款，也叫助贷，帮助银行等金融机构导流客户，发放贷款。实际上依照金融机构自有的渠道和风控能力下很难实现像蚂蚁集团或者阿里巴巴这种规模效应，因为阿里巴巴拥有支付宝、淘宝这种业态，用户触达是非常高效的，且坏账风险控制比如芝麻信用分或者其他大数据、云计算等技术手段，可以控制用户的信用风险，降低坏账率。这个模式就是蚂蚁集团通过旗下花呗、借呗等平台对外发放100亿元的贷款，在这100亿元的贷款中，蚂蚁集团自有出资金额只有1亿元，另外99亿元联合其他银行等金融机构提供。

这种模式下，如果产生年化15%的收益，蚂蚁集团以技术服务费的方式分配其中的7.5%，而另外7.5%的收益由提供贷款资金的金融机构分享，其实7.5%的收益对于金融机构来讲也算不错的收益，蚂蚁集团收取的技术服务费是7.5%，但是考虑到这个杠杆，其自有资金只有1亿元，而技术服务费是以整个规模的7.5%来收取，实际上是比较高的比例。这是招股说明书当中说明的业务模式：共同发放贷款的模式，自有资金少量出资计入表内贷款，承担一部分风险，但是这个风险是非常小而且是可控的。招股说明书当中还有一个说明，从2018年起，公司对微贷科技平台业务模式进一步开放，重点推进与金融机构开放共赢的合作模式，且在资产证券化模式下公司自持规模下降，导致公司的该等交易性金融资产规模较2017年末出现下降，这是上述提及的2018年新规对ABS业务产生的影响。

2. 监管环境变化产生的实质影响

随着联合贷款规模扩大，监管机构开始担心其中所具有的风险，风险主要来源于自有资金比例太低。蚂蚁集团自身仅提供技术，收取技术服务费，但对于跟它合作的银行等金融机构实际上承担坏账的风险，规模如果特别巨大，监管机构担心引发系统性风险。

《暂行办法》对蚂蚁集团可能产生两个方面不利的影响。一个是针对性强，限定了网络小额贷款公司融资杠杆上限和联合贷款中出资比例不得低于30%。由于在相同的放贷规模中，蚂蚁集团将出具更多的资金，那么比照蚂蚁集团原先的自有资金，所能够发放贷款规模将急剧下降。因而作为营收主要来源，技术服务费也将由于规模下降而急剧减少。同时还规定网络小额贷款公司未经批准，不得跨省级行政区域开展网络小额贷款业务。因为蚂蚁集团只有两家小贷公司，注册地均在重庆，若按照新规执行，基本上蚂蚁集团无法拓展新业务。这样的话，如果办法最终落地，将会极大地影响股票定价。蚂蚁集团自身的金融风险方面，在联合贷款或者助贷的模式下，都是通过合作的金融机构伙伴进行实际放款或者实现资产证券化，这个比例高达 98%，它自营的贷款业务大概只有 2%，基本上把所谓的金融风险、坏账风险都转移给了其他金融机构合作伙伴。

3. 重大事项及风险提示

第一，蚂蚁集团与阿里巴巴的关系、利益冲突的风险以及金融服务行业及其他相关行业变化的风险。在招股意向书中，这部分提及公司合作金融机构也受到不断变化的金融监管法规的影响，并受到监管机构的严格监管，它们可能难以完全遵守该等法规和监管，公司合作伙伴面临的监管要求可能包括更严格的资本要求、风险权重要求、数据安全和隐私保护、限制对单一平台的依赖程度、收紧操作标准，主要是资本要求会对整体的信贷规模产生影响，这里说公司不能保证合作伙伴能够及时调整业务或与公司合作的合作方式，可能导致公司平台上的用户参与度和商家活跃度下降，从而对公司的业务状况、发展前景和经营成果造成重大不利影响。

第二，无法与金融机构保持互惠合作关系的风险。如果公司无法持续向合作金融机构提供数字金融技术支持、客户触达及风险管理方案并助力它们有效触达更广泛的客群，上述情形的出现将严重影响公司的数字金融科技平台业务，使公司的业务、财务状况、经营成果、发展前景、声誉和品牌遭受重大不利影响。

第三，公司合作伙伴的业务因现有及未来法律法规规定而受到不利影响的风险。这里也宽泛地提及未来可能出台相关的法律法规，对业务模式展开一系列的不利影响。公司的微贷科技平台无法维持高速增长的风险，这里也讲到公司向金融机构收取的技术服务费率和平台促成的信贷规模将会影响微贷科技平台的收入增速，就是说主要的收入增速是看技术服务费率和平台促成的信贷规模。当然，徐瑶律师提出了小贷的征求办法对业务有没有实质性的不利影响这一问题，比如说信贷规模降下来之后，可能在合作银行的筛选上就更具有主动权，规模虽然降下来了，可能收取的技术服务费率会相应升高，这种情况下对于整体的营收情况有没有不利影响，我们拭目以待，这是商业上的考量和安排。

第四，公司微贷科技平台业务依赖与金融机构合作的风险。合作的金融机构比如有流动性限制和资本充足率的要求，导致放贷能力下降，这也是其中的风险，这个风险比较重要，但目前来讲它的业务主要是助贷和联合贷款，并不会影响很大。2018 年公司根据相关监管指引控制了资产支持证券的发行规模，尽管公司微贷科技平台的合作模式力争在保持强劲增长的同时保留灵活调整的空间，但公司无法保证能够根据监管环境和市场环境的变化及时进行调整或者创新，以支撑未来平台促成贷款或者业务的迅速发展。

第五，公司持牌金融服务子公司和参股公司面临监管变化的风险。

第六，网络借贷和消费金融行业监管和法规变化的风险。意向书中明确说明公司仍可能被监管机构认定为违反现行的或未来颁布的法律、法规和规则，遵守该等法律或法规可能会导致公司运营费用的增加、业务模式的调整，从而可能会对公司的业务、财务状况和经营成果产生重大不利影响。可能会有信息披露上的豁免，这是比较关键的。虽然蚂蚁集团并未明确说明《暂行办法》可能会对公司运营产生何种不利影响，但在招股说明书中仍旧给予投资者一定的风险提示。

第七，公司持牌小贷子公司面临贷款损失的风险。这部分主要指的是用 2% 很的小一部分自有资金进行自营贷款，具有一定资金损失的风险，蚂蚁集团也进行了风险提示。

总的来讲，从证券监管机构的角度来讲，《暂行办法》必定会对蚂蚁集团产生一些影响，发行定价是在征求意见稿出台前的环境下的定价。待《暂行办法》落地，对于蚂蚁集团的定价一定会有调整，从保护股民的角度来讲，暂缓上市是具有合理性的。从信息披露合规性本身来讲，徐瑶律师认为即便蚂蚁集团事先知晓新规的相关内容，但结合招股说明书信息披露中对于潜在风险的充分提示和揭示，其构成虚假陈述的可能性是非常小的。

（三）金融科技监管的新问题

蚂蚁集团暂缓上市、监管机构约谈，其中主要的问题无疑与金融风险挂钩。监管机构认为蚂蚁集团采用的第一自有资金联合放贷的方式存在高风险，化解风险的方式就是增加自有资金，降低杠杆率。蚂蚁集团认为基于真实商业场景与交易数据的风险控制方式是高效的，并且这种情况下强制要求增加自有资金比例的做法不符合现在时代发展趋势，这里面汇集金融科技和科技金融的讨论。

徐瑶律师指出在蚂蚁集团的招股说明书中一项关键数据未进行披露，即助贷、联合贷款中与网商银行的合作。网商银行作为蚂蚁集团的全资控股子公司，占比 98% 助贷业务规模当中有多少是控股子公司网商银行去开展的相关业务？但由于网商银行跟蚂蚁集团是并表的关系，这部分披露是有缺失的。这个数据可能会引发蚂蚁集团到底是金融科技公司还是科技金融公司，以及是否应该被监管及如何被监管的讨论。

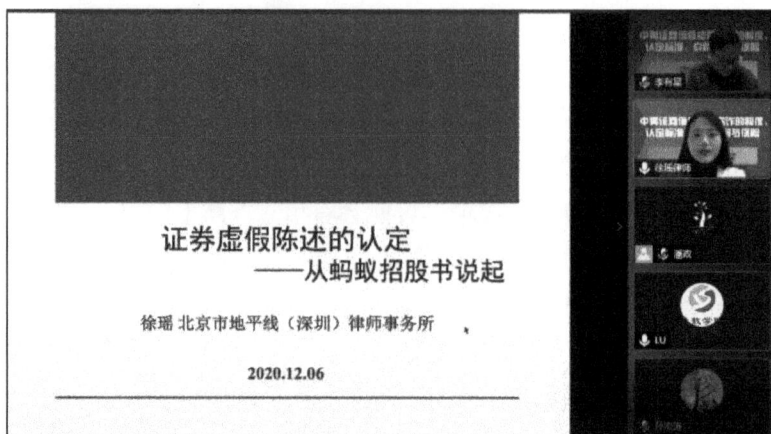

四、美国上市公司信息披露的时效性要求和实质性要求

讲座的第四位主讲人是中国和美国纽约州双执照律师、美国中概股协会前理事长唐兆凡。唐律师首先介绍了阿里巴巴在美国的相关信息披露情况，接着说明了美国的证券法一般有五种不同规则要求下的申报，并侧重讲了年报、季报、当时报告的申报规定。唐律师指出，美国证券法对披露有两个基本的要求，第一是重要的信息（materiality），第二是正好在年报、季报和当时报告的时间要求范围内。对于美国证监会对 materiality 的界定，一个理性的投资人会觉得它很重要，有重大的可能性使投资人作出对股票买或卖的决定。对此，唐律师列举 1976 年美国最高法院的案例进行说明。对于抗辩，一是董监高有专家意见的抗辩，二是商业判断规则。

对于蚂蚁集团的案件，唐首先指出，第一，美国证监会的相关案例中，没有找到任何一个法规潜在变化会使公司拥有别人所没有掌握的案件，并认为法律是公共产品，法律对所有人都是平等的。第二，此信息对阿里巴巴的财报不会有影响，不会导致未来预期的变化。第三，可以肯定阿里巴巴认为美国现有的股东诉讼不重要。第四，如果没有风险说成是风险，认定为违反《证券法》，那就是虚假陈述。如果对于上市公司而言是商业判断，对于高管而言也是商业判断，同时专家意见是另外一个抗辩。第五，目前没有相关诉讼针对阿里巴巴知道这些信息，高管做了内幕交易之后，对投资者是不公平的情况。

简要介绍了美国证券法对于虚假陈述的相关规定后，唐律师提出几点看法：第一，按照常识，法律的变化对所有人是平等的，没有人能控制得了政府，阿里巴巴无法判断法律什么时候出来。第二，中国没有任何一个机关说阿里巴巴的业务是违法的，只是说法律的变化会导致其商业模式的变化。第三，对于相关风险的披露，年报里是有对于法律法规的风险进行披露。但是，对于披露是否到位、是否有内幕信息，唐律师觉得这个可能性是不大的，官司告赢是很难的。第四，从被约谈到终止上市，一天的时间后就在美国 SEC 官网上披露，从表面上找不到蚂蚁集团和阿里巴巴的任何一点问题。

最后，唐律师提出两个悬念。第一，很难证明阿里巴巴对中国的监管机构有特殊的渠道进行沟通，阿里巴巴知道法律要变却没有向投资人进行公开。第二，只有现在中国政府的有关部门能够认定蚂蚁集团目前的商业模式违反了中国法律，集团诉讼才有可能成功。

简要介绍了美国集团诉讼的制度后，唐律师指出："如果法官对这个案件同意被告的 motion to dismiss，这个案件就结束了。如果法官拒绝了被告的 motion to dismiss，就进 discovery 阶段，官司可能要打很多年，这就可能要和解。大家都说和解，我觉得未必，因为这个案件说不定已经被法官解散了。"

五、蚂蚁集团暂缓上市事件中的董责险问题

讲座的第五部分由通用再保险中国区非寿险合约负责人、CPUC 国际大使王民先生以"蚂蚁集团暂缓上市事件中的董责险问题"为题展开精彩的分享，内容主要包括公开发行证券责任保险（POSI）的概念，蚂蚁集团 POSI 与 D&O 保险安排，讨论蚂蚁集团 D&O 保单能否被启动以及马云是否为 POSI 保单的被保险人等问题。

王先生首先对蚂蚁集团上市涉及的保单的概念进行了解析，蚂蚁集团上市提到了两张保单，一张是 POSI 保单，一张是 D&O 保单。POSI 有两种说法，一种叫招股说明书责任保险，一种叫公开发行证券责任保险，或者叫证券发行责任保险，主要保的责任就是招股说明书当中不实或者误导性陈述，或者疏忽、遗漏而导致的损失。D&O 主要讲的是董监高责任保险。董监高责任保险主要赔的是董监高在履职过程中的一些管理责任，这些管理责任可能是由于一些不当行为引起的，比如说误导性陈述、错误遗漏、信息披露。POSI 与 D&O 既像母子又像情侣，有发生很多交叉的可能性，一般是相辅相成，不管是哪张保单赔，总会有一个保单被启动。

随后王先生详细讨论了蚂蚁集团所购买的 POSI 保单与 D&O 保单会不会被启动的问题。D&O 保单里一般会要求被保险人董监高受到赔偿的请求，这个赔偿请求可能不限定于诉讼或者仲裁，甚至包含监管的调查或者某一些监管的行为。而最近蚂蚁集团的实控人马云和董事长、CFO 被监管约谈的情况，王民先生认为仅仅属于一种行政指导的表现形式，并不构成董责险里面的赔偿请求。同时，马云其实不是蚂蚁集团的股东，只是间接地持有并成为蚂蚁集团的实际控制人，实际控制人并不是控股股东，所以这个保单可能并不能直接保马云，实控人在某一些 A 股的责任险保单里面其实也已经越来越多加入被保险人范畴，因为新证券法里引入了实控人对于不当陈述和信息披露作为连带责任的主体，和其他董监高一样，所以实控人未来也是同样需要被保险覆盖的主体之一。

接下来王先生讨论了蚂蚁集团被暂缓上市究竟是不是属于一个危险程度显著增加的情形。由于《保险法》规定，合同生效后，保险标的的危险程度显著增加，保险公司是可以增加保费或者解除合同的。而对蚂蚁集团被暂缓上市到底算不算危险程度显著增加的情形，业界看法不一。有部分保险公司的保险合同规定了这种情形下保单持有人可以撤销发行，从而终止保单，公司退还保费。最后，王先生介绍了在 POSI 保单和 D&O 保单中两类比较特殊的条款，一是不可撤销条款，在董责险里通常会有一个让保险公司不可撤销的约定，除非被保险人没有付保费或者依据相关法律或者另有合同约定，一般情况下保险人不得解除合同，这也是为了保护董监高的责任会有一个持续性保障。二是可分性条款，指的是除去造成保险赔偿的行为人外，对于没有违规行为的董监高继续提供保障。

蚂蚁集团暂缓上市事件中的董责险问题

2020.12 中国证券法学研究会

六、与谈环节

本次讲座的第一位与谈人是中国保险法学研究会常务理事、中国银行法学研究会理事、华东政法大学法学院副院长孙宏涛教授。孙教授首先总结了各位演讲嘉宾的观点，并进行评议。

孙教授认为针对阿里巴巴的集团诉讼最有可能通过和解来解决。

第一，不排除阿里巴巴通过一定信息渠道了解到网络小贷新规的起草，预测蚂蚁集团可能会暂缓上市，但证明这一点十分困难。而董责险一个重要作用是不仅可以在事故发生后赔偿投资者的损失，还可以在事故发生前进行和解。例如美国安然公司与投资者的和解费用大约为 77 亿美元，美国世通公司向投资者支付大约 70 亿美元和解费用，时代华纳支付 24 亿美元的和解费用。公司愿意支付高额和解金，原因在于若集团诉讼案件进入诉讼程序，经过新闻炒作发酵，公司股价将面临过山车式下滑，对公司的市值而言会有更大的损失，且会对董事高管的个人声誉造成不良影响，而保险公司可以选择更加经济高效的方式解决问题，因此公司更希望保险公司代为和解。

第二，从律师和投资者角度看，美国证券律师大都实行风险代理，类似于国内的风险代理制，前期不收取费用，后期如果获得了赔偿金或和解金，则会收取高额的一定比例的律师费用。在高额代理费的吸引下，美国律所若发现公司存在不实陈述、虚假陈述问题，便会抓紧时间征集索赔权起诉该公司，以希望能够快速达成和解，使投资者获得赔偿，同时律所可以获得高额的律师费用。目前，美国的律所正在征集索赔权起诉阿里巴巴，诉讼程序要经历漫长的过程，律师和投资者更希望达成和解获得和解金。

孙教授对"董事责任保险人一般没有抗辩义务"的观点持不同见解。美国董责险的保险单规定董事责任保险人既有抗辩的权利，也有抗辩的义务。抗辩权对于保险公司而言非常重要，当事人之间可能存在利益冲突的问题，例如出现被保险人和投资者串通骗取保险金的情况。在这种情况下，保险公司要行使抗辩权强制性介入诉讼。

最后，孙教授再次肯定了本期讲座的命题意义，认为随着国内董责险市场的发展，董责险将来在国内也会是研究的热点问题。

第三十一期　中美数字证券、智能化交易与智能投顾的发展与监管法治

2020 年 12 月 20 日 18：30，由中国法学会证券法学研究会副会长、浙江大学互联网金融研究院副院长、浙江大学光华法学院李有星教授主持的"中国法学会证券法学研究会瑞幸咖啡案例研究（第三十一期）：中美数字证券、智能化交易与智能投顾的发展与监管法治"在胜数直播"小鹅通"上顺利召开。本次讲座的主讲嘉宾为：恒生电子公司战略规划部、咨询事业部总经理李军，恒生研究院高级业务专家徐富强，国元证券股份有限公司副总经理范圣兵，中国人民大学法学院助理教授钟维，上海对外经贸大学法学院教授、中国商业法研究会副会长、中国证券法研究会常务理事李文莉。与谈嘉宾为：恒生电子公司副总经理、证券智能化专家官晓岚，北京大学法学院教授、中国银行法学研究会副会长郭雳。本次活动共有三千多人参与直播和互动，获得了良好的反响。本次活动由中国法学会证券法学研究会、浙江省法学会金融法学研究会、浙江大学互联网金融研究院、浙江省前景大数据金融风险防控研究中心、浙江互联网金融联合会、杭州胜数研创等支持完成。

　　会议伊始，主持人李有星教授隆重介绍了本次与会的七位嘉宾，并就本次议题交代了研究背景，主要是涉及《证券法》的两个条文。一个是《证券法》第四十五条，通过计算机程序自动生成或者下达交易指令进行程序化交易的，应当符合国务院证券监督管理机构的规定，并向证券交易所报告，不得影响证券交易所系统安全或者正常交易秩序。与之对应的是《证券法》第一百九十条，违反第四十五条的规定，采取程序化交易影响证券交易所系统安全或者正常交易秩序的，责令改正，并处以五十万元以上五百万元以下的罚款。对直接负责的主管人员和其他直接责任人员给予警告，并处以十万元以上一百万元以下的罚款。

　　李有星教授指出，随着科技的发展，证券的数字化、数字金融目前来讲是一个

大趋势，也是一个未来的方向。在资本市场里面，同样也会遇到网络的问题、智能化交易当中的风险问题及投资者的保护问题，面对这些问题，我们的态度应当是宜疏不宜堵。在此背景下，如何发挥好这些智能化的工具，建立更公平公正的市场环境以及应对各种交易安全，特别是监管如何适应新的监管要求、新的形势是值得思考的问题。总而言之，作为一般的投资者或者学术研究者，重点在于研究在数字化背景下目前的智能化程度、程序化交易程度达到了怎么样的状态，以及有哪些安全隐患或者损害投资者利益的地方，从而在制度上不断地改进，这也是我们这次讲座的主要目的。

一、数字化时代下财富管理的转型与人工科技在其中的应用

讲座的第一部分由恒生电子公司战略规划部、咨询事业部总经理李军先生以"数字化时代下财富管理的转型与人工科技在其中的应用"为主题，以典型业务财富管理在数字化转型下的发展和可能的变化为讨论焦点，分享了这些变化所带来的思考。整个观点分三个部分，第一部分是对恒生电子公司的简单介绍，第二部分是数字化转型在资本市场的概况，第三部分是财富管理的数字化转型。

李先生首先对恒生电子的发展概况进行了介绍，成立于 1995 年，2003 年于上交所上市的恒生电子目前市值已达到 1000 亿元，目前在上市企业中排名国内金融软硬件上市公司第一名。恒生拥有超过 9000 名员工以及以金融企业为主的广泛的用户群体，在各个业务领域，恒生提供的解决方案目前也在协助、推动金融市场的发展，一些核心的解决方案在金融主要的行业当中，市场占有率都是第一。同时恒生自己的研发投入占到营业收入的 43%，研发人员占公司总人数的 64%，在所有上市的金融科技公司中排名第一。

随后李先生从金融科技公司角度谈论了对数字化转型的思考。数字化转型是国家一个大方针，在十九届中央委员会第五次全体会议、国务院《关于加快推进国有企业数字化转型工作的通知》以及中国证券业协会发布的《关于推进证券行业数字化转型发展的研究报告》中都重点强调数字化转型的重要性。数字化转型是什么呢？它有几个典型特征，可以分别从业务、科技、监管三个方面来看：从业务来看是整个财富资产管理领域的变化，数字化已经从卖方到买方，也就是我们说的从财富端向投资端加快数字化转型，从零售业务到机构业务，从 β 收益到 α 收益，从单纯的产品销售向资产配置、组合方式转变。从科技来看，整个数字化转型伴随着金融科技的重大升级，也就是人工智能、大数据、云计算等技术，从消费端到产业端的全面数字化加速。从监管来看，宏观审慎框架下的金融市场深化改革，也就是鼓励创新、风险暴露、监管收紧，监管不仅仅是监督和管理，并且在促进整个市场的数字化转型和金融市场发展，这是主要的转变。

李先生通过腾讯、阿里巴巴、字节跳动三家公司的例子详细论述了数字化转型对我们一般生活场景的影响以及它们各自的核心战略。又通过四个海外公司：嘉信财富、高盛、贝莱德、道富银行的例子分析了国外在金融领域数字化的经验，梳理出了几个关键词：在线、全业务流程、闭环和服务。

从上面的分析李先生得出了这样的结论：首先，我们可以看到金融科技是一个核心的驱动力量，它是边际变化的关键驱动力量，会驱动整个数字化转型，而数字化转型最终落地会形成新的业务形态，业务会是整个数字化转型的主导力量，监管会刻画整个市场发展变化的节奏、路径和格局，这就是我们对数字化转型未来在整个金融领域发展主要的一个宏观方向和战略理解。因此，我们可以总结出数字化转型要求我们：一是以客户为中心；二是建立数字化中台，数字化中台是提升整个供给侧的服务能力，它会显著改善我们过去相对于市场变化慢几个节奏的供给侧经营模式，所以我们要借助流程和管理体系的数字化重构，简称为大中台的建设（组织中台、流程中台和业务及技术中台）；三是要依靠大数据和人工智能，利用人工智能提升整个生产力。而数字化会带来的提效降本、以客户为中心提供极致的客户体验的优势。

最后，李先生谈到了财富管理数字化转型的问题。首先，财富管理业务本身在变化，这种变化也在驱动数字化进一步深化，这种变化就是从卖方投顾模式向买方投顾模式转变。过去的财富管理，无论银行的存款、证券交易或者购买公募基金，对金融机构而言收入主要来源于交易行为本身，和投资人资产的保值增值没有直接联系，这就是过去的卖方投顾模式，所以在金融领域，尤其在财富资产管理领域里面有一个词叫"割韭菜"，我们产生了"一茬茬的韭菜"，然后"一茬茬被割掉"。为什么会这样呢？因为整个商业模式关注的是交易行为本身，而不是资产的保值增值。目前已经出现了变化，从监管部门到金融机构，到整个金融市场，财富管理已经产生了这样的变化，是以客户为中心，关注投资人资产的保值增值，向新的买方投顾模式转变。并且在 2018 年之后，这种转变在加速，我认为这是数字化转型中最具价值的部分——以客户为中心。

在这种转型下，数字化以后的财富管理将会和传统的财富管理从价值定位、客户、产品、服务和渠道等方面产生区别。价值定位方面，过去财富管理主要依赖的是客户经理、投资顾问的经验推荐相关的理财产品，但是背后的逻辑是以产品销售为主，而未来的价值数字化财富管理之后是在财富管理所有的生命期，从有投资意愿到投资选择，再到交易行为的产生，整个流程全部由数据分析和人工智能辅助来实现财富管理，不仅仅依赖于经验，还利用数据来了解到底什么样的财富管理是适合我们的，是适合整个市场的。

客户方面，过去的财富管理实际上是覆盖不到绝大多数投资人的，由于人力成本的因素，财富管理很难覆盖到长尾客户或者叫作散户、零售客户，其服务的是更高端的客户，比如私人银行客户、高净值客户甚至机构客户，而未来数字化之后的财富管理，通过科技支持和赋能，可以覆盖到普惠的业务和人群，所有人都可以享受财富管理。比如我们都知道一个很典型的业务——余额宝，它就是一个典型的数字化之后的财富管理业务，每个人都可以享受到财富管理带来的资产的保值增值。

产品方面，数字化之后，整个财富管理一定是适合我们产品的，而且简洁、明确，信息是对称的。

服务方面，过去财富管理的服务严重依赖于客户经理、金融机构，他们放假客户就享受不到相关的服务，而未来的这种服务超越了时间和空间的限制，提供的是 7×24 小时随身随地的服务。

渠道方面，过去还是以人、网点、营业部为核心进行的财富管理，而未来主要以手机、电脑甚至家里的电视机等渠道来服务，并且背后会有机器人随时关注我们，提供相应的服务。

而以上整个财富管理的变化，依赖于一定的数字化财富管理体系。李先生尝试描绘了这样的体系，称之为财富管理的数字化蓝图"123"。"1"就是核心的数字化资产配置能力，这不仅仅是单一的产品，而是适用于每一个投资人的组合和策略，而它的形成核心就是数字化资产配置。"2"指两个驱动力，第一个驱动力是大数据，第二个驱动力是人工智能。"3"是三个核心能力：数字化的客户运营能力、数字化的产品运营能力和数字化的投资顾问运营能力。随后，李先生简单介绍了数字化财富管理之后整个金融机构数字化财富管理的建设体系，称之为数字化财富管理总体规划方案。该体系强调大中台，包括业务中台、数据中台和技术中台。以中台为基础，构建了新型数字化方案，让交易变简单、全面风险管控、一体化资产管理服务、以客户为中心的财富管理体系 V6 以及为机构服务的个性化机构服务平台 I2，从而实现整个体系的重构。

二、智能交易和智能投顾的发展与监管法治

本次讲座的第二位主讲人是恒生研究院高级业务专家徐富强博士。徐博士的分享从量化交易的趋势、智能交易的发展及智能投顾的发展这三个方面展开。

（一）量化交易的趋势

徐博士指出，当前的量化交易总体呈现出全球化、对冲化、高频化及智能化趋势。在全球化方面，徐博士首先介绍了美国、印度以及全球的量化交易在整体交易总量中所占的比重，并根据摩根士丹利的 MSCI 指数和全球各主要国家的市场指数相关性，指出当前很多国家的股票指数和全球股票指数呈现出大规模的相关性。徐博士认为，虽然从资产配置角度来看市场相关性的提高不利于传统的资产组合的优化，但从另一个角度来看，不同市场相关性的提高使得很多跨市场的量化策略得以实施，比如期货市场的内外盘跨市场套利。

在对冲化方面，徐博士指出，目前国内实施的量化策略中有 60% 左右的量化策略是股票多空、市场中性和套利等对冲型的量化投资策略。虽然国内金融市场正在逐渐走向成熟，但目前仍然属于新兴市场，市场整体的波动较大。"追求绝对收益"已成为国内资产管理市场未来发展的大势所趋，通过量化对冲策略取得无关市场牛熊的绝对收益越来越成为稳健投资者首要的投资目标。徐博士认为，在金融投资全球化的趋势下，量化对冲的发展使得不同市场上很多资产的相关性逐渐紧密相关起来。

在高频化趋势方面，徐博士首先介绍了量化交易的发展阶段，并指出高频化其实是对行情和交易高性能的追求，高频交易就是通过抓住市场的微小波动来获利。对冲后投资组合的长期风险是显著降低的，但对冲组合的短期整体波动并未显著降低，这样就可以通过高频对冲交易获取稳定的收益。徐博士指出，2015 年以来，关于高频程序化交易的规范化制度陆续推出，这也一定程度上反映了目前国内量化策略的高频化趋势。

在智能化上，徐博士指出，投资过程中获得的数据除了大量的传统金融数据外，GIS、新闻、博客、论坛、即时通信也会产生图像化、语言化的文本和音频数据，其往往对金融市场也会造成或多或少的影响。这些海量数据的聚集，远远超越了人类对数据可能的处理能力。随后，徐博士介绍了twitter舆情辅助投资分析等案例，指出人工智能，尤其是深度学习方法的发展，大大提高了人们对于非结构化、高维稀疏的数据进行非线性规划求解的能力。

随后，徐博士对量化交易的趋势进行了总结，并指出，随着证券市场的不断发展、金融衍生品的不断推出、对冲工具的不断丰富、投资的复杂度日益提高，量化投资将以其低风险、收益稳定的特性成为机构投资者的主要投资策略；由养老基金和其他资产管理机构持有的金融工具投资组合会经历周期性的再平衡，有时候这个过程会很剧烈。此外，徐博士对国内外平均交易冲击成本进行了比较分析，并指出，采用量化交易能够节省30至50个基点的交易成本，以及50%—85%的冲击成本。

（二）智能交易的成本

徐博士分享的第二个方面是智能交易的成本。徐博士首先从算法应用、算法平台及数据三个层次出发，通过图表直观地展示了算法交易的业务全景。随后，徐博士细致地介绍了量化金融领域中三大类以数据为中心的应用，即数据建模方法、机器学习方法以及算法决策方法。

徐博士指出，数据建模方法的特点是相信自然（及金融市场）可被描述成一个黑箱（black box），其中有实际生成观察数据的相对简单的模型。量化金融的任务是为这个数据生成过程找到一种合理的函数近似，即一种量化模型，并从数据中提取出它的参数；机器学习方法对于自然和金融市场是否简单的问题，机器学习方法走向了一条不可知论的道路。从实践中看，金融世界更像是达尔文式的，而非牛顿式的，包括电子市场中交易在内的过程最好被描述为涌现出的行为，而不是生成数据的机器；算法决策方法关注的重点是决策，而不是建模。在算法决策方法中，智能体会学习到特定的动作是差的，因为它们会导致负面结果（固有差错）。尽管如此，注入值和规则以及约束仍然十分必要，因为智能体无法从其环境和历史中学到这些。

最后，徐博士结合国际象棋、围棋与中频电子交易算法之间的对比联系，分享了自己对于智能交易的难度和监管要求的看法。徐博士认为，限制经纪商电子交易智能体复杂度的一个重要约束在于对理解、预测和解释其决策的需求，而这些需求对于任何层次的决策而言都是十分重要的。

（三）智能投顾的发展

徐博士分享的第三个方面是智能投顾的发展。首先介绍了未来资产管理公司的五大变革，包括兼收并购、智能投资、数字化客户服务、高效运营、监管科技。其中，兼收并购是指通过兼并和收购提升企业能力；智能投资是指量化投资决策，洞察投资机遇、实现持续的超额收益；数字化客户服务通过满足新兴客户需求，赢得未来机遇；高效运营是指采用更高效和低成本的运营模式，提升投资收益及公司盈利；监管科技则是指利用监管科技（Regtech）提升风险与合规管理效率，并有效降低成本。徐博士指出，在上述五大变革中，最关键的是智能投资和监管科技。

关于智能投资，徐博士指出，前几年国内陆陆续续有相关产品上市，但做得并不好。而近两年出现的基金投顾实质上是对智能投顾的一种迭代。徐博士认为，在智能投顾的各个环节中，最核心的是资产配置能力，且因子对于后者而言十分关键。自资本市场定价模型被提出以来，对于因子的研究不断进行，迄今为止形成了三百多种影响因子。在进行基金投顾的过程中，由于市场上的同质基金非常多，导致类似于"因子动物园"的资金周转问题。随后，徐博士细致地介绍了智能投资的各个流程环节，并将美国10年期国债指数、欧洲10年期国债指数等作为因子，分无资产权重约束、权益资产权重不低于30%等不同情形进行了简单的举例。

最后，徐博士分享了自己对于监管科技的一些见解和看法。徐博士通过图表直观地展示了债券市场新增违约发行人数量以及上市公司财务造假的年度统计结果，并指出最近几年违约和造假都处于一个较高的水平。徐博士指出，对于财务反欺诈和财务反舞弊而言，监管是一个非常重要的节点，后者在人工智能方面其实也有着很大的发展。徐博士谈及前几天参加的有关财务反舞弊的智能投资会议，并指出有不少公司在这方面做了不错的工作。

三、券商视角下智能投顾的发展、现状与未来趋势

国元证券股份有限公司副总经理范圣兵从券商视角围绕智能投顾的发展、现状与未来趋势三个方面进行讨论。

（一）智能投顾的诞生和发展

他指出，智能投顾相对应的概念为传统投顾，传统投顾是以投资顾问的专业素养和从业经验为基础，以各类金融产品为工具，结合投资者的资产状况、风险偏好、预期收益等，为投资者提供专业的投资建议和资产配置方案。简单说就是为投资者服务，介绍金融市场的产品或者工具，其中从大类资产角度来看包括股票、货币、债券、大宗商品、另类等，而且产品越来越丰富。证券交易所曾经发布数据，2016年到2019年散户大部分是亏钱的，在此背景下，愈发需要投资顾问提供服务。相对而言，投资顾问提供服务亦存在很多痛点，范经理以三个例子进行介绍。

第一，由于每名投顾覆盖的客户数量有限，传统投顾对人员数量要求较高，随着引流规模的扩大，投顾团队的扩容速度难以跟上。

第二，传统投顾培养成本高且周期长，专业度高，导致质量管控强度大，用户体验不一，同时还有收费较高的问题，推广有困难。

第三，移动互联时代信息爆炸，一旦遇到突发情况，面对蜂拥而至的问题，传统投顾缺乏快速处理的能力和机制。总的来说，传统投顾以人为核心，有很多的局限性，此后新的需求出现，若想要提供更好的服务，那就要进行转型，智能投顾应运而生。

相对传统投顾，智能投顾可以利用大数据分析、量化模型及算法，根据投资者的个人收益和风险偏好，提供相匹配的资产组合建议，并自动完成投资交易过程，再根据市场变化情况动态调整，让组合始终处于最优状态。智能投顾的服务流程包括客户分析、构建投资组合、自动执行交易、动态调整组合、投资组合分析。

相比传统投顾，智能投顾具有以下三个方面优点：（1）扩大了客户服务范围，节约了人力成本，降低了享受服务的门槛，也降低了投顾费；（2）眼界比传统投顾更宽，能同时跟踪多个市场并决策，有利于风险控制；（3）避免因人的感性而作出不理智的决策。高度自动化且信息透明，能给客户带来稳定的信赖感。平安年报里也指出智能投顾借助科技的手段，具有低投资门槛、高度线上化、普惠性、精准识别客户需求、服务内容差异化、服务质量标准化等特点，能够在一定程度上克服传统投顾的痛点。

智能投顾的发展起源于美国，分三个阶段。

第一个阶段，2005年到2008年，策略应用阶段，一项新规允许证券自营商将投资分析工具直接给投资者使用，投资者可以利用工具进行不同投资策略的投资收益分析，

对收益和风险有更好的把控。此阶段人工智能应用非常有限，主要是分析、策略的应用，更像是各种高级指标。

第二个阶段，2008 年到 2015 年，机器人投顾使用阶段，金融科技公司兴起，开始为客户直接提供各类基于机器学习的"数字化投顾工具"，机器人投顾商业模式开始发展。这些机器人投顾工具之前只为金融从业者所用，这个阶段已经广泛地为客户所用。

第三个阶段，2015 年至今，在人工智能的基础上，以大数据为基础的深度学习被广泛应用，人工智能技术取得突破性进展。智能投顾服务商和科技企业开始尝试开发能够完全不用人类参与投资管理价值链的人工智能系统。通过采用人工智能＋云计算体系结构，能够服务千万甚至上亿级别的用户，是真正意义上的智能投顾，当然这主要是美国的三个阶段。

智能投顾和基金投顾、智能量化之间是有区别和联系的：（1）智能投顾是最广的，包含基金投顾里的智能配置功能，还包括广义的投顾功能，例如智能咨询、基金之外的智能资产配置、智能诊断、智能指标等，基金只是智能投顾配置标的的一大类；（2）基金投顾的定位是买方投顾，2C 为主，主要是为个人投资者提供可持续、可跟踪、可评价的基金投资解决方案，可以跟智能投顾相结合，也可以人工完成；（3）智能量化目前主要是 2B，根据专业和经验设计策略和算法，辅助完成量化交易，未必是投顾；（4）账户管理跟基金投顾也有部分重叠，标的范围不局限于基金，智能投顾也可以嵌入进去，而且突出的是"管理"，而不是投顾。

（二）智能投顾现状和运用

智能投顾在美国已较为成熟。数量众多、品种丰富的 ETF 为美国智能投顾市场提供了投资基础。同时，美国投资者更倾向于长期的资产配置，传统投顾存在费率高、质量不稳定的问题，智能投顾的出现很好地解决了这些问题。

随着互联网金融的普及，国内互联网理财开始逐步流行，年轻一代对互联网财富管理方式认同度较高，投顾人员相对短缺。在这样的大背景下，智能投顾概念开始引入我国。银行、券商、基金公司、三方 IT、互联网公司都开始大力布局智能投顾。但从目前形势看，国内智能投顾起步较美国更晚，行业集中度较低，资产池也不够丰富。

目前，我国智能投顾市场的发展现状与美国等成熟资本市场存在一定差异，主要体现在：投资者、投资标的、牌照、金融数据、产品智能化程度、税收因素六个方面：（1）投资者：我国以散户为主，更加关注短期收益，大多偏向短期投机、追涨杀跌，投机性较强，看重个股机会；（2）投资标的：智能投顾主要投资标的 ETF 缺乏，截至 2019 年 4 月初，我国 ETF 数量共 199 只，且 145 只属于传统股票型 ETF，无法充分分散风险；（3）牌照：我国智能投顾涉及资产管理牌照、基金销售牌照、证券投资咨询牌照等，各业务实施分开管理；（4）金融数据：金融数据库与其他数据库不能融合，导致同投资偏好和资源基础的客户无法整合；（5）智能化程度：由于启动时间相对较晚，在客户画像和智能化程度上，我国的智能投顾还有一定差距，投资决策停留在自动化层面；（6）税收因素：出于税收制度的原因，我国智能投顾很少能提供海外的税收筹划服务，这种服务在海外一般能贡献总收益的20%—40%。

范经理指出这六个特征不一定是劣势。

第一，就投资者结构而言，散户往往对于基金组合的低波动不感冒，这不利于以基金为标的的智能投顾的推广，但是散户多意味着客户数量大，需求分散而个性化，这也是智能投顾的用武之地。

第二，牌照将很多有能力的科技企业挡在门外，却是券商的护城河，还有分业监管带来的资源隔离问题，对券商来说也有一定的保护作用。

第三，金融数据无法融合是证券公司的劣势，却是大数据公司的优势。目前，个人的信息保护意识不强，随便授权、信息滥用使得大数据公司获取个人信息相对容易，当然这也是我国发展智能投顾的风险点之一。

第四，智能化程度虽然有差距，但主要是策略和经验的问题，并不是鸿沟。

范经理对于国内目前智能投顾的几种主要形式进行了总结。第一种是传统金融机构做的智能投顾，比如银行、券商、公募基金，比如招商银行、广发或华泰、南方基金，它们做得还不错。第二类是互联网公司，因为它们主要面向2C端的客户，它们的客户是比较多的，可以结合大数据、人工智能等技术，获取客户的精准画像，比如蚂蚁的聚宝、京东的智投。第三类是财经平台，财经垂直平台是指专注于财经类资讯和服务的细分领域互联网平台，其优势在于对财经领域的专注和专业，总流量相比综合类平台更小但是流量转化率更高，同时拥有更多金融属性的用户数据，画像更准确。代表为东方财富、同花顺。第四类是金融IT，主要面向2B端客户，为金融机构提供软硬件支持，并在金融业务运作流程中提供整体解决方案和配套服务，包括底层架构改造、中台搭建、系统集成、SAAS服务等。在开发的同时，也通过金融机构的需求，间接掌握了行业方向和客户需要，如恒生电子。

此后，范经理对于国内智能投顾排名前50的公司以及智能投顾在国内的应用进行简要介绍，还对于国元智投能够跑赢大盘,回测远低于沪深300的原因进行介绍。并指出，这是策略自身的优势——项目通过全球配置，标的比较丰富，另外风险分散，具有很强的智能性，且是定制的。是否能够做到一键下单，各个公司的水平存在很大差距。

（三）智能投顾的未来趋势

范经理认为无论在全球还是中国，智能投顾的管理规模还有用户数量都将持续增长，若以 2020 年作为目标年份测算，全球智能投顾管理资产规模会逐步提高。

范经理认为纵使投顾人员增长很快，但基数较少，面对大量的投资人，投顾人员的数量也无法满足这么多财富管理的需要，且未来很多年轻人越来越接受线上化，也接受别人帮他理财、帮他咨询、帮他下单，所以智能投顾无论是单独使用还是作为传统辅助，都有非常大的空间。

同时范经理总结了智能投顾未来的五个发展趋势。

第一，智能投顾补缺传统投顾，创新大众化理财。在中国的投顾市场，接受投资顾问的大多数为中高净值客户，而小客户因为服务覆盖很难，尚未形成投资咨询习惯。国内部分公司目前将智能投顾与传统投顾结合发展，尤其是通过超低价的投资组合产品和基金配置方案进行推广，将助力智能投顾的快速普及。智能投顾的发展使得资产量 20 万元以下的人群也能享受到投顾服务，实现理财的大众化。

第二，风险偏好尚未形成，智投接受度有待提高。中小客户以股票交易为主，风险偏好高、赌性较强，在投资中也比较自信，不习惯将自己的财富机构被动打理，智能投顾理财仍面临较高的市场教育成本和较长的市场验证时间。

第三，本土智能投顾刚起步，未来发展趋势乐观。随着房地产投资主导经济发展的时代逐渐过去，中国居民资产投资将逐渐向金融资产转换，这都是投顾业务发展的潜在空间。此外，大数据、云计算、人工智能、区块链等技术应用逐渐成熟，也会让智能投顾越来越靠谱，形成口碑之后，配合相对较低的收费，就有巨大的市场潜力。

第四，互联网联手传统金融成趋势，技术数据交流助发展。互联网企业与传统金融机构合作发展成为"互联网＋金融"是目前趋势。互联网企业能为传统金融机构提供技术支持和大数据，金融机构能够为互联网企业提供专业数据和市场策略。这是智能投顾发展的理想路径。

第五，智能投顾行业标准缺失，监管政策正加速出台。作为金融创新，智能投顾行业发展在国内仍处于起步阶段，行业标准缺乏，相关法律法规也不完善，调取客户数据和业务开展具有较大风险。证监会等部门已开始对提供智能投顾服务的机构进行合规检查，未来对于智能投顾市场的监管将更加严格，将对市场进行洗牌。

最后范经理对于智能投顾的发展不确定性或者风险进行了总结：（1）监管出现收紧的趋势，国家成立金融科技局，证监会、银保监会、人行内部也成立了相关的监管机构，意味着该业务不会野蛮生长；（2）智能投顾的核心在智能，需要长期跟市场相结合进行研发，周期长，投入大，回报不确定，机构转型有顾虑，可能最终会形成寡头格局；

（3）资本加速入场、行业竞争加剧，看似"蓝海"，但可能很快变成"红海"；（4）科技应用与传统业务融合摩擦超预期，主要体现在技术的可靠性和服务体验上，推广效果可能因此而达不到预期；（5）个人信息、数据等隐私问题频发，一旦越线就存在叫停风险，互联网企业尤其要注意这一块；（6）智能投顾的业务属性不清晰；（7）智能投顾的适当性管理，比如出现纠纷、偏差，出现预期和实际收益不一致的情况，或者别的原因导致的投诉，在处理当中可能会存在一定程度的麻烦。

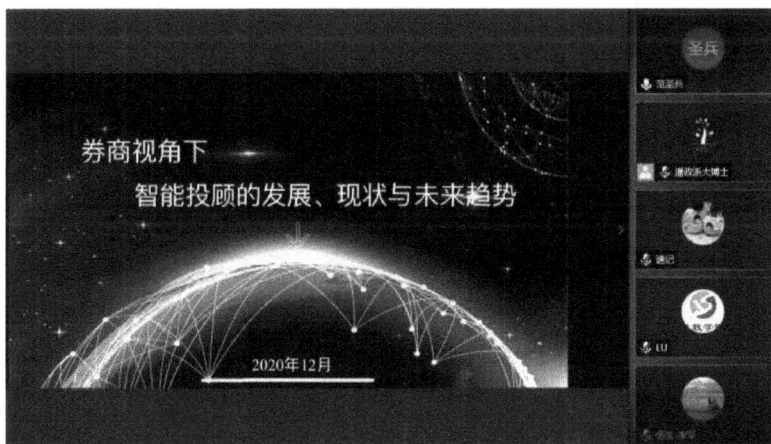

四、智能投顾：本源、异化与信义义务规制

讲座的第四位主讲嘉宾是来自中国人民大学法学院的助理教授钟维，钟教授从法律和监管的角度出发，分三部分阐述了对智能投顾的理解。

（一）智能投顾的起源与发展

美国投资顾问起源和发展对我国智能投顾的发展有一定的启示作用。美国投资顾问跟基金销售的结合在 1915 年以前主要都是采用卖方投入的模式，即通过销售基金从基金公司收取固定佣金的通道业务模式。20 世纪 80 年代以后，投资顾问开始深化投资建议的内容，逐渐摆脱了对经纪佣金的依赖，由卖方投顾转化为买方投顾的模式。智能投顾产生的最大动因是 2006 年美国总统签署的养老金保护法案，规定美国的雇员会自动加入 401（K）的计划。2008 年，智能投顾公司 Betterment 公司成立，其业务模式是通过为投资者个性化配置 ETF 指数基金的方式，收取 0.25% 到 0.4% 不等的投资顾问费，其他费用如基金申购费、交易的经纪佣金等不再另行收取。

美国的证券交易委员会通过智能投顾的监管指引，把智能投顾定义为典型的注册投资顾问，特点就是用创新技术设计了在线算法程序，为客户提供全权委托的相关资产管理服务。美国金融业监管局有一个关于数字化投资工具的报告，把类似于智能投顾这样的数字化投资工具的功能分解为包括客户画像、资产配置、投资组合选择、交易执行、投资组合再平衡、税务规划、投资组合分析七项功能模块。

（二）智能投顾的特征与异化

从美国还有相关的监管规则能够归纳出来，通常认为的智能投顾是一种买方投顾，是一种运用了人工智能算法的买方投顾的形态，其特征可以归纳为以下四点：一是智能投顾替代的是投资顾问提供的服务，而不是资管公司提供的以信托为法律关系的资产管理产品；二是智能投顾是一种面向客户的工具（client-facing tools），应当为投资者或者客户直接所用，并且以投资者的利益最大化为目的；三是智能投顾是一种非常个性化的投资服务工具，必须根据每一个客户的具体情况给出资产配置和投资组合的建议；四是智能投顾提供的是一种全流程的自动化理财服务。除了资产配置和组合建议，一定需要有交易的代执行和投资组合再平衡功能，所以必须获得这个客户对全权委托账户管理的授权。在法律上，所谓买方投顾和卖方投顾的业态最重大的区别就在于其承担信义义务的对象。在买方投顾的情形下，智能投顾直接服务于个人投资者，向其承担信义义务。而在卖方投顾的情形下，智能投顾实际上是服务于资产管理公司，向资产管理公司承担信义义务，那么可能是以公司对资产管理产品的设想提供投资方案，而不会考虑投资者的具体情况、个人要求，而且有些情况下，比如为了销售，为了大量销售这款产品或者资管产品刚兑的要求。

我国投资顾问市场实际上还是处于美国 20 世纪 80 年代以前的发展阶段，也就是主要体现在卖方投顾市场，比较少地关心投资者的投资权益，更主要关心的是基金产品的销量。不管是普通投资顾问还是智能投顾，这种异化的原因有多种方面。

第一，不成熟的市场体系。从供给侧来说，我们还处于一种早期的阶段。从需求侧来说，过去中小投资者主要还是以配置房地产和现金为主的自展配置内容，对于这种长期权益资产配置的需求也不太足。但是当中小投资者对这方面有需求的时候，通常投资顾问的服务门槛还有收费比较高，又限制了他们对投资顾问服务的获取。

第二，不完备的法律制度。我国新证券法的第一百六十一条仍然保留着，是一个修订之前的规定，就是对于证券投资咨询业务，不能够接受客户的全权委托。另外，我国证券协会 2015 年曾发布过这种账户管理业务规则的征求意见稿，这个征求意见稿实际上是非常好的，它规定了投资咨询业务里从事全权委托业务的方案，但是因为它层级比较低，是一个行业规范，所以没有办法突破《证券法》的规定。

第三，不开放的牌照制度。从事投资咨询业务需要颁发相应的牌照，但是 2014 年以后我国已经停发了相关的牌照，所以市场的存量牌照非常少，也导致很多即使要经营智能投顾的公司在投资咨询业务方面的合规不能。在 2018 年 4 月发布的"资管新规"

第二十三条里，就对所谓智能投顾的业务进行了一些规定，但是规定相对来说是比较原则性的。根据第二十三条第一款和第二款的规定，实际上就是把运用人工智能开展的通常理解的智能投顾业务区分为两块。

如果是投资建议型的投资顾问，那么就需要取得投资顾问或者投资咨询的业务牌照。对于通常所说的真正全流程投顾的业务，只有金融机构才能开展，而且需要持有资产管理的牌照，也就是说这种全流程智能投顾的业务，在"资管新规"里被定性为资产管理业务，但是非常需要注意的一点就是当我们把它定性为资产管理业务的时候，应当区别为通常所理解的，以信托为基础法律关系的集合资产管理的产品，它所采取的应当是区别化、单独、全权委托账户管理的规范方案。

2019年10月，证监会机构部推出了一个基金投资顾问，由一些公开募集的证券投资基金公司来试点，从事投资顾问的业务。从事试点业务的这些公司，在通知里规定，要么具有资产管理的牌照，要么具备基金销售的牌照。试点初期主要是大的、典型的、有代表性的基金公司，它们同时开展基金投资顾问的业务。过去投资咨询机构不能够从事全权委托这个基金投资顾问的业态，相对来说是一种突破。所以在刚才说的"资管新规"里，也没有突破那个规则，它把全权委托业务定性为资管业务，所以才解决了全权委托的问题。在这里它没有让投资咨询牌照的公司来从事基金投资顾问的业务，要求是具备自然管理和基金销售的业务资格。

但是这个业务试点，在实践当中可能也会存在一些问题，因为初期试点的这些机构所做的业务，比如某个基金公司在给出相关基金投资配置建议的时候，高达80%配置的基金产品是其管理的基金产品，不由得让人对相关的业务模式还有背后算法情况产生一定疑问——对于一个投资者来说，这家基金公司所提供的基金有80%都是最优的投资吗？当然我们在从事基金投资顾问业务的时候会建立相关的业务防火墙制度，进行相关的分隔。但是在实践当中，还是没有消除我们对所谓卖方投顾的担忧。

（三）对智能投顾信义义务的规制

信义义务主要包括注意义务和忠实义务，注意义务一般要求投资顾问需要尽到合理的尽职调查义务，确定其所做出的投资建议没有被重大的不准确或不完整的信息所误导。忠实建议要求投资顾问以客户最大利益行事，不得将自己的利益置于客户的利益之上。在明确了信义义务的相关内涵后，钟教授提出了"一个中心四项规则"来落实人工智能的信义义务：一个中心就是以信息披露为中心，四项规则包括利益冲突披露规则、适当合理建议规则、自我交易与交叉交易规则、最佳交易规则。

第一，利益冲突披露规则。在买方投顾的背景之下，要求智能投顾要以容易让投资者理解的方式披露其业务模式，除了一般的信息，还需要披露智能投顾特殊商业习惯和关联风险信息，包括算法功能描述、算法模型的假设及限制、算法固有风险、算法失控风险、算法程序外包商、收费标准、投资顾问人员对算法的权限等一系列可能影响投资者利益的信息，都需要通过预先登记性表格进行披露。卖方智能投顾模式会偏离投资者利益最大化的原则，所以需要披露的东西更多。比如需要对外重点披露收费模式和运作的基金公司，算法对关联基金公司产品具有偏向性，这种信息就有助于投资者或者客户来进行判断是否应当与这样的智能投顾公司进行交易。如果公开披露的表格跟其算法程序和相关规则有出入，那么这个智能投顾平台就涉及虚假陈述，是对客户的一种欺诈行为。

第二，适当合理建议规则。先要了解投资者的具体情况，也就是说需要通过问卷的方式来对智能投顾的客户的各种情况进行判断，包括他的财务状况、风险承受能力，理论上，如果调查问卷所收集的信息足够多，那么据此做出来的投资建议满足适当合理建议规则，但是在现实中，有一些风险测评问卷可能会存在统计口径不完备的问题，对于投资产品的风险警示和等级划分也存在欠缺。在最初对投资者介绍的时候，可能也会存在不完备的情况。对于这类上岗能力还有相关的智能投顾能力上的不足，也应当向客户事先告知，让客户了解相关的投资风险。

第三，自我交易与交叉交易规则。自我交易是指，如果投资顾问有自营业务，有可能通过自营业务将不具有投资价值的证券销售给投资者。如果存在这种情况，必须通过书面的方式向交易所进行披露，而且必须通过特殊的程序对话框来取得投资者的许可。仅仅是单方面的披露，还不能够满足这种自我交易的投资者认可的要求，所以必须通过特殊的方式来取得客户的许可。

另外，在自我交易的情况下，还必须向客户重点披露冲突的所有重大事实，特别是智能投顾这种自营交易业务，可能从这个交易当中获取收益。交叉交易是指如果说这个投资顾问同时还经营经纪业务，那么其有可能对各个投顾客户的账户与非投顾账户的交易指令进行交叉交易，在某些情况下，这种交叉交易是可以节省经纪佣金的，所以我们在法律上并不对这种情况进行严格的禁止，但是必须在交易过程当中向投资者披露所存在的利益冲突的事实，以及总体的经纪费用，并且取得投资者的书面许可。在美国实践当中，Betterment 公司就是通过关联的经纪商进行基金交易，可以降低整体的交易费率，并且不再向投资者收取经纪佣金。

第四，最佳交易规则。投资顾问作为向投资者履行信义义务的服务提供商，他应当寻求对客户最有利的交易条件，包括交易的价格、相关的经济费用，所以总的支出和总的收益应当达到最有利于客户的情况。在同等条件的情况下，应当选择申购费率更低或者附加值更高的产品。

钟教授最后总结道，从业态和相关的法律规则及市场发展来看，中国的智能投顾业务需要经历一个所谓重塑的过程。一方面，要加强相关的法律规则，引导卖方智能投顾向买方智能投顾市场发展。另一方面，要建立以信息披露为中心的智能投顾信义义务的详细规则体系，这样才能够引导智能投顾市场健康、有效和长远地发展。

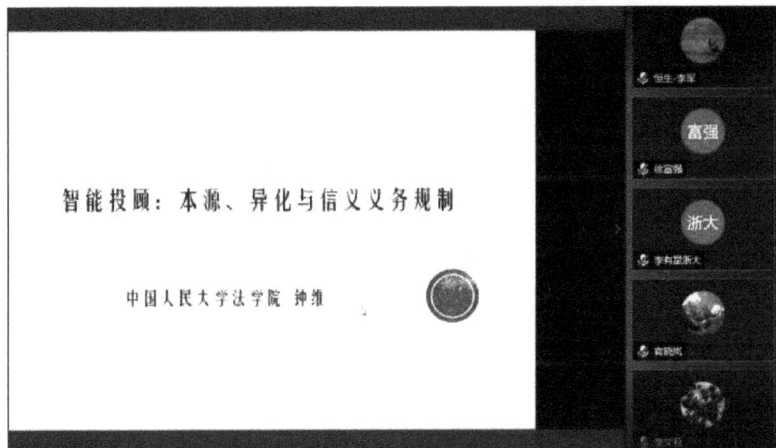

五、智能投顾的业务模式与制度回应

讲座的第五位主讲人是上海对外经贸大学法学院教授李文莉。李文莉教授通过理论和实务结合的方式分享了智能投顾的法律问题及其监管挑战。分为三部分：智能投顾的法律界定；在法律界定的逻辑起点下，智能投顾的业务模式、法律问题；智能投顾的监管。

（一）智能投顾的法律界定

2017 年 2 月，美国证券交易委员会发布了《智能投顾监管指南》，对智能投顾作出明确的定义：基于网络算法程序、利用创新技术，为客户提供全权委托账户管理服务的注册投资顾问。从这一概念的界定出发，我们可以看出智能投顾是为客户提供的，排除了卖方投顾的状况，并且是全权委托的账户管理服务。

智能投顾与传统投顾相比更为严苛，其严苛性体现在两个方面，一是主体的特殊性，即必须经过 SEC 的注册才能从事智能投顾业务；二是委托的特殊性，即要求全权委托的账户管理，客户必须与运营者签署客户同意全权委托的协议，受托人可以未经客户同意买卖证券。智能投顾与传统投顾的共同性是必须遵守一般投资顾问法的规定，李文莉教授认为智能投顾就是投资顾问。在美国的体系下投资顾问是一个特定主体，这种特定主体和交易的经纪商是并列的投资主体，这些投资主体有着不同的监管法律，有其各自的监管边界。投资顾问是一个特定的法律概念，这一名称不能随意进行变化，比如国内称其为投资理财顾问等，这可能是由于我国目前《证券法》没有把所有证券产品纳入《证券法》规制范围之内导致的。智能投顾是在符合一般投资顾问的法律界定前提下，具备了智能的属性，这种智能属性要求必须是经过注册的且要求客户签署全权委托的协议。

智能投顾的外延，包括七个功能：客户档案的创建、资产配置、投资组合选择、交易执行、投资组合再平衡、税收损失收割、投资组合分析。美国 SEC 在 2017 年智能投顾的监管问题上提出智能投顾是自动化投资工具的概念，就 SEC 对自动化投资工具的定义来看，自动化投资工具和智能投顾是一个包含和被包含的关系。2016 年 3 月，美国金融业监管局发布了数字化投资顾问的报告，报告中提出数字化投顾和智能投顾的概念，认为具备上述七项功能当中的一个或者多个功能服务的，称之为数字化投顾，综合全七项功能的服务才是智能投顾。所以数字化投资工具的范围最大，包括数字化投顾和智能投顾。

（二）智能投顾的业务模式、法律问题

智能投顾的业务模式要求建议的持续性与个性化。要求注册账户、签订服务协议并填写相关信息以便进行客户分析，提供投资组合建议与发出交易指令，执行交易指令，持续监管账户并随时进行投资组合再平衡，定期出具投资组合的业绩及分析报告。智能投顾所涉及的法律问题有：（1）智能投顾市场的准入问题。主要指全权委托的业务模式与《证券法》第一百六十一条、第一百三十四条相冲突，牌照制与停发牌照的事实相冲突。（2）智能投顾的特殊性带来的法律风险。包括业务的模糊性对传统信义义务的挑战：业务的模糊性导致了利益冲突更加复杂，机会分配更加容易操作，用户信息安全更加脆弱，业务连续性更易受损；跨界性对分层监管的挑战；算法的专业性（技术黑箱、第三方依赖）对传统监管手段的挑战；决策集中性对"一致行动人"监管的挑战。

（三）智能投顾的监管

智能投顾的监管包括平台的监管和投资端的监管，平台监管涉及分类从业人员资格的确定、准入、账户管理、利益冲突、技术黑箱、算法监督的问题，投资端监管包括投资者适当性以及投资者教育。基于此，李文莉教授提出了一些监管建议。第一，修改《证券法》第一百六十一条第一款，扫除准入障碍。第二，明确投资顾问信义义务，保护投资者利益。第三，确立分层监管体系，兼顾监管成本与效率。各个国家要立足于自己本土情况，确立以资产管理规模为主，地域跨界为辅的分层监管标准。第四，优化信息披露的具体标准，实现有效监管。监管部门要作出更细化的信息披露的监管要求，引导智能投顾平台作出更好的信息披露导向。第五，创新监管模式，实现对算法的有效监管。借鉴监管沙盒的模式进行监管、引导监管科技介入。第六，完善投资

者适当性制度，强化投资者保护，包括评估投资者的风险容忍度、平台要承诺担保投资者适当性、加强投资者教育等。

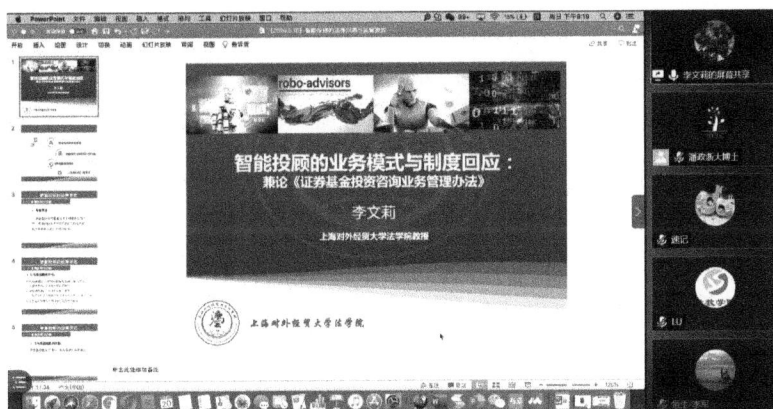

六、与谈环节

讲座进入与谈环节，第一位与谈人恒生电子公司副总经理、证券智能化专家官晓岚高度评价了前面五位专家的观点，五位专家从实务讲到具体理论，讲得具体而详尽。他认为电子化或者数字化、智能化接下来在国内的实务里推广得会比较多，因为我们资本市场的规模会越来越大，如果我们不用这种数字化、智能化的方法，可能就难以应对那么大的规模。在这上面可能既有实务的需求，也有几位专家老师对理论上的支撑。他认为接下来就是基于今天的内容，看如何在实务中能够把这些注意点用技术和算法作相对稳妥的处理，从而让老百姓可以更安全、更可靠地投资理财。

本次讲座的第二位与谈人是中国银行法学研究会副会长、北京大学法学院教授郭雳。郭教授肯定了各位演讲嘉宾的观点并提出自己的思考。

首先，郭教授分享了其对中国资本市场存在的主要矛盾的理解。党的十九大报告指出，我国社会主要矛盾已经转化为人民日益增长的美好生活需要和不平衡不充分的发展之间的矛盾。在资本市场也是如此，应当重点关注资本市场的参与者的关切是什么。以融资者和投资者两个角度为例来看资本市场参与者的需求变化：从融资者的角度，融资需求从间接融资转向了直接融资，需要股权、债权以及更加丰富的投资产品；从投资者的角度，从几十年前简单的存款，到现在不同类型的投资者对应更加丰富多元的投资需求。无论是市场、机制，还是规则，都存在发展不平衡、不充分的局面。

其次，郭教授指出智能投顾的信任机制问题还需深入研究。智能投顾本质上是一种投资顾问，在投资者和其顾问或者建议者之间，信任是非常重要的，特别是存在全权委托的情况下，怎样能够建立起这种信任关系，是一个很大的课题，也是很难的事情。钟维博士认为智能投顾应作为买方投顾，对客户的最大利益负责。郭教授对此观点予以认同，并进一步提出，该观点如何落实、如何通过机制建立和加强这种信任是需要深入研究的问题。

最后，郭教授提出两个话题供大家共同思考。

第一个话题是投顾行业如何更好地服务投资者。智能投顾的优势在于高效率，但怎样解决或者兼顾公平的问题值得思考。不仅是在智能投顾领域，传统的投资顾问或者投资咨询者也存在这个问题，研报的服务对象是谁，有没有很好地服务自己的对象。美国 SEC 一位有名的主席曾经直言不讳地批评了美国的投资顾问，认为他们的研报主要是针对机构投资者，而没有对一般普通的投资者给予重视。当然对这个批评可以从不同角度去解读，比如从它的设定对象来看，机构投资者是它更普遍意义上的读者，这样的现实也反映了实际的情况。但主席批评的重点可能在于这些研报背后的服务对象、利益诉求有没有更好地兼顾普通的投资者，同样的问题也存在于中国的市场。

第二个话题是中国是否需要一个单独的投资顾问法律来对这个领域进行管理和规范。2019 年新证券法提出了总括性的要求，具体问题是由部门规章和行业规范进行处理。但是从未来发展的角度看，中国是否需要一个类似 1940 年美国《投资顾问法》这样单独的法律来处理相关的问题，也值得进一步探讨。

讲座结尾，李有星教授对本次讲座进行了总结：我们国家的数字证券特别是智能投顾还是一个短板，很多问题都没有研究清楚，但是这也是未来发展的方向，智能投顾需要高度信任，这种完全信任的关键点在于全权委托，但是全权委托在我们国家是禁止的。

随后，李有星教授就郭雳教授的与谈内容抛出两个问题与大家进行讨论：一是是否需要专门的投资顾问法律；二是投资行业怎样在更好地服务投资的同时兼顾公平。李教授认为，第一，由于投顾领域的特殊性和专业性，投资顾问法律应该单独进行立法。第二，更好地服务投资者的方法就是要推进智能化程度的提高，以及相关的制度能够跟进，避免大量的行为处于灰色地带。

恒生电子公司战略规划部、咨询事业部总经理李军认为智能投顾和数字化是类似的，首先，目前监管是支持的一种态势，现在出台的公募投顾业务管理办法已经明确规定了可以做全权委托，且收费可以按照账户管理费、资产管理费这种后收费模式来进行，所以目前来看监管还是支持创新的。其次，在科技的驱动下，智能投顾这种形态也是大势所趋，目前在证券行业，包括银行在资本市场、财富管理领域，智能投顾已经有大量机构在尝试，并取得了不错的效果，整个市场还是趋于多样化，没有出现一家独大或者赢者通吃的局面。

恒生研究院高级业务专家徐富强指出，第一，对于智能投顾可以立法，只要是合适的法律监督，对行业的成长肯定是有利的。第二，投顾专门立法是有一定难度的，对《证券法》进行修改也很难，法律写得很清楚：禁止代客理财、禁止全权委托，《证券法》是很难绕开的，之前提到的公募基金的投顾是作了一个尝试和突破，但是有一个前提是仅限于基金，真正的智能投顾是不可能仅限于基金的。

中国人民大学法学院助理教授钟维指出，智能投顾算是一个蓝海市场，很多公司都会愿意投身分这一块蛋糕，最后能够做大做强的公司一定是经过了市场筛选，市场筛选机制实际上就是投资人的选择。所以作为一种市场的驱动力，算法的有效性、收益率，内部合规性的管理等方面，都是取信于投资者的因素，这些方面做好了，就能够更好地吸引投资者。单独立法是十分必要的。如果能有一个单独的投资顾问法，就能比较好地梳理清楚有关问题，包括身份、利益冲突的问题，会更加有助于这个行业的发展。

上海对外经贸大学法学院教授李文莉指出，从立法的层面或者完整的"投资顾问法"的层面，囿于我们的技术问题和整个市场的障碍，都还没有形成完整的业态，或者说完全的业态，立完整的"投资顾问法"时机可能还不太成熟，但是监管部门还是要及时引导和出台一些监管意见或者规则，少一些灰色地带，也可以保证市场有一定的确定性。

　　恒生电子公司副总经理官晓岚指出，关于如何更好地服务投资者，第一，我们需要关注投顾服务产生的问题，这可以用数字化手段解决；第二，站在投顾的角度，运用投顾服务的四步工作法，可以有效提高投顾的服务能力，把更多能力聚焦在投顾的内容，而流程可以通过智能手段、数字化手段解决；第三，把一些人工智能的能力放在比如研究报告的解读上面，能够帮助普通投资者读明白报告；第四，投资是一种风险的管控，要利用技术手段把风险管理得更好，帮助我们的客户。

　　关于是否立专门的"投资顾问法"，第一，从客户第一的角度来看，立专门的法可以帮助客户获得更好的服务；第二，投顾专门领域的立法更需要从底层讲清楚，涉及技术或者人工智能对过程的参与应该守哪些底线，应该在哪些方面符合什么样的规则，以及我们的算法应该由谁提供、谁负责等问题。